21世纪法学系列教材

专业通选课系列

法律职业伦理案例教程

许身健 主编

图书在版编目(CIP)数据

法律职业伦理案例教程 / 许身健主编. —北京：北京大学出版社，2015.7
(21世纪法学系列教材·专业通选课系列)
ISBN 978-7-301-25704-3

Ⅰ.①法… Ⅱ.①许… Ⅲ.①法伦理学—案例—高等学校—教材 Ⅳ.①D90-053

中国版本图书馆CIP数据核字(2015)第084405号

书　　名	法律职业伦理案例教程
著作责任者	许身健　主编
责任编辑	周　菲
标准书号	ISBN 978-7-301-25704-3
出版发行	北京大学出版社
地　　址	北京市海淀区成府路205号　100871
网　　址	http://www.pup.cn
电子信箱	law@pup.pku.edu.cn
新浪微博	@北京大学出版社　@北大出版社法律图书
电　　话	邮购部 62752015　发行部 62750672　编辑部 62752027
印刷者	北京宏伟双华印刷有限公司
经销者	新华书店
	730毫米×980毫米　16开本　21印张　400千字
	2015年7月第1版　2020年12月第2次印刷
定　　价	39.00元

未经许可，不得以任何方式复制或抄袭本书之部分或全部内容。
版权所有，侵权必究
举报电话：010-62752024　电子信箱：fd@pup.pku.edu.cn
图书如有印装质量问题，请与出版部联系，电话：010-62756370

主编简介

许身健,山东青岛人,博士。中国政法大学教授、法学院副院长、原法律职业伦理教研室兼实践教学教研室主任,中国法律文书学研究会秘书长,中国诊所法律教育专业委员会副主任。研究及教学领域为法律职业伦理、诉讼法学、实践性法学教育、司法制度及法律文书学。主编:"法律职业伦理论丛""实践性法学教育论丛"。出版专著:《刑事程序现代性研究》《电影中的律师职业伦理》;教材:《法律职业伦理》《法律实践教学手册》《法律诊所》;随笔集:《法心如秤》《伟大的欺瞒》《零宽容的权利》;译著:《律师职业伦理及行业管理》《法律诊所:理念、组织与方法》《完善法学教育》《正义永不决堤》。2006年韩国国立庆北大学招聘教授,2009年美国麦克乔治法学院、2010年华盛顿法学院访问教授,分别在上述法学院授课。2014年纽约大学法学院访问学者。

目 录

导论 …………………………………………………………………… (1)

第一部分　律师与当事人的关系规则

第一章　律师的勤勉尽责规则 ………………………………… (9)
　　第一节　律师勤勉尽责义务的理论与规则 ……………… (9)
　　第二节　案例研习 ………………………………………… (12)

第二章　利益冲突规则 ………………………………………… (24)
　　第一节　律师利益冲突的理论与规则 …………………… (24)
　　第二节　案例研习 ………………………………………… (30)

第三章　律师广告的相关规则 ………………………………… (43)
　　第一节　律师广告的基本规则 …………………………… (43)
　　第二节　案例研习 ………………………………………… (45)

第四章　律师收费规则 ………………………………………… (59)
　　第一节　律师收费的基本规则 …………………………… (59)
　　第二节　案例研习 ………………………………………… (61)

第五章　律师的保密规则 ……………………………………… (80)
　　第一节　律师保密的基本规则 …………………………… (80)
　　第二节　案例研习 ………………………………………… (82)

第六章　律师的财物保管规则 ………………………………… (90)
　　第一节　律师财物保管规则的理论与规则 ……………… (90)
　　第二节　案例研习 ………………………………………… (91)

第二部分　律师与法官、检察官关系规则

第七章　律师与真实的发现及应遵守的规则 ………………… (105)
　　第一节　律师与真实发现及基本规则 …………………… (105)
　　第二节　案例研习 ………………………………………… (107)

第八章　律师的会见、阅卷、调查取证权规则 ………………… (117)
　　第一节　律师会见、阅卷、调查取证权的基本规则 ……… (117)

第二节　案例研习 …………………………………………（120）
第九章　律师维护裁判庭廉政性义务的规则 ……………………（130）
　　第一节　律师维护裁判庭廉政性义务的基本规则 …………（130）
　　第二节　案例研习 …………………………………………（132）
第十章　律师在诉讼中应遵守的规则 ……………………………（146）
　　第一节　律师在诉讼活动中应遵守的基本规则 ……………（146）
　　第二节　案例研习 …………………………………………（149）
第十一章　律师法庭外言论规则 …………………………………（157）
　　第一节　律师法庭外言论的规则 ……………………………（157）
　　第二节　案例研习 …………………………………………（160）
第十二章　律师与检察官的关系规则 ……………………………（169）
　　第一节　律师与检察官的关系基本规则 ……………………（169）
　　第二节　案例研习 …………………………………………（172）

第三部分　律师职业内部的关系规则

第十三章　律师与同行的关系规则 ………………………………（183）
　　第一节　律师与同行关系的理论与规则 ……………………（183）
　　第二节　案例研习 …………………………………………（187）
第十四章　律师与律师事务所之间的关系规则 …………………（196）
　　第一节　律师与律师事务所的关系基本规则 ………………（196）
　　第二节　案例研习 …………………………………………（199）
第十五章　公职律师制度与规则 …………………………………（213）
　　第一节　公职律师制度与规则 ………………………………（213）
　　第二节　案例研习 …………………………………………（216）

第四部分　法官职业伦理

第十六章　法官的公正义务 ………………………………………（225）
　　第一节　法官恪守公正义务的理论与规则 …………………（225）
　　第二节　案例研习 …………………………………………（227）
第十七章　法官的清正廉洁规则 …………………………………（234）
　　第一节　法官清正廉洁的基本规则 …………………………（234）
　　第二节　案例研习 …………………………………………（236）

第十八章　法官的法庭外义务 (244)
　　第一节　法官法庭外义务的理论与规则 (244)
　　第二节　案例研习 (246)

第五部分　检察官职业伦理

第十九章　检察官的公正义务 (255)
　　第一节　检察官公正义务的基本规则 (255)
　　第二节　案例研习 (258)

第二十章　检察官的廉洁义务 (268)
　　第一节　检察官廉洁义务的理论与规则 (268)
　　第二节　案例研习 (269)

第六部分　仲裁员、公证员职业伦理

第二十一章　仲裁员的职业伦理 (277)
　　第一节　仲裁员职业伦理的理论与规则 (277)
　　第二节　案例研习 (282)

第二十二章　公证员的职业伦理 (288)
　　第一节　公证员职业伦理的理论与规则 (288)
　　第二节　案例研习 (291)

附录　案例专题 (307)
　　专题一　李某某案与律师职业伦理 (307)
　　专题二　念某涉嫌投放危险物质，历时8年被判无罪案 (315)

后　记 (327)

导　论

一、法律伦理学

（一）法学与伦理学

1. 法学

法学是研究法律现象的知识体系，是以特定的概念、原则来探求法律问题之答案的学问。[①] 法学研究对象是法律以及社会中的法律现象。它既研究法的基本概念、原则、制度等理论性问题，也关注社会生活和社会关系等实践性问题；既研究国内法的制定、结构、内容，也注重国际法的解释和适用，可以说法学研究涉及法的方方面面。

法学可以分为理论法学和应用法学两大类。理论法学主要研究的是法的基本概念、原理和规律。例如法的本质、起源和发展，法的内容与形式，法的效力，法的运行以及法的本体，法与其他社会现象的关系等内容。应用法学主要研究的是国内和国际法的结构和内容，以及它们的制定、解释和适用。例如我们学习的宪法学、民法学和刑法学等。应用法学所关注的同样是法律制度的社会及应用问题，是在具体的学科和实践中研究法的制定和适用，更加强调对法的适用。

2. 伦理学

亚里士多德认为：道德（伦理）是美好人生的必要条件；唯有具备仁慈、慷慨、诚实、正义等德行，人始有可能享有美好的人生。霍姆斯认为，道德（伦理）和法律一样是理性人的产物。在原始社会的自然状态，人类本享有着绝对的自由，但是资源有限，会发生敌对斗争状态。理性人为追求长远的利益，要求理性利己，而这个理性利己的标准渐成道德（伦理）。道德（伦理）对个人生活乃至社会、国家的重要性是进行伦理研究的必要性之所在。

伦理学是关于道德问题的学问，它研究的是道德的发生、发展以及一般规律。[②] 道德与伦理两个词究竟有没有不同，有何不同？一说认为伦理是群体的规范，用以规范特定团体或群体中的成员行为；而道德则是个人内心对于自己品行修养的约束和要求。但是不论是在实践中还是在研究中，伦理和道德往往是等同的。本书在讨论具体问题时，对两者不作区别。

[①] 舒国滢：《法理学导论》，北京大学出版社2009年版，第1页。
[②] 李建华等：《法律伦理学》，湖南人民出版社2006年版，第3页。

伦理学可以分为理论伦理学和应用伦理学。理论伦理学研究道德的原理或者规律；应用伦理学则是将这些原理或规则适用于现实生活和社会中的科学。规范伦理学和元伦理学都是伦理学的基本理论形式。其中，规范伦理学是关于义务和价值合理性问题的一种哲学研究，为美好生活而探索正确适当的伦理准则；元伦理学是以逻辑和语言学的方法来分析道德概念、判断的性质和意义，研究伦理词、句子的功能和用法的理论。法律伦理学既属于伦理学的研究范畴也属于法学的研究范畴，但均未受到法学和伦理学的重视。

（二）法律伦理学的界定

法律伦理学是一门交叉学科，是法学和伦理学之间的交叉。法律和道德同为社会产物，两者有许多不同之处：法律是由国家制定和认可的，道德则是在社会生活中形成的价值观念和行为规范；法律往往成文，道德则存在于人们的心中；道德调整的范围较法律要广，调整较法律更有高度；法律由国家强制力保障实施，道德依人们内心自治和社会舆论加以实施；等等。但法律与道德也有相似之处，两者并非一成不变，可相互转化，存在交叉和包容现象。一个法治国家仅有法律是不够的。西方的《圣经》中有一句话："我们知道法律体现着正义，但这也要人能正确地运用它。"中国古代哲人孟子也说过"徒法不足以自行"，强调的就是法律和道德的联系和相互促进的作用。①

法律伦理学是研究法律现象中的伦理问题的学科。要对法律伦理学的概念和内涵有清晰的定位和认识需要明确以下几个概念：

1. 法律伦理学与伦理法学。两者应不属于同一范畴。法律伦理学研究的是法律现象中的伦理问题，是以伦理学的研究成果向法学的延伸和交叉，侧重点在伦理学。其研究的范围包括立法、执法、司法和守法中的伦理问题，也包括实体法和程序法中的伦理问题。伦理法学研究的是伦理中的法律问题，其侧重点应在于法律。同为法学和伦理学交叉的产物，法律伦理学和伦理法学的出发点和侧重点均不相同，不可混为一谈。

2. 法律伦理学与职业伦理学。法律伦理学研究法律中的伦理问题，既研究法律中的一般的法律活动参与者的行为伦理，也关注专业法律人士在法律活动中的伦理问题。职业伦理学（也称专业伦理学）是研究伦理原则应用于专业领域如医生、新闻、法律等的学科，其属于伦理学中应用伦理学的范畴。法律伦理学和职业伦理学在研究法律职业人方面存在交叉和重叠。

3. 司法伦理学与法律职业伦理学。两者区分的关键在于"司法机关"与"法律职业"的区分。我国司法机关包括人民法院和人民检察院，律师和公安机关均不属于司法机关；法律职业的范围包括法官、检察官、律师、公证员、仲裁员

---

① 李本森：《法律职业伦理》，北京大学出版社2005年版，第2页。

等。可见,法律职业伦理学的范围要大于司法伦理学。在西方,狭义的法律伦理学指的即是法律职业伦理学。

二、法律职业伦理学的研究对象

法律职业伦理是法律职业活动中应当遵循的伦理道德规范。具体来说,法律职业伦理是指法官、检察官、律师等法律职业人员在其职务活动中与社会生活中所应遵循的行为规范的总和。[①] 职业伦理的产生与职业所承担的社会责任和公益性有很大的关系。一说认为职业人员的职务本身带有公益性质,为了保证其公共功能的发挥,防止他们为了一己私利损害社会利益,需要在这个职业中强调职业伦理,以对其行为进行规范。具体到法律职业,首先,基于法律工作者的工作具有私密性。他们在从事专业活动中会接触到其他人所接触不到的秘密,如委托人会对律师说出不想对法院、亲戚朋友说出的事实。其次,基于法律职业的自我要求。就如法国著名伦理学家爱弥尔·涂尔干曾说过:"职业道德越发达,它们的作用越先进,职业群体自身的组织就越稳定、越合理",法律职业伦理越严格,遵守程度越高,越有益于公众对这个职业的信任,越有益于职业群体的发展。最后,基于法律和社会秩序的要求。法律人掌握法律知识,执行法律,守护法律的运行。倘若法律人没有进行自我约束,反而玩弄法律,其不仅没有履行自己的社会责任,还会严重破坏法律维持社会秩序的功能。

法律职业伦理学是将伦理学原理应用于法律职业领域中。其研究对象具体包括:

1. 法律职业伦理的一般原理。法律职业伦理学从规范伦理学和元伦理学的角度出发,研究法律职业中最核心、最基本的规范和原则,如正义原则、保密原则、勤勉原则等。

2. 法律职业主体的伦理规则。法律职业主体主要包括法官、检察官、律师、公证人员和仲裁人员等。法律职业主体的伦理规则即研究上述法律职业人员在从事法律职业过程中应当遵守的规则,如法官在审判中或审判外应当遵守的公正原则,它包括实体公正和程序公正,为保障程序公正,法官应当遵守回避、平等、独立、公开等具体规则。

3. 法律职业责任。法律职业责任是法律职业人员违反法律和道德规范所应承担的责任。法律职业伦理主要研究法律职业责任的内涵和特征、法律职业责任的意义、法律职业责任的分类、法律职业责任的构成和具体承担等问题。

4. 法律职业伦理的养成(也称内化)和教育。法律职业伦理的养成和教育是指对法律职业人进行教育,使法律职业伦理成为法律职业者伦理意识的一部

[①] 李本森:《法律职业伦理》,北京大学出版社2005年版,第9页。

分,养成自律习惯的过程。法律职业伦理的养成和教育研究的是法律职业伦理养成的规律和途径,法律伦理教育的任务、方法、途径和规律。

三、法律职业伦理学的研究意义

目前在法学和伦理学中,法律伦理学或法律职业伦理学均属于边缘性学科,很少受到重视,但是随着改革的深入、法律重要性的显现,法律职业伦理必将受到重视。因为在法律的实施过程中,法律职业者担负着重要的社会责任,起着保障法律实施的作用。

第一,法律职业伦理研究有利于拓宽法学和伦理学的研究视野,深化对道德与法律问题的认识。社会生活各个方面并不是孤立的,学科与学科之间的研究也是如此,单纯一个学科的研究是片面的、狭隘的,当代学科的发展趋势是与其他学科的交叉,法律职业伦理学就是法学和伦理学交叉的产物。一方面,法学对于伦理学的借鉴使得法律能够正确反映社会发展的规律,更好地发挥其效果。"礼法合一""情法合一"的思路实质上体现了民主精神和良法的本质。另一方面,伦理学对于法学的借鉴也深化了伦理学对具体问题的研究。比如在对道德的认识上,法学的视角使得伦理学对于道德的认识摆脱了抽象空洞的分析,从法律实践中、法律和道德的关系中对道德的内涵有深入的认识。总之,法律职业伦理学促进了法学和伦理学的繁荣。

第二,法律职业伦理研究有利于法律职业人才素质的提高,法律理想的重建。法律职业伦理学的一项重要内容即为法律职业伦理的内化和教育。现实生活中出现的很多现象和问题都和法律职业伦理教育的缺失有关。一个法律职业者的伦理缺失损害的不仅仅是其个人利益和形象,更是对这一法律职业群体形象的抹黑,甚者是对司法公信力的抹杀。法律职业者应该是德才兼备的高素质人才。目前法学注重"才"的培养,忽视"德"的教育,法律职业伦理课程的开设,使法学学子和法律职业者接受良好的职业规则教育和训练,从根本上提高法律职业人员的素质。法律职业伦理教育使法律职业人员认识到自己的社会责任和肩负的法律使命,培养其职业荣誉感和使命感,有利于法律理想的重建和法律共同体的形成。

第三,法律职业伦理研究有利于推进依法治国进程。法律职业伦理解决了依法治国进程中的两大问题:法治与德治的关系以及法治与人治的关系。依法治国和以德治国并不是对立关系,法律和道德的关系充分说明了这一点;法治与人治也并非是水火不容,从根本上讲,法律还是需要人来实施,法治的过程中不可能完全没有人治,我们需要的是对法律有信仰的人来实施法律治理。法律职业伦理的研究和运用对于法治所需要的法律人的培养有着重要的作用。法律职业主体的法律伦理意识和法律理想促进他们依法办事、公正处理各类案件、解决纠纷、保障法律的贯彻实施。

总之,社会发展和法律职业自身发展乃至于司法改革的成功都要求完善法律职业伦理。法律人数量最多的美国极为强调法律职业伦理对法律人的规制,美国学者认为法律职业伦理背后蕴藏的观点基本上是依循以下逻辑:美国实现民主要靠法治,法治要运作,需要人民对之抱有信心,人民要对法治有信心,必须首先对法律人有信心,要让人民信赖法律人,法律人必须在实际和表面上都没有违反伦理之事。这就是法律职业伦理的重要性。如果逆推上述逻辑:假如法律人的行为导致人民对法律人丧失信心,则多米诺骨牌效应就会发生,民主也就成为水月镜花。其实,许多违反法律职业伦理的不当执业行为,法律人并非有意为之,往往是出于无知。无知通常会导致违法行为。一个法律人可能因为无知而从事不当执业行为,当发现大错铸成时,只能以新的不当执业行为文过饰非。诚然,单凭法律职业伦理这门课程并不足以将法科生培养成为有道德的法律人,但是法律职业伦理课让学生可以了解哪些是可以接受或不可接受的职业行为,或者至少思考一些法律职业伦理的重大问题。正如美国法学院协会主席、法律职业伦理著名教授罗德所说:"专业责任教育的重要性既不该过分夸张,也不该低估。事实上,心理学研究发现,在成人期的早期阶段,处理道德议题的不同教育策略,会有重大影响。教育可以提升学生分析伦理议题、处理情景压力,或面对惩戒制度失灵而造成专业伦理水准低落的能力。一百多个评估伦理课程的研究发现,设计良好的课程可大为提升法律人解决道德伦理问题的能力;其他的研究也同样显示道德判断对行为有影响。"美国法学院所作的统计研究表明,法律职业伦理训练与法律职业伦理行为之间有很大关联。在很大程度上,伦理是可以教导的。罗德教授说:"大多数曾上过法律伦理课的法律人认为,此类课程有助于解决实务上遇到的伦理问题,并赞同伦理课程存在或扩展内容。总之,有强烈的证据显示,专业责任教育的价值比大部分的法律课程来得高。"①

在西方国家的法学教育中,法律职业伦理是其重要内容。19世纪90年代,美国法学院就已经开设了法律职业伦理课程。"到1915年,81所法学院中有57所开设了相关课程,这些课由法官或著名律师讲授,并且用各种规则、沙斯伍德法官的著作或职业道德规范委员会的报告作为教材"。② 水门事件将很多律师牵连到不道德和违法行为中,之后美国律师协会和法学院采取行动改革并加强了法律职业伦理教育。现在法学院将法律职业伦理课程设置为必修课,法科生只有在通过法律职业伦理考试的情况下才能毕业。美国的大部分州都要求学生

---

① [美]布莱恩·甘乃迪:《美国法律伦理》,郭乃嘉译,台湾商周出版社2005年版,序言。
② 转引自袁钢:《高校法律职业伦理课程的调研与分析》,载《法律职业伦理论丛》第1卷,知识产权出版社2013年版,第137—145页。

在参加律师职业资格考试之前必须通过全国统一的法律职业伦理考试——美洲国际法律职业道德联合考试(MPRE),这无疑是一种促进法科生认真学习法律职业伦理的有效措施。

  长期以来,国内法学教育并不重视法律职业伦理课程,至今这种局面变化不大。国内法学院校尚未认识到法律职业伦理教学的重要性和紧迫性,尚未普遍开设法律职业伦理课程,缺乏合格师资从事该领域教学;至今尚未成立全国性的法律职业伦理学会或者组织;国内从事法律职业伦理研究和教学的专家学者缺少相应平台进行定期交流。虽然1999年《法律硕士专业学位培养方案》中将法律职业伦理作为推荐选修课,但眼下大部分高校还未认识到法律职业伦理教育对于法科生人才培养的重要性,并没有开设相关课程。1998年教育部规定的法学院14门必修的核心课程中,并无"法律伦理"或者法律职业伦理课程,上述规定导致法律职业伦理教育的边缘化。应当承认,在法学院系课程中讲授法律职业伦理是个难点:首先,开设该课程教师往往将法律职业伦理视为一堆抽象的所谓"正义"等空洞观念,意识不到其实它涉及的是具体的行为规则,旨在教会法律人在面临职业道德困境的时候学会如何作出道德选择。其次,开设该课程的教师往往以课堂灌输为主,教学手段单一,提不起学生的兴趣。业内人士建议,法律院校应该将法律职业伦理课程纳入到法学理论课程中去,并在师资力量的配备上予以加强,在教学方法上予以改进,将体验式的教学方式纳入到传统的讲授式的教学方式中,让学生不再仅仅是被动地接受、而是主动地去学习。这样就可以使法律职业伦理知识更好地在法科学生中普及,更有助于法律职业共同体的建设。

第一部分
律师与当事人的关系规则

律师与当事人关系规则概述

律师职业伦理即从事律师职业的人,在执行律师职务、履行律师职责时,从思想到行为所应该遵循的伦理规范和行为准则。律师职业伦理涉及律师与被代理人、同行、事务所、法官、检察官等的关系。律师职业伦理体现了律师职业属性。

律师属于自由职业者,具有公共利益取向与利他性、专业性、特殊信赖关系及自由性等本质属性。律师的公益性即律师作为自由职业者不应当仅仅对委托人的利益负责,也应当对公共利益负责。律师不得仅以私利为目的,律师不等同于商人。我国《律师法》规定了律师的使命,即:"维护法律正确实施,维护社会公平和正义。"在我国台湾地区,"律师法"第1条规定:"律师以保护人权、实现社会正义及促进民主法治为使命。律师应基于前项使命,诚实执行职务,维护社会秩序及改善法律制度。"日本律师联合会提出:律师制度是国家司法体系中的一个组成部分,同时也是一个国家主权的重要组成部分,是维护基本人权、实现社会正义的社会公益性的崇高职业。从上述规定可以看出,各个国家和地区的律师法殊途同归,都要求律师具备公益性。

律师受过专业的教育和训练,通过严格的考试获得执业资格,具备优秀的执业能力。专业性是律师获得委托人信任的基础;特殊信赖关系是指自由职业者,在绝对信赖的气氛之下履行义务。对于律师职业而言,委托人对其信赖是其完成维护委托人合法权益的前提。正是因为此特殊的信赖关系,律师对委托人而言具有相当程度的"利"害支配力,律师因此承受较高于一般职业的责任和义务也属应有之义了。[①]

---

① 参见姜世明:《法律伦理学》,元照图书出版公司2011年版,第15—17页。

委托人与律师关系问题,是律师职业伦理的核心内容。我国法律对律师的定义是"律师是为当事人提供法律服务的执业人员"。美国《职业行为示范规则》的序言把律师首先定义为"客户的代表",尽管也将其定义为"法律体系的一个重要成员和一个对公正质量负有特殊责任的公民"。维护委托人的合法权益是律师的第一使命。律师是当事人的代理人,律师的工作需要当事人的授权,律师应当在当事人授权的范围内提供法律服务。作为当事人的代理人,律师要使委托人明确其法律上的权利与义务,律师要运用自己的专业技能通过具体的法律行为来最大限度地维护委托人的合法权益。律师应该成为真正值得当事人信任和委托的"权利卫士"。①

律师与委托人之间的关系规则的内容是十分广泛和丰富的,律师与委托人的关系规则的主要内容在世界范围内具有一定的共通性。不管是在我国,还是美国、日本、英国,称职、勤勉和信赖,这些基本义务通常被认为是律师对委托人负有的义务。律师应对当事人真诚,尽可能告知当事人所享有的权利和应尽的义务,应尽可能地尊重当事人的意愿,应尽可能地完全履行对当事人的义务和承诺;律师在代表委托人的利益处理法律事务时,应当采取一切合法的、合乎道德的方法维护委托人的合法权益,必须尽最大的努力,以最高的效率,以最谨慎、最认真的态度为当事人的利益工作,使当事人的利益得到全面维护;律师在办理案件中,要建立与当事人之间的信任关系,对于涉案的信息要严格保守秘密;律师对当事人的收费要合情合理,符合规定,不得从中谋取私利。

---

① 季卫东:《律师的重新定位与职业伦理》,载《中国律师》2008年第1期。

第一章 律师的勤勉尽责规则

与律师的真实义务、诚实义务密切相关的是,律师需要"为其当事人利益而全力以赴、保持热忱以维护当事人的权利并最大限度发挥律师的能力和学识,"①"必须尽其最大可能,恪尽职守,努力维护委托人的权益,不受个人对委托人或委托人的活动的任何看法的影响"②。这就是律师的勤勉尽责义务。

第一节 律师勤勉尽责义务的理论与规则

谈及律师的勤勉尽责义务首先就要提到"以委托人利益为中心的代理"理论。律师作为委托人法律上的代理人,维护委托人的权益是其最基本的职责。委托人—律师关系是律师职业道德中所要调整的最重要关系之一。为了体现这种关系的服务于委托人的性质,美国律师协会库塔克委员会在制定《职业行为示范规则》时,将通常所说的"律师—委托人关系"重新订正为"委托人—律师关系",以凸显委托人的中心地位。③ 在20世纪中,法律职业已经有所演化,律师—委托人关系亦是如此。而委托人也必然随着法律服务的变化而变化。国外有些法律教育者致力于一项改革,这项改革是关于推动"委托人中心主义"法律服务方式。

现行美国律师协会制定的《美国律师协会职业行为示范规则》(以下简称《示范规则》),试图解决1970年生效的《美国律师协会职业责任示范守则》(以下简称《示范守则》)语言的模糊性。该《示范规则》1.2的规定摘录如下:"(a)律师应当遵循委托人就代理的目标所作出的决定,……应当就追求这些目标所要使用的手段同委托人进行磋商。委托人就是否调解某事项所作出的决定,律师应当遵守。在刑事案件中,委托人就进行何种答辩、是否放弃陪审团审判以及委托人是否作证等事项同律师磋商后所作出的决定,律师应当遵守。……(c)如果在磋商后委托人表示同意,律师可以限制代理的目标。"

《示范规则》1.2需要与1.4前后联系在一起加以理解,1.4确立了一项与

---

① ABA Canons of Professional Ethics 15 (1908).
② 《澳大利亚律师协会示范规则》第16条,载北京市律师协会组编:《境外律师行业规范汇编》,中国政法大学出版社2010年版,第327页。
③ 王进喜:《美国律师职业行为规则理论与实践》,中国人民公安大学出版社2005年版,第25、26页。

委托人交流的明智同意的标准,包括委托人就代理范围所作的决定。《示范规则》1.4规定:"(a)律师应当就事态使委托人有合理的了解,并迅速遵从委托人对有关信息的合理要求。(b)律师应当就代理事项向委托人进行合理必要的说明,以使委托人能够就代理作出明智的决策。"委托人中心主义的律师服务暗含的意思是,只要律师实现了委托人的目标,委托人就会满意。而满意了的委托人再次需要律师帮助的时候就会回来,并且他们还会介绍别人来。委托人中心主义模式是在双方交流的基础上,为在法律的范围内解决委托人的问题提供最好的机会,同时又与律师职业责任相符合。此外,开诚布公的交流能够让委托人了解律师为其利益所付出的努力。①

受美国律师法理论的影响,以委托人为中心的代理理论也影响到我国的律师实践。马英九在《法律人,你为什么不争气》一书的序言中指出:"我常想,医生与法律人其实是非常相像的。作为医生,有这么一篇流传千古、撼动人心的希波克拉底誓言,成为医生行医济世的指示明灯,而法律人的希波克拉底之誓在哪里呢?"其实,好律师和好医生还是有颇多共性的,最重要之处在于将服务对象置于中心位置:好医生以病人为中心,好律师以委托人为中心。② 最近颇受关注的《协和医事》一书提到,在哈佛医学院,人们认同以病人为中心的理念,因此,无论医术多高,不理解病人的医生是不合格的。设身处地为病人想,根据他的背景结合他的信息,提出诊疗方法,这被认为是一个好医生最重要的素质。协和名医郎景和认为,治疗(包括手术),显然并不总是意味着治疗某种疾病,而是帮助患者恢复个人的精神心理与生理的完整性;医患关系,也不意味着我们只注重治疗疾病的过程,更应该考虑病人的体验和意愿。③ 同样,对于律师界而言,好律师应当信奉以委托人为中心的理念。这个理念决定着委托关系的关键所在。律师代理工作围绕着委托人及其目标的实现,以委托人为中心意味着委托人享有自治权,即由其自身决定代理的目标,而律师要向委托人提供实现上述目标的方法及建议,换言之,委托人要在决策中发挥重要作用。毋庸讳言,有相当多的律师在代理关系中将自己的利益置于委托人利益之上,追求金钱、声望等利益,利用自己的专业知识操控委托人。影视作品所描述的大律师当然是委托人利益的捍卫者,但是,在很大程度上,这些律师将自己化为救世主,委托人成了扶不起的阿斗,成为不谙法律的可怜虫。这就意味着,此时,委托人的利益是律师根据自己的价值体系衡量的,而不是置于委托人的立场考量。实际上,要真正做到以委托人为中心,律师要做到与委托人有效沟通,沟通时要直率、真诚,同情并理解委

---

① 〔美〕加里·芒·内克:《论律师事务所管理材料和案例》,王进喜、于中华、许身健译(未刊稿)。
② 许身健:《好律师若良医》,载《检察日报》2007年11月14日。
③ 同上。

托人,了解其感受及需求,经过充分沟通、协商后,向其提供个性化的解决方案,供其选择。①

以委托人为中心的代理理论基础源于对律师属性的定位,换言之,自由职业者的社会角色定位是以委托人为中心的代理理论的基础。自由职业者要在与委托人形成信赖关系的气氛中为委托人提供服务。在这种社会角色定位中,律师将自己的身份定位成独立于国家权力的为公民提供法律服务的自由职业者。他们认为,法律的基础是尊重个人的尊严以及个人通过理性指导而获得的自治能力。律师的职责就是通过自己的职业行为保护这种个人尊严及理性自治的状态,防止任何人包括国家任意地侵犯公民个人神圣的权利。对于代理当事人的律师来讲,被代理人的利益是律师职业的最高价值诉求,胜诉是达至这种诉求的唯一途径。关于这种只忠诚于当事人的社会角色定位,早在1820年伯罗汉为英女皇卡罗琳辩护时就有精彩的论述。他在上议院为卡罗琳辩护时曾提醒议员们:"辩护人在实施其义务时,心中唯有一人,即他的当事人。千方百计地解救当事人,甚至不惜牺牲其他人的利益,是辩护律师的首要和唯一的义务,在实现这一义务时,不必考虑他可能会给他人造成的惊恐、折磨和毁灭。律师必须把爱国者与辩护人的义务区分开来,他必须不顾一切后果地工作,即使命中不幸注定要将他的祖国卷入混乱之中。"这种角色定位依据的主要是个人主义的价值观念,他们认为人的价值是所有价值中最高的价值,任何其他价值,甚或国家和社会的共同价值的达至也不能以牺牲个人的利益为代价。在具体的诉讼中,国家的利益自有强大的国家机器来维护,而当事人自我价值的保护却只能由律师个人依靠其对当事人的忠诚来维护。因此这种忠诚必须是"最高的忠诚……受信托所处的位置要求他放弃自我,……忠诚不二是不懈的最高原则"。他们认为,国家机关和律师双方或者双方当事人的律师各方各自为自己所代表的利益进行的斗争越激烈,他们所代表的利益才能获得最大程度的彰显。因此,任何一方无须顾及对方的利益,对方的不利益是对方的社会职责不完全履行,本方无须介入也无须考虑。因此,这种社会角色定位用一句话来概括就是追求当事人利益最大化的个人主义价值要求。②

而勤勉尽责义务则是"以委托人为中心"理论的基本要求之一。勤勉尽责,要求律师在代表委托人的利益处理法律事务时,必须采取一切合法以及合乎道德的方法维护委托人的合法权益,必须尽最大的努力、以最高的效率及最谨慎、最认真的态度为当事人的利益工作,使得每一项法律事务都能到完美的处理,当

---

① 许身健:《好律师若良医》,载《检察日报》2007年11月14日。
② 王彧:《律师社会角色定位与我国律师职业道德体系的建构》,载陈卫东主编:《"3R"视角下的律师法治建设》,中国检察出版社2004年版,第204、205页。

事人的利益得到全面维护。

勤勉义务表现为律师为当事人利益的付出、贡献。勤勉尽责就是律师要积极、认真、一丝不苟地对待自己所从事的工作。勤勉的伦理规范反映在律师执业活动中,反映了律师"为当事人利益而全力以赴"的责任。但必须指出的是,律师要热忱、勤勉地为当事人服务,必须是在法律框架内,采用"法律和纪律规定所允许"①的方式进行。

律师的勤勉义务其实质是律师在执业活动中的注意义务。但是不同于一般人的注意义务,律师勤勉义务是一种职业责任,也是一种专家责任,是该行业普通专业人员通常能够达到的水平,是律师中一般成员通常的注意程度。判断是否违反勤勉义务,可以参考英国判例中关于专业注意标准的"Bolam 原则":一个专业人员负有以合理的谨慎和技巧从业的义务,他的注意和技巧应该达到同一领域的普通专业人员能达到的标准。②《加拿大律师协会律师职业行为准则》第2章第1条评注中指出"如果律师认为……可能会有不适当的拖延、让委托人承担不适当的风险……则律师不得接受委托处理该事宜。……这是道德上的考量,且应与法院用于裁定是否存在过失的注意义务进行区分"③。

全国律协 2011 年《律师执业行为规范》第 6 条规定:"律师应当诚实守信、勤勉尽责,依据事实和法律,维护当事人合法权益,维护法律正确实施,维护社会公平和正义。"勤勉义务要求律师时时自觉按照职业伦理的要求,充分运用自己的法律专业知识和技能,处理好受委托的法律事务。律师应忠诚于委托人,热情提供服务;勤奋工作,恪尽职守;及时、准确、保证质量地完成工作。

第二节 案例研习

一、马某投诉茅律师案——不履行代理职责,指派非律师代理案件④

(一)简要案情

2003 年 3 月 12 日,投诉人马某以接受代理后不尽职、拒不出庭为其代理、私自让其学生代理案件造成败诉为由向北京市律师协会(以下简称本会)投诉北京市 SA 律师事务所(以下简称 SA 所)及茅律师。本会纪律委员会于同月立

---

① 《律师职业责任守则》惩戒规则第 7-101(A)(1)条、第 7-102(A)(8)条。
② John L. Pwell & Q. C. , *Professional and Client:The Duty of Care, Wrongs and Remedies in the Twenty-first Century*, edited by Peter Birks, Clarendon Press, Oxford, 1996, p. 47,转引自蒋信伟:《律师职业操守和执业行为规范》,法律出版社 2014 年,第 53 页。
③ 北京市律师协会组编:《境外律师行业规范汇编》,中国政法大学出版社 2010 年,第 328 页。
④ 参见北京市律师协会主编:《北京律师职业警示录》,中国政法大学出版社 2005 年版,第 170 页。

案审查。SA所及茅律师就投诉内容进行了答辩并提交了相应的证据材料。

投诉人马某称：

2002年6月28日因为一起技术转让合同纠纷，马某通过朋友介绍找了SA所茅律师。茅律师看了材料后就说，这是一个典型的欺诈案子，他们经常碰到，胜诉的希望非常大，他可以接这个案子。经过商讨，马某连同诉讼费一同交给茅律师5000元，并签了诉讼代理合同。之后，茅律师提出来，他工作忙，有些事不能亲自跑，所以他要委派他的助手陶某去跑一些事，马某跟陶某也得签一个委托书，马某当时以为助手也就是帮律师跑腿和抄写文件，也不懂其中道理，就在茅律师写的委托书上签了字。茅律师当时只字未提不能出庭参加诉讼，否则，马某认为他绝不会把这个案子交给一个在校的学生去办理。后来，在本案的立案和两次开庭中茅律师都没有出面，而陶某根本没有办案经验，庭上不说，休庭时却要求发言被法官当庭训斥，致使本案败诉。为此，要求全额退费并赔偿损失。

投诉人提供本会的证据有：(1) 投诉人与SA所签订的诉讼代理合同；(2) 与陶某签订的授权委托书；(3) SA所向投诉人开具的3000元人民币的正式发票；(4) 由茅律师起草的未签字的两页声明。

投诉请求：退还代理费并赔偿损失。

被投诉人茅律师答辩称：

1. 本案是朋友介绍，标的不足5万元，碍于朋友面子，勉强同意代理，但当时提出具体实施由助手陶某操作，马某立即表示同意，并给陶某出具了授权委托书，和我所签订了委托代理协议，但因马某经济困难，他同意优惠交纳3000元。SA所出具正式发票，由此可见，马某是自愿由陶某具体操办此案的。

2. 接案后，茅律师从分析、研究案情、制定办案方案、指导助手每一步具体操作都是尽责尽力的，一审的代理没有任何过错。

3. 律师代理案件能否打赢绝不会给当事人打包票。茅律师本人也没有说过"能百分之百打赢官司"。

SA所答辩称：

当事人马某首先是到本所投诉茅律师的。本所对投诉所涉及的情况作了初步调查，并曾努力争取在本所范围内处理好这起投诉案件。可惜，茅律师不听从本所的劝告，执意坚持不承认自己的"失误"，导致当事人向律协正式投诉。

本所认为，在当事人马某投诉的诸多问题中，茅律师未能按照《诉讼代理合同》亲自出庭参加诉讼是最核心的问题。这是代理人未能尽到代理义务的集中体现。仅此一点，任何表白和辩驳都无济于事。茅律师作为一名教授级的老律师不能清醒地认识到这一点，不能接受本所的批评和劝告是非常遗憾的。

关于茅律师的问题，本所已经没有能力处理。我们相信律协能秉公办案，公正处理,既能维护律师的整体利益,又能维护当事人的合法权益。

(二) 查明事实

1. 2002年6月28日,SA所与马某签订了《诉讼代理合同》,SA所指派茅律师为投诉人的诉讼代理人出庭参加诉讼(第一审)。在该代理合同代理权限中写明:"代为立案,陈述事实与理由,参加辩论和调解,代为提出放弃、变更诉讼请求,代为和解、调解。"在收费项中表明,经双方协商,SA所收取基本代理费3000元整;该合同第4条为:SA所律师必须认真调查案件事实,积极收集证据,按时出庭,依法保护委托人的合法权益。该合同第9条为:本合同任何变更应双方协商以书面形式确定。

2. 茅律师在答辩中的陈述表明:其本人因事前已与投诉人讲明目前自己很忙,由助手具体操办本案,并与陶某签了委托书,所以确实没有参加本案的两次庭审。

3. 2002年6月28日,SA所正式收取投诉人3000元人民币代理费,并开具了北京市服务业专用发票,票号为NO.1968811。

4. 投诉人与陶某所签订的授权委托书未在SA所卷宗中备案,陶某不是SA所的律师。

5. 在SA所提供的该案原始卷宗中有北京市某区人民法院(2002)民初字第12283号民事判决书,该判决书中称原告马某与被告北京某公司技术转让合同纠纷一案原告的委托代理人是陶某,并没有茅律师。

(三) 行业惩戒

1. 投诉人与SA所签订的《诉讼代理合同》真实有效,其约定内容表明:茅律师应当为此案直接进行工作,并按时出庭应诉。而查明的事实是,茅律师没有按照委托代理协议的约定完成其应履行的义务。陶某与投诉人所签授权委托书,属独立的公民委托代理关系,不能因此取代茅律师与投诉人的委托权利、义务,不能当然免除茅律师在本案中的代理责任。茅律师的行为违反了《北京市律师执业规范》第6条、《中华人民共和国律师法》第44条第4款"接受委托后,无正当理由,拒绝辩护或者代理"的规定。

2. 茅律师未经SA所同意将本所已正式接受代理并收取代理费的案件交由在校学生办理,是对所属SA所和当事人不负责的行为,应当承担代理不尽职而造成当事人利益受到侵害的相应责任。

3. SA所在明知投诉人与该所确立了委托关系、收取了相关费用并指派茅律师具体执行代理工作的情况下,没有对代理工作的进展情况进行实时跟踪、监督、指导,对承办律师没有依法履行代理职责的情况不能及时发现、纠正、补救,表明该所在管理制度建设方面、管理制度落实方面均存在严重缺陷,该所对茅律师未尽代理职责的行为负有不可推卸的责任。SA所在本投诉案的答辩中将责任全部推给承办律师,进一步表明该所对自身严重不负责任的错误至今没有认识,必须给予相应的纪律处分,以引以为戒。

4. 关于投诉人向 SA 所及茅律师追索赔偿损失一节,已超出本会管辖范围,应通过其他正当途径解决。

最终,律协纪律委员会决定:

1. SA 所全额退还投诉人马某已交纳的代理费人民币 3000 元整,SA 所在接到本通知之后主动与投诉人联系,退还上述款项。

2. 给予茅律师公开通报批评的处分,并建议司法行政机关予以相应的行政处罚。

3. 给予 SA 所公开通报批评的处分。

(四)案件评析

全国律协 2011 年《律师执业行为规范》第 55 条规定:"未经委托人同意,律师事务所不得将委托人委托的法律事务转委托其他律师事务所办理。但在紧急情况下,为维护委托人的利益可以转委托,但应当及时告知委托人。"

律师勤勉尽责的职业伦理要求律师应当亲自代理案件,处理当事人委托的法律事务,不应随便转委托给第三方。亲自代理是律师基于当事人委托而对当事人负有的义务,具体是指律师应该在法定或是委托的代理权限范围内,以委托人的名义行使代理权、处理法律事务,并将处理法律事务的一切重要情况告知委托人,除非经委托人的同意或者紧急情况,不得将代理事务转委托他人代理。这是对律师勤勉的最基本的要求,所以原则上,转委托是与亲自代理原则相悖的。

本案中,茅律师在没有任何紧急情况的情形下,将当事人委托的法律事务交由自己指导的学生陶某代理,其中包括代为出庭应诉这一最核心的活动。由于陶某并不具备律师资格也不具备相应处理案件的能力,致使当事人马某承担了因败诉带来的损失。茅律师这一行为严重违反了律师执业伦理,同时也违反了相关规范的规定,应当受到惩戒。本案例可以说是一个比较典型的案例,它所揭示出来的问题在大部分律师事务所都是存在的。老律师的帮带、指导是新律师成长的必由之路,但律师执业规范的底线不能打破,尤其是不应出现本案中的情况。各律师事务所应当对负有指导新入职律师职责的资深律师严格管理,对其签订的合同和执业的具体情况尤其要核实清楚,不能放任或纵容本案中这种情况的发生。同时,当事人、律所是基于对某个律师的信任,才将案件委托其代理。一般情况下要求被指定律师亲自完成,非律师只能起到辅助作用。否则,律所、律师的行为有欺诈之嫌。律所作为专业的法律服务机构,是不能指派非律师以公民身份代理案件的。

二、某公司投诉李律师和魏律师案——见证业务疏漏导致客户投资失败①

（一）简要案情

2003年10月29日，某汽车装饰配件公司、某啤酒公司以错误见证给投诉人造成巨额经济损失为由向北京市律师协会（以下简称本会）投诉H律师事务所（以下简称H所）李律师、HY律师事务所（以下简称HY所）魏律师。

投诉人称：

1998年8月20日，汽配公司（法定代表人赖某）与某集团公司签订了《房屋场地租赁合同》。合同约定集团公司将其建筑物和场地出租给汽配公司筹建"啤酒城"，租期25年，年租金200万元。汽配公司在城市建设和规划允许的范围内，可对房屋及附属物进行改造，集团公司应支持汽配公司的改造工程并协助办理有关的审批手续。同时，双方特别约定："本合同经见证部门见证后生效。"

1998年8月25日，集团公司法律顾问HY所魏律师和汽配公司法律顾问H所李律师对该租赁合同进行了见证，出具了《合同见证书》。见证意见为：见证方根据中国法律规定对被见证方所签《房屋场地租赁合同》进行了全面审查，认为业主因正从农业口转到居民口，房产证正在办理之中，符合中国关于房屋场地出租规定，合同系甲乙双方真实意思表示且符合中国法律规定。

H所向汽配公司收取律师见证费和法律顾问费各1万元。

租赁合同签订后，汽配公司向集团公司支付租赁费200万，并开始对租赁房屋进行改造、采购啤酒城设备等，实际投入2800万元人民币。此外还有1200万元工程款待付。

由于集团公司不能提供租赁场地的土地使用权证明，啤酒城建设手续始终无法办理，项目无法竣工，巨额投资成了泡影，还要支付施工单位的工程款，汽配公司损失惨重。

后经多方了解，得知集团公司所在地早已于1993年7月10日被北京市计委和建委联合发文批给了某房地产公司建设住宅新区。1995年7月18日北京市政府下发了建设征地的批复。同年8月28日，市公安局下发了允许当地村民农转非的通知。同年9月，规划局批准了《用地规划许可证》和《规划设计条件通知书》。

投诉人认为，集团公司有明显的欺诈行为，而见证律师"房产证正在办理之中"也纯粹是假话。如果律师履行起码职责，集团公司的欺诈行为就不可能实现。见证律师的主要过错是：租赁合同期限长达25年，委托方要在该土地房屋上搞建设，被出租土地和房屋权属凭证至关重要，但律师没有进行最基本的审

---

① 参考北京市律师协会主编：《北京律师职业警示录》，中国政法大学出版社2005年版，第196页。

查,就出具了肯定性的见证意见,造成了投诉人的重大损失。

投诉请求:

(1) 赔偿因律师见证错误而给投诉人造成的经济损失;

(2) 对该二律师给予纪律处分;

(3) 退还律师见证费1万元。

被投诉人答辩:

魏律师的答辩:

(1) 投诉方法人资格被吊销,不能作为投诉主体主张权利,且超过投诉时效。

(2) 本人没有接受投诉方委托,合同见证是受集团公司委托,且见证书内容合法真实有效。当时房屋、土地没有产权证,但房产、土地是真实的,至今该场地仍被投诉人使用。至今投诉方还欠集团公司1000多万租金。

(3) 啤酒城不能如期开业原因在投诉人。

李律师答辩称:

(1) 合同约定要符合规划要求,必要时办理审批手续,投诉人自己不办审批手续就施工,责任应当自负;

(2) 场地是否符合建啤酒城的规划要求,见证书中没有说,合同也无此条款;

(3) 房屋场地的权属没有争议;

(4) 即使该房屋土地没有办理产权证,也不影响出租;

(5) 律师见证是对合同条款本身的见证,内容是否真实应由提出人承担。

李律师还认为:该案的起因是投诉人一开始就违规操作,盲目投资,且是因自身资金困难造成未能开业。规划局虽进行了处罚,但同时同意作为临建保留使用。

(二) 查明事实

1. 1998年8月20日,集团公司与汽配公司签订房屋场地租赁合同,该合同约定,集团公司将某中心的建筑物和场地出租给汽配公司,租赁期限为25年。同日,HY所魏律师与H所李律师共同作为见证方,并为《房屋场地租赁合同》的甲方集团公司和该合同乙方汽配公司出具了《合同见证书》。该见证书确认:"见证方依据中国法律规定对被见证方所签《房屋场地租赁合同》进行了全面审查,认为甲方因正从农业口转到居民口,房产证正在办理之中,符合中国关于房屋场地出租规定,合同系甲乙双方真实意思表示且符合中国法律规定,见证方予以见证。"

2. 1999年1月18日,HY所收取汽配公司律师见证费1万元,并出具了北京市律师业专用发票。

3. 1993年7月10日，北京市计委和建委联合作出了开发建设可行性研究报告的批复，该批复的内容为，同意某房地产开发公司（在上述见证书所涉及的土地上）开发建设该住宅小区。

4. 1995年7月18日，北京市政府作出了建设征地的批复，同意某房地产开发公司（在上述见证书所涉及的土地上）开发建设该住宅小区。

（三）行业惩戒

1. 关于律师见证是否存在错误的问题。本会认为，两位律师在见证书中称："……房产证正在办理之中，符合中国关于房屋场地出租规定……"两位律师发表上述见证意见的基础应当是到相关的土地及房屋管理部门核查各种证件的真实性，核实合同标的物的场地及房屋的权属状况。但是，李律师在本会召开的听证会上称：对于"房产证办理中"的见证陈述，只是听集团公司自称归其所有。李律师问过土地及房产证，集团公司称无钱办理。魏律师称：其审查了合同条款，向集团公司核实了土地权属。关于房地产的权属没有去调查。姑且不论集团公司出租给汽配公司的房屋和场地是否包括在住宅新区的规划内，仅从上述两律师的陈述中可以看出他们没有尽到勤勉尽责的义务，导致其当时本应可以查证的集团公司不享有见证书所涉土地、房屋的使用权和所有权这一事实被隐瞒，两律师的见证意见与事实不符，见证结论是错误的。由此，可以认定李律师、魏律师在承办上述见证法律业务过程中违反了中华全国律师协会《律师职业道德和执业纪律规范》第8条的规定，应予相应的纪律处分。

2. 关于H所收取投诉人的1万元见证费的问题，本会认为，李律师未认真负责地履行代理职责，在代理工作中存有瑕疵。律师接受当事人的委托后，应当认真、全面、负责地履行职责，充分维护委托人的合法权益。律师事务所向委托人收取的法律服务费，应当以律师为委托人提供的法律服务活动符合法律规定和行业规范规定的服务质量要求为前提。不符合服务质量要求的服务应当视为无效服务，不能收取相应的服务费。因此，鉴于其服务质量不符合《北京市律师执业规范》第九章的相关规定，且投诉人要求退还已支付的1万元见证费，故本会支持投诉人的主张，责令H所退还投诉人1万元代理费。

3. 关于是否由于律师出具的见证书造成投诉人的巨额损失的问题。本会认为，上述问题超出本会管辖范围，应当由有关机关作出认定。

综上，律协纪律委员会决定：

1. 给予H所李律师、HY所魏律师谴责的处分。

2. 责令H所退还投诉人代理费1万元，H所应在收到本会通知后10日内主动与投诉人联系，退还上述款项。

（四）案件评析

全国律协2011年《律师执业行为规范》第6条规定："律师应当诚实守信、

勤勉尽责,依据事实和法律,维护当事人合法权益,维护法律正确实施,维护社会公平和正义。"正如前文所述,勤勉义务要求律师应时时自觉按照职业伦理的要求,充分运用自己的法律专业知识和技能,处理好受委托的法律事务。律师应忠诚于委托人,热情提供服务;勤奋工作,恪尽职守;及时、准确、保证质量地完成工作。

本案中,在存在着明显的有碍当事人合同目的实现的瑕疵情形下,由于两名律师的疏忽、懈怠竟没有发现,轻率地对合同予以见证从而导致了委托人的投资失利,因此这两名律师违反了律师勤勉尽责义务的要求。见证业务是律师的非诉讼业务之一,也是一项容易引发职业责任风险的业务。律师事务所对此应予以高度重视,加强风险防范,尽可能通过有效手段弥补个别律师在执业活动中可能产生的疏漏。在见证业务中,律师应该首先对见证标的的合法性、真实性和可行性等进行认真的调查和分析,对见证标的中的问题或瑕疵告之委托方予以弥补。一般说,在撰写见证词时,应尽可能简短和精悍,而调查则要细致充分,不能在没有任何证据和法律依据(甚至违反法律规定)的情况下草率从事,造成重大疏漏,甚至导致委托人的经济损失。

三、Z律师违反勤勉尽责义务案

(一)简要案情

2010年1月30日张某向上海市律师协会(以下简称上海市律协)书面投诉上海市G律师事务所(以下简称G所)Z律师。

投诉人述称:张某于2008年12月9日与G所Z律师签订了一份《聘请律师合同》,委托Z律师代理其诉王某合伙协议纠纷一案,委托权限为特别授权。该案由上海市C区人民法院(以下简称C法院)民一庭受理,共开庭三次。第一次开庭时,Z律师在未征得张某同意的情况下,私自转委托没有律师资格的私人助理万某以公民代理身份出庭。第二次开庭时,Z律师无故未到庭。鉴于Z律师怠于处理该案的态度,且经常无法联系到Z律师了解该案进度,经与Z律师协商一致,张某于2009年9月23日签署《解除委托证明》,解除了与Z律师之间的委托关系。其后,Z律师又接到C法院通知,该案将于2010年10月23日第三次开庭。然而,Z律师并未通知张某本次开庭日期。由于第三次开庭当日没有任何代理人代表原告张某出庭,C法院遂裁定张某撤诉。张某系在法院查档时才获悉该案因代理人未到庭而被裁定撤诉一事。

Z律师辩称:我于2009年接受张某女儿的委托为其代理诉讼案件,本案前后共起诉过两次,第一次,由于C法院受理本案的业务庭有误(应为民二庭处理,不知何故被放到民三庭),故要求我先作撤诉处理,并全额退回诉讼费。为此我征求张某的意见,他同意先撤回起诉,再进行第二次起诉。C法院于2009

年4月14日第一次开庭审理,我知道对方不会来,只是过一下程序,就派了我的助理万某以公民代理方式去开庭。第二次开庭是2009年6月9日,我是接到法院电话通知,因为当时正好自己投资被骗四处躲债,连家里都顾不上,已经无暇顾及工作,所以未能正常出席庭审。由于张某一直未能找到我,对我很不满意,所以双方在2009年9月23日签署了《解除委托证明》,正式解除委托代理关系,我也退回了律师代理费5000元。因为当时张某称要另找律师代理,所以我把案件材料都给了张某。我以为张某已经另找律师与法院联系,已跟我没有关系,也就不再顾及此案。但实际上张某并未另找律师接替我,最后导致被法院裁定撤诉。当然,不管个人的事情如何,不能影响工作,但事情已经发生了,我应当正确对待并检讨。但目前张某的案件还有诉讼权利,损失并未实际发生,我愿意尽自己的力量来弥补我的过失,并愿意承担我应承担的责任。

(二) 查明事实

律协纪律委员会认定事实如下:

2008年12月9日张某与Z律师签订了《聘请律师合同》,合同约定由Z律师代理张某诉Z某租赁合同纠纷一案,代理权限为特别授权,代理费为人民币5000元。Z律师接受委托后,向C法院就该案提起诉讼。

C法院于2009年4月14日对该案进行了第一次开庭审理,Z律师委托万某以公民代理方式出席庭审。经查,万某不是Z律师所在G所执业律师,也非该所实习律师,实际为Z律师私自聘用的助理,没有出庭资格。对万某代Z律师出庭一事,张某毫不知情,Z律师事前没有通知张某也没有征得张某同意,且张某与Z律师之间签订的《聘请律师合同》没有授予Z律师转委托权限,Z律师系擅自转委托。

C法院电话通知Z律师该案将于2009年6月9日第二次开庭,然而因个人事由,Z律师并未按时出庭。其间,张某欲了解该案进展情况,多次寻找Z律师未果。鉴于Z律师不负责任的工作态度,张某于2009年9月23日签署了《解除委托证明》,解除了与Z律师之间的委托代理关系。

双方委托关系解除后,Z律师并未向C法院通知该情况。C法院其后又向Z律师送达了一份开庭通知,通知该案将于2009年10月23日进行第三次开庭。Z律师接到该开庭通知后,没有向C法院表明自己不再代理该案,也没有将此次开庭通知转交张某。由于此次开庭无人代表原告张某出庭,导致该案被C法院裁定撤诉。

2010年8月6日,在律协纪律委员会的调解之下,Z律师和张某达成和解协议:由Z律师向张某先行垫付一部分款项,并取得张某的诉讼权利和执行取款的权利;执行完毕后,Z律师在扣除先行垫付的款项后,将余款交给张某。不管最后诉讼和执行结果如何,张某已先行收取的款项不予退还。诉讼所产生的一切费用,均由 Z 律师承担。

(三) 行业惩戒

鉴于 Z 律师和张某最后达成和解,张某向律协申请撤销对 Z 律师的投诉,律协纪律委员会最终决定对 Z 律师进行教育后不再实施纪律处分。

(四) 案件评析

全国律协 2011 年《律师执业行为规范》第 6 条规定:"律师应当诚实守信、勤勉尽责,依据事实和法律,维护当事人合法权益,维护法律正确实施,维护社会公平和正义。"全国律协《律师协会会员违规行为处分规则(试行)》第 11 条规定:"个人会员有下列行为之一的,由省、自治区、直辖市及设区的市律师协会给予训诫、通报批评、公开谴责:……(七) 无正当理由,不按时出庭参加诉讼或者仲裁的……"

本案中,Z 律师未参加该案件的第一次和第二次开庭审理。如果说 Z 律师在第一次开庭时还委派助理去参加开庭未带来严重后果的话,那么在第二次开庭时接到开庭通知未出席庭审就完全有可能面临视为撤诉的严重后果。作为原告代理人的 Z 律师缺席此次庭审,直接导致了法院在该案第三次开庭时原告缺席就不再调查原因而直接裁定撤诉的后果。因此,对于法院最终裁定撤诉对当事人张某所带来的不利后果,Z 律师应当承担相应的责任。另外本案当中 Z 律师还存在对当事人的询问不及时答复、未经当事人同意将案件转委托非律师进行公民代理等问题,这也都是违反律师职业伦理应当予以惩戒的行为。

四、谢律师未尽职代理案

(一) 简要案情

投诉人周某某称:其委托谢律师作为其与某房地产开发有限公司商品房预售合同纠纷一案诉讼代理人,谢律师不但未能尽职,反而损害委托人的合法权益,投诉人要求某市律师协会查处。投诉人投诉称:

1. 2007 年 5 月 31 日,周某某委托谢律师等二人作为其与某房地产开发有限公司商品房预售合同纠纷一案诉讼代理人,代理权限为特别授权,具体经办过程中,该所李律师、傅某(实习律师)参与。

2. 在法院一审过程中,谢律师未经委托人同意,将委托人提交法庭的民事诉状的第一项诉求即:"1. 判令被告在一个月内履行合同约定的产权登记备案义务。逾期备案的应支付逾期备案之日起至实际履行完该义务之日止的违约金(违约金标准以合同总价款的中国人民银行公布的同期同类贷款利率计算)。"的后一段文字划掉(即:"画线处")。

被投诉人答辩称:2008 年 3 月 20 日,谢律师就投诉内容向某市律师协会提交了书面的情况说明,并提供了相应的证据材料。他表示:

1. 代理人变更诉讼请求有充分的合同依据。一是根据投诉人与律师所签订的《授权委托书》的约定,代理人有权"代为承认、放弃或变更诉讼请求"。因此,代理人对起诉状中的诉讼请求作变更,有充分的合同根据和代理权限。二是根据投诉人与某房地产开发有限公司签订的《商品房买卖合同》的约定,开发商违反协助办证义务的违约金为:"买受人不退房,出卖人按已付房价款的0.05%向买受人支付违约金。"因此,被本人划掉的该部分诉讼请求不但没有任何合同根据,应该划掉,而且与第二个诉讼请求重复,绝对不可能得到人民法院的判决确认或支持。

2. 代理人划掉该诉讼请求的事实过程。一是划掉该诉讼请求是法院的要求。二是代理人之所以设计了第一个诉讼请求,是为了与对方当事人在调解时,为委托人争取更大的、超出当事人自己合同约定的民事权利,但最终委托人不同意调解,该当事人超合同权利没有实现。三是一审判决后,代理人多次主动到当事人居住的小区和办公室说明情况,在本人免收二审律师费并代为垫付上诉费的情况下,本案进入二审程序。经本人与审判人员继续做开发商的工作,使开发商同意承担超合同义务,但最终当事人再次放弃超合同权利(即:被划掉的诉讼请求)。四是本人变更诉讼请求的行为,与本所代理人李律师、傅律师(实习律师)没有关系。

鉴于上述理由,本人认为:在一、二审中数十次在法庭的主持下,本人与开发商协调,为委托人获得95%以上的超合同权利。该投诉人之所以未能获得超合同的经济利益,完全是因为自己不同意调解的结果,其投诉没有理由。

(二)查明事实

通过某市律师协会纪律委员会组成的调查组,对投诉人和被投诉人分别进行了调查取证,制作了询问笔录。某市律师协会认为,本案事实清楚,证据确实充分。谢律师未能在代理诉讼中正确运用《中华人民共和国合同法》第114条第2款规定选择维护当事人利益最大化的诉求,其行为违反《律师职业道德和执业纪律规范》第5条规定"律师应当诚实守信,勤勉尽责,尽职尽责地维护委托人的合法权益"。

(三)行业惩戒

2008年6月16日,某市律师协会依照《律师协会会员违规行为处分规则(试行)》第11条第28项之规定,给予谢律师通报批评的行业处分。

(四)案件评析

全国律协2011年《律师执业行为规范》第6条规定:"律师应当诚实守信、勤勉尽责,依据事实和法律,维护当事人合法权益,维护法律正确实施,维护社会公平和正义。"《律师协会会员违规行为处分规则(试行)》第11条规定:"个人会员有下列行为之一的,由省、自治区、直辖市及设区的市律师协会给予训诫、通报批评、公开谴责:……(十)超越委托权限,从事代理活动的。……(二十八)有其他违法或者有悖律师职业道德、公民道德规范的行为,严重损害律师职业形象的。"

本案中,谢律师未经委托人同意,将委托人提交法院的民事诉状的第一项诉求中后一段文字删掉,不管谢律师的行为基于何种考量,都应该事先征得委托人同意,在尽可能维护当事人合法权益的前提下,与当事人充分沟通取得一致意见,当意见无法一致时,应尽量尊重委托人的合法诉求。如果委托人的委托事项违法或委托人利用律师提供的服务从事违法活动或者委托人故意隐瞒与案件有关的重要事实的,律师有权拒绝辩护或者代理。谢律师未尽职代理,其行为违反了上述规定,侵害了委托人的合法权益,应当予以惩戒。

问题讨论

1. 证监会认定,北京市某律师事务所及 5 名签字律师,在广东某公司首次公开发行股票并在创业板上市过程中,未对子公司实际控制人廖某进行实地访谈的情况下,制作虚假的实地访谈笔录;在未对某经营部经营者陈某进行实地访谈的情况下,在专项核查意见中作出对某经营部进行了实地访谈的虚假记载;未全面收集并认真查验某经营部的工商资料,未能发现某经营部经营者陈某系广东某公司财务总监配偶,未认定二者关联关系等事实。因此,中国证监会认定北京市某律师事务所在广东某公司 IPO 提供相关法律服务时,未能勤勉尽责地开展核查验证,其出具的法律意见书等文件存在虚假记载,作出对于律师事务所没收业务收入、罚款,对 5 名责任人给予警告和罚款的行政处罚。

本案中律师受到处罚的原因是什么?律师应当如何正确处理类似业务?

2. 律师的客户王医生承认其在给病人动手术时操作失误,而病人并不知道该次失误,该次失误也未产生任何副作用。事实上,如果病人真的出现某种问题,其追踪到王医生的几率是比较小的。王医生向律师咨询如何处理这种情况。如果律师具有较强的道德观念,她该为王医生提供何种建议?

3. 何女士聘请一个律师代理产品责任诉讼。何女士把一个出了故障并使其受伤的搅拌器交给律师。律师将搅拌器带回家,放在她的车库里。后来,律师在准备出售杂物时不慎将该搅拌器扔了。由于失去证据,何女士最终败诉。何女士可以对律师采取什么行动?其结果会怎样?

第二章 利益冲突规则

利益冲突是法律职业行为规则的核心问题,也是律师在执业活动中经常会面临的普遍性问题。委托人—律师关系的核心是忠实义务,所谓"受人之托,忠人之事",一旦律师因为个人或者其他职业上的关系而影响到忠实义务的履行,就可能会出现利益冲突。如何判断并且规避利益冲突,就成了非常重要的一个问题。

第一节 律师利益冲突的理论与规则

一、利益冲突的概念

如果律师对委托人的代理,受到律师自身利益或者律师对其他现行委托人、前委托人或者第三人职责的重大不利影响时,就存在着利益冲突的问题。全国律协《律师执业行为规范》(2011 修订版)第 48 条规定:"律师事务所应当建立利益冲突审查制度。律师事务所在接受委托之前,应当进行利益冲突审查并作出是否接受委托决定。"

二、种类

(一)律师—委托人利益冲突

律师自身的利益可能对委托人产生不利影响。像律师和委托人之间的商业交易、财务资助以及性关系等都要受到严格的规制。因此,一般说来,委托人不能和律师之间进行商业交易,除非这些条款是公平合理的,相关信息得到了充分的披露,委托人在征询了其他独立的法律咨询后给出了书面的知情同意。因为委托人相对于律师是弱势的,缺乏相应的博弈能力,所以要给予特别的保护。但是有一些利益冲突,即使是委托人的同意也被绝对的禁止,如律师为委托人起草遗嘱,使得律师或者律师的亲属对某些遗产获得所有权。之所以这样严格是因为这样的利益冲突即使被委托人同意也有着过于滥用的风险。

(二)现任当事人之间的利益冲突

现任当事人之间的利益冲突指的是一个律师代理利益相反的两个以上的当事人。例如几个当事人争夺同一财产的所有权,如果律师同时代理这几个当事人,就构成了同时性利益冲突,律师的忠诚就要分配给不同的委托人。在刑事诉讼中,律师担任几个共同被告的辩护人,当这几名被告相互推卸责任的时候,律师的忠诚和保密义务都会面临困境。

对于现任当事人之间的利益冲突,职业行为规则并没有绝对地禁止。一般情况下,如果该代理并不被法律所禁止,律师合理地认为能够为每个受到影响的当事人提供称职和勤勉的服务,每个受到影响的委托人都书面确认明智同意,那么就意味着委托人放弃了对利益冲突的权利要求。

(三) 连续性利益冲突

美国律师协会《职业行为示范准则》(2011年版)规则1.9(a)规定,如果律师以前在某事务中代理过委托人,在同一事务或者有实质联系的事务中他人的利益与该前委托人的利益存在重大冲突,则此后该律师不得在该同一或者有实质联系的事务中代理该他人,除非该前委托人作出了经书面确认的明智同意。① 也就是说,律师与前委托人的委托关系结束以后,还可以代理不利于前委托人的案件,但是前提是两个案件不能具有实质联系。这样的规定是合理的,因为律师对于现行委托人的忠实义务和前委托人的忠实义务是不一样的,如果按照现行委托人的标准来永久地保护前委托人,那么法律业务很难进行下去。尤其是随着律师业务范围的扩大,前委托人的数量也在不断增长,如果绝对禁止代理不利于前委托人的案件,那么律师的案源就会直线下降。所以从一定意义上说,连续性利益冲突的规则也是对于律师权利的保障。对于同时性利益冲突来说,职业规则更多地保护了委托人的利益,只要是不利于现行委托人的案件,无论是否具有实质性的联系,律师一般都不得代理,除非委托人同意。实际上现行委托人具有了一种否决权。而在连续性利益冲突的案件中,现任委托人没有这样的否决权。

该规则同时保护了委托人—律师关系。在委托人—律师关系结束以后,律师对于委托人的职责并没有完全结束,例如根据这个规则,律师不能代理新的委托人,使得自己为前委托人起草的合同无效。律师和前委托人的交流中所获得的秘密信息,也不能被用在后一代理中反对前委托人。否则,所有的委托人就会担心自己和律师的秘密交流被滥用,而不敢和律师推心置腹,从而影响代理的有效性。

三、境外利益冲突规则概览

(一) 美国标准

在美国律师协会《职业行为示范规则》中,规则1.7至规则1.13以及规则1.18均对利益冲突作了规定。其中,示范规则1.7规定利益冲突三种主要来源的一般标准:第三方干预、律师个人利益和多客户利益。示范规则1.7(a)部分

---

① 北京律师协会组编:《境外律师行业规范汇编》,中国政法大学出版社2012年版,第194—195页。

地作了以下表述：

如果代理行为涉及同时性利益冲突，律师不应代理客户。下列情况存在同时性利益冲突：

(1) 律师对一个客户的代理将直接损害另一客户；或者

(2) 律师对一个或多个客户的代理将导致重大风险，该律师可能因此而违背对另一客户、前客户、第三方或律师个人利益的责任。

由于大多数的利益冲突都置客户利益于风险之中以及由于客户自治、客户决策在一定程度上属于值得尊重的价值，客户有权豁免大多数的利益冲突。对此，示范规则1.7(b)是这样表述的：

尽管存在同时性利益冲突……如果存在以下情况，律师仍可为客户进行代理：

(1) 律师合理地相信，其能够为每一个关联客户提供合格而勤勉的代理；

(2) 法律不禁止该种代理；

(3) 律师同时代理的两个客户之间不在同一诉讼中或同一其他法庭程序中存在诉讼请求；

(4) 每一关联客户均提供知情同意并以书面形式确认。

律师与客户之间有一系列特殊交易要受到具体冲突规则的规范。示范规则1.8(a)对律师与客户之间的商业交易作了规定，要求律师告知客户其具有获得独立律师的权利，要求双方之间的商业交易具有客观合理性，要求以客户能够理解的语言对商业交易进行书面记录。该规则涉及的其他特殊情况适用于独特的冲突规则：

(1) 律师不得为客户起草以自己或其近亲属为受赠人的赠予文件[示范规则1.8(c)]；

(2) 律师不得在代理结束之前就客户案件向媒体发表意见[示范规则1.8(d)]；

(3) 律师不得超出代理范围为客户提供经济帮助[示范规则1.8(e)]；

(4) 律师不得与客户订立在将来可能限制其过错责任的合同[示范规则1.8(h)]；

(5) 律师不得与非代理客户或前客户达成过错赔偿协议，除非律师事先告诉该客户或前客户可以获得独立律师的帮助。

(6) 2002年2月《示范规则》纳入一个新的条款1.8(j)。该条款禁止律师与客户之间的绝大部分两性关系，但不禁止"律师—客户"关系建立之前已经存在的两性关系。

《示范规则》1.9对律师向前客户负有的义务作了规定。该条款特别禁止：如果前、后客户的利益相互冲突，在特定事务中代理过前一客户的律师又在另一实质关联事务中代理后一客户。而且，对于非实质关联事务，律师不得利用在前一代理中获得的信息损害前一客户的利益。这个规则说明，即使"律师—客户"关系正式终止以后，律师对客户仍然继续负有不变的保密义务和忠诚义务。

根据《示范规则》1.10作为一项普遍原则，如果律师涉入利益冲突，则该冲突自然转移至（归入、延伸到）其所属法律机构（通常是律师事务所）的所有律师。这种"牵连失格"规则主要建立在这样一个观念上，即被一个律师知悉的秘密信息必定被同一律师事务所的其他律师有效地知悉。在诉讼中，对律师或其所属的整个律师事务所提出失格动议是一项有利的战术性策略，可以有效地否定对方的律师选择权并使司法体系的健康运行免受利益冲突的威胁。[①]

（二）欧洲标准

在欧盟，针对律师的相关利益冲突规则由欧盟律师协会制定，欧盟《律师职业行为准则》3.2对此作了规定。其中关于利益冲突的一般规则与上述美国规则非常相似。规则3.2.1的表述如下：

如果两个或两个以上的客户在利益上存在冲突或重大冲突风险，则律师不得在同一事务中为这些客户提供咨询、代理或其他服务。

然而，如果利益冲突确已发生，有几个关于律师处理程序的规则与美国规则截然不同。

一方面，针对发现利益冲突的情况，欧盟《律师职业行为准则》3.2.2是这样规定的：如果两个客户之间发生利益冲突，律师应当停止对两个客户的代理；如果存在违反律师保密义务或损害律师独立性的风险，律师也应停止对客户的代理。

另一方面，针对新客户的潜在利益冲突风险，欧盟《律师职业行为准则》3.2.3是这样规定的：如果存在侵犯前客户保密信息的风险或者知悉律师掌握的前客户信息将对新客户产生不正当利益，律师不得对新客户进行代理。

这些规定反映欧盟的一个共同原则，即客户不能豁免利益冲突，从而在律师独立于外部因素方面表现出不同的看法。这种不同的看法很可能源于这样一个事实，即美国的利益冲突规则以代理法为基础，而欧盟不是这样。

在客户豁免潜在利益冲突的能力方面，大多数欧洲民法法系国家遵从欧盟的规则。在这些国家，客户在利益冲突的处理决定方面通常没有话语权。例如，意大利《律师伦理准则》第37(1)条规定："如果存在潜在利益冲突，客户无权表达意见，律师必须拒绝与现客户存在潜在利益冲突的新业务。"在法国，Law Decree第155条规定："如果存在潜在利益冲突，客户可以豁免。如果冲突已经发

---

① 〔美〕詹姆士·E.莫里特诺、乔治·C.哈瑞斯：《国际法律伦理问题》，刘晓兵译，北京大学出版社2013年版，第125—128页。

生,客户无权豁免。如果利益冲突在律师代理之初并不明显,但在之后被发现,律师必须建议客户更换代理"。在德国,律师不得参与先前已经提供法律意见或为对方提供代理的事务。律师参加利益冲突代理,和违反保密义务一样,可追究其刑事责任。①

(三) 日本标准

在日本,《执业律师伦理准则》和《执业律师法》包含不少与利益冲突有关的规则。总体而言,这些利益冲突规则与美国相关规则类似,在实质上允许客户对某些冲突情况,而不是全部冲突情况,豁免其利益冲突。几乎和美国一样,一旦发现潜在利益冲突,律师必须与客户取得联系。《执业律师伦理准则》第 25 条规定:"如果律师在某一事务中与对方存在特殊关系,而这种关系可能损害律师与其客户之间的信赖委托关系,则律师应当将这种情况通知客户。"

该准则第 26 条对客户不得豁免利益冲突的一般情形作了规定:

(1) 律师已就某一事务向对方提供法律咨询,并且咨询的过程与方式建立在信托关系的基础上;

(2) 律师当前客户的利益与律师正在处理的另一事务的客户利益存在冲突;

(3) 律师在为某一事务提供代理的同时,在另一事务中接受对方的委托。

除此之外,还有两种客户可以豁免利益冲突的一般情形:

(4) 律师在处理一项事务的时候,对方要求该律师处理另一正在处理的事务。

(5) 律师曾作为公职人员、依法律或法规参与公共事务处理的人员或作为仲裁人员处理过某一事务。

《执业律师法》第 25 条在更大范围内规定了律师不得处理的案件。在该条,这些案件具体包括:

(1) 律师在为反方提供咨询过程中支持反方、或接受反方为客户的案件;

(2) 律师为反方提供过咨询,而该咨询的范围和形式可被视为建立在双重"律师—客户"关系之上的案件;

(3) 律师先前代理案件的反方请求律师代理的任何其他案件(客户可以豁免);

(4) 律师作为公职人员在履行义务过程中处理的案件;

(5) 律师作为仲裁人员在仲裁过程中处理的案件;

(6) 律师所属律师事务所在咨询过程中支持反方或接受反方作为其客户的

---

① 〔美〕詹姆士·E.莫里特诺、乔治·C.哈瑞斯:《国际法律伦理问题》,刘晓兵译,北京大学出版社 2013 年版,第 129 页。

案件,而该律师是该律师事务所的合伙人或该律师事务所聘请的执业律师;

(7) 律师所属律师事务所在范围上和形式上基于"律师—客户"关系为反方提供法律咨询的案件,而该律师是该律师事务所的合伙人或该律师事务所聘请的执业律师;

(8) 律师所属律师事务所已经为反方代理过的案件,而该律师是该律师事务所的合伙人或该律师事务所聘请的执业律师;

(9) 由该法第 30 条第 2 款第 1 段规定的法律服务机构应某一案件的反方请求而处理的任何其他案件,该律师是该法律服务机构的合伙人或雇员且前一案件已由该法律服务机构处理过。

四、我国利益冲突规则

全国律协《律师执业行为规范》第 48 条规定:"律师事务所应当建立利益冲突审查制度。律师事务所在接受委托之前,应当进行利益冲突审查并作出是否接受委托的决定。"

第 49 条规定:"办理委托事务的律师与委托人之间存在利害关系或利益冲突的,不得承办该业务并应当主动提出回避。"

第 50 条规定:"有下列情形之一的,律师及律师事务所不得与当事人建立或维持委托关系:

(一) 律师在同一案件中为双方当事人担任代理人,或代理与本人或者其近亲属有利益冲突的法律事务的;

(二) 律师办理诉讼或者非诉讼业务,其近亲属是对方当事人的法定代表人或者代理人的;

(三) 曾经亲自处理或者审理过某一事项或者案件的行政机关工作人员、审判人员、检察人员、仲裁员,成为律师后又办理该事项或者案件的;

(四) 同一律师事务所的不同律师同时担任同一刑事案件的被害人的代理人和犯罪嫌疑人、被告人的辩护人,但在该县区域内只有一家律师事务所且事先征得当事人同意的除外;

(五) 在民事诉讼、行政诉讼、仲裁案件中,同一律师事务所的不同律师同时担任争议双方当事人的代理人,或者本所或其工作人员为一方当事人,本所其他律师担任对方当事人的代理人的;

(六) 在非诉讼业务中,除各方当事人共同委托外,同一律师事务所的律师同时担任彼此有利害关系的各方当事人的代理人的;

(七) 在委托关系终止后,同一律师事务所或同一律师在同一案件后续审理或者处理中又接受对方当事人委托的;

(八) 其他与本条第(一)至第(七)项情形相似,且依据律师执业经验和行业常识能够判断为应当主动回避且不得办理的利益冲突情形。"

第 51 条规定："有下列情形之一的，律师应当告知委托人并主动提出回避，但委托人同意其代理或者继续承办的除外：

（一）接受民事诉讼、仲裁案件一方当事人的委托，而同所的其他律师是该案件中对方当事人的近亲属的；

（二）担任刑事案件犯罪嫌疑人、被告人的辩护人，而同所的其他律师是该案件被害人的近亲属的；

（三）同一律师事务所接受正在代理的诉讼案件或者非诉讼业务当事人的对方当事人所委托的其他法律业务的；

（四）律师事务所与委托人存在法律服务关系，在某一诉讼或仲裁案件中该委托人未要求该律师事务所律师担任其代理人，而该律师事务所律师担任该委托人对方当事人的代理人的；

（五）在委托关系终止后一年内，律师又就同一法律事务接受与原委托人有利害关系的对方当事人的委托的；

（六）其他与本条第（一）至第（五）项情况相似，且依据律师执业经验和行业常识能够判断的其他情形。

律师和律师事务所发现存在上述情形的，应当告知委托人利益冲突的事实和可能产生的后果，由委托人决定是否建立或维持委托关系。委托人决定建立或维持委托关系的，应当签署知情同意书，表明当事人已经知悉存在利益冲突的基本事实和可能产生的法律后果，以及当事人明确同意与律师事务所及律师建立或维持委托关系。"

第 52 条规定："委托人知情并签署知情同意书以示豁免的，承办律师在办理案件的过程中应对各自委托人的案件信息予以保密，不得将与案件有关的信息披露给相对人的承办律师。"

第二节 案例研习

一、北京某公司投诉 TJ 律师事务所鲁律师案——律师收费侵害关联方利益[①]

（一）简要案情

2002 年 7 月 31 日，北京某公司以采取不正当手段骗取其高额律师费为由向北京市律师协会（以下简称本会）投诉 TJ 律师事务所（以下简称 TJ 所）及鲁

[①] 参见北京市律师协会主编：《北京律师职业警示录》，中国政法大学出版社 2005 年版，第 212 页。

律师。

投诉人称：

1. 2001年7月30日，北京CH房地产开发有限公司（以下简称CH公司）与ZC房地产开发有限公司（以下简称ZC公司）通过签订股权转让协议，CH公司以现金出资方式获得ZC公司拥有的北京某公司（以下简称某公司）的800万元股权，同时免去王某某的该公司董事长兼总经理的职务。

2. 2001年10月18日，被解除职务后，王某某在未取得某公司法定代表人杨某授权的情况下，背着某公司，于2001年10月18日，以ZC公司、某公司的名义联名与TJ所签订了《委托代理协议》，并支付律师费100万元。

3. 根据相关的《股权转让协议》的规定，CH公司拥有ZC公司在某公司的全部股权是无可争议的事实；某公司与ZC公司联名与TJ所签订了《委托代理协议》，委托鲁律师等人处理某公司与CH公司、ZC公司的股权转让纠纷是没有道理、自相矛盾的。

4. 《委托代理协议》中没有任何一方法定代表人或其他有权签字人的签字，作为律师事务所，TJ所签署的法律文件存在如此明显的疏漏，其用心不言而喻。协议签订后，某公司从未获得TJ所提供的任何法律服务，违反了等价交换原则。

5. 《委托代理协议》是王某某被解除职务后，在工作交接期间，伙同财务人员盗用印章所为。目前，王某某因巨额贪污逃往国外，正在通缉中。

投诉请求：

1. 退还其收取的不合理的律师费；
2. 依法追究相关人员的责任并予以严肃惩处。

被投诉人鲁律师答辩称：

1. 2001年2月28日，ZC公司与CH公司就转让ZC公司在某公司的股权事宜签订转让协议。该协议主要内容为：CH公司在签约之日起5日内向ZC公司一次性支付股权转让金800万元，并向某公司一次性投资4200万元并承担某公司对外债务，ZC公司将其持有的该公司的80%的股份转让给CH公司。其后，CH公司并未完全履行上述协议，遂双方因股权转让形成纠纷。

2. 2001年10月18日，ZC公司和某公司的董事长、总经理王某某以ZC公司和某公司联合委托的方式与TJ所签订《委托代理协议》，TJ所指派我和李律师承办其委托的事项。

3. 我们已按照《委托代理协议》的约定履行了代理职责，代理工作已取得了委托人的认可。

TJ所答辩称：

1. 我所于2001年10月18日接受ZC公司和某公司的委托，签订了《非诉讼委托代理协议书》，并按照协议约定收取了代理费100万元，并向委托人开具了正式发票。

2. 接受委托后,我所律师按照委托代理协议的约定进行了大量工作,并得到了委托人的书面认可。

3. 对于股权转让纠纷,我所接受委托的方式并无不当;根据《委托代理协议》约定的内容以及律师的工作情况,代理过程并无不当;委托方和受托方通过协议确定收费方式及收费数额也并无不当。

4. 投诉人并未就委托代理一事向我所提出过任何要求。

(二) 查明事实

1. 某公司系由北京 ZC 公司和北京某物业管理有限公司(以下简称某物业)共同投资设立,某公司在北京市工商行政管理局登记注册,注册资本人民币1000万元。其中,ZC 公司出资人民币800万元,持股80%;某物业出资人民币200万元,持股20%。ZC 公司的董事长王某某同时担任某公司的董事长、总经理。

2. 2001年2月28日,ZC 公司与 CH 公司签订《股权转让协议》。约定由 CH 公司受让 ZC 公司所持有的某公司的全部股权;该协议约定,该股权转让的价款为人民币800万元。此外,CH 公司应当向某公司投资人民币4200万元。该等款项应当由 CH 公司在协议签订后5日内支付。前述款项支付完毕后,双方按照有关规定到工商局办理股权变更登记。

3. 2001年3月18日,CH 公司和某公司签订借款协议,约定由某公司向 CH 公司借款人民币2000万元,补充某公司的项目建设资金。据了解,CH 公司实际向某公司提供借款人民币1500万元,其中800万元作为向 ZC 公司支付的股权转让款。其余的款项未支付。

4. 2001年10月10日,CH 公司与 ZC 公司办理完股权转让工商登记工作,CH 公司派人进驻某公司,董事会成员进行相应的调整,某公司的法定代表人由王某某更换为杨某某。

5. 由于 CH 公司未完全履行协议约定的付款义务,ZC 公司与 CH 公司之间就股权转让、移交公司资产、财务等方面发生争议。

6. 2001年10月18日,ZC 公司和某公司作为委托人共同委托 TJ 所鲁律师、李律师作为代理人处理股权争议事项。三方签订的《委托代理协议》约定由某公司向 TJ 所支付律师费用人民币100万元。同日,某物业出具《承诺书》,同意某公司支付律师费人民币100万元;承诺如果 CH 公司在股权明晰后继续保留其作为某公司大股东,则某公司支付的律师费人民币100万元由某物业从某公司所分的利润中支付。2001年10月19日,某公司向 TJ 所支付律师费人民币100万元,TJ 所出具了发票,发票号:NO.6891743。

第二章　利益冲突规则　　33

7. 2001年10月26日,某公司新的董事会召开临时会议,解除某公司原总经理王某某的职务,要求公司各部门配合移交财务、资产工作。

8. 2001年10月18日至2001年11月30日,TJ所鲁律师、李律师等进行了相关工作,包括了解案情、研究谈判方案、出具法律意见、与CH公司进行交涉、筹备仲裁事项等。

9. 2001年12月25日,ZC公司填写《律师工作反馈表》,对律师工作表示肯定。

10. 北京某公司证明原总经理王某某于2001年11月9日办理公章移交手续,王某某没有移交法人章,王某某所使用的原公司法人章已撤销,2001年11月12日,经北京市公安局某分局批准,该公司已重新刻制法人章。

(三) 行业惩戒

1. 从TJ所提供的有关资料来看,TJ所接受委托后为ZC公司提供了咨询服务,就股权争议事项出具了法律意见,研究策划了股权争议的处理方案,代表ZC公司与CH公司进行了协商谈判工作,并为ZC公司拟定了有关仲裁的法律文件。另外,从律师《工作情况反馈表》来看,ZC公司对TJ所的工作表示肯定。基于此,本会认为TJ所提供了与股权争议相关的法律服务。

2. 股权争议的当事人为CH公司和ZC公司,某公司不是该争议的当事人,不应以权利人的身份介入该争议并委托律师处理争议事项。CH公司和ZC公司在《股权转让协议》中约定由CH公司向第三方某公司投资。依据我国《合同法》第64条的规定,如果CH公司违约,则应当向ZC公司承担违约责任,而不是向第三方某公司承担责任。因此,某公司作为委托人并支付律师费用没有法律依据。

3. CH公司已经过工商登记成为某公司的合法股东,TJ所与ZC公司、某公司签订的《委托代理协议》损害了某公司及其股东(包括CH公司)的利益。《股权转让协议》约定只有在CH公司支付股权转让款800万元以及对某公司的投资款4200万元后才办理工商变更登记。但实际履行合同的过程中,尽管CH公司未足额支付《股权转让协议》项下的款项,ZC公司仍然同意双方到工商机关办理工商变更登记。因此,在没有其他证据证明CH公司存在欺诈行为的情况下,可以认为尽管CH公司未全部履行付款义务,但CH公司在某公司中的股东地位已经得到ZC公司的确认。CH公司经过工商登记已经成为某公司的合法股东。

在CH公司已经办理完工商登记手续成为某公司股东的情形下,ZC公司利用董事长王某某兼任某公司总经理职务的有利条件,与TJ所签订《委托代理协议》,并由某公司支付全部律师费用,损害了某公司及其股东(包括某物业、CH公司)的利益,存有明显的主观故意。

4. TJ 所作为专业法律机构,在接受委托过程中对于前述事实以及法律上的利害关系是知道或应当知道的。在此情况下,其仍然同意与某公司签订《委托代理协议》,并接受某公司支付的律师费用,事实上协助了 ZC 公司,损害了某公司及 CH 公司的利益,主观上存有明显的过错。其行为违反了《北京市律师执业规范》第 44、46 条的相关规定,应予相应的纪律处分。但是,关于 ZC 公司、某公司、TJ 所在委托代理过程中是否对 CH 公司构成侵权的问题,属于我国《民法通则》及合同法上的实体法律问题,应当且只能由人民法院依法进行认定。

律师协会纪律委员会决定:
1. 给予 TJ 所批评的处分;
2. 建议 TJ 所返还投诉人某公司代理费 100 万元。

(四) 案件评析

本案涉及律师执业伦理问题主要体现在律师的利益冲突方面。全国律协《律师执业行为规范》第 48 条规定:"律师事务所应当建立利益冲突审查制度。律师事务所在接受委托之前,应当进行利益冲突审查并作出是否接受委托决定。"第 49 条规定:"办理委托事务的律师与委托人之间存在利害关系或利益冲突的,不得承办该业务并应当主动提出回避。"第 50 条规定:"有下列情形之一的,律师及律师事务所不得与当事人建立或维持委托关系:……(五) 在民事诉讼、行政诉讼、仲裁案件中,同一律师事务所的不同律师同时担任争议双方当事人的代理人,或者本所或其工作人员为一方当事人,本所其他律师担任对方当事人的代理人的;(六) 在非诉讼业务中,除各方当事人共同委托外,同一律师事务所的律师同时担任彼此有利害关系的各方当事人的代理人的……"另外,《北京市律师执业规范》第 44 条规定:"委托人拟委托事项或者要求属于法律或者律师执业规范所禁止的,律师应当告知委托人,并提出修改建议或者予以拒绝。"第 46 条规定:"在接受委托之前,律师及其所属律师事务所应当进行利益冲突查证。只有在委托人之间没有利益冲突的情况下才可以建立委托代理关系。"从以上条文中我们可以看出律师对于存在利益冲突的案件是不得代理或者应当回避的,律所在接受当事人的委托时应当进行利益冲突的查证,避免代理存在利益冲突的案件。

本案中 TJ 所及该所具体承办律师作为专业法律机构和人士,不但在接受委托时没有进行必要的利益冲突查证,更是在明知 CH 公司已经办理完工商登记手续成为某公司股东、某公司的利益已经脱离 ZC 公司而与 CH 公司融为一体的情形下,仍然接受 ZC 公司与该某公司的共同委托,处理其与 CH 公司之间的纠纷,这就构成了律师执业伦理中代理有利益冲突双方当事人的行为。并且 TJ 所的这种代理行为也并没有得到 CH 公司和该某公司的正当同意,而实际的情况则是 ZC 公司利用董事长王某某兼任某公司总经理职务的有利条件,与 TJ 所签订《委托代理协议》,并由某公司支付全部律师费用,意图转嫁律师费用给 CH 公司和某公司。所以 TJ 所在明知其中存在利益冲突时仍然接受了 ZC 公司和某公司的委托就违反了禁止利益冲突规则,应当受到惩戒。

二、北京某公司投诉 YW 律师事务所刘律师案——律师私收案,代理被告又代理原告[①]

（一）简要案情

2001 年 11 月,投诉人北京某公司向北京市律师协会(以下简称本会)投诉 YW 律师事务所(以下简称 YW 所)刘律师。本会在审查过程中认为该律师涉嫌双方代理、私自接案,于 2002 年 2 月将该案转交北京市司法局审理。2003 年 2 月,北京市司法局将该案转至本会审查。

投诉人诉称：

我公司于 1999 年 2 月 14 日从某区某村朱某手里购进棉籽 245.48 吨,单价人民币 1120 元,总金额人民币 274937 元。该货款从朱某欠我公司的鱼饲料款中扣除,当时我公司经办人曹某给朱某打了收条。2000 年 8 月份,我公司接到北京市某区人民法院的通知,说北京市某饲料厂起诉我公司,追要 274937 元的棉籽款。我公司便聘请了刘律师作为代理人,并向他介绍了我公司从朱某手里购进棉籽一事,但与某饲料厂未发生任何买卖关系。2000 年 8 月 10 日开庭时,刘律师提出要对某饲料厂提供的收条进行鉴定,法院于一周后认为某饲料厂提供的证据有问题,某饲料厂便撤诉了。撤诉后,某饲料厂花重金聘请刘律师,在刘律师的指点下,某饲料厂法定代表人王某又找朱某伪造了聘书、委托书和一份证明材料,于 2001 年 2 月再次提起诉讼,刘律师作为某饲料厂的代理律师。因法院判决我公司向某饲料厂支付该棉籽款,使我公司为一笔棉籽款付出了两笔钱。我们请求有关部门对刘律师作出应有的处罚,对其在此案中给我公司造成的经济损失予以赔偿。

投诉请求：

1. 要求对刘律师的违纪行为给予相应处分并承担给投诉单位造成的经济损失；

2. 追究刘律师伪造证据的刑事责任。

被投诉人刘律师答辩称：

2000 年 8 月份,在某饲料厂诉某厂和曹某的购销纠纷一案中,我以公民的身份为曹某代理,双方没有委托协议,只有曹某向我签署的提交法院的授权委托书,YW 所不知此事。2001 年 2 月 12 日某饲料厂再次起诉某厂和曹某后,又撤

[①] 参见北京市律师协会主编:《北京律师职业警示录》,中国政法大学出版社 2005 年版,第 218 页。

销了曹某的诉讼主体资格,只告某厂。我应某饲料厂厂长王某的要求以律师身份为该厂代理。因某饲料厂厂长是我妻子的远房亲戚,双方没有签订委托协议,未收取代理费,某饲料厂给我签署一份提交法院的授权委托书,我使用了以前办案未用完的两张所里的律师出庭函,此事没有向律师事务所汇报也没有向主任请示,属于私自接案,与 YW 所无关。

YW 所称:

接到京律协纪字(2001)第 072 号受理投诉通知,我所立即通知被投诉律师本人,责成其按要求提交有关材料。我们认为问题出现在刘律师身上,根源在于事务所管理不严密、不严格。律师如果认真按照《北京市律师业避免利益冲突的规则(试行)》办事,是可以避免的。再者,刘律师作为兼职律师,私自接案,这是绝对的违纪,必须予以惩处。

我所将司法局、律协的一系列规定再次强调重申,对照相关文件审查执业中的各个环节,防止再次发生类似现象和问题;按照京司发[2001]234 号文件要求认真检讨各项规章制度和管理办法,认真整改,边学边改,认真做好教育评查活动。我所愿配合律协纪律处分委员会的工作,接受教育管理不严的教训。

(二) 查明事实

1. 2000 年 8 月 21 日,北京市某区人民法院(2000)经初字第 666 号民事裁定书判定:原告某饲料厂与被告某公司及曹某的购销纠纷一案中,原告于 2000 年 8 月向本院提出撤诉申请。本院裁定准许原告撤诉。该判决书中认定:刘律师以北京某学校教师的身份为曹某代理。双方未订立委托协议,也没有收取代理费。投诉人提交的该案原告某饲料厂致某区人民法院的起诉状复印件中称:被告曹某,某公司负责人。

2. 2001 年 6 月 11 日,在某饲料厂再诉某厂购销纠纷一案的北京市某区人民法院(2001)经初字第 215 号民事判决书中认定:YW 所刘律师为原告某饲料厂委托代理人。刘律师在代理该购销纠纷案中,某饲料厂与 YW 所没有签订委托协议,YW 所也没有收取代理费,刘律师未经 YW 所同意,使用了以前办案剩余的两张事务所出庭函。

3. 2001 年 10 月 18 日,北京市某中级人民法院就上诉人某公司不服北京市某区人民法院一审判决一案作出终审判决:驳回上诉,维持原判。该判决中认定:某饲料厂委托代理人是 YW 所刘律师。

(三) 行业惩戒

1. 被投诉人刘律师在某饲料厂第一次起诉某公司和曹某货款纠纷案件中,担任两被告其中之一曹某的诉讼代理人。在充分掌握该案件事实的基础上,又在撤诉后,某饲料厂第二次起诉某公司货款纠纷的同一案件中,担任原告某饲料厂的诉讼代理人,其行为已严重违反了《律师职业道德和执业纪律规范》第 8 条关于律师应当"保守委托人的商业秘密及委托人的隐私"及第 28 条关于"律师不得在同一案件中为双方当事人担任代理人"和《北京市律师业避免利益冲突规则（试行）》第 21 条的规定，应予相应的纪律处分。

2. 被投诉人在第二次诉讼中，未与当事人签订委托协议，也未经事务所指派为当事人提供法律服务，便以律师身份参加诉讼活动，违反了《中华人民共和国律师法》第 35 条第 1 项、《律师违法行为处罚办法》第 6 条第 8 款和《北京市律师执业规范》第 19 条的规定，应予相应的纪律处分，并上报司法行政机关予以相应的行政处罚。

3. 投诉人称被投诉人指使某饲料厂厂长王某、朱某伪造证据一节，因投诉人提供的证据不能证明被投诉人有此行为，并经本会调查，也没有获取相关证据，故本会对该项投诉不予支持。

4. YW 所在此次投诉案件中对律师事务所的管理责任有充分的认识，综合本案具体情况以及 YW 所的管理情况，在刘律师违规违纪问题上，YW 所应接受教训，加强本所的管理工作。

律协纪律委员会决定：

1. 给予 YW 所刘律师公开通报批评的处分，并建议司法行政机关予以相应的行政处罚；

2. YW 所应加强本所的整顿，在接到本通知后 1 个月内将整顿情况的书面报告上交本会行业纪律部；

3. 投诉人其他投诉请求不属本会管辖，驳回投诉人北京某公司对 YW 所刘律师的其他投诉请求。

（四）案件评析

全国律协《律师执业行为规范》第 48 条规定："律师事务所应当建立利益冲突审查制度。律师事务所在接受委托之前，应当进行利益冲突审查并作出是否接受委托决定。"第 49 条规定："办理委托事务的律师与委托人之间存在利害关系或利益冲突的，不得承办该业务并应当主动提出回避。"第 50 条规定："有下列情形之一的，律师及律师事务所不得与当事人建立或维持委托关系：……（七）在委托关系终止后，同一律师事务所或同一律师在同一案件后续审理或者处理中又接受对方当事人委托的……"另外，《北京市律师执业规范》第 44 条规定："委托人拟委托事项或者要求属于法律或者律师执业规范所禁止的，律师应当告知委托人，并提出修改建议或者予以拒绝。"

本案中刘律师的错误是十分明显的，他在已经代理本案被告、熟知本案被告的相关秘密的情况下，在原告第二次起诉中又代理本案原告。刘律师的这种行为必然会损害本案被告的利益，也会损害当事人对于律师的信任。而委托方与受托方之间的信任则是委托代理合同最重要的基石，缺少了信任，则委托代理将没有意义。如果律师不能切实保护当事人的隐私、秘密,不能在一件案件中忠实于一方当事人,那么势必会损害整个律师业的声誉与形象,也会阻碍整个律师业的健康发展。所以律师在代理案件中一定要杜绝"身在曹营心在汉"的现象,不能起初代理一方当事人而最后却为对方当事人所用,这种行为是为律师的职业伦理绝对禁止的。

同时,本案中也暴露出了律师违反保密义务、泄露当事人秘密、律所疏于对律师进行管理、统一接案制度不完善等问题,同样需要引起我们的注意和反思。

三、某房地产公司投诉 HZ 律师事务所吉律师案——违反利益冲突规则[①]

(一) 简要案情

2002 年 7 月 11 日,某房地产公司以吉律师通过帮助吸取存款而骗取其 50 万元人民币为由向北京市律师协会(以下简称本会)投诉北京市 HZ 律师事务所(以下简称 HZ 所)吉律师。本会于立案审查前先行进行了调解,双方未能达成一致意见。

投诉人某房地产公司称:

2001 年 5 月,我公司向广东发展银行某支行(以下简称广发银行)申请贷款。广发银行提出,让我公司为广发银行吸收一年定期存款 5000 万元,广发银行可贷款给我公司。为此,我公司经理叶某经赵某介绍,认识了赵某的同乡吉律师。吉律师告诉叶某和赵某,他是原某国家机关服务中心(以下简称服务中心)的常年法律顾问,可从服务中心调出 5000 万元存入广发银行一年,但条件是,按 9% 即 450 万元支付利息,存款前先支付 1% 即 50 万元,余款待我公司贷到款后再支付。我公司因急于用钱,答应了这些条件,向黄某借款 50 万元现金,并由黄某和王某等四人送到 HZ 所,将 50 万元现金交给吉律师。吉律师在我公司的要求下,出具了一份收据。5 月中旬,吉律师通知我公司 5000 万元已存入广发银行。5 天后,即 5 月 18 日,广发银行通知我公司存款单位已把存款转走。为此,我公司找到吉律师,要求吉律师作出解释。吉律师说,这种存款形式不安全,所以撤回。我公司认为既然 5000 万元不能在广发银行存定期一年,那么吉律师应退回 50 万元。吉律师说此款已交到服务中心财务处,但吉律师拒绝向我公司出具相关手续和证明。

投诉请求:(1) 吉律师退还 50 万元;(2) 对吉律师批评教育。

被投诉人答辩称:

2001 年 5 月,某房地产公司负责人叶某、赵某等与服务中心联系协助存款属实。某房地产公司拟向广发银行贷款数千万元,该公司为贷到该笔款,同意协

[①] 参见北京市律师协会主编:《北京律师职业警示录》,中国政法大学出版社 2005 年版,第 222 页。

助该行拉存款,条件是除正常利息外,还可以另外支付部分补偿费用。服务中心刚好有几笔约5000万元在工行、中行尚未安排使用的定期存款。服务中心同意协助该公司办理此事,但要求某房地产公司对服务中心提前支取存款的损失给予补偿,并一再声明,只负责把款转存到广发银行,至于能否贷到款,服务中心不承担任何责任。某房地产公司一口应允。

我长期担任服务中心的法律顾问,同服务中心建立了良好的信任关系。在上述存款事宜协商中,我参与了双方协商,查看了某房地产公司有关的营业执照,反复向某房地产公司了解有关情况,去广发银行落实某房地产公司所称的有关贷款情况。在双方谈到支付利息补偿费具体办法时,因彼此无法信任,经反复协商,双方同意将此款由我来监督处理。5月17日,某房地产公司叶某、赵某等到我办公室交50万元,我因此款并非我和我所收取,只出具了收款便条。5月18日,服务中心依约定将5000万元存入广发银行。5月21日,我在得知服务中心因发现存单印鉴等问题后,建议将该笔存款转回服务中心。我在同广发银行交涉的同时,也将这些情况告知了叶某和赵某。他们明确表示,广发银行贷款的事没办好,责任在他们自己,已付的50万元就当作赔偿,并希望我从中协调,再给某房地产公司一次机会,某房地产公司愿意再支付部分补偿利息(当时口头讲定为100万元)。经协商,服务中心将资金存入赵某联系的浦东发展银行阜外支行。但该笔资金存入后,到同年10月底,因涉嫌诈骗问题,我们向北京市公安局某分局报案,此案至今尚未侦查终结。对该笔50万元利息补偿费,经我们反复申述,某分局没能收缴。同年10月,黄某以该笔款是某房地产公司向她借的为由,要求我返还,我不同意。2001年1月,黄某等委托某律师事务所田律师代为处理此事,我向田律师陈明情况,提供了有关材料。

我作为服务中心法律顾问,在协助服务中心办理上述事项过程中,尽职尽责,及时防止了一起金融诈骗案,避免了国有资产的重大损失,受到了服务中心的好评,无违规违法之处,至于收取的50万元,服务中心不应当退;某房地产公司可以通过任何合法途径解决这项争议。

(二) 查明事实

1. 2001年5月初,某房地产公司为其能从广发银行办理贷款事宜,按广发银行的建议,为广发银行吸收存款。吉律师参与了某房地产公司与服务中心的协商,由服务中心向广发银行交存5000万元、定期一年的转存款等事宜。服务中心向广发银行存定期一年的5000万元款项的条件是某房地产公司需先支付给服务中心50万元。

2. 同年5月17日,某房地产公司派数人到吉律师所在HZ所的办公室,向吉律师交付50万元现金。吉律师收款后,出具了手写的收据,并加盖该所公章。该收据记载如下:"今收到某房地产公司人民币伍拾万元整。此款用作5000万元存款事项,待此事办成后,此款即可支付。否则,将全部退还资金"。

3. 同年 5 月 18 日,服务中心将 5000 万元存入广发银行定期一年。几天后,服务中心将此笔款全部从广发银行转走。

4. 随后,某房地产公司要求吉律师退还 50 万元。吉律师以此款是该公司补偿服务中心的利息损失费和此款已交给服务中心为由,拒绝退还。

5. 本会于 2003 年 1 月底、2 月初和 2 月中旬数次要求 HZ 所和吉律师补交材料,但 HZ 所和吉律师仍未能够按照本会的要求,全面提交涉案材料。

(三) 行业惩戒

1. 投诉人某房地产公司与被投诉人吉律师对服务中心向广发银行交存一年定期存款 5000 万元和该公司向吉律师交付 50 万元的主要经过均无异议。但双方对吉律师出具的收款收据中的相关表述等内容存在完全不同的理解,这也是双方争议所在。通过将投诉人在投诉书中对有关事实的陈述与被投诉人吉律师在答辩中对有关事实的表述进行对比,本会纪律委员会认为,双方对有关拉存款再贷款的交易背景情况、交易方案及其目的的认识是清楚和一致的,即某房地产公司拟通过吉律师代理的服务中心向某房地产公司指定广发银行存入 5000 万元为期 1 年的定期存款,然后由某房地产公司向吸存了该 5000 万元 1 年定期存款的广发银行申请办理贷款事宜。因此,结合 HZ 所盖章并由吉律师签署的收款收据,双方对本投诉案有关某房地产公司交付给 HZ 所及吉律师 50 万元现金的目的、用途也是明确和一致的,即双方真实的意思表示是:某房地产公司交付给 HZ 所及吉律师的 50 万元,是用于弥补服务中心为满足某房地产公司向广发银行申请贷款的条件而将在他处的 5000 万元存款转存到广发银行一年而发生的利息损失。HZ 所及吉律师向某房地产公司承诺,如果服务中心在广发银行办成了一年期的 5000 万元定期存款,HZ 所及吉律师可以将该 50 万元交付给服务中心。否则,HZ 所及吉律师应将 50 万元退还某房地产公司。本会纪律委员会认为,服务中心虽然在 2001 年 5 月 18 日依约在广发银行办理了 5000 万元的定期一年存款事项,但在同年 5 月 21 日,服务中心又根据吉律师的建议将该笔 5000 万元的一年期存款转回服务中心。而本投诉案所涉及的 50 万元支付条件是以服务中心将 5000 万元在广发银行存满一年为前提的。既然服务中心事实上只将 5000 万元存入广发银行几天就取走,就没有满足某房地产公司有关支付 50 万元的条件,HZ 所及吉律师理应履行其承诺将 50 万元全部退还某房地产公司。

2. 依据 HZ 所及吉律师出具的收据和吉律师的陈述,表明吉律师既是服务中心的常年法律顾问,又是某房地产公司在与本投诉案有关的商业交易行为中的受托人,吉律师自称是受双方委托来监督 50 万元款项的处理。然而,吉律师在事实上接受有利益冲突的双方的委托时,既未依法与各方签订委托代理协议,也未就利益冲突事项向相关委托人明示,更未取得相关委托人书面同意给予豁免,已违反了有关利益冲突的基本职业道德和执业纪律。更为严重的是,HZ所及吉律师在受双方委托"监管"50万元款项的过程中,在将50万元交付给服务中心后,又主动建议服务中心将已存入广发银行的5000万元定期存款提前支取转走,明显偏袒一方,损害了另一方委托人的利益,不能居中公正地行使监管职责,有负当事人双方的信任。HZ所和吉律师的上述违纪行为,应受相应的纪律处分。

3. 吉律师在接到本会《受理投诉通知》后,未能谨慎、负责地对待此项投诉,在本会行业纪律部数次催促后,仍未能提供相关证明材料,且在答辩中对争议的主要经过说法前后矛盾,缺乏基本的诚信和严谨的职业素质,轻视律协的行业管理。

4. HZ所管理不力,对吉律师违规执业负有一定责任,且未能有效地监督吉律师谨慎、负责地对待此项投诉。

律协纪律委员会决定

1. HZ所应履行其承诺退还某房地产公司50万元,妥善处理与客户的关系;

2. 对吉律师违规执业,给予内部通报批评的处分;

3. 对HZ所管理不当的问题,给予警告的处分。

(四)案件评析

如前所述,全国律协《律师执业行为规范》第48条规定:"律师事务所应当建立利益冲突审查制度。律师事务所在接受委托之前,应当进行利益冲突审查并作出是否接受委托决定。"第49条规定:"办理委托事务的律师与委托人之间存在利害关系或利益冲突的,不得承办该业务并应当主动提出回避。"第50条规定:"有下列情形之一的,律师及律师事务所不得与当事人建立或维持委托关系……(六)在非诉讼业务中,除各方当事人共同委托外,同一律师事务所的律师同时担任彼此有利害关系的各方当事人的代理人的……"另外《北京市律师执业规范》第44条规定:"委托人拟委托事项或者要求属于法律或者律师执业规范所禁止的,律师应当告知委托人,并提出修改建议或者予以拒绝。"

本案中涉及双方代理的问题,本案吉律师既是服务中心的常年法律顾问,同时又接受某房地产公司的委托,为其办理向该服务中心吸收存款的事宜。在服务中心与房地产公司双方存在利益冲突的情况下,吉律师并没有按照职业伦理和相关规范事先取得双方当事人的同意,而擅自就进行了代理,这种行为违反了律师职业伦理关于禁止利益冲突的要求。并且吉律师在受双方委托"监管"50万元款项的过程中,在将50万元交付给服务中心后,又主动建议服务中心将已存入广发银行的5000万元定期存款提前支取转走,明显偏袒一方,损害了另一方委托人的利益,不能居中公正地行使监管职责,这样也违反了对房地产公司承担的勤勉尽责义务。

问题讨论

1. 马律师在 PJ 律师事务所工作了 7 年,后又作为合伙人继续工作了 3 年。在这个律师事务所,马律师是"标致"公司律师团的成员,代理该汽车公司应对各种共同索赔诉讼。PJ 律师事务所为"标致"公司代理过包括刹车系统缺陷、采暖功能故障和油路系统缺陷在内的各种问题的索赔诉讼。两年前,马律师和一个同事离开该所,成立自己的律师事务所。1 个月前,马律师接见一个潜在客户,该客户的孩子死于一次悲惨的车祸。当时,这个客户正驾驶她的"标致"牌迷你轿车,被一个醉酒司机驾车撞上左后部,后门接口被撞开,孩子被抛出,受到致命伤害。之后马律师进一步得知"标致"汽车即将面临一桩关于汽车后门接口质量的共同诉讼,因而考虑接手这个案件。①

马律师应当如何分析?你有什么意见?

2. 马女士找到杰律师,打算起诉当地一家不动产中介机构。但事实上,这家机构由杰律师的妻子担任法定代表人,夫妻两人以部分个人资金投资并开办了这家机构。然而,杰律师很自信,觉得自己能够保持中立。并且,经过与马女士充分磋商以后,马女士自愿同意豁免利益冲突。杰律师代理马女士起诉这家不动产中介机构违反伦理规范吗?

3. 一天下午,李某站在十字路口的安全区准备穿过马路,一个司机冲过停车标志撞上他。李某受伤很严重,为此花去大量医药费。为了获得赔偿,李某找到律师常某。李某跟常某讲述了事故的详细情况、自己的保险情况以及自己的疾病情况等。常律师相信李某可以得到索赔,但当常律师发现存在利益冲突之后很遗憾地拒绝为李某代理。但是李某后来发现常律师同意在这个案件中接受司机的委托。

常律师应当受到惩戒吗?

---

① 〔美〕詹姆士·E.莫里特诺、乔治·C.哈瑞斯:《国际法律伦理问题》,刘晓兵译,北京大学出版社 2013 年版,第 138 页。

第三章 律师广告的相关规则

我国律师与律师、律师事务所与律师事务所之间存在着竞争,如何有效并且符合职业要求地传播律师的服务信息,对于律师事业的发展具有重要意义。律师广告行为在律师服务信息的传播方面发挥着重要作用。同时,律师服务信息传播规则是当代律师职业行为规则的一个重要组成部分,受到严格的调整。本章结合我国有关律师广告推广的相关规定,对律师广告的规则进行初步的介绍和把握。

第一节 律师广告的基本规则

一、律师广告的主体

北京市律协 2000 年颁布施行的《北京市律师事务所执业广告管理办法(试行)》规定律师事务所是唯一的广告主,律师个人不得做广告。这种过于严苛的规定被后来的规范否定了。全国律协 2011 年《律师执业行为规范》第 17 条规定律师和律师事务所可以依法以广告方式宣传律师和律师事务所以及自己的业务领域和专业特长。该规范同时规定了对于发布广告的限制情形,第 26 条规定,具有下列情况之一的,律师和律师事务所不得发布律师广告:第一,没有通过年度考核的;第二,处于停止执业或停业整顿处罚期间的;第三,受到通报批评、公开谴责未满 1 年的。

二、律师广告的内容

律师个人广告,应当限于以下内容:律师的姓名、肖像、年龄、性别、学历、学位、专业、律师执业许可日期、所任职律师事务所名称、在所任职律师事务所的执业期限;收费标准、联系方法;依法能够向社会提供的法律服务业务范围;执业业绩。

律师事务所广告的内容应当限于以下内容:律师事务所名称、住所、电话号码、传真号码、邮政编码、电子信箱、网址;所属律师协会;所内执业律师及依法能够向社会提供的法律服务业务范围简介;执业业绩。

三、律师广告的禁止规则

律师广告应当体现其严谨性,注意律师的使命和形象,强调职业精神中公共服务的一面,法律职业固有的尊严和专业性会在不得体的广告形式中大打折扣。像不适当的音乐、好斗的口号、炫目古怪的情节等都不利于建立大众对法律职业的信任。律师广告不得进行不正当竞争,如在广告中进行律所间比较。

我国《律师执业行为规范》第29条、第30条、第31条、第32条和第33条规定了律师宣传的禁止性规则:(1)不得有悖律师使命、有损律师形象;(2)不得采用一般商业广告的艺术夸张手段;(3)不得违反协会相关管理规定;(4)不得歪曲事实和法律;(5)不得使公众产生不合理期望;(6)不得自我声明或暗示为某一领域权威或专家;(7)不得进行律师或律所之间比较宣传。

美国关于律师广告规则的规范体现在1983年制定的现行美国律师协会《职业行为示范规则》,其中规则7.1禁止律师发布"关于律师或律师服务的虚假性的或误导性的广告";规则7.3对律师揽业行为作了限制。尤其是,它禁止律师基于强烈的获利动机直接接触潜在客户;规则7.4(d)禁止律师明示或者暗示自己是某一法律专业领域的专家,除非"其确已被相关州政府部门批准的或美国律师协会认证的权威组织机构授予专家资格,并且将该机构的名称显示于广告中"[①];规则7.5要求律师不得使用虚假的律师事务所名称、信笺抬头或其他职业标志;规则7.5和规则7.4(d)在防止虚假性陈述和误导性陈述方面对规则7.1共同作出了明确而具体的延展。

日本《律师义务基本规范》第9条限制律师的广告发布活动,禁止律师"在自己的广告中提供虚假的或误导的信息"[②],"律师不得以有损于尊严的方式发布广告"[③]。第10条禁止律师向潜在客户揽业,"律师不得为了不正当目的或以损害自身尊严的方式向潜在客户揽业或挑起事端"[④]。第13条禁止律师支付或收取任何形式的介绍费。[⑤] 特别是"(1)律师不得因为别人向自己介绍客户而向其支付任何费用或其他形式的好处。[以及](2)律师不得因为向别人介绍客户而向其收取任何形式的费用或其他形式的好处。"[⑥]

---

① 美国律师协会《职业行为示范规则》7.4,转引自〔美〕詹姆士·E.莫里特诺、乔治·C.哈瑞斯:《国际法律伦理问题》,刘晓兵译,北京大学出版社2013年版,第212页。
② 同上注,第215页
③ 同上注,第215页
④ 同上注,第215页
⑤ 同上注,第215页
⑥ 同上注,第215页

四、违反律师广告的罚则

中华全国律师协会 2004 年《律师协会会员违规行为处分规则（试行）》规定："个人会员捏造、散布虚假事实，损害、诋毁其他律师、律师事务所声誉的，或者以诋毁其他律师或者支付介绍费等不正当手段争揽业务的，由省、自治区、直辖市及设区的市律师协会给予训诫、通报批评、公开谴责。"

司法部 2010 年《律师和律师事务所违法行为处罚办法》规定："以不正当手段承揽业务的违法行为，包括以误导、利诱、威胁或者作虚假承诺等方式承揽业务的；以对本人及所在律师事务所进行不真实、不适当宣传或者诋毁其他律师、律师事务所声誉等方式承揽业务的，由司法行政机关给予警告，可以处五千元以下的罚款；有违法所得的，没收违法所得；情节严重的，给予停止执业三个月以下的处罚。"

第二节 案例研习

一、投诉人陈某投诉 JL 律师事务所及陈律师——虚假宣传

（一）简要案情

2006 年 3 月 14 日，投诉人陈某向北京市律师协会（以下简称"律师协会"）投诉北京市 JL 律师事务所（以下简称"JL 所"）及其主任陈律师违反律师职业道德及执业纪律等。

投诉人投诉称，JL 所伪造相关材料，骗取司法机关开业登记；不在注册登记的办公地点办公，多处私自设点办公。JL 所开业登记地址是在北京市丰台区方庄某处，但该地址实际为北京市某汽车贸易有限公司独家使用。而 JL 所实际办公地址则在北京市丰台区某庄园。JL 所不仅在北京市丰台区某庄园违法设点办公，而且还在某星园设有非法办公地点，严重违反有关规定。

JL 所彻头彻尾虚假宣传，严重违反有关律师事务所广告规定，诱骗当事人。陈律师在户外和室内广告以及网站上，反复吹嘘自己是"高级律师""十佳律师""司法部资深律师""最佳刑事辩护律师"；又称"每名律师都承办过很多国内外有影响的大案、要案"等；谎报虚假委托和案例如"本所律师的民商事业务不仅覆盖国内，而且美国、加拿大、日本也有很多委托"等。JL 所以诋毁其他律师和支付介绍费的不正当手段争揽业务。陈律师吹嘘自己是北京市第二中级人民法院（简称"二中院"）附近唯一合法的律师事务所，意在贬低别的事务所。陈律师以每带来一个咨询人给附近居民 5 元人民币介绍费的方式争揽业务，为此附近居民还和附近其他事务所发生过冲突。

JL 所还严重违反相关规定,在二中院正门对面不到 30 米处设立巨幅广告牌,在当地法院、律师界以及社区居民中造成极坏影响。

投诉请求建议相关主管机关能够予以严肃处理;如涉嫌犯罪行为被查证属实的,请求移送司法机关追究刑事责任。

被投诉人申辩的主要内容:

1. 投诉人陈某系我所调出律师杨某之母,他们与另一位调出律师秦某恶意投诉,诬告陷害。杨某和秦某为了撕毁合同,反复对所主任陈律师实施恐吓和耍赖手段,后又采取欺骗手段使陈律师解除了《聘任律师合同》。秦某、杨某几天后在 JL 所办公室对面挂出了北京市 JY 律师事务所长条大牌子及主任室的方块大牌子,属于私设黑律师点。陈某曾经几天拿个椅子坐在 JL 所门口阻拦前来咨询的人,后经 110 警察教育释放。

2. 我们的办公地址原先为北京市丰台区方庄,后来不知何故改称北京市丰台区某星园,而附近某庄园的一栋标号为"甲 1 号楼"的小楼始终是一家汽车销售公司,属于城市楼号重新编排。市司法局同志同意以房产证记载的"甲 1 号楼"为登记地址。有租房合同和房产证为证。我们没有造假。

3. 关于 JL 所的宣传:

JL 所几块户外标志牌均经过工商、城管部门批准,没有关于经营范围及律师业务专长等的广告内容。全国律协规定不准在政法机关附近 200 米内设置律师广告,明显违反我国《广告法》;北京市律师协会没有关于律师广告宣传的规范。我们的注册执业地址距法院仅 30 米,我们有法律依据进行自我宣传。我们在楼外设置的均是标志牌,而不是广告牌。

办公楼内及律所办公室内贴有相关规范。为应对杨某、秦某等人说我们是假的,我们不得不在走廊内贴出我所的"高级律师""十佳律师""法学教授"等证书真实、可当场查验的文字说明。

按照工商、城管的有效解释,楼内、办公室内的文字不属于广告。我们的文字内容保证真实合法,没有任何虚假。我们不认可投诉人提供的证据。

陈律师原为司法部直属律师,后又划归北京市司法局,有档案可查。

陈律师的"十佳律师""高级律师"以及赵律师的"法学教授"资格证书有证可查。

陈律师确实承办过很多涉外法律事务,办理过涉美、加、日等事务,我们做得比宣传得还多。

4. 关于所谓 JL 所支付介绍费。属于凭空捏造。

5. 关于办公地点(异地办公)。JL 所在二区 1 号楼内的办公空间太小,又在本小区内 8 号楼另外租了两套住宅做律师办公室,两楼相距 20 多米。这样租用征求过市司法局主管人员的意见,同意我们在网站上只登记一套住宅即可,并且表示这样属于同一地办公。

(二) 查明事实

经审查,

1. 陈律师于1984年在辽宁省取得律师执业资格。1999年9月从深圳市某律师事务所转入北京市YH律师事务所执业。2000年8月至2001年6月在THL律师事务所执业。2003年9月成立北京市JL律师事务所,为该所主任。

2. JL所注册办公地址原为北京市丰台区方某庄园二区甲1号楼,有出租人1997年的房屋产权证所载明的内容为证。后来在2003年订立房屋租赁合同时该楼编号变更为北京市丰台区某星园二区1号楼,双方依据新的编号订立了合同。按房产证登记为北京市丰台区某庄园二区甲1号楼并登记为注册地址的行为事先经过市司法局主管人士的口头同意;JL所确实另外在该小区8号楼租用办公室两套,没有登记为办公室地址,但该租用却未登记的行为事先确实经过市司法局主管人士的口头同意。

3. JL所确曾在距二中院30米处之马路对面面向马路设立广告标志牌;同时在楼外墙面上、楼道等处悬挂、张贴广告标志牌。内容除地址、电话外,还有"司法机关正式批准""教授免费咨询""JL所中文网址:十佳律师在线""高级律师""十佳律师"等字。

4. JL所确曾在十佳律师在线网站上宣传由"高级律师""省级十佳律师""原司法部律师"组建,又有"教授加盟";"承办过一些国内外较有影响的大案、要案"等。

5. 陈律师确曾于1991年被辽宁省司法厅、省律协评为"全省最佳刑事辩护人";于1993年被辽宁省人事厅评为二级律师;赵某确系法学教授并为JL所兼职律师;JL所确实办理过涉外案件。

6. 没有证据可以支持认定投诉人所称JL所和陈律师吹嘘JL是二中院附近唯一合法律师事务所的事实。

7. 没有证据可以支持认定陈律师有向驻地居民按每带来一个咨询人给其5元人民币介绍费的行为。

(三) 行业惩戒

律师协会纪律委员会认为:

1. 无论投诉人陈某与被投诉人是何种关系或者何种背景,根据《北京市律师协会会员纪律处分规则》第7条的规定,其有权对被投诉人的执业行为进行投诉,其投诉主体资格符合有关规定。

2. 关于被投诉人的注册办公地址问题,被投诉人在与出租人订立合同时,按当时楼上显示的楼号填写合同内容并无不妥,而在稍后向北京市司法局登记注册地址时,依出租人房产证载明的楼号注册亦无不当。因房产证记载楼号与实际楼号不同导致登记地址与实际地址不同,系客观原因所致,不是被投诉人故意编造或者伪造。况且,在登记之前,被投诉人就如何登记征求过有关主管部门的意见并获得同意。因此不能认定被投诉人伪造材料、骗取司法机关开业登记。律师协会对投诉人的该项投诉不予支持。

3. 关于多处设点、私自设点办公问题,被投诉人在答辩中承认在小区1号楼105、106室之外,还在8号楼另租两套住宅作为律师办公室。律师协会认为,被投诉人在8号楼租用办公室时就是否登记征求过司法主管部门人员的意见,得到了许可,并不存在违规之处。

4. 关于被投诉人陈律师在对外宣传中自称为"高级律师""十佳律师""司法部律师"问题,律师协会认为:被投诉人提供的职称证书中有"高级"字样,系指被投诉人陈律师的职称为高级职称。根据《司法部关于律师、公证员评聘职务后对外称呼的通知》规定,律师评聘相应专业职务后,在对外称呼上,包括刊登启事、印制名片等方面,仍统称律师,而不得冠以职务等级。但陈律师对外宣传自己为高级律师,该行为明显违反了《律师执业行为规范》(试行)第八章、《北京市律师事务所执业广告管理办法》(试行)第6条的规定。

虽然陈律师于1991年被辽宁省司法厅、省律协评为全省"最佳刑事辩护人",但不能因此被认为是"十佳律师",因为"最佳刑事辩护人"和"十佳律师"的概念显然不同。现在律师业务越来越广泛,不仅有刑事代理更有民事、行政代理以及非诉讼业务、国内、涉外业务等。"最佳刑事辩护人"只是辽宁省有关部门对陈律师在1991年期间在刑事辩护方面的成绩给予肯定和表彰,并没有涉及民事代理、行政代理、非诉讼等方面的成就。这种表彰带有明显的行政色彩以及时效性、地区性和单科性,陈律师仅以15年前的辽宁省本省内的最佳刑事辩护人之称号,15年后在首都北京宣称自己为十佳律师显然是片面的,明显拔高了自己,夸大了宣传,极易对社会公众、现有及潜在客户造成误导,因此这些行为应当被明确禁止。陈律师的行为明显违反了《律师执业行为规范》(试行)第八章、《北京市律师执业规范》第40条、《北京市律师事务所执业广告管理办法》(试行)第6条的规定。

虽然陈律师在THL律师事务所工作期间的执业证书确系于2000年由司法部签发,但是因此就自称为司法部律师是片面的和不符合实际的,容易被不知情的社会公众理解为是直接被司法部雇用而直接服务于司法部的律师,明显有故意误导社会公众之嫌。因为即使当时是司法部直属律师事务所的执业律师,也是直接受雇于律师事务所,属于律师事务所管理,而不是司法部直接雇用、任命的律师,更不是直接服务于司法部的律师。司法部签发执业证书给某律师只是司法部对其所在律师事务所直接管辖的结果,这并不明示或默示表明直接雇用该律师的单位为司法部,更不表示该律师为司法部律师或者是部级律师。

陈律师作为执业多年的老律师,对于我国律师业的发展轨迹以及国办所的改制早已完成、已经没有所谓部办所的事实应该很清楚。陈律师利用其在律师事务所改制前曾经短期持有司法部签发执业证书的情况,向社会公众自称为司法部律师既不符合事实也不合时宜,显然是钻有关规定的空子,有意误导社会公众和客户。陈律师的行为明显违反了《律师执业行为规范》(试行)第八章、《北京市律师执业规范》第四十条、《北京市律师事务所执业广告管理办法》(试行)第六条的规定。

律师协会纪律委员会决定给予 JL 所、陈律师通报批评的行业纪律处分。

(四)案件评析

本案的处理决定说明了这样一个问题,律师事务所进行宣传无可非议,但必须要把握尺度分寸,这个尺度就是司法行政机关和律师协会制定的执业广告的管理规定。

本案中被投诉律师事务所的广告内容明显违反了《北京市律师事务所执业广告管理办法(试行)》的规定。律师广告内容应仅限于:

(1)律师事务所名称、办公地址、电话号码、传真号码、邮政编码、电子信箱、网址;

(2)依法能够向社会提供的法律服务。

律师广告内容不得包含:(1)具有虚假的内容;(2)明示或暗示与政府机关、社会团体、中介机构及其工作人员有特殊关系的内容;(3)客户名单、案例、业绩的内容;(4)涉及获得荣誉或自我赞美的内容;(5)贬低其他律师事务所或律师的内容;(6)关于办案结果的承诺性内容;(7)不收费或减低收费的内容;(8)有关学历、学位、职称和社会职务的内容;(9)其他涉及不正当竞争的内容。

本案中律师事务所宣传该所主任是十佳律师、司法部律师、高级律师,并承办过一些国内外较有影响的大案、要案等,明显违反了上述规定。

二、广告公司投诉 JL 律师事务所案——律所违规聘用非律师担任执业职务,发布虚假广告[①]

(一)简要案情

2002 年 9 月 25 日,投诉人以 JL 律师事务所非法招聘杜某为该所诉讼二部主任并在媒体上以虚假律师身份为其所发布虚假广告为由向北京市律师协会(以下简称协会)投诉北京市 JL 律师事务所(以下简称 JL 所)。协会纪律委员会于 2002 年 11 月立案审查。被投诉人就投诉内容进行了书面答辩并提交了相关证据。

---

① 参见北京市律师协会主编:《北京律师职业警示录》,中国政法大学出版社 2005 年版,第 33 页。

投诉人称:

1. JL 所与杜某于 2002 年签订正式聘用合同,聘用杜某为 JL 所诉讼二部主任。

2. 从 2002 年 6 月 25 日至 8 月 30 日杜某在某晚报上为 JL 所发布广告;从 2002 年 7 月 25 日至 8 月 22 日,杜某在某报上为 JL 所发布五期广告。其发布的广告地址和电话与 JL 所注册的地址和电话不一致。

3. 杜某持有 JL 所发给的工作证件,其证件上明确表明杜某为 JL 所诉讼二部主任,证件上的地址与 JL 所注册地址是一样的;杜某给我们提供的 JL 所的执业许可证复印件使我们两公司认为杜某就是 JL 所的正式律师,便与其签订了广告合同。

投诉请求:

请求协会就 JL 所以上两点违法行为根据行业纪律给予相应的惩处;并要求 JL 所偿付北京 A 广告有限公司(以下简称 A 公司)广告费用 6300 元、北京 B 广告有限公司(以下简称 B 公司)广告费用 2400 元。

被投诉人答辩称:

1. 杜某是我所聘用的行政人员,由其负责诉讼二部的行政管理工作,其所做的广告都是他本人在外私自与 A 公司、B 公司所为,并没有我所负责人授权,也未盖我所的印章,当发现此事后,就把他解聘了。

2. 我所办公地址是唯一的,并没有其他办公场所。当时杜某在报纸上做了广告,提供的广告电话是其住处的电话。

3. 杜某所持的卡片并非工作证,是我所的服务胸卡。

4. 我所与杜某所签的聘用合同是 2002 年 7 月 25 日,而杜某与 A 公司所签的合同是 2002 年 6 月 25 日、与 B 公司所签的合同是 2002 年 7 月 17 日,这说明他们之间的合同与我所是没有任何关系的。至于后来杜某与两投诉人补签的合同,是在杜某接到我所解聘通知后与他们所签,也与我所没有任何关系。双方约定由我所承担广告费于法无据,对此,我所将保留追究杜某和两投诉人对我所侵权的法律责任的权利。

5. 根据《广告法》及《广告管理条例实施细则》的有关规定,作为广告经营者代理广告业务,应当查验发布者的相关证明文件,进行广告内容审查。而 A 公司、B 公司为牟取非法利益,并未按规定进行审查,违规操作,其后果理应咎由自取。

(二) 查明事实

1. 杜某,非执业律师,自 2002 年 6 月 25 日起与 JL 所建立聘用关系,所聘职务为:诉讼二部主任,全面负责该部门各项工作;JL 所为杜某提供管理本部门和开展业务的必要条件。该聘用合同中未明示授权杜某在本所以外另行办公及刊

第三章 律师广告的相关规则　51

登广告。

2. 2002年6月25日,杜某(合同签名为桂某)与A公司签订广告合同书,合同书中广告客户单位(甲方)名称为某区某园某公寓A602律师事务所。该合同书中只有"桂某"的签字,没有律师事务所的公章。

3. 2002年7月17日杜某与B公司签订广告合同单。该合同中约定广告内容为法律咨询。广告客户没有加盖公章,只有"桂某"的签字。

4. 2002年8月25日JL所决定解聘杜某,他本人于2002年8月28日在解聘书上签字。

5. 2002年8月27日,杜某与A公司签订广告合同书,该合同书中广告客户单位为JL所诉讼二部杜某。该合同中约定,付款方式为现金,若不支付该所将承担法律责任。JL所并未在合同上盖章,只有杜某本人的签字。同日,杜某与B公司签署一广告合同单,该合同单中广告客户单位为JL所诉讼二部杜某。该合同中约定,付款方式为现金,广告内容为法律咨询,并在备注中约定若不支付该所将承担法律责任。JL所并未在合同上盖章,只有杜某本人的签字。

6. 投诉人A公司、B公司分别向协会提交了加盖JL所公章的杜某服务胸卡(胸卡上注明的单位地址同于该所注册地址)、JL所与杜某的聘用合同、JL所执业许可证复印件。投诉人未能提交证明杜某与之签订广告合同时JL所的授权委托书或起到相同作用的其他文件。

7. 投诉人向协会提交的2002年8月15日为杜某刊登的广告内容为:"JL所律师,咨询热线:85779xxx,85779xxx,承办经济、民事、刑事、非诉案件,担任企业常年法律顾问"。上述广告刊登的电话并不是JL所在协会注册的电话。

(三)行业惩戒

1. JL所在聘用合同中并未明示授权杜某另行办公和刊登广告,尤其是其与两投诉人所签订的两份广告合同上均未加盖该所公章和出具起同等作用的有效文件。根据有关法律规定:刊登广告的审查权利及义务在投诉人,投诉人对杜某刊登广告的审查工作显然存有缺陷。投诉人提供的广告合同亦注明其广告客户一栏是由桂某或杜某签字,投诉人要求JL所为杜某支付广告费的投诉,协会不予支持。至于投诉人与非律师杜某之间的广告费争议,不属于协会管辖范围,应另行通过合法途径解决。

2. JL所在答辩中称与杜某签订聘用合同的日期为2002年7月24日,以证明杜某与上述两广告公司签订广告合同的行为与JL所无关,但其向协会提交的与杜某签订的聘用合同的日期却为2002年6月25日。另外,JL所向协会提交的对杜某的解聘通知书签署的日期为2002年8月15日,而协会在审查JL所提交的有关材料中发现,JL所关于解聘杜某的决定是在2002年8月25日召开的决策会议上决定的,两者相互矛盾。显然,JL所对协会的审查明显不够诚实信用。

3. 关于 JL 所"杜某是我所聘用的行政人员,由其负责诉讼二部的行政管理工作"的辩解不能成立。在杜某与 JL 所签订的聘用合同中明确规定:"应聘方申请在聘用方从事法律服务市场开拓工作,担任北京市 JL 律师事务所诉讼二部主任一职,全面负责该部门各项工作。"该合同还约定:"聘用方同意应聘方的申请,并负责为应聘方提供管理本部门和开展业务的必要条件。工资支付方式:部门承包制,根据应聘方所负责部门收支情况自行核定数额及支付方式。"这些表述表明,杜某不但负责诉讼二部的行政管理工作,还包括有权从事律师执业推广活动,有权收揽法律服务业务、收费等。另外,JL 所在发现投诉人为杜某刊登的广告后,并未将有关杜某的身份、解聘通知、要求停止及更正违规广告等情况通知投诉人或有关刊登该广告的媒体。JL 所没有及时制止杜某刊登违规广告,而是采取了默认的态度,并为杜某刊登违规广告创造了条件,JL 所对杜某刊登违规广告的行为负有管理不当和失察之过。

4. JL 所聘用非律师杜某担任诉讼二部这种纯业务部门的负责人,由其全面负责管理本部门各项工作的做法违反了《北京市律师执业规范(试行)》第四章、第七章的相关规定和行业惯例。同时,JL 所又为其制作了律师事务所服务胸卡,以及 JL 所诉讼二部主任的名片(名片上电话非 JL 所在协会注册电话)。这些足以误导当事人,认为杜某是执业律师。JL 所的行为属于为非律师以律师事务所的名义从事有偿法律服务活动提供了合法外衣的严重违纪行为,应予相应的纪律处分。

协会纪律委员会决定:

给予 JL 所内部通报批评的处分。

(四) 案件评析

目前,各律师事务所为扩大宣传,拓展业务,越来越多地在各种媒介上进行广告宣传。本案例对规范这种行为具有很好的警示作用。本案涉及两个问题:一是律所聘用非律师执行专业部门职务,二是律师和律所推广问题。

全国律协 2011 年《律师执业行为规范》第 22 条规定:"律师和律师事务所为推广业务,可以发布使社会公众了解律师个人和律师事务所法律服务业务信息的广告。"第 25 条规定:"律师广告可以以律师个人名义发布,也可以以律师事务所名义发布。"从而明确律师广告的发布主体同时包括律师个人和律师事务所。律师事务所不得委托非律师人员以律师的名义发布广告;以律师个人名义发布的律师广告应当注明律师个人所任职的执业机构名称,并载明律师执业证号。前述案例中,JL 律师事务所聘用非执业律师杜某担任诉讼二部主任一职,并委托其从事律师执业推广活动,就不符合相关规定要求。

在本案中,JL 所在发现投诉人为杜某刊登的广告后,并未将有关杜某的身份、解聘通知、要求停止及更正违规广告等情况通知投诉人或有关刊登该广告的媒体。JL所没有及时制止杜某刊登违规广告,而是采取了默认的态度,并为杜某刊登违规广告创造了条件,JL所对杜某刊登违规广告的行为负有管理不当和失察之过。JL律师事务所放任其工作人员任意发布广告的行为,违反了《北京市律师执业规范(试行)》第七章对律师执业推广的规定以及全国律师协会对律师广告和推广的相关规则,显然是应该查处的。

律所内部专业部门的执业职务不能聘用非律师,否则,足以造成当事人的误解,违反执业律师最基本的诚实信用原则。JL所聘用非律师杜某担任诉讼二部这种纯业务部门的负责人,又为其制作了律师事务所服务胸卡,以及JL所诉讼二部主任的名片(名片上电话非JL所在协会注册电话),足以让人误认为杜某是执业律师。JL所的行为属于为非律师以律师事务所的名义从事有偿法律服务活动提供了合法外衣的严重违纪行为,应予相应的纪律处分。

律所虽然没有积极地进行不当宣传,但是对于律师人员的不当宣传广告行为采用默许、不加制止的态度也是对律师、律所业务推广规则的违反。不作为的不当宣传行为不利于净化律师的执业环境,也必然会受到协会的查处和惩戒。

三、吴律师网页使用邓小平头像被罚不服,提起行政诉讼一案

(一) 简要案情①

2009年10月,吴律师以个人身份开设了一个名为"追寻证券诉讼网"的网站,网站由其本人设计、制作并维护。自2011年12月起,他在网页上方使用了邓小平的头像及题词手迹"发展才是硬道理 邓小平"。吴律师还在"发展才是硬道理"的手迹前,以电脑字库中的"方正舒体"字体加了"索赔"两个字,变成了"索赔 发展才是硬道理 邓小平"。

长宁工商分局认为该行为违反中国广告法的相关规定,于2012年5月25日依法对吴律师作出行政处罚:责令停止发布、公开更正。吴律师不服该处罚,向长宁法院提起行政诉讼。

原告辩称:

1. 我在自己个人开设的网站上使用邓小平的头像即题词手迹,并没有以此宣传自己的业务,只是作为网站网页的装饰之用。

2. 我所使用的头像并没有违反相关的法律法规,因为在我使用之时,邓小平先生已经不是国家工作人员。

---

① 《篡改伟人题词充作自己广告—网站不服处罚提起诉讼遭驳回》,载《新民晚报》,xmwb. xinmin. cn/html/2011－11/01/content_12_T. htm,2015年3月14日访问。

3. 我在网站上用了一个头像,不能就说我这是广告行为。长宁工商分局对行为的定性错误,适用法律不正确。

诉讼请求:

1. 请求法院重新对行为和事实进行认定。
2. 撤销法院撤销长宁工商分局的处罚。

(二)查明事实

2009年10月,吴律师以个人身份开设了一个名为"追寻证券诉讼网"的网站,网站首页左上方为吴律师照片及其联系方式,下方为网站宗旨(即其个人信息简介),内容涉及吴律师的执业机构、主营业务、已成功办理的股民赔偿案件等。网站中明确说明"律师费用在股民委托并获得赔偿后支付"。该网站自设立之初即由其本人设计、制作并维护。

自2011年12月起,吴律师在网页首页左上方使用了邓小平的头像及题词手迹"发展才是硬道理 邓小平"。吴律师还在"发展才是硬道理"的手迹前,以电脑字库中的"方正舒体"字体加了"索赔"两个字,变成了"索赔 发展才是硬道理 邓小平"。

2012年长宁工商分局经过调查后认为吴律师在其宣传业务的网站上使用邓小平的头像及题词手迹,并在其题词前加上"索赔"二字,是在进行广告宣传的行为,根据《中华人民共和国广告法》第7条的相关规定,认定该行为违法,于2012年5月25日依法对吴律师作出行政处罚。处罚决定书送达吴律师后,吴律师当即表示对处罚决定不服,并在法定期限内起诉至法院。

以上事实有相关证人证言及物证在案佐证。

(三)法院判决

本案的焦点在于原告在网站上发布上述内容是否属于广告行为,以及被告作出处罚决定适用法律是否正确。

通过两次公开开庭审理,法庭查明基本案件事实,且原被告双方对案件事实的真实性并无异议。

《中华人民共和国广告法》第2条第2款规定:"本法所称广告,是指商品经营者或者服务提供者承担费用,通过一定媒介和形式直接或者间接地介绍自己所推销的商品或者所提供的服务的商业广告。"第7条规定:"广告内容应当有利于人民的身心健康,促进商品和服务质量的提高,保护消费者的合法权益,遵守社会公德和职业道德,维护国家的尊严和利益。广告不得有下列情形:……(二)使用国家机关和国家机关工作人员的名义……"

本院认为,原告作为一名专业律师,在自己主办的网站上详细而直观地介绍了主营业务、专业优势、联系方式等与律师业务相关的信息,符合广告法规定的"通过一定媒介和形式直接或者间接地介绍自己所提供的服务"的商业广告形式,因此原告主办涉案网站的行为属于广告行为。

法庭同时认为,被告认定广告法中规定的"国家机关工作人员"包括已故的国家机关工作人员,据此对原告作出行政处罚,适用法律正确,依法予以认定。遂判决维持被告作出的上述行政处罚决定。

(四) 案件评析

本案涉及的是律师广告是否违法的问题。

随着网络的快速发展,律师广告的方式越来越多样,除了传统的报纸、电视,互联网和自媒体也逐渐成为律师广告的阵地。律师和律师事务所进行业务推广,应当遵守《律师法》《广告法》以及司法部、全国律协和地方律协的相关行业规范。

首先,对广告行为的认定。本案中,吴律师在自己设立并维护的网站上使用了邓小平的头像和题字。该网站设立的目的和宗旨是宣传自己,推广业务,其行为即是广告行为。网站中邓小平先生的头像作为其中的一部分,应该属于广告的一部分。所以长宁工商分局和法院对其行为的性质认定是正确的。

律师不管使用何种形式的广告,都要遵守法律法规的规定。律师广告在受律师相关职业规则规范的同时,也受国家一般法律法规的调整。《广告法》针对的是一般的广告行为,律师广告属于广告中的一种。如其中第7条规定了广告的禁止情形也同样适用于律师广告。本案中,吴律师在广告中使用邓小平的头像,违反了广告法关于广告不得使用国家机关和国家机关工作人员的名义的规定。全国律协2011年《律师执业行为规范》中关于律师推广和律师广告的规定则侧重从职业的角度进行具体化的要求和规范。律师在广告宣传时既要遵循一般的法律法规,也要遵守执业规则的规定。

四、DH律所看守所门口不当宣传被整顿一案

(一) 简要案情

自2014年4月14日起,北京看守所集中开展为期一个月的律师会见管理秩序清理整顿专项行动。其间,市公安局监管总队牵头成立专项整顿办公室,主动征求市司法局、市律师协会等相关部门的意见,还派出专门工作组到海淀区、丰台区看守所驻所指导。一个多月清理违规宣传标语、宣传牌十余个,其中涉案的DH律师事务所,因采用虚假的宣传标语、使用灯箱等不合适的宣传方式以及违规执业等行为,被北京律师协会给予停止执业一个月的处分。

被调查人DH律师事务所申辩:

1. 我所是正式注册的律师事务所,在符合法律规定的前提下开展业务,并没有触犯法律和执业规定。

2. 我所在看守所附近的宣传采用灯箱只是为了增强效果,且没有使用过分夸张的方式,仅在夜晚增加照明效果。

3. 我所并没有宣传快速办理取保候审、快速会见等信息。

4. 对于看守所接待室提供免费查询服务,我所并没有以此作为业务。有些家属不清楚查询流程,我所在给予其咨询后帮忙查询信息,但并没有收取其任何费用,不构成违规执业的行为。

（二）查明事实

1. DH 律师事务所自 2012 年起在看守所附近租用民房一套开展业务。

2. 其在租用民房的房顶处安置了一个长 5.5 米、宽 1 米的彩色灯箱。

3. 自 2014 年 2 月起,其雇佣人员在看守所周边口头向前来办事的家属推销"快速"办理各项手续的服务,快速办理取保候审、快速办理会见、快速信息查询……

4. DH 律师事务所多名律师利用家属"病急乱投医"的心理和不太清楚相关法律程序的特点,忽悠家属委托他们代办查询事项,查询一件收费 300 元至 500 元不等,所收费用不开具发票。

以上事实有相关证人证言及物证在案佐证。

（三）行业惩戒

1. 关于律师违规宣传的问题。《北京市律师执业规范（试行）》第 40 条规定了律师推广禁止的行为,律师在执业推广中,不得提供虚假信息或者夸大自己的专业能力,不得明示或者暗示与司法、行政等关联机关的特殊关系等等。DH 律师事务所口头向前来办事的家属推销"快速"办理各项手续的服务,快速办理取保候审、快速办理会见、快速信息查询……《刑事诉讼法》对办理程序和时限都有明确要求,律所承诺的所谓快速实际上是不可能的,其夸大了自己的专业能力,提供了不真实的信息。《律师执业行为规范》第 29 条规定:"律师和律师事务所不得以有悖律师使命、有损律师形象的方式制作广告,不得采用一般商业广告的艺术夸张手段制作广告。"DH 律师事务所采用彩色灯箱等夸张手段制作广告,不符合律师职业规范的要求,有损律师形象。

2. 关于违规执业的问题。DH 律师事务所多名律师利用家属"病急乱投医"的心理和不太清楚相关法律程序的特点,忽悠家属委托他们代办查询事项,事实上这些查询事项在看守所依据流程可以免费查询,而 DH 律师事务所查询一件收费 300 元至 500 元不等,所收费用不开具发票。这样的执业行为已经超出了其业务范围,违反了律师执业的相关规定,属于违规执业且违规收费的行为。律师违规行为的存在不仅侵犯了犯罪嫌疑人及其家属的合法权益,严重扰乱了看守所附近的正常秩序,也对律师群体的职业形象造成极坏影响。依《中华人民共和国律师法》《北京市律师执业规范（试行）》《律师违法行为处罚办法》有关规定,应予 DH 律师事务所停业一个月的纪律处分。

(四) 案件评析

本案涉及的问题是律师不当宣传和违规执业的问题。

律师宣传行为即是律师为自己打广告,招揽更多的业务。

律师广告的形式应该符合律师形象和有关规定。全国律协2011 年《律师执业行为规范》第 29 条规定:"律师和律师事务所不得以悖律师使命、有损律师形象的方式制作广告,不得采用一般商业广告的艺术夸张手段制作广告。"该条规定涉及律师广告的得体性问题;律师广告采用的方式应与律师的职业定位相适应,其使用的图片、背景以及载体应向公众传达律师服务的可信赖性,不得破坏律师的职业形象。如本案例中律所采用彩色灯箱等商业宣传方式就显得方式不适当。司法部在《关于律师事务所不宜在户外设立灯箱标牌的批复》(司发函[1996]092 号)中曾指出,律师事务所不同于以营利为目的的生产经营单位,应当通过提供高效优质的法律服务建立信誉,因此,律师事务所"在大街边,设立了五个两米多高标有律师事务所名称、地址、电话的灯箱,这种做法是不妥的,应当制止"。该批复于 2014 年 4 月 4 日废止,但其中的规定精神对律师和律师事务所进行广告宣传活动仍有借鉴意义。

律师广告还要遵守职业规范,遵循真实客观、不损害律师形象、不造成当事人产生不合理期待、不损害当事人利益等原则。本案中,DH 律师事务所快速办理取保候审、快速办理会见、快速信息查询等宣传,夸大了自己的能力,容易使不了解法律和程序的委托人产生误解。其使用灯箱等商业广告的宣传方式不符合律师客观公正、维护公平正义的良好职业形象。律师职业有适度的商业性,但是律师不等同于商人,律师有自己独特的使命。

DH 律师事务所忽悠家属委托他们代办查询事项,事实上这些查询事项在看守所依据流程可以免费查询,而其查询一件收费 300 元至 500 元不等,且所收费用不开具发票,这样的执业行为明显违反规定。所以律师协会依据有关规定给予其停业一个月的处分是适当的。

问题讨论

1. 某律师事务所王律师在互联网上开设了三个网站,在网站中以"××时报特邀记者""××电视台××栏目特邀律师"等头衔对外进行宣传,并宣称其"承办了 500 余起国内及涉外婚姻法律业务","是××地区屈指可数的专门从事婚姻法律业务的专职律师之一"。王律师的行为是否违反律师广告的规定?

2. 某律师在一份当地杂志上刊发一则招聘办公室职员的广告,版面很大,占了半页纸,同时也描述了他的办公室以及他能提供的服务。在一个禁止律师发布广告的法域,这种行为违反对律师广告的禁止吗?

3. 某律师事务所张律师担任某官员涉嫌贪污、受贿一案的一审辩护人,该案件是中纪委督办的重大案件。该律师在辩护过程中提出的"多起受贿金额是被告人坦白了司法机关未掌握的犯罪,属于自首"的意见被一审法院采纳,取得了较好的辩护效果。该律师如发布律师个人广告,能否将该案件作为执业业绩进行宣传?

4. 2013年2月23日,上市公司贵州茅台发布公告称执法部门认定其控股销售子公司存在"限定交易相对人向第三人转售白酒最低价格"的行为,违反《反垄断法》第14条的规定。贵州省物价局对贵州茅台处以2.47亿元罚金。一时间,"史上最大罚单"引发网络热议。某律师事务所某律师提出,执法部门除应对贵州茅台处以罚金外,还应该没收其违法所得。该律师意见的评论文章迅速蹿至各大网站的显著位置。该律师的行为是否为律师广告行为?律师虽未代理案件,但在网络媒体上对案件进行评论的行为是否适当?

第四章 律师收费规则

律师收费问题、律师执业保密问题及利益冲突问题属于律师与当事人关系核心层面的三大问题。律师为当事人提供法律服务收取一定的费用,体现的是律师法律服务的有偿性。律师收费的有偿性为律师业的持续性发展提供了经济基础。本章结合各国和地区的有关律师收费的基本规范,对我国律师收费制度进行初步的分析和介绍。

第一节 律师收费的基本规则

一、律师收费的基本原则

我国《律师服务收费管理办法》规定,律师服务收费遵循公开公平、自愿有偿、诚实信用的原则。律师事务所应当便民利民,加强内部管理,降低服务成本,为委托人提供方便优质的法律服务。律师服务收费实行政府指导价和市场调节价。这些规定体现了我国律师收费制度的基本原则。

二、律师收费的方式

根据我国《律师服务收费管理办法》第10条的规定,律师服务收费可以根据不同的服务内容,采取计件收费、按标的额比例收费和计时收费等方式。计件收费一般适用于不涉及财产关系的法律事务;按标的额比例收费适用于涉及财产关系的法律事务;计时收费可适用于全部法律事务。

另外,我国对风险代理进行了限制性规定,主要体现在《律师服务收费管理办法》第11条规定了以下案件不能实行风险代理:(1)婚姻、继承案件;(2)请求给予社会保险待遇或者最低生活保障待遇的案件;(3)请求给付赡养费、抚养费、扶养费、抚恤金、救济金、工伤赔偿的案件;(4)请求支付劳动报酬的案件等。第12条规定禁止刑事诉讼案件、行政诉讼案件、国家赔偿案件以及群体性诉讼案件实行风险代理收费。第13条规定实行风险代理收费,律师事务所应当与委托人签订风险代理收费合同,约定双方应承担的风险责任、收费方式、收费数额或比例。实行风险代理收费,最高收费金额不得高于收费合同约定标的额的30%。

美国各司法区在允许计时收费的同时,允许"风险代理费"(contingent fees)——律师根据事项的处理结果进行收取并通常根据赔偿比例加以计算的收费方式。风险代理费通常不允许在特定的家庭关系案件(如以离婚、赡养费和财产分割的胜诉为条件付费)中以及刑事案件的被告代理中收取。①

日本的"胜诉费"是风险代理费的一种表现形式。日本律师协会行业规则提供律师收费基准表和建立在诉讼标的额基础上的胜诉费阶梯表。标的额越高,收费比例越低。如标的额为50万日元及以下的民事案件,收费标准是15%的基本雇请费和15%的胜诉费。如果案件价值超过1亿日元,基本雇请费和胜诉费各为2%。收费表仅具指导意义,雇请费和胜诉费可根据各种因素,包括案件的重要性和过往关系状况,得以商定。费用分阶段支付,即便标的额保持不变,在案件上诉阶段也可能达成新的收费比例。

三、律师协商收费考虑的因素

我国《律师服务收费管理办法》第9条规定:"实行市场调节的律师服务收费,由律师事务所与委托人协商确定。律师事务所与委托人协商律师服务收费应当考虑以下主要因素:(1) 耗费的工作时间;(2) 法律事务的难易程度;(3) 委托人的承受能力;(4) 律师可能承担的风险和责任;(5) 律师的社会信誉和工作水平等。"

许多外国法律行为规则在确定计时收费和衡量收费的合理性时,会明确需要考虑各种因素。如英格兰与威尔士律师协会理事会的《行为规则》中要考虑案件的复杂程度、所需时间以及难易情况,律师的能力、经验、资历,以及律师办理案件导致的开销。法国全国律师协会理事会的《统一执业规则》第11条第2款规定了要考虑案件所需的时间,案件的性质、复杂程度,案件涉及利益的重要性,律师事务所的偶然性费用与经常性费用,律师的地位、头衔、资历、经验和技能,可能为客户带来的好处和利益,客户的具体情况等因素。国际律师协会的《国际伦理准则》第17条规定要考虑争议标的以及可为客户代理的利益、案件所需的时间与劳动、案件的其他个人与事实情况。日本律师协会联合会在《律师收费规则》第2条规定收费必须适当,与案件的经济利益、复杂程度、所需时间以及工作量等相称。

四、律师收费的禁止性规范

综合《律师法》《律师执业行为规范》和《律师服务收费管理办法》等法律、法规,律师收费的禁止性规范主要包括:

1. 禁止律师个人私自收费。律师在执业活动中,不得私自接受委托,收取费用,接受委托人的财务或其他利益。

---

① 美国律师协会《职业行为示范规则》1.5(d),转引自〔美〕詹姆士·E. 莫里特诺、乔治·C. 哈瑞斯:《国际法律伦理问题》,刘晓兵译,北京大学出版社2013年版,第75页。

2. 禁止律师不正当竞争。律师和律师事务所不得以支付介绍费等不正当手段争揽业务。

3. 禁止违反收费标准和办法。律师事务所违反规定，接受委托，违反规定标准和方法收取费用的，由设区的市级或者直辖市的区人民政府司法行政部门予以相应处罚。

五、律师收费的监督与争议解决

我国《律师服务收费管理办法》第 28 条规定："公民、法人和其他组织认为律师事务所或律师存在价格违法行为，可以通过函件、电话、来访等形式，向价格主管部门、司法行政部门或者律师协会举报、投诉。"第 29 条规定："地方人民政府价格主管部门、司法行政部门超越定价权限，擅自制定、调整律师服务收费标准的，由上级价格主管部门或者同级人民政府责令改正；情节严重的，提请有关部门对责任人予以处分。"

第 30 条规定："因律师服务收费发生争议的，律师事务所应当与委托人协商解决。协商不成的，可以提请律师事务所所在地的律师协会、司法行政部门和价格主管部门调解处理，也可以申请仲裁或者向人民法院提起诉讼。"

第二节　案例研习

一、张某等投诉甲律师事务所柳律师案——律师打"白条"、私收费[①]

（一）简要案情

2002 年 7 月 3 日，投诉人张某等以律师在代理过程中未尽代理职责、私收费且收费高为由向北京市律师协会（以下简称协会）投诉甲律师事务所（以下简称甲所）及柳律师。

投诉人称：

2001 年 6 月其与甲所签订了委托代理合同。甲所收费 3 万元后，在办案过程中，代理律师柳律师提出收取交通费 2000 元，他只支付了 1000 元，柳律师向其出具了"白条"（律师自己写的收据，但案卷中没有看到），并向其承诺案件可以达到其预期的目的。但柳律师在办案中不认真，对法律不清楚，没有维护其合法权益。

投诉请求：

1. 请求判定代理一起标的额为 10 万元财产的民事案件甲所收 3 万元委托

---

① 参见北京市律师协会主编：《北京律师职业警示录》，中国政法大学出版社 2005 年版，第 28 页。

代理费是否合理合法。

2. 律师讲可以打赢全部案件,结果法院只支持了一部分,如何解释?

3. 律师事务所收取委托代理费后,律师又收取1000元交通费(已退还),这种做法是否合法?

4. 除正常出庭、律师事务所派车的费用外,要求甲所退还多收部分律师代理费并对其作出相应处罚。

被投诉人柳律师答辩称:

1. 2001年6月27日,投诉人张某等来到我所要求委托律师,在听取了他们的情况介绍、看了他们带来的材料后,我对他们讲了对本案的几点意见。

2. 在到法院立案以前,我进行了必要的调查,取得了证据线索,并在诉讼以前征求了投诉人的意见。

3. 法院立案以后,我向法院提出了取证要求,法官按照我们提供的线索取到了相应的证据,并多次与法官沟通,向法官反映投诉人的观点和要求,在四次庭审过程中认真履行代理职责。

4. 关于1000元交通费的问题,我认为应在一审全部过程结束时一并结算,但投诉人坚持要求全额退还,我们在2001年12月21日已将1000元全部退还给了投诉人。

(二) 查明事实

1. 2001年6月27日,投诉人张某因遗产纠纷到甲所委托律师代理诉讼,甲所柳律师接待了投诉人,在听取了投诉人的介绍和看了相关材料后向投诉人阐明了以下观点:(1)本案纠纷之事经过了10年,有个时效问题,如果你们决定起诉,对此要有心理准备;(2)你们说被告隐匿了20万元,对此没有提供任何证据;(3)我们接受委托时律师费的数额为3万元;(4)律师调查后法院不予受理和审理后驳回起诉时律师费的处理意见。投诉人表示接受柳律师的意见,愿意和甲所签订委托代理协议。

2. 谈话后,张某等与甲所签订了委托代理协议,甲所指派柳律师为其代理人,代理权限为一般代理,双方约定委托代理费为3万元。

3. 2001年6月29日,柳律师与张某等讨论案件有关情况,就是否起诉的问题征求了投诉人的意见,张某等三人一致表示"不管输不输也要诉讼"。

4. 2001年7月31日至12月10日,北京市某区人民法院对张某等起诉张某某一案进行了审理,先后开庭四次,柳律师参加了全部开庭审理过程,发表了代理意见。

5. 2001年12月18日,北京市某区人民法院对张某等起诉张某某一案进行判决,部分支持了原告的主张。

上述事实有当事人各方的证词以及物证在案佐证。

（三）行业惩戒

1. 2001年6月27日，双方签署了委托代理协议，投诉人向被投诉人支付了律师代理费3万元。从双方提交的材料来看：被投诉人已明确告知投诉人甲所准备收取代理费数额，投诉人与被投诉人对律师收费问题进行了协商，并在其后签署了委托代理协议。柳律师在其《受案笔录》中与投诉人就相关案情进行了讨论，而且着重提出"……对于时效问题，审理后不论什么结论律师费是不退还的"。投诉人在该文件上签了字。律师协会认为，投诉人与被投诉人在订立委托代理协议之初，双方对案情、律师代理费等问题进行了协商。至于律师费用是否畸高，协会无法恢复当时情形予以判断，只能依据投诉人与被投诉人签署的协议为准。对投诉人的此项投诉，律师协会不予支持。

2. 就关于被投诉人柳律师讲可以打赢全部案件、结果法院只支持了一部一节，投诉人并未提出任何明确证据予以支持。相反，柳律师在《受案笔录》中的内容以及2001年6月29日《情况讨论笔录》记载，律师调查之后发现证据不足，对于是否起诉，征询投诉人的意见，投诉人明确表示："诉讼，不管输不输也要诉讼"。上述笔录都有投诉人的签字确认。律师协会认为，柳律师在接受投诉人委托以及办案过程中尽到了谨慎义务，就诉讼结果给了投诉人比较现实的预测和法律风险提示，没有进行不负责任的引导。

3. 投诉人称2001年6月28日其与被投诉人在案件调查过程中，被投诉人向投诉人提出收取办案交通费2000元，投诉人以困难为由只支付了1000元，被投诉人向投诉人打了收条。2001年12月20日投诉人将此问题反映给甲所，该所负责人将1000元退还了投诉人。被投诉人在答辩书中，提到"2001年12月21日，我正在外地出差，主任电话说投诉人到我所要求全额退还1000元交通费。我向主任说律师还未拿到一审判决书，待一审过程全部结束时可以一并结算"。协会认为，被投诉人收取投诉人1000元交通费打收条的行为属实。该行为属律师私自向委托人收取费用，属于故意违规，依《律师法》《北京市律师执业规范（试行）》《律师违法行为处罚办法》有关规定，应予纪律处分。鉴于其在投诉人投诉协会前，已将私收交通费通过律所退还投诉人，协会酌情予以从轻处罚。

律师协会纪律委员会决定：

给予柳律师警告的处分。

（四）案件评析

本案涉及的问题，一是律师是否对委托人存在虚假承诺，二是是否存在向委托人私自收费问题。

全国律协2011年《律师执业行为规范》禁止虚假承诺，律师不得为谋取代理或辩护业务而向委托人作虚假承诺，接受委托后也不得违背事实和法律规定作出承诺。其中第 43 条规定:"律师根据委托人提供的事实和证据,依据法律规定进行分析,向委托人提出分析性意见。"第 44 条规定了律师的辩护、代理意见未被采纳,不属于虚假承诺。

柳律师在接受协会调查时提交的有投诉人签字的《受案笔录》《情况讨论笔录》,不仅证明了其在代理案件之初已将诉讼风险向委托人作出了明确的提示,故不存在虚假承诺的事实;而且表明该律师在执行代理民事诉讼案件操作规程方面是谨慎、规范的。律师代理案件提出的意见未被法官在判决文书中采纳,不能认为律师的意见是错误的或者认为是虚假承诺。但遗憾的是,该律师对"律师事务所不得以任何借口或理由向委托人收取《委托协议》以外的金钱或财物,律师个人不得向委托人收取任何钱、物"这一基本执业纪律缺乏基本的认知。

根据《律师事务所收费程序规则》第 10 条的规定:"律师事务所向委托人收取律师服务费,应当及时向委托人开具合法票据。"北京市司法局《关于北京市律师事务所统一收费统一收案的若干规定》规定:"律师为委托人提供法律服务,由律师事务所与委托人签订协议,依据规定的收费标准向委托人收取律师服务费,并向委托人出具收费票据,律师个人不得私自收费。"本案柳律师在委托协议的约定以外又私自向投诉人收取 1000 元交通费,且向委托人打白条,没有出具正式发票,违反了上述规定,应受到相应的处分。

二、丁某等三人投诉 ZZ 律师事务所赵律师和吴"律师"案——律师巧立名目多收费①

(一) 简要案情

投诉人丁某、张某和袁某三人以 ZZ 所两位律师利用投诉人不懂法律知识,故意抬高争议标的额,从而收取高额代理费,严重损害投诉人利益为由,向北京市律师协会(下称协会)投诉该所赵律师和吴"律师"。

投诉人称:

1. 三位投诉人因与其住所地的镇政府发生拆迁纠纷,分别于 2002 年 4 月间同 ZZ 所签订《委托代理协议》,该所指派赵律师、吴"律师"两人代理三位投诉人的拆迁补偿纠纷。为谋一己私利,赵律师、吴"律师"两人不顾律师职业道德和执业纪律规范的规定,利用投诉人的信任,在没有认真调查取证的情况下,故意抬高拆迁补偿数额:其中为丁某确定的拆迁补偿费金额为 58.172 万元,但镇政府只同意给付 11 万元;为张某确定的拆迁补偿费金额为 80.0875 万元,但镇政府只同意给付 16.223 万元;为袁某确定的拆迁补偿费用金额为 67.184 万元,但镇政府只同意给付 12.2 万元。ZZ 所和赵律师、吴"律师"以故意抬高的争议

---

① 参见北京市律师协会主编:《北京律师职业警示录》,中国政法大学出版社 2005 年版,第 130 页。

标的额为标准,收取高额律师代理费:其中按 50 万元的标的额,向丁某收取 2.5 万元代理费;按 60 万元的标的额,向张某收取 3 万元代理费;按 50 万元的标的额,向袁某收取 2.5 万元代理费。为此,三位投诉人已经分别支付了 1 万元代理费。

2. 在代理投诉人与镇政府调解的过程中,被投诉人前后口径严重不一致,在调解期间,威胁投诉人说:打官司十年八年也不一定结案,而且能赔多少钱也不一定,官司也不一定能赢。因此,其中的两位投诉人被迫签订了拆迁协议,其利益被严重损害了。

3. 被投诉人与争议的对方交往明显过密,据投诉人了解该镇一街还给了两位律师 1 万元钱。

投诉请求:ZZ 所全额返还投诉人已支付的律师代理费。

投诉人为支持其投诉主张,提供了相应的证据材料。

被投诉人赵律师和吴"律师"答辩称:

1. 投诉人要求补偿的数额是以投诉人各自提供的土地使用证上确认的土地面积数为基数,并以投诉人自己提出来的每平方米的补偿单价计算得出的,并且是坚持要求镇政府给予补偿的价格,怎能说是我们故意抬高争议标的额?

2. 律师已按照《委托代理协议》的约定严格履行了义务,经过律师大量耐心细致的工作,通过非诉的方式已经解决了袁某、张某二人的纠纷,丁某的纠纷调解未果,我们下一步准备为其代理诉讼。

3. 我们在办理本案过程中,从未收取过任何人的任何钱财,至于投诉人讲"该镇一街给了两律师 1 万元",纯属诬陷,冤枉好人。

4. 我们接受所里的指派后,对三位投诉人的谈话内容口径始终一致,并且把他们的意见如实转达给村里和镇里,从没有说过:"打官司十年八年也不一定能结案"的类似话,更没有威胁过他们。

ZZ 所答辩称:

我所收取代理费是按当事人聘请律师时主张的数额作为计算标准收取的,不是律师计算出来的。两位律师没有故意抬高拆迁补偿费用的行为。

根据与三位投诉人分别订立的《委托代理协议》,我所收取了三位投诉人各 1 万元代理费,并开具了发票。

接受委托后,两位律师做了大量工作,通过非诉讼的方式为张某、袁某解决了纠纷,使其同镇政府签订了《拆迁补偿协议》;丁某的纠纷案虽经律师工作,但双方未能调解成功,两位律师下一步准备为其代理诉讼。

被投诉人为支持其答辩主张,提供了相关的证据材料。

(二) 查明事实

1. 2002年4月,三位投诉人因同镇政府发生拆迁补偿纠纷,分别与ZZ所订立《委托代理协议》和签署《授权委托书》,委托赵律师和吴"律师"两律师为该拆迁补偿纠纷案的第一审诉讼代理人,代理权限为:进行非讼诉调解、陈述事实、参加辩论和调解;代理费按争议标的额的5%收取:丁某交2.5万元,张某交3万元,袁某交2.5万元。当月15日,三人分别按约向该所交付代理费1万元,该所分别向三人出具了发票。

2. 根据《某镇人民政府关于xx路某镇段房屋拆迁的实施细则》的规定,投诉人的房屋被拆迁的目的是为了建设绿化带;补偿办法为平均每平方米正房补偿800元,厢房补偿300—400元,棚房每平方米补偿100元。据被投诉人称该文件于2002年4月18日由村委会提供。

3. 两位律师接受委托后,按约参加了相关调解等活动,该镇政府分别同袁某、张某达成拆迁补偿协议;丁某因同该镇政府分歧过大,未能达成拆迁补偿协议。

4. 2002年4月10日、13日,赵律师、吴"律师"分别为投诉人起草了拆迁补偿数额的书面请求书,具体的请求额:张某80.0875万元、丁某56.072万元、袁某67.1814万元。

5. 三位投诉人称其向该镇政府提出的拆迁补偿数额是由赵律师、吴"律师"确定的,但除三位投诉人在争议发生后的自述外,没有提供其他证据证明这项主张。

(三) 行业惩戒

1. 被投诉人存在故意抬高向镇政府提出的拆迁补偿金额的问题,理由如下:

第一,被投诉人与投诉人签订的《委托代理协议》约定的代理费是按照争议标的额的5%收取的,并依此比例计算出了具体的收费金额。可见,被投诉人对该争议标的额的具体金额在签订《委托代理协议》时是清楚的。并且,被投诉人在接受委托前审查过有关案件的材料和文件,所以其应当知晓该案争议标的额的具体构成。

第二,投诉人提出的房屋补偿要求是否合理,作为律师在签订委托代理协议前,理应在了解案情的基础上有一个明确的判断,在签订委托代理协议时应向投诉人作出细致、合法的说明。此拆迁案中,投诉人被拆迁的房屋属国家规划征地,而该房屋所处的位置又属于远郊区,其补偿标准是有法可依和有据可查的。同时,从被投诉人代理其中两位投诉人与镇政府达成的拆迁补偿协议看,上述补偿要求额明显过高。因此,被投诉人应当明确告知投诉人其请求额的不合理性和不合法性及可能存在的风险,并说明如果发生此类风险是否影响律师费的收取,同时应以书面形式对这些事项加以确认。否则,被投诉人的行为存在利用投诉人没有经验、缺乏基本法律常识及利用自身专业优势,致使投诉人与被投诉人达成显失公平的委托代理协议的问题。

第三,从被投诉人代理投诉人调解的情况看,投诉人并不是真的想得到经律师审查确认的上述补偿金额,而可以被认为是一种策略。

综上,协会认为被投诉人至少应发现并指出投诉人向镇政府提出的拆迁补偿数额过高的问题和风险,但被投诉人不仅没指出,反而据此收取高额代理费。因此,ZZ 所应酌情向张某、袁某退费。另外,投诉人丁某并未与镇政府达成拆迁补偿协议,从投诉情况看,也不可能由被投诉人代理进行诉讼,ZZ 所应退还丁某大部分代理费。

2. 投诉人没有就其他投诉事项向协会提供相应的证据,被投诉人对此予以否认,协会无法认定。

3. 协会注意到,在 ZZ 所与投诉人签订的《委托代理协议》中,指定了赵律师、吴"律师"两位律师为投诉人的代理人。协会在审查过程中发现,吴"律师"是 ZZ 所实习律师。ZZ 所的上述行为足以造成委托人对吴"律师"身份的误解,认为吴"律师"是有律师执业证的律师。ZZ 所存在指派非律师以律师名义执业的问题,对此,应给予 ZZ 所相应的纪律处分。

协会纪律委员会决定:

1. ZZ 所应按张某、袁某实际受补偿金额的 5% 收取律师代理费,余款退还投诉人。ZZ 所应收取投诉人袁某代理费 6000 元,退还已收代理费 4000 元;ZZ 所应收取投诉人张某代理费 8000 元,退还已收代理费 2000 元;ZZ 所应收取投诉人丁某代理费 4000 元,退还已收代理费 6000 元。ZZ 所在接到通知后 10 日内将上述款项交到协会,由协会退还投诉人。

2. 给予 ZZ 所警告处分。

3. 建议司法行政机关对 ZZ 所指派非律师以律师名义执业的行为,予以相应的行政处罚。

(四) 案件评析

在本案中,被处分的 ZZ 所存在两项违法、违规问题。

1. 安排实习律师吴某同执业律师赵律师共同代理非诉讼法律事务和诉讼案。这表现在该所同投诉人订立的《委托代理协议》中,将实习律师吴某同执业律师赵律师不加区分地以律师的身份接受当事人的委托。这种对委托人故意或过失隐瞒吴某真实身份、混淆吴某非执业律师身份的做法,会产生下列问题:使委托人会对不具备律师执业资格的吴某以执业律师相对待,产生不应有的信赖,寄予不应有的希望和重托。同时,这种做法也使从事实习律师业务的吴某可能承受了与其实习律师的身份、资格、经历和能力不相符的责任。ZZ 所的这种做法误导了委托人,有悖于委托人对律师的信任和托付。

ZZ所的上述做法违反了《律师法》第14条的规定,违反了《律师执业证管理办法》第6条第1款的规定,根据相关行政处罚规定和《北京市律师协会会员纪律处分规则》的规定,市律师协会对这类违法行为应当移送司法行政部门处理。

应当指出,实习律师不能以律师的身份出现在律师事务所同客户签订的委托代理协议和法律顾问协议中,不能以律师身份代理非诉讼和诉讼业务,也不能以律师身份被聘为法律顾问,即实习律师不能以律师身份单独或同其他律师共同与客户建立委托代理关系或被聘为法律顾问。实习律师作为执业律师的辅助人员,在表明其实习律师身份的情况下,经客户同意,可以随执业律师共同接受委托,代理相关法律事务,被聘为法律顾问。执业律师和律所对实习律师从事法律服务的主体资格、条件和方法的规定,应有正确的理解和掌握。

2. 存在为收取委托人高额代理费而故意抬高争议标的额的问题。作为代理拆迁补偿纠纷的律师,赵律师应当对有关拆迁补偿的法律、法规有基本的掌握,并根据案件的具体情况,初步测算出客户应当得到多少补偿费和初步得出有关政府给予的补偿费是否合法的结论。赵律师和ZZ所既然同委托人约定按争议标的额的5%计收代理费,这就说明赵律师和ZZ所对争议标的额已经有了自己的判断并知道据此可以收取多少代理费。但问题是,这种判断同委托人依法可以得到的拆迁补偿费差额太大——大到超出常理,大到不应当是代理解决这类纠纷的专业律师应得出的结论的程度。因代理费计收标准同拆迁补偿费的争议标的额直接相关,且考虑到在订立委托代理协议前后,律师自己没有法律根据地认可或怂恿委托人抬高拆迁补偿费,ZZ所存在的问题是明显的。这是承办律师和律所对客户是否诚实的问题,是是否从维护客户最大权益的立场出发、谨慎客观地为客户分析和评估拟委托和已委托事项的法律风险的问题,是是否为单纯同客户建立委托代理关系而对客户进行误导的问题。

ZZ所的上述做法违反了全国律协《律师职业道德和执业纪律规范》第5条和第26条的规定,违反了市律协《北京市律师执业规范》第6条和第43条的规定,根据《北京市律师协会会员纪律处分规则》的规定,市律协对该所给予行业纪律处分是应当的。

应当强调:

(1) 执业律师和律所不应当为争取到某项业务或者高收代理费或法律顾问费,用各种方法,故意夸大、缩小、回避、隐瞒客户面临的法律风险;

(2) 如果执业律师和律所在同客户建立委托代理关系后或被聘为法律顾问后,在开展法律服务工作过程中,发现了以前没有发现的客户的法律风险时,执业律师和律所应当及时用适当的方式向客户指出。

三、储某投诉 BR 律师事务所李律师案——律师利用转所时机私自收案、私自收费①

（一）简要案情

2002 年 6 月 26 日投诉人储某以被投诉人李律师在代理案件时口头承诺、未达成当事人所要的结果、收费无发票、无代理合同为由，向北京市律师协会（以下简称协会）投诉北京市 BR 律师事务所（以下简称 BR 所）及李律师。

投诉人储某称：

BR 所李律师在代理时有口头承诺，未兑现当时的承诺，并且收费没有开具发票，无代理合同，要求继续履行合同。理由：

1. 对于我和被告之间的借贷纠纷，如果能够解决判决后的执行问题，打这个官司才有意义。BR 所的李律师在此情况下极力游说我们起诉打官司，并保证官司打赢后，能将欠款全数追回，因为他同法院审判及执行人员都很熟。在这种情况下我们同意由李律师作为诉讼代理人，并按照他的要求交付了诉讼费、代理费共 4010 元。同时在一份格式合同上签了字（我们手中一直未得到这份合同）。直至 2001 年 10 月某区法院第 xx 号判决下来后，再无下文。李律师说，如需继续执行，还须再交钱，我们觉得有上当受骗的感觉。正因为李律师保证除得到判决结果，还能完成追回欠款的实际结果，我们才委托他代理。

2. 李律师收费后，只给了一张盖有 BR 所公章的收据，到后来也没有向我们出示交纳诉讼费的凭证。

投诉人要求退回已付的律师代理费，并赔偿损失，同时要求李律师继续履行承诺。

被投诉人李律师答辩称：

2001 年 6 月 1 日投诉人找我咨询债务纠纷问题，我当时对该问题作了详细的解答。当时他们也问过我执行情况，我说要一步一步来，如胜诉后可向法院申请由执行庭执行，讲述了一些执行庭可采取的措施，如被告人下落不明就难以执行，并明确告知我们收费为一审办案费用。接受委托后，我们进行了调查取证，并协助法院寻找被告，由于被告拒不到庭，本案缺席判决。判决后通知二人来领判决并申请执行，但二原告以有事为由，迟迟不来，并提出让我们帮助执行。当时二人坚持让我免费代理，我说律师不能免费代理。在二人再三请求下，我的朋友为其免费申请执行，因被执行人没有财产，执行庭无法执行。因为没有执行回钱来，二人将怨气出到我的身上，投诉属歪曲事实。

诉讼费属于代收，交通费及调查费尚未发生，还未从代理费中扣除，因此出

---

① 北京市律师协会主编：《北京律师职业警示录》，中国政法大学出版社 2005 年版，第 75 页。

具了一张收取诉讼费及代理费的总额收据,并在委托代理协议中注明,结案后据实开发票。而我所收代理费扣除交通费、调查费,为其开具了发票。投诉中说没有收到委托代理协议及发票属隐瞒事实。

BR所答辩称:

当时李律师正在办理转所手续,如何出具发票尚未确定,且代理费中包含交通费、调查费,需扣除发生费用后据实出具发票,且代收诉讼费,所以统一开了一张收据,并在协议中约定结案后开发票,结案后我们已为投诉人开具了发票。

(二)查明事实

1. 2001年6月1日被投诉人李律师以JA所名义与投诉人储某就其借贷纠纷一案签订了委托代理协议,代理协议中约定李律师为投诉人与雯某债务纠纷一案的代理人,代理权限为全权代理;协议中约定代理费为2000元,并在协议中注明:6月1日预付300元,余款立案前付清,结案后开具发票。

2. 2001年5月31日被投诉人李律师由JA所转至BR所执业。

2001年7月27日BR所向投诉人开具了代理费、诉讼费4010元的收据。BR所还向协会提交了(2001)NO.0505xxx北京市服务业专用发票,面额为1500元,但没注明日期。

3. 李律师以BR所的身份代理投诉人出庭参加了法庭审理。2001年10月19日,某区人民法院以(2001)民初字第xx号判决书结案。

4. JA所向协会提交了情况说明:李律师在2001年初从JA所办理了调出手续。JA所在2001年春节后办理了更换公章的手续,重新刻了一个本所公章。2001年6月1日李律师以JA所的名义与投诉人签订的委托代理协议JA所并不知情,经JA所主任确认此协议书上的公章也与JA所当时使用的公章不符。

(三)行业惩戒

1. 投诉人所称被投诉人李律师的口头承诺,因投诉人未能提供证据证明且被投诉人予以否认,协会无法查证,故不予认定。

2. 投诉人称其一直未得到委托代理合同,被投诉人答辩称已经给了投诉人委托代理协议,双方均没有证据支持各自主张。但双方并不否认2001年6月1日投诉人与李律师以JA所的名义签署了《委托代理协议》这一客观事实。

3. 2001年5月31日,李律师经北京市司法局批准转至BR所执业,李律师明知其执业机构已经变更为BR所,但仍使用JA所的空白合同以JA所的名义与投诉人签订了委托代理协议,并收取了投诉人2000元代理费。李律师私自收案、私自收费的行为,违反了《律师法》第35条第1项的规定,应予相应的纪律处分,并建议司法行政机关依照《律师法》第44条的规定给予相应的行政处罚。

4. 鉴于投诉人与李律师以JA所的名义于2001年6月1日签署的《委托代理协议》的约定及李律师实际代理了投诉人相关诉讼案件的一审工作,且投诉人及 BR 所并未就委托关系签订书面代理协议。因此，投诉人要求被投诉人继续履行合同没有事实和法律依据，协会不予支持。

5. 李律师代理投诉人交纳诉讼费并无不当，但在代投诉人立案后应立即将人民法院收取诉讼费的票据交给投诉人。应当将代交的诉讼费与 BR 所应收的律师费分开收取，以明确代理费的数额。

6. 李律师及 BR 所以交通费及调查费尚未发生、还未从代理费中扣除等理由作为其未开具发票的辩解理由不成立。BR 所未与投诉人签订委托代理协议而收取投诉人的代理费 2000 元，开具了 1500 元的发票，其收费行为并没有委托代理合同支持，故 BR 所的上述行为违反了《律师法》第 23 条的规定，应退回所收取的代理费，受到相应的纪律处分，并建议司法行政机关予以相应的行政处罚。

7. JA 所在 2001 年以前存在对律师专用法律文书没按相关规定进行统一保管和使用的情况。现 JA 所称其已加强了管理并制定了规章制度，按照《北京市律师协会会员纪律处分规则》第 22 条的规定，协会暂不对其违规情况进行处理，但 JA 所应严格按照有关规定加强对律师专用的法律文书的管理。今后如发现 JA 所存在类似的违规行为，协会将予从严处理。

纪律委员会决定：

1. 给予李律师及 BR 所谴责的处分，并建议司法行政机关给予相应的行政处罚；

2. 责令 BR 所及李律师将人民法院收取投诉人诉讼费的票据交与投诉人，并按照其数额与投诉人结算，将剩余的费用退还投诉人；

3. 责令 BR 所及李律师退还投诉人律师代理费 2000 元，BR 所及李律师应在收到协会此决定之日起 10 日内向投诉人返还上述两笔款项；

4. 责令 JA 所将本所对律师专用法律文书进行统一管理的措施上报协会纪律委员会审查备案；

5. 投诉人的其他投诉理由不成立，驳回投诉人的其他投诉请求。

（四）案件评析

本案涉及被投诉人李律师及其先后执业的 JA 所与 BR 所，本案是一起律师利用变更执业机构的时间差，趁原执业机构对律师执业专用文书疏于管理，新执业机构未按执业规范要求律师执业而导致的律师私自收案、私自收费的严重违纪案件。

根据《律师法》第 23 条的规定："律师承办业务由律师事务所统一接受委托与委托人签订委托合同，按照国家规定向当事人统一收取费用并如实入账"。

律师不得私自接受委托承办法律事务，不得私自向委托人收取费用、额外报酬、财物或可能产生的其他利益。被投诉人李律师乘变更执业机构之机违背 JA

所意愿、接受投诉人的委托并以 JA 所的名义签署委托代理协议的行为,首先违反了上述规定,其次向投诉人隐瞒其执业机构变更的情况,其做法既违法又违规,故受到谴责的处分。

JA 所疏于对律师执业的管理,导致李律师私自接案的违法违规行为发生,对此,除应及时吸取教训,还应建立健全律师事务所的各项管理制度,杜绝类似事件再次发生。

BR 所在没有与投诉人签署委托代理协议的情况下,收取投诉人的律师费。即便李律师转到 BR 所执业,BR 所对其以前承办的、尚未办结的案件,也应了解是否需要与委托人变更委托代理手续,然后确定是否应该出具律师函。但事实上 BR 所表现为:要律师函就给,不多过问;给钱就收,不管是否签署了委托代理协议。BR 所的行为同样违反了《律师法》关于统一收案、统一收费的规定。由于 BR 所对李律师违法违规行为的放纵,也受到了谴责的处分。

本案中反映了 JA 所及 BR 所违反律师执业行为规范,不依法管理律师事务所,造成私自接案、私自收费的现象。北京市律师协会纪律委员会给予 BR 所及李律师谴责的处分是正确的。

四、上海市 HZ 律师事务所诉某研究院服务合同纠纷案

(一) 简要案情

原告上海市 HZ 律师事务所因与被告某研究院发生服务合同纠纷,向上海市黄浦区人民法院提起诉讼。

原告 HZ 律师所诉称:原告原系被告某研究院常年法律顾问。2003 年 5 月,被告委托原告律师王某代理其与上海市黄浦区商业网点管理办公室(下称商业网点)赔偿纠纷一案(以下简称赔偿纠纷案),被告提出风险代理。双方协议约定:被告按照诉讼标的额的 15% 给付原告律师代理费;被告如有接受调解、和解及终止代理等情形,需与原告协商一致,否则,按照约定律师代理费的数额补偿原告经济损失。诉讼中,被告数次提出不当调解方案,均遭王某律师拒绝。2005 年 6 月,被告在不让王某律师知晓的情况下与对方达成调解,并由法院制作了调解书。在原告提出异议时,被告称会分次依约支付律师代理费,原告为此同意被告先支付 12.5 万元,余额分次给付。后被告突然解聘原告的常年法律顾问。原告提出异议时,被告再次承诺同意支付相应律师代理费,但至今拖延未付。原告认为,对于原、被告之间的风险代理,原告已为之付出大量投入,被告应依约按诉讼标的(房屋市场评估价)人民币 209 万元的 15% 赔偿原告的经济损失(律师代理费)。现请求判令被告赔偿经济损失(律师代理费)18.8 万元,并按中国人民银行同期贷款利率支付自 2005 年 9 月 1 日起至判决确定的支付日止的利息。

被告某研究院辩称：涉案律师代理合同履行过程中，原告 HZ 律师所不同意被告接受与对方调解，因而在调解中拒绝出席。原、被告之前已就律师代理费达成协议，风险代理方式是由原告提出。风险代理合同条款中，真正的风险承担者是被告。风险代理合同中有关调解问题的约定，应体现诉讼代理的依附性特征，双方发生争议时，应以被告的意思表达为准，而该合同相关条款明显限制了被告的诉讼权利。此外，被告之所以支付原告律师代理费 12.5 万元，是考虑到双方存在的良好关系，想以友好的方式解决此事。请求驳回原告的诉讼请求。

被告某研究院就本案提起反诉，诉称：在赔偿纠纷案诉讼中，是原告 HZ 律师所提出在原有合同基础上补充签订风险代理合同以提高其律师的积极性。补充合同由原告拟定，约定的内容对原告无任何风险，仅增加了律师代理费。在诉讼中，关于接受调解与否的问题双方发生争议，原告坚决不同意调解，且拒绝参加法院于 2005 年 6 月 28 日进行的开庭。赔偿纠纷案调解后，被告为息事宁人，依照调解数额向原告支付了补充律师代理费 12.5 万元。被告认为，原告作为诉讼代理人，理应维护委托人的合法权益，尊重委托人的意志。但是，原告为博得自身利益的最大化，不顾委托人的诉讼风险，盲目放弃调解机会，且毫无理由拒绝出庭，严重违反了双方的合同和律师的职业操守。现要求原告返还被告第二次支付的律师代理费 12.5 万元。

被告某研究院提交了其在赔偿纠纷案诉讼中形成的两份答辩状、庭审笔录、原告 HZ 律师所的解决意见函、调解笔录以及相关支票存根等证据。

原告 HZ 律师所辩称：被告某研究院称原告未出庭，无任何证据，事实是被告未通知原告出庭。请求驳回被告的反诉请求。

原告 HZ 律师所提交了聘用律师合同、协议书、民事诉状、房地产估价报告、赔偿纠纷案法院调解书、律师付费发票、通知函、催款函及邮寄凭证、电子邮件往来、王某律师写给被告某研究院的信函等证据。

上海市黄浦区人民法院依法组织了质证。被告某研究院除对原告 HZ 律师所提交的电子邮件的真实性有异议外，对原告提交的其余证据的真实性均无异议。但表示：房地产估价报告关于房屋的价格有三个数额，不应按最高数额确定诉讼标的，应按 111.08 万元计；调解书并非仅针对赔偿纠纷案所涉问题，给付 80 万元中包含了其他案件的 50 万元；对律师付费发票所载的"先期"二字不认可；通知函与本案无关；信函陈述与事实有出入。HZ 律师所对被告提交的证据的真实性无异议，但认为对本案处理无意义。

上海市黄浦区人民法院一审查明：

2003 年 5 月 14 日，原告 HZ 律师所与被告某研究院签订《聘请律师合同》一份，约定由原告指派王某律师代理被告与商业网点之间的赔偿纠纷案，律师代理费 2 万元。2004 年 2 月 18 日，双方又签订一份协议书，约定在原有代理关系基础上实行风险代理,被告如有接受调解、和解及终止代理等情形需与原告协商一致,否则以约定律师代理费数额补偿原告经济损失。双方同意以赔偿纠纷案诉讼标的(赔偿款数)为基数,如完全不给付赔偿费,被告以诉讼标的的15%给付律师代理费(不包括已支付的律师代理费);经判决或调解被告赔偿的数额在诉讼标的50%(包括50%)以上的,支付的律师代理费为已支付的2万元;在50%以下的,则以赔偿纠纷案诉讼标的50%以下部分的15%计付律师代理费(不包括已给付的律师代理费);如经判决被告全部败诉的,原告退还已收律师代理费中的1.5万元。

在赔偿纠纷案诉讼中,商业网点诉称,中山南一路198弄16号104室、701室,198弄17号101室、301室系被告某研究院作为公建配套房移交后,由上海市南市区住宅发展局调拨给商业网点使用的,但被告却称上述4套房屋已配售给了自己的职工无法退还,请求判令被告按上述房屋的市场评估价予以赔偿。2004年9月13日,上海国城房地产估价有限公司出具估价报告,载明:"以2003年6月27日为估价时点,上述4套房屋房地产市场价格为209.7万元,使用权价格为199.72万元;以1998年1月15日为估价时点,使用权价格为111.08万元。"被告在赔偿纠纷案中辩称其已按规定支付了公建配套费,故不该再交付房源,同时要求将上述4套房屋与上海市卢湾区人民法院正在审理的瞿溪路680弄1号205室房屋纠纷案一并处理。商业网点也同意两案合并处理。诉讼中,被告与商业网点接受调解,调解结果是由被告赔偿商业网点80万元,双方达成调解后不再涉及本案被告的公建配套费等的返还事项。赔偿纠纷案调解解决后,2005年8月23日,被告向原告HZ律师所又支付了律师代理费12.5万元。

本案一审的争议焦点是:原告HZ律师所与被告某研究院于2004年2月18日签订的协议书中有关"某研究院如有调解、和解及终止代理等需与HZ律师所协商一致,否则以约定律师代理费额补偿HZ律师所经济损失"的约定是否有效。

上海市黄浦区人民法院一审认为:

首先,在民事诉讼中,尽管委托代理人可以在代理权限内根据具体情况独立进行意思表示,但委托代理人最终体现的是被代理人的意思表示,诉讼行为的后果也归属于被代理人,因此,委托代理人在诉讼中所进行的独立意思表示,应基于维护被代理人的利益,并受制于被代理人的意思表示和接受被代理人的指示。在与商业网点一案中,被告某研究院决定与对方调解,系对自己诉讼权利的处分,对此,原告HZ律师所作为诉讼代理人可以运用自己的法律专业知识提供自己的见解,但最终应当贯彻的是被告的意思,而不应将原告的意思强加于人。

其次,被告某研究院在诉讼调解中处分的是自己与对方争议的利益,对该利益的处分不可能侵犯到作为代理人的原告HZ律师所的利益。即使该处分的结果可能影响原告的收费额,原告也无理由要求被告因此牺牲自己的利益,承担更大的诉讼风险,或因此要求被告赔偿律师代理费。

综上,原告HZ律师所在法律服务合同中订立诸如调解等需与其协商一致,否则以约定律师代理费额补偿其经济损失的条款,是侵犯被告某研究院诉讼权益的行为。诉讼中,原告关于上述加重被告义务的条款是被告自行提出的陈述,违反常理,不予采信。原告关于被告曾承诺分次支付律师代理费、先支付12.5万元、余额分次给付的事实主张,未能提供证据证明,不予采纳。

对照风险代理协议书,双方约定的律师代理费是以商业网点的诉讼标的(赔偿款数)为基数,经判决或调解的赔偿数额在诉讼标的50%以下的,律师代理费以商业网点诉讼标的的50%以下部分的15%计付。尽管对该约定的理解双方存有歧义,但以诉讼结果计付律师代理费的意思表示是明确的。考虑到被告某研究院在上述案件的调解中放弃了公建配套费等返还权利,以及原告HZ律师所在上述案件中的实际投入,现被告以与另一起案件合并调解的总数额为基数,按照15%计付律师代理费,已属合理。由于上述案件的诉讼中,被告并未获得完全不赔偿的结果,故原告要求以商业网点全部诉讼标的计赔律师代理费的差额,不合理,且明显相悖于双方协议的约定。

综上,原告HZ律师所的诉讼请求缺乏事实和法律依据,依法不予支持。关于被告某研究院已支付给原告的律师代理费,考虑到被告与商业网点的诉讼毕竟是在原告前期工作的基础上达成调解结果的,且被告也无通知过而原告不出庭参加法院主持的调解的证据,庭审中被告又明确表示,12.5万元律师代理费是因认为原告已完成任务,按阶段性计算标准计付的,因此,对被告关于返还上述款项的反诉请求,依法亦不予支持。据此,上海市黄浦区人民法院依照《合同法》第107条的规定,于2009年3月18日判决如下:

一、驳回原告HZ律师所关于被告某研究院赔偿其经济损失人民币18.8万元并支付利息的诉讼请求;

二、驳回被告某研究院关于原告HZ律师所返还其律师代理费人民币12.5万元的反诉请求。

本诉案件受理费人民币4060元,由原告HZ律师所负担;反诉案件受理费人民币2800元,由被告某研究院负担。

HZ律师所不服一审判决,向上海市第二中级人民法院提起上诉,主要理由是:(1)双方的风险代理协议是双方真实意思表示,合同不符合无效或可撤销要件,故双方应按约履行;(2)法律规定律师可作风险代理,且提成比例可达标的额的30%,而本案只约定了15%,并未超出风险代理收费最高限额;(3)协议并未禁止某研究院与对方当事人调解,一审法院认定协议相关条款侵犯某研究院的处分权不能成立。请求撤销一审判决第一项,支持 HZ 律师所的本诉请求。

被上诉人某研究院答辩称:被上诉人完全同意一审判决对协议第 2 条所作认定,该协议限制了委托人对委托事项的处分权,相应的协议条款应为无效。请求维持原判。

（二）查明事实

上海市第二中级人民法院经二审,确认了一审查明的事实。

（三）争议焦点

本案二审的争议焦点仍然是:上诉人 HZ 律师所与被上诉人某研究院于 2004 年 2 月 18 日签订的协议书中有关"某研究院如有调解、和解及终止代理等需与 HZ 律师所协商一致,否则以约定律师代理费额补偿 HZ 律师所经济损失"的约定是否有效。

上海市第二中级人民法院二审认为:

第一,协议书系在双方原有的《聘请律师合同》的基础上为实施风险代理而签订的合同,双方之间构成委托与代理的关系。根据《律师服务收费管理办法》第 11 条的规定,对婚姻、继承、请求支付劳动报酬、其他涉及主张生活保障费用等方面的案件及刑事、行政、国家赔偿案件以及群体性诉讼案件不得实行风险代理收费。对于其他律师服务项目,相关法律法规并未作出禁止风险代理收费的规定,因本案所涉事项并不属于上述禁止范畴,故双方之间约定实行风险代理收费并无不当。根据《律师服务收费管理办法》第 13 条第 2 款的规定,实行风险代理收费,最高收费金额不得高于收费合同约定标的额的 30%。本案中,双方约定风险代理收费比例为 15%,未超出最高比例,亦无不当。

第二,关于协议书中"某研究院如有调解、和解及终止代理等需与 HZ 律师所协商一致,否则以约定律师代理费额补偿 HZ 律师所经济损失"的约定的效力问题。

1. 律师的职业责任是接受当事人的委托,为当事人提供法律服务,维护当事人的合法权益,维护法律的正确实施,维护社会的公平正义。在执业过程中,律师应维护社会秩序、促进纠纷解决、消除社会冲突、促进社会和谐,应在调解、和解中发挥积极作用。律师为当事人提供法律服务,可以收取相应的费用,但律师服务收费应当遵循公开公平、自愿有偿、诚实信用的原则。如律师为获取自身利益的最大化,限制当事人依法享有的诉讼权利,其行为不受法律保护。

2. 本案所涉代理内容为诉讼代理。代理的概念系委托人将相关事项授权于代理人,由代理人处理委托事务,代理结果归于委托人。因此,从代理的目的和结果归属而言,委托人对代理人权利的授予并不意味着放弃自己在代理权所涉范围发出或受领意思表示的能力,即委托人对委托事项仍享有自行处分的权利并可以随时终止代理权。代理人的义务为运用法律专业知识搜集、提供证据、参加诉讼、提出法律意见等,其目的是通过律师的服务尽量使当事人增加胜诉几率,以保护当事人的合法权益。

当事人在诉讼过程中自愿接受调解、和解,是对自身权益的处分,是当事人依法享有的诉讼权利。调解、和解有利于纠纷的迅速解决和彻底解决,有利于减少当事人的诉讼成本,更有利于减少社会矛盾,构建和谐社会。律师事务所及其律师作为法律服务者,在接受当事人委托代理诉讼事务中,应当尊重委托人关于接受调解、和解的自主选择,即使认为委托人的选择不妥,也应当出于维护委托人合法权益的考虑提供法律意见,而不能为实现自身利益的最大化,基于多收代理费的目的,通过与委托人约定相关合同条款限制委托人接受调解、和解。上述行为不仅侵犯委托人的诉讼权利,加重委托人的诉讼风险,同时也不利于促进社会和谐,违反社会公共利益。

3. 关于本案《协议书》中约定的调解、和解必须当事人与代理人协商一致,否则应赔偿损失的条款,上诉人 HZ 律师所称该协议条款并未禁止被上诉人某研究院对外享有自行与对方当事人调解、和解的权利。法院认为,该条款虽然并未明文约定禁止某研究院进行调解、和解,但该条款对某研究院自行与诉讼对方当事人调解、和解设定了违约责任,由于双方在代理关系内部必须按照《协议书》约定受违约条款的约束,如果某研究院试图单方调解或和解,必然受制于违约责任条款而产生顾忌,以致无法按照自己的意愿依法进行调解、和解。故上诉人主张该条款未限制某研究院调解、和解的权利的辩解不能成立。

4. 律师与当事人之间约定实行风险代理,如果律师收取费用的标准以案件最终的处理结果为依据,该处理结果不应以结案方式的不同有所差别。上诉人 HZ 律师所称所代理的案件以调解方式结案造成其经济损失而要求被上诉人某研究院赔偿。法院认为,上诉人所代理的案件以调解结案,法院裁判并未下达,裁判结果为未知数,上诉人代理的结果可能胜诉,也可能败诉,赔偿数额是否多于调解结案的数额并不确定。因此,上诉人断定裁判结果必定优于调解结果并无事实依据,其认为调解结案必定造成律师代理费减少的主张亦不能成立。对于终止委托而言,《合同法》第 410 条规定了委托人或者受托人可以随时解除委托合同,因解除合同给对方造成损失的,除不可归责于该当事人的事由外,应当赔偿损失。该规定中的应赔偿损失应理解为实际损失,而《协议书》约定如某研究院单方终止协议的,须按约定律师代理费额补偿上诉人经济损失,该约定缺乏法律依据。

综上,法院认为,上诉人 HZ 律师所为获取自身利益最大化的可能而限制被上诉人某研究院进行调解、和解,加重了当事人的诉讼风险,侵犯了委托人在诉讼中的自主处分权,不利于促进社会和谐,违反了社会公共利益。根据《合同法》第 52 条的规定,损害社会公共利益,合同无效。故"协议"中"某研究院如有调解、和解及终止代理等需与 HZ 律师所协商一致,否则以约定律师代理费额补偿 HZ 律师所经济损失"的条款应为无效。

第三,合同相关条款无效,而代理人为代理事务付出了一定的劳务,委托人仍应支付合理的报酬。赔偿纠纷案结束后,被上诉人某研究院向上诉人 HZ 律师所支付了律师代理费 12.5 万元。关于该报酬金额是否合理的问题,法院认为,首先,在本案诉讼发生前,某研究院是自愿支付代理费,未曾以不合理为由而要求返还;其次,双方约定了以诉讼标的额为基数,按照案件判决或调解的赔偿金额不同来确定某研究院应付代理费的金额;某研究院与商业网点就赔偿案件和卢湾法院另一案合并调解,共需支付给案件对方当事人商业网点赔偿款 80 万元,赔偿纠纷案以最大标的额 209.7 万元与卢湾法院处理的另案 50 万元的标的额按比例分摊,则赔偿纠纷案中某研究院向商业网点支付的赔偿额为 645976 元,该赔偿金额远小于案件诉讼标的额的 50%,按照本案双方"协议"的约定,应以诉讼标的数 50% 以下部分的 15% 支付律师代理费,即以诉讼标的额 209.7 万的 50% 减去赔偿款 645976 元得 402524 元乘 15% 为 60378.6 元。某研究院支付给上诉人 12.5 万元代理费已经超出了 60378.6 元。故法院认为,某研究院支付上诉人 12.5 万元报酬已属合理。

(四)法院判决

综上所述,一审认定事实清楚,判决并无不当。上诉人 HZ 律师所的上诉理由不能成立,不予支持。据此,上海市第二中级人民法院依照《民事诉讼法》第 153 条第 1 款第 1 项、《合同法》第 7 条、第 52 条第 1 款第(4)项、第 410 条之规定,判决如下:

驳回上诉,维持原判。

(五)案件评析

我国《合同法》第 7 条规定:"当事人订立、履行合同,应当遵守法律、行政法规,尊重社会公德,不得扰乱社会经济秩序,损害社会公共利益。"第 52 条规定:"有下列情形之一的,合同无效……(四)损害社会公共利益……"第 410 条规定:"委托人或者受托人可以随时解除委托合同。因解除合同给对方造成损失的,除不可归责于该当事人的事由以外,应当赔偿损失。"

当事人在诉讼过程中自愿接受调解、和解,是对自身权益的处分,是当事人依法享有的诉讼权利。律师事务所及其律师作为法律服务者,在接受当事人委托代理诉讼事务中,应当尊重委托人关于接受调解、和解的自主选择,即使认为委托人的选择不妥,也应当出于维护委托人合法权益的考虑提供法律意见,而不能为实现自身利益的最大化,基于多收代理费的目的,通过与委托人约定相关合同条款限制委托人接受调解、和解。本案律师行为不仅侵犯委托人的诉讼权利,加重委托人的诉讼风险,同时也不利于促进社会和谐,违反社会公共利益,相关合同条款亦属无效。

问题讨论

1. 委托人某甲因被告人某乙涉嫌走私普通货物罪一案(法院审理阶段)，拟委托某律师事务所刘律师担任某乙的辩护人，双方经协商确定律师费金额16万元。当地刑事案件的收费标准为审判阶段6000—33000元/件。某律师事务所应如何与委托人签订委托协议约定律师费条款？

2. 风险代理的收费方式有何弊端？你是否赞同采用这一收费方式？我国风险代理的规定和国外相比有何不同之处？

3. 政府以收费表的形式对律师收费进行干预是否合理？收费表是因为规定合理费率而更可能惠及客户还是因为排斥竞争而更可能害及客户？

4. 某公司因产品质量问题，委托某律师事务所王律师办理产品召回的相关事宜；某公司出具了委托书，但双方没有就律师收费问题签订书面协议。后王律师将某公司起诉至法院，要求某公司支付涉案金额30%约数十亿元的律师费。王律师要求某公司支付的律师费金额是否合理？

5. 因犯罪嫌疑人盖某甲涉嫌绑架罪一案，陈某(盖某甲之妻)通过中间人易某认识某律师事务所的律师助理杨某。杨某自称是律师，并提供给陈某虚假的律师名片。杨某拒绝陈某要求到某律师事务所缴费和办理委托手续的要求，让陈某在空白的授权委托书上签字，并先后两次通过易某向陈某收取人民币14000元。杨某将案件转交某律师事务所李律师办理，并上交了9000元律师费。某律师事务所通过非律师杨某向委托人收取律师服务费的做法是否适当？

第五章 律师的保密规则

律师的保守秘密问题是贯穿于整个律师业务活动的一个基本问题。律师保密的核心问题涉及律师——委托人的职业特权和律师的保密义务。律师的保密具有平衡控辩双方力量,避免强大的国家肆意侵犯嫌疑人权利的功能。律师保密义务对委托人和律师的权利义务有着重要的影响。本章结合我国有关律师保密义务的相关规定,对律师保密义务进行初步的介绍和把握。

第一节 律师保密的基本规则

一、律师保密义务的主体

关于律师保密义务的主体范围,我国 2001 年《律师职业道德和执业纪律规范》第 8 条规定:"律师应当严守国家机密,保守委托人的商业秘密及委托人的隐私。"该规范第 46 条规定:"实习律师、律师助理参照本规范执行。"

国外的律师保密范围相对较广。日本《辩护士职务基本规程》第 56 条规定"共同事务所的所属辩护士,对于事务所其他辩护士因职务上所得知有关委托人的秘密,除非有正当理由,不得泄露给其他人或者供其他人使用。即使已经不属于该事务所的辩护士,亦受同样的限制",第 62 条规定"辩护士法人的社员对于辩护士法人本身、其他社员或者作为雇用人之外国辩护士,就因职务上所得知之有关委托人的秘密,除非有正当理由,不得泄露给其他人或者供其他人使用,即使已经不属于法人之社员,亦受相同的限制。"美国《律师模范专业行为准则》中有关保密义务规定在准则 1.6,而准则 1.9(c)则规定同一事务所的律师对办案所得知之前当事人的秘密,不得为不利于该前当事人的使用,准则 1.9(b)(2)规定如果是受准则 1.6 及 1.9(c)保护的资讯,而且与该案件有实质关联,则受到利益回避的约束,因此保密义务也会扩及整个事务所。

二、律师保密义务的范围的广泛性

保密义务的范围相当广泛,任何律师经由办案而得知的事项均属律师保密义务的范围。全国律协 2011 年《律师执业行为规范》第 8 条第 1 款规定:"律师应当保守在执业活动中知悉的国家秘密、商业秘密,不得泄露当事人的隐私。"2012 年《律师法》第 38 条第 1 款规定:"律师应当保守在执业活动中知悉的国家秘密、商业秘密,不得泄露当事人的隐私。"

所谓国家秘密,根据我国《保守国家秘密法》第2条的规定,是指"关系国家的安全和利益,依照法定程序确定,在一定时间内只限于一定范围的人员知悉的事项"。商业秘密,根据我国《反不正当竞争法》第10条的规定,是指"不为公众所知悉、能为权利人带来经济利益、具有实用性并经权利人采取保密措施的技术信息和经营信息"。所谓当事人的隐私,一般是指与当事人的声誉有关、本人不愿意公开的个人生活事件。

律师保密义务的范围不只是和承办的案件案情有关的事项,即使和案件没有直接关系的事实,只要是律师基于职务上所得知的事项,都须负保密的义务。

三、律师保密义务的时间

《律师法》第38条第2款规定:"律师对在执业活动中知悉的委托人和其他人不愿泄露的有关情况和信息,应当予以保密……"《律师职业道德和执业纪律规范》第39条规定:"律师对与委托事项有关的保密信息,委托代理关系结束后仍有保密义务。"委托关系终止之后,律师不能利用所得到的秘密信息去侵害前委托人的利益,这就又跟后面的利益冲突规则有了关联。律师的保密存续于:与潜在委托人商谈时;委托关系进行中;委托关系结束后。

四、律师保密义务的例外

一般来说,主要有三种情况,律师可以披露秘密交流的信息:

(1) 当事人明智的同意:当事人在充分知情同意的情况下,可以明确同意律师披露与代理有关的信息。

(2) 防止未来重大伤害:美国律师协会的职业行为规则规定,为了防止合理确定的死亡或者重大身体伤害,律师可以在合理必要的范围内披露有关的信息。这样的规定和我国《律师法》中的规则有着共同的考量但又有不同。

(3) 律师自我保护的需要:如果律师和委托人的关系出现了问题,律师为了自身利益起诉或者为自己辩护,或者因为被当事人控告或申诉,律师都可以为了自己的利益而披露代理关系中和当事人交流的内容。

五、违反保密义务的责任

按照我国《律师法》第48条第4项的规定,律师泄露商业秘密或者个人隐私的,由设区的市级或者直辖市的区人民政府司法行政部门给予警告,可以处1万元以下的罚款;有违法所得的,没收违法所得;情节严重的,给予停止执业3个月以上6个月以下的处罚。按照《律师法》第49条第1款第9项的规定:律师泄露国家秘密的,由设区的市级或者直辖市的区人民政府司法行政部门给予停止执业 6 个月以上 1 年以下的处罚,可以处 5 万元以下的罚款;有违法所得的,没收违法所得;情节严重的,由省、自治区、直辖市人民政府司法行政部门吊销其律师执业证书;构成犯罪的,依法追究刑事责任。律师因故意犯罪受到刑事处罚的,由省、自治区、直辖市人民政府司法行政部门吊销其律师执业证书。按照第 54 条的规定:律师违法执业或者因过错给当事人造成损失的,由其所在的律师事务所承担赔偿责任。律师事务所赔偿后,可以向有故意或者重大过失行为的律师追偿。

《律师协会会员违规行为处分规则(试行)》第 11 条规定:"个人会员有下列行为之一的,由省、自治区、直辖市及设区的市律师协会给予训诫、通报批评、公开谴责:……(八)泄漏当事人的商业秘密或者个人隐私的"第 12 条规定:"个人会员有下列行为之一的,由省、自治区、直辖市律师协会取消会员资格,同时报请同级司法行政机关吊销其律师执业证书:(一)泄漏国家秘密的……"

第二节 案例研习

一、律师周某泄露当事人隐私一案

(一) 简要案情

2013 年,北京市律师协会(以下简称协会)执业纪律与执业调处委员会根据《北京市律师协会会员纪律处分规则》第 8 条的规定,决定对某所周律师在李某某等人强奸案中担任王某二审辩护人时涉嫌违反律师执业规范的行为进行立案调查。

被调查人周某申辩:

1. 我是出于法律人的责任感援助王某的,自接受委托至法院宣判前,我没有公开发表该案的任何消息。

2. 我没有试图用舆论绑架审判,在法庭上,我一直坚持用证据说话。

3. 强奸案不公开审理要保护的范围不是全部的案情和证据,而是两类内容:第一,受害人的隐私,包括姓名、肖像、住址、单位等,目的是保护受害人的基本人权。第二,性犯罪中性行为的细节不得透露。除这两者外,其他的法庭内容,和其他案件一样,都是可以公开的。

4. 我公开的是反驳妇科检查的证据,是证据抗辩,医学影像不是肖像,假名不是真实身份姓名,我没有违规。

(二) 查明事实

1. 2013 年 10 月,某所与王某亲属签订《刑事案件聘请律师合同》,指派周某担任王某二审辩护人,收取代理费 100 元。

2. 2013年10月31日,北京市第一中级人民法院二审开庭不公开审理李某某等人强奸案。

3. 自2013年9月起,周某陆续在腾讯微博、新浪微博、网易博客上发布了案件当事人的通讯内容、会见笔录、侦查卷中警方拍摄的现场图片、律师的现场勘验报告,并且以文字形式披露了有关案件情况、有关辩护人的辩护内容、有关鉴定结论的内容,对案发现场的有关视频内容进行了描述。

4. 周某在公开场合向媒体和公众出示了李某某案件当事人的通讯记录等材料。

5. 周某在法庭宣判后的法庭教育阶段情绪激动,拒不接受审判长的规劝,被依法强行带出法庭。周某离开法院后主动向聚集在法院外面的人员介绍庭审情况,发表意见感受,出示该案证据材料,表达对法院审理工作的不满。

6. 周某在本协会审查期间继续就李某某案件发布相关微博。

7. 周某在本协会举行的听证会上坚持认为自己在向有关机关反映意见没有得到回复时,向媒体和公众披露案件信息、发表意见的行为正确。

上述事实有各方的证词以及物证在案佐证。

(三) 行业惩戒

1. 关于不公开审理的问题。我国《刑事诉讼法》第183条、第196条和第274条规定,未成年人犯罪和涉及隐私的案件不公开审理,但宣判一律公开进行;《最高人民法院关于适用〈中华人民共和国刑事诉讼法〉的解释》第186条规定:"审判案件应当公开进行,案件涉及国家秘密和个人隐私的,不公开审理;涉及商业秘密,当事人提出申请的,法庭可以决定不公开审理。不公开审理的案件,任何人不得旁听,但法律另有规定的除外。"根据上述规定,不公开审理案件的原则,应当是不得向出庭人员以外的人员公开开庭审理情况,仅宣判活动公开进行。周某作为辩护人,将庭审情况以微博、博客和向媒体披露的方式公之于众,无异于向所有不能旁听的人员公布案件庭审情况,属于不当披露案情的行为。

2. 周某公开发布的有关妇科检查材料,既属于当事人隐私,也属于该案的证据材料。周某此举,既泄露了当事人隐私,也不当披露了案情。周某公开发布的鉴定结论、监控视频、警方照片等均属于案件证据的范围。周某将案件证据公开发布,并且对案件证据、其他辩护人的意见进行分析、评价等行为,违反了《刑事诉讼法》不公开审理的诉讼制度,且构成了《律师协会会员违规行为处分规则(试行)》第11条第8项泄露当事人个人隐私的违规行为,应当给予相应的行业纪律处分。

律师协会执业纪律与执业调处委员会决定:

给予周某律师公开谴责的行业纪律处分,并建议司法行政机关给予相应的行政处罚。

(四) 案件评析

本案涉及的问题是律师周某的行为是否构成对律师保密义务的违反。其核心的焦点在于律师保密的范围,即周某披露的信息是否属于不应当公开的信息

不公开审理的案件,仅宣判公开,其审理过程均不公开。周某以个人的认识来判断不公开审理案件的保密范围,认为不公开审理要保护的范围不是全部的案情和证据,而是两类内容:第一,受害人的隐私,包括姓名、肖像、住址、单位等,目的是保护受害人的基本人权。第二,性犯罪中性行为的细节。除这两者外,其他的法庭内容,和其他案件一样,都是可以公开的。这显然与我国不公开审理制度是不相符的。

不公开审理案件,目的在于保护当事人的隐私。当事人的隐私,一般是指与当事人的声誉有关、本人不愿意公开的个人生活事件。泄露当事人不愿泄露的情况和信息也属于泄露隐私的范畴。根据全国律协2011年《律师执业行为规范》第8条第1款的规定,律师对于委托人和其他人不愿泄露的信息应当保密。周某公开的当事人通讯记录、妇科检查证据等所泄露的既是当事人隐私也是当事人不愿泄露的信息,违反了上述规定。

根据《律师协会会员违规行为处分规则(试行)》第11条的规定,个人会员泄漏当事人的商业秘密或者个人隐私的,由省、自治区、直辖市及设区的市律师协会给予训诫、通报批评、公开谴责。本案周某律师在李某某案件中,违法披露案件信息和当事人的隐私,违反了上述规定,应当受到相应的处分。

二、律师于某泄露国家秘密一案

(一) 简要案情

于某故意泄露国家秘密案由河南省沁阳市人民检察院于2001年3月15日向河南省沁阳市人民法院提起公诉。

起诉书指控:2000年8月21日,被告人于某与助理律师卢某(另案处理)共同担任马某贪污案的一审辩护人。同年11月3日,于某为准备出庭辩护安排卢某去沁阳市人民法院复印了马某贪污案的有关案卷材料。马某的亲属知道后,向卢某提出看看复印材料的要求。卢某在电话请示于某后,将有关复印材料留给了马某的亲属朱某等人。当晚,朱某等人详细翻看了复印的案卷材料,并针对起诉书进行研究。次日,朱某根据案卷材料反映的情况,对有关证人逐一进行寻找和联系,并做了工作。后于某到沁阳进行调查、取证时,证人张某等人均出具了虚假的证明材料。与此同时,朱某又根据于某交给他的部分复印的卷宗材料找到证人王某做工作,致使王某也出具了虚假证明。由于于某故意泄露了国家秘密,马某贪污案开庭审理时,有关证人作了虚假证明,扰乱了正常的诉讼活动,造成马某贪污案两次延期审理的严重后果。检察机关认为,被告人于某的行为

已触犯了《刑法》第398条的规定,构成了故意泄露国家秘密罪。

于某辩称:她在11月11日没有将复印的案卷材料交给朱某,卢某将复印的案卷材料留给朱某是误解了她的意思。此外,卢某从法院复印的案卷材料未标明属于国家秘密,因此自己的行为构不成犯罪。

于某的辩护人认为:

1. 鉴定机关仅根据检察机关的有关规定,认定卢某所复印的卷宗材料属于国家秘密,理由不充分。检察机关的案卷材料在诉讼阶段,应属于法院诉讼文书材料,不属于国家秘密。

2. 本案证人主要是卢某、朱某等人。卢某虽已另案处理,但仍应属同案人员,他对事实的陈述不能排除有推卸责任的可能性;朱某等人虽然当时在场,但不可能听到于某在电话中所讲的内容,故以上证言均不应采信。

3. 于某是否把案卷材料交给朱某,虽有朱某的证言,但系孤证,不能证明事实存在。

4. 马某案有关证人的证言是否属于虚假作证,无法证实。两次延期审理是因检察机关证据不足需要补充侦查所致,于某没有扰乱正常诉讼活动的行为。综上,于某没有故意泄露国家秘密的事实,应宣告无罪。

(二)查明事实

2000年8月21日,河南省焦作市路通律师事务所律师于某、助理律师卢某接受涉嫌贪污犯罪的马某之妻朱某的委托,担任马某案的一审辩护人。2000年11月1日,沁阳市人民检察院以贪污罪对马某提起公诉,并向沁阳市人民法院移送了该案主要证据的复印件6本,共计421页。同年11月3日,朱某得知该案已到法院后,即告诉于某。当日下午,于某即安排卢某前来沁阳,并与马某的亲属朱某等人一同来到沁阳市人民法院立案庭。卢某依照规定办理了有关手续后,将检察机关移送到法院的马某贪污案主要证据卷宗材料全部借出,并予以复印。复印后,朱某向卢某提出看一看复印的案卷材料,卢某没同意,答复要请示于某。随后,朱某用手机拨通了于某的电话,向于某提出要看复印材料。于某表示同意,让朱某把手机交给卢某,并在电话中交代卢某把复印材料留下。卢某按照于某的安排将复印的案卷材料留下后返回焦作。当晚,朱某等人对照起诉书及案卷材料进行了研究。次日,朱某到焦作给卢某归还了复印的案卷材料。朱某根据案卷材料反映的情况,对所涉及的证人逐一进行联系,并做了相应工作。同年11月8日、10日,马某贪污案的有关证人张某等人在于某来沁阳调查、取证时,均出具了虚假证明。

2000年11月11日,被告人于某到沁阳调查、取证后回焦作时,因未能取到王某(案卷材料所涉及的证人)的证明,又将复印的案卷材料留下给朱某。11月13日,朱某找到王某,让王某阅读了马某的供述,王某根据马某的供述出具了虚假证明。

2000年11月15日,马某贪污案公开开庭审理时,被告人于某出具了有关证人的虚假证言及证明材料后,检察机关两次提出延期审理建议,决定对马某案补充侦查。

经河南省国家保密局、河南省焦作市国家保密局鉴定,被告人于某让马某家属所看的马某贪污案的案卷材料均属机密级国家秘密。

上述事实有各方的证词以及物证在案佐证。

(三)法院判决

1. 沁阳市人民法院认为:

《刑法》第398条规定:"国家机关工作人员违反保守国家保密法的规定,故意或者过失泄露国家秘密,情节严重的,处3年以下有期徒刑或者拘役;情节特别严重的,处3年以上7年以下有期徒刑。"

被告人于某身为国家机关工作人员,在接受刑事被告人家属委托担任辩护人期间,依照其特有的律师身份、职权,在知悉检察机关追查刑事犯罪的秘密材料后,将知悉的国家秘密泄露给不该知悉此秘密的刑事被告人家属,使刑事被告人的家属有条件找证人作虚假证明。由于于某泄露了大量的案卷材料,严重扰乱了正常的诉讼活动,情节严重,其行为已构成故意泄露国家秘密罪。检察机关指控于某犯故意泄露国家秘密罪的事实清楚,证据充分,罪名准确,应予确认。该案证人卢某、朱某等人的证言与书证、物证相互印证一致,于某辩称其没有泄露或指使他人泄露国家秘密行为的辩解,不能成立。由于于某的故意泄密行为,造成马某贪污案在法庭调查时出现大量虚假证据,导致检察机关两次申请延期审理,并重新补充侦查,严重干扰了正常的诉讼活动,且情节严重。于某的辩护人辩称于某的行为不属情节严重,显然与本案事实不符,故不予采纳。据此,法院判决于某犯故意泄露国家秘密罪,判处有期徒刑1年。

判决作出后,于某提出上诉。

2. 经审理,焦作市中级人民法院认为:

本案中上诉人于某让马某亲属查阅的案卷材料,是其履行律师职责时,通过合法手续,在法院从马某贪污案的案卷中复印的。这些材料,虽然在检察机关的保密规定中被规定为机密级国家秘密,但当案件进入审判阶段后,审判机关没有将检察机关随案移送的证据材料规定为国家秘密。于某不是国家机关工作人员,也不属于检察机关保密规定中所指的国家秘密知悉人员。作为刑事被告人的辩护人,于某没有将法院同意其复印的案件证据材料当作国家秘密加以保守的义务。检察机关在移送的案卷上,没有标明密级;整个诉讼活动过程中,没有人告知于某,马某贪污案的案卷材料是国家秘密,不得泄露给马某的亲属,故也无法证实于某明知这些材料是国家秘密而故意泄露。因此,于某在担任辩护人期间,将通过合法手续获取的案卷材料让当事人亲属查阅,不构成故意泄露国家秘密罪。于某及其辩护人关于不构成犯罪的辩解理由和辩护意见成立,应予采纳。原判认定的基本事实清楚,审判程序合法,但适用法律错误,应予改判。据此,法院判决上诉人于某无罪。

(四)案件评析

于某案件作为全国首例律师泄露国家秘密罪引起了全国各媒体的关注。二审判决作出后,国家保密局就此案在专门举办研讨会,最高人民法院、最高人民检察院、中华全国律师协会、中国政法大学、河南省保密局、河南省焦作市中级人民法院等单位参加了研讨会,对于于某不构成故意泄露国家秘密罪的结果,通过研讨和论证,基本达成了共识。

本案所引发的讨论焦点是什么是国家秘密,以及律师在刑事诉讼中的保密义务。

于某"泄露"的卷宗材料是否属于国家保密法意义上的国家秘密?《中华人民共和国国家保密法》第2条规定:"国家秘密是关系国家的安全和利益,依照法定程序确定,在一定时间内只限一定范围的人员知悉的事项。"根据保密法的有关规定,人民法院所保管和适用的诉讼材料是否核定为保密范围、确定密级和保密期限、解密时间,由人民法院会同国家保密工作部门商定。《人民法院工作中国家秘密及其密级具体范围规定》中没有将案卷材料作为国家秘密。中级人民法院一审"具有较大影响"的案件所涉及的保密事项才属于秘密级事项;本案中马某贪污案在基层法院一审,不属于上述秘密事项。

虽然案件的处理结果判决于某不构成泄露国家秘密罪,但是律师作为职业的法律工作者,律师在刑事诉讼中享有的辩护人权利不同于一般辩护人;不同于一般的公民,律师要受行业的约束,遵守行业纪律。

该案因无法证实于律师明知这些材料是国家秘密而故意泄露,最终宣告于律师无罪。尽管如此,我们并不能因为无罪判决而认为于律师将案卷材料交给委托人家属的做法是合乎律师执业纪律和职业道德的。

《律师法》中规定,律师应当保守在执业活动中知悉的国家秘密和当事人的商业秘密,不得泄露当事人的隐私。《律师参与刑事诉讼办案规范(试行)》第44条规定:"律师摘抄、复制的材料应当保密,并妥善保管。"

在刑事案件中,由于犯罪嫌疑人、被告人往往处于羁押状态,而家属则可以利用其行动自由的便利条件实施很多犯罪嫌疑人、被告人无法采取的行动。如果律师没有保密意识,随意将案卷信息,尤其是有关证人的信息透露给当事人家属的话,他们很可能会通过各种手段威胁、引诱证人改变证言,破坏控方已形成的证据体系,从而给自己带来职业风险。因此,律师应特别注意,不应将会见笔录让家属查阅、复制和摘抄;不能将关键证人的信息告知家属,尤其注意,不能向家属透露同案在逃犯的任何信息；不能将关键证据如重要物证的存放地点告知家属。

本次案件对我们的启示是，律师应当严格遵守职业道德和执业纪律，认真履行保密义务。在代理普通刑事案件的时候告知当事人信息时要把握好尺度，以防家属进行串供、毁证、伪证等违法活动，妨害司法工作，增加律师的执业风险。律师在执业过程要遵守执业纪律，这也是为了保护律师自己，只有保护了律师自己，才能更好地为当事人服务。律师在执业过程中会接触到很多的秘密，保守秘密应成为律师工作中的一种常态，也是律师执业中防范执业风险、更好执业的要求。

问题讨论

1. 犯罪嫌疑人张某被控敲诈勒索罪被刑事拘留，委托阳光律师事务所李律师担任其辩护人。李律师为其制定了无罪辩护的辩护方案，李律师两次到看守所会见了张某，制作了两份会见笔录。此后，李律师和张某母亲讨论案情时，法律服务工作者陈某某也在场并阅读了笔录。后张某因故与李律师终止了委托代理关系，并与另一律所周律师签订了委托代理协议。

某日，周律师作为张某的代理律师与该电脑公司代理律师共同参加某电视台关于该案的节目录制，其间，李律师带领他人前往节目录制现场，以张某代理人身份携带该案办案材料在节目录制现场露面，并透露该案相关细节。

张某认为，李律师向多家媒体披露其在看守所与张某的谈话笔录原件，并通过媒体向公众散布当事人的隐私，媒体相继报道张某在看守所内外口供不符，因而涉嫌撒谎的报道，并被数百家媒体转载，造成恶劣影响，因而起诉到法院，请求被告停止侵害、消除影响、删除所有涉案侵权内容，在媒体上刊登道歉声明。

在法庭审理中，媒体记者证明在媒体报道中出现的两份会见笔录的内容，并非是李律师泄密，而是由法律服务工作者陈某某泄露。李律师诉讼中辩称：在会见笔录披露之前，张某事件早已在网络上炒得沸沸扬扬。早已毫无隐私可言。请问：

（1）李律师在委托代理协议终结后，是否还应负有对案件信息的保密义务？

（2）作为协助李律师进行代理行为的陈某某是否负有对案件信息的保密义务？李律师是否负有监督陈某某保守案件秘密的责任？

（3）李律师未经张某同意，就会见时的具体细节接受媒体采访并加以披露，但并未直接透露会见笔录的内容，是否违反律师保密义务？

（4）李律师认为，在会见笔录披露之前，张某一案已经在网络和媒体上炒得沸沸扬扬，不存在所谓隐私，因而不需要承担保密义。其说法是否正确？

2. 张律师承接某位知名艺人谢某某与其所属公司的合同纠纷案件,因为处理该案件从经纪人处得知谢某某的父亲有赌博行为并欠下巨额赌债,张律师也因此知道谢某某与其父亲感情不好,而且父亲有外遇。后来因为谢某某的父亲嫖娼被抓,引来了很多八卦媒体记者的兴趣,八卦媒体记者因为知道张律师曾经承办谢某某的案件而要求张律师接受采访。请问:

(1) 该案例中张律师对谢某某的合同纠纷案件信息有没有保密义务?

(2) 张律师对从经纪人处得到的谢某某家庭消息有没有保密义务?

3. 美国快乐湖(Lake Pleasant)谋杀案是一个真实的案例:在该案中,一名被告人告诉他的律师他还杀了另外两人以及这两个人尸体掩埋的地点。这些律师前往该地点,不仅察看了尸体还拍了照片。但是,截至数月之后他们的委托人供述这些罪行之前,他们一直未向当局告知有关尸体的事。除了向警方和控方隐瞒这些信息外,其中一名律师还拒绝将信息透露给受害人的一位家长,这位家长在寻找失踪女儿的过程中找过该律师。

对此,主流法学界普遍认为,该律师拒绝把信息告诉受害人家长是符合律师职业道德要求的。因为,律师不是控诉人,律师不是检察官;在为客户(当事人)保密的问题上,律师首先是一个律师,其次才是一个公民。律师首先应当服从职业道德,而服从职业道德本身正是以维护法律公正的方式,从根本上维护了社会道德。正因如此,律师才负有为委托人保密的义务,律师才不能揭发委托人的罪行和提供委托人的有罪证据,也不能在民事诉讼中以主持正义为理由而出卖委托人的利益,哪怕是非法利益![1]

(1) 律师在遵守保密义务的时候是否应该考虑正义价值?律师怎样才能真正维护社会的公平和正义?

(2) 如果你是本案律师,你也会这么做么?如果会,为什么?如果不会,为什么?

---

[1] 引自李学尧:《非道德性:现代法律职业伦理的困境》,载《中国法学》2010年第1期,第31、32页。

第六章 律师的财物保管规则

律师在执业的过程中经常会对委托人的财物予以保管,如果律师把自己的财产和委托人的财产混合在一起,委托人就会丧失对于律师的信任。这份信任往往不是针对某一个律师,而是针对整个法律职业。这份信任的维系及其重要,以至于违反此规定的律师可能被处以取消律师资格的处罚。

第一节 律师财物保管规则的理论与规则

一、基本理论

美国法律职业伦理教授罗纳德·D.罗汤达曾经说过:"律师经常是他们自己最糟糕的律师。他们知道影响其委托人的法律,因为知道这些是他们的业务需要。但是太多的情况下他们对影响他们自己的法律——规制律师的法律一无所知。美国伊利诺伊州律师登记和惩戒委员会的理事经常告诉我,律师每年要为支持该惩戒委员会而强制性地支付费用,很多律师使用的支票就来自于委托人的信托资金账户。很显然,这些律师并不知道禁止混合规则(commingling rules)。"[①]美国的律师职业行为规则要求律师把自己的财产和委托人的财产以及第三人的财产分离开。资金应当保存在该律师办公室场所所在的州设立的独立账户中,或者委托人或者第三人同意的其他地方。其他财产也应该加以类似的区分并适当地加以保管。禁止混合的规则是为了避免律师为了个人目的而错误地使用委托人的财产。

1999年,美国在每个司法辖区都建立了一个委托人保护基金,为那些委托人的财产损失提供补偿,这个基金的费用来自强制律师缴纳的费用。然而,这样的基金所提供的保护远远不够,每年律师挪用委托人资金的数量远远多于委托人保护基金的数量。此外,为了获得补偿,委托人还必须证明自己已经穷尽了其他救济手段。所以,采取预防性措施来规制财产的混合行为就显得尤为重要。

我国台湾地区"律师伦理规范"第34条也规定:"律师对于受任事件代领、代收之财物,应即时交付委任人。但法令另有规定或契约另有约定者,不在此

---

① 王进喜:《美国律师职业行为规则:理论与实践》,中国人民公安大学出版社2005年版,第143、178页。

限。律师对于保管与事件有关之物品,应于事件完毕后或于当事人指示时立即返还,不得无故拖延或拒绝返还。"

二、我国律师财物保管规则

我国全国律协《律师执业行为规范》第五节有保管委托人财产的规定:

第 53 条:"律师事务所可以与委托人签订书面保管协议,妥善保管委托人财产,严格履行保管协议。"

第 54 条:"律师事务所受委托保管委托人财产时,应当将委托人财产与律师事务所的财产、律师个人财产严格分离。"

第二节 案例研习

一、苏某投诉 YC 和 JD 律师事务所及孙律师案——律师工作重大失误,造成当事人损失[①]

(一)简要案情

2003 年 2 月 19 日,投诉人苏某以在代理过程中,被投诉人将执行款 8 万多元交于非委托人,造成投诉人巨大的经济损失为由向北京市律师协会(以下简称本会)投诉北京市 YC 律师事务所(以下简称 YC 所)及孙律师。本会纪律委员会于 2003 年 3 月立案审查。孙律师及 YC 所就投诉内容进行了书面答辩并提交了相应的证据材料,北京市 JD 律师事务所(以下简称 JD 所,孙律师现在的执业机构)也提出了对该投诉的意见。现该案已审查终结。

投诉人称:

1. 2001 年 8 月,投诉人因一起财务纠纷案委托 YC 所代理,经该所介绍,投诉人全权委托该所孙律师办理该案。

2. 经一年的审理,2002 年 8 月 26 日法院下达了终审裁定,被告返还投诉人人民币 85000 元,并负担 3060 元案件受理费,共计人民币 88060 元,由北京市某区人民法院(以下简称某区法院)执行。

3. 当执行法官将执行款执行到法院以后,孙律师并没有通知投诉人,并越权向法院写了委托书将该款项领出。孙律师将该款项拿到后,让与此案无任何关系的张某领走。孙律师的违规行为给当事人造成 10 万元的经济损失(案值 85000 元,代理费 15110 元)。

[①] 参考北京市律师协会主编:《北京律师职业警示录》,中国政法大学出版社 2005 年版,第 178 页。

4. 2003年1月9日,投诉人找到YC所,得知孙律师已调到JD所,YC所称上述争议与YC所无关。但投诉人与JD所并没有委托关系。

投诉请求:退还投诉人88060元人民币。

孙律师辩称:

1. 作为本案的代理律师,我严格按照有关规定代理案件,无任何过错责任。该案经过以下几个阶段:(1)诉前调解,调查取证。(2)一审某区法院立案。(3)转到另一法院。(4)对方当事人提出管辖权异议,转回某区法院。(5)某区法院一审胜诉,对方上诉。(6)北京某中院二审胜诉。(7)申请某区法院执行。(8)代为调查对方当事人财产,并协助某区法院全额执行法院所判案值。

2. 在执行阶段,我于2002年9月15日代投诉人向某区法院提出执行申请。

3. 2002年11月初,投诉人苏某与张某一起从西安来到北京,苏某对我表示张某是其妻子,以后由张某在北京与我一同督促法院加大执行工作力度,执行款由张某取走。

4. 2002年12月12日,我向某区法院递交了申请继续执行的材料,法院通知于12月15日上午去核实对方当事人的房产。恰好张某当日打电话询问案件进展情况,在我询问后表示其愿意来京(张表示苏某被人用刀捅了,只能她自己来)。次日晚张某到京,并由我安排住宿。

5. 12月15日,我与张某、执行法官及另外两位某区法院的执行官一起向对方当事人送达了《执行通知书》。12月17日下午,张某打电话告诉我执行款已经到账,并要求我给她写一份授权委托书,由她自己把执行款领出来,但我并未同意。

6. 12月18日上午,我与张某到某区法院找执行法官,并由我办理了取款手续,某区法院工作人员将现金支票直接交给张某于中,随后张某给我打了一张收条。当日下午,张某把案件有关材料及办案所有的发票从我处取走,并到银行取款。

7. 12月19日上午,张某告知投诉人执行款已取回。随后投诉人告知我张某并不是其妻子,两人关系紧张。

8. 此后,张某以所谓"青春损失费"的名义将代收执行款截留,虽经多次协商,一直未还给投诉人。我曾与投诉人一起到某区公安分局报案,但未被接受。

由此,我认为:(1)是当事人苏某自己让张某来北京代收执行款的,并告知代理律师张某是他的妻子;(2)张某以"青春损失费"的理由将代收执行款截留,与律师事务所及代理律师无任何关系;(3)张某将执行款带回西安后,与苏某因"青春损失费"问题进行多次协商,这也从侧面说明两人的矛盾是从张某取走执行款后才显现出来的;(4)不排除张某与苏某共同敲诈的可能。

YC 所意见:

1. 2001 年 8 月,投诉人因与王某合同纠纷案与我所签订委托代理合同,由我所孙律师担任一审代理人。北京某区法院于 2002 年 1 月作出一审判决。

2. 孙律师于 2002 年 1 月 29 日从我所转到 JD 所,其后本案二审及执行时,孙律师均在 JD 所执业。

3. 鉴于一审判决作出后委托事项已完成,且投诉涉及的本案二审及执行均为孙律师在 JD 所时所为,与我所无直接关系。

JD 所意见:

1. 我所从未与投诉人有过任何接触,也未收取过任何费用。

2. 鉴于本案系孙律师在 YC 所时代理的案件,JD 所曾要求另行签订委托代理协议。但因投诉人已与 YC 所签订了全权代理协议,也缴纳了全部费用,故投诉人不愿再签订委托代理合同。基于好心及为了方便案件的解决,我所出具了出庭函。

3. 鉴于投诉人与我所之间不存在任何委托代理关系,故我所不存在任何责任及过失。

(二) 查明事实

1. 2001 年 8 月 21 日,投诉人因与美国某有限公司欠款纠纷一案,与 YC 所签订委托代理合同,由该所孙律师担任一审代理人。但投诉人与 YC 所向本会提交的委托代理合同有不同之处:投诉人提交的委托代理协议(复印件)的签署日期为 2001 年 8 月 21 日,代理费 4000 元整(该合同未加盖 YC 所公章)。YC 所提交的卷宗中的委托代理协议(原件)的签署日期为 2001 年 8 月 28 日,代理费 3500 元。孙律师承认委托代理合同上投诉人苏某的签字是其代签的,在此以前他从来见过投诉人苏某,但投诉人对此并未提出异议。

2. 2001 年 8 月 21 日,苏某向某区法院签署了《授权委托书》(孙律师代签),委托 YC 所孙律师为其代理人,委托事项和权限如下:代理,起诉,应诉,反诉,代为承认、变更、放弃诉讼请求,代为调解、和解,代签法律文书,代为申请执行。

3. 投诉人在 2001 年 8 月 21 日和 9 月 15 日分别向孙律师的个人账户汇入人民币共计 15110 元,而 YC 所并未向本会提交相应的律师代理费发票或其他支出该笔费用的凭证。

4. 在案件审理过程中,该案被告变更为王某。某区法院于 2002 年 1 月作出 (2001) 民初字 5189 号一审判决,判决王某返还原告(投诉人)人民币 85000 元,并负担 3060 元的案件受理费。判决书中认定孙律师为 YC 所律师。在一审判决作出后,孙律师律师由 YC 所转到 JD 所执业。

5. 因被告提起上诉,2002 年 5 月 26 日,北京某中级人民法院作出 (2002) 中民终字 3035 号民事裁定,维持了一审原判。

6. 二审裁决作出后,某区法院对原判决予以执行,执行款共 85000 元整,系由孙律师在某区法院签收领取。2002 年 12 月 18 日,孙律师将前述执行款交于张某。

(三) 行业惩戒

1. 对于被投诉人主张的当事人苏某让张某来北京代收执行款,并告知代理律师张某系其妻子以及张某与苏某因"青春损失费"问题而将代收执行款截留,与律师事务所及代理律师无任何关系的抗辩,因被投诉人没有提出任何证据,同时案卷中也不存在任何投诉人出具给张某的授权委托书或苏某与张某之间合法关系的证明,故被投诉人的抗辩因没有证据支持而无法得到确认。

2. 投诉人与 YC 所签订的委托代理合同仅为一审代理合同。本案争议发生在执行阶段,但二审和执行阶段双方均未重新签署委托代理合同。对此,本会认为尽管委托代理合同仅为一审代理合同,但在整个二审及执行阶段,被投诉人孙律师一直作为投诉人的代理人行事,其代理身份已被法院所接受,同时被投诉人自己也对委托代理关系予以认可。因此可以认为双方之间存在着事实上的委托代理关系。

3. 根据《合同法》第 406 条的规定,有偿的委托合同,因受托人的过错给委托人造成损失的,委托人可以要求赔偿损失。受托人超越权限给委托人造成损失的,应当赔偿损失。在委托代理关系存在的情况下,代理律师只能将执行标的交于委托人。未经委托人同意,代理人不得将执行标的交于任何第三人。如违反此规定,则代理律师应对委托人承担相应责任。

4. 本会认为尽管投诉人与 YC 所之间所签的委托代理协议仅为一审代理协议,但由于委托代理合同一直未正式终止(委托代理合同所用语言为"合同有效期限为合同签订之日起至本案审结终止之日止"),在事实上委托代理关系一直存续,且孙律师由 YC 所转出后,YC 所并未将此情况通知委托人,作为受托人也存在一定过失,故本会认为 YC 所的抗辩理由不能成立。并且,在签订委托代理协议和收取律师费方面存在管理不严的问题。YC 所因其过失也应对本案承担其相应责任。

5. 本会认为尽管 JD 所并未与投诉人签订委托代理协议,但孙律师作为其所里的执业律师,处理二审事宜时本应与投诉人签订新的委托代理协议。JD 所在未与投诉人签订委托代理协议的情况下,直接为孙律师出具了出庭函,实属不当之行为,应予以警告并在以后的工作中予以改正。

6. 鉴于没有任何证据证明张某与投诉人之间存在着收取执行款的授权委托书或任何法律上的关系,以及投诉人与被投诉人之间存在着事实上的委托代理关系,且张某"2002 年 12 月 18 日的收条"证明被投诉人确曾将执行款 85000

元交给张某,故本会认为投诉人投诉的"被投诉人将执行款交由此案无任何关系的张某领走"的投诉理由成立。本案中孙律师、JD 所以及 YC 所均存在一定过失,应予以相应的纪律处分。

7. 对于投诉人请求的 88060 元的返还款项,本会建议被投诉人孙律师、JD 所以及 YC 所通过与投诉人协商的形式解决问题。鉴于根据《律师法》及《律师协会章程》的规定,律师协会是律师的自律性组织,仅能对作为会员的律师及律师事务所给予奖励或训诫、通报批评、取消会员资格等处分,本案投诉人所要求的执行款返还属于民事法律关系问题,且已经超出了本会的职权范围,故本会在此仅能提出建议。如本案双方无法达成一致,则双方可向我国司法机关提出请求。

8. 孙律师接受投诉人的委托后,投诉人将代理费汇入孙律师的个人账户,而 YC 所也没有为该笔款项出具任何收费凭证。据此可以认定孙律师有私自收费的行为。

9. YC 所明知本所与投诉人签订了《委托代理协议》,且约定了律师费数额,但该所却纵容律师个人收费,表明该所在管理上存在着严重违反执业规范和执业纪律的情况,应给予相应的纪律处分。

律协纪律委员会决定:

1. 给予 JD 所警告的处分。

2. 给予 YC 所公开通报批评的处分,并建议司法行政机关予以相应的行政处罚。

3. 给予孙律师公开通报批评的处分,并建议司法行政机关予以相应的行政处罚。

4. 建议孙律师、JD 所以及 YC 所与投诉人协商解决投诉人所请求的款项的返还事宜。

(四) 案件评析

全国律协《律师执业行为规范》第 53 条规定:"律师事务所可以与委托人签订书面保管协议,妥善保管委托人财产,严格履行保管协议。"第 54 条规定:"律师事务所受委托保管委托人财产时,应当将委托人财产与律师事务所的财产、律师个人财产严格分离。"

本案涉及律师代理当事人收到的案件执行款可以向谁交付的问题。一般而言,该笔款项应当向委托人交付。但在实践情况中,经常会出现委托人本人无法收款而委托他人代为收款的情况。在这种情况下,律师一定要非常谨慎,必须严格核实收款人身份及其与委托人的关系,并且应当形成书面记录,否则一旦产生纠纷将难以解释。本案当中,在没有任何证据证明张某与投诉人之间存在着收取执行款的授权委托书或任何法律上的关系,以及投诉人与被投诉人之间存在着事实上的委托代理关系的情况下,孙律师未谨慎核查便轻易将案件执行款交给与本案无关的第三方张某,致使委托人苏某的执行款无法追回,严重损害了委托人苏某的利益。孙律师的这种行为违反了律师执业伦理中关于妥善保管委托人财物的要求。

二、律师利用职权侵吞客户财物案

(一) 简要案情

2005年2月,投诉人以被投诉人私自收案、企图侵吞代理标的物为由,向北京市律师协会(以下简称本会)投诉原北京市SG律师事务所(以下简称SG所)、现北京市QH律师事务所(以下简称QH所)李律师。

投诉人称,我单位因经营不善而停止营业,于1997年聘请李律师为委托代理人,清理债权债务。1997年10月6日,经北京西城区人民法院调解后出具了"民事调解书",由被告给我单位平房一间,以及房屋补偿金4.5万元,由李律师代理执行完毕。由于本部的法定代表人长期未在京,同意该平房由李律师临时居住。2003年初,我单位向李律师索要房屋时,李律师拒不交出,并声称房屋已经出售。2004年7月,受法定代表人陈某委托,代理人郭某曾向北京市ZX律师事务所(以下简称ZX所)投诉李律师。但李律师却以威胁、恐吓等手段逼迫本部法定代表人撤销委托。此后李律师转至QH所,投诉人多次与QH所交涉,但均未得到答复。李律师更是以开发部已不存在为由,拒绝交付执行标的物。

我单位认为李律师私自接案,又企图侵吞执行的标的物,其行为违反了律师行业规范,严重侵害了投诉人的合法权益。由此,我单位特申请北京市律师协会查明真相,责令李律师交付执行标的物,使我单位的合法权益得以保障。

投诉请求责令李律师交付已执行的标的物,要求律师事务所对李律师进行约束。

李律师答辩称:北京朝阳某信息技术开发部不具备法律主体资格,其他人利用信息技术开发部名义进行的民事法律行为无效。郭某投诉所称事实涉嫌刑事犯罪,应由司法机关处理。郭某的投诉已涉嫌构成侵占财产的刑事犯罪,不属于律师执业纪律和职业道德范畴内的问题,不应由律协处理,而应由司法机关处理。我原代理信息技术开发部诉讼的代理行为系职务行为,并非律师执业行为。我未代理案件的申请执行,更未将任何财产占为己有或出售。

(二) 查明事实

1. 李律师现为经注册公告的北京市执业律师,其在北京律师管理平台上的资料显示:执业经历,1996年6月至2004年7月,先后在SG所、北京市WH律师事务所、ZX所执业,2004年7月起在QH所执业;其中,1996年11月至2001年4月在SG所执业,1997年1月至2004年1月在中国房地产开发事务集团法律事务中心做法律顾问。

2. 1997年9月12日,信息技术开发部向李律师签发了授权委托书。委托李律师作为起诉北京市西城区商场(以下简称某商场)联营合同纠纷一案诉讼代理人,委托权限为:代为承认、放弃、变更诉讼请求,进行和解,提起反诉或者上诉及享有其他诉讼权利,有权直接领取处分诉讼标的物。

3. 1997年10月6日,北京市西城区人民法院就信息技术开发部与某商场收房纠纷一案作出民事调解书。该调解书认定,信息技术开发部诉讼代理人为李某,该公司职员,双方达成调解协议内容为:1999年1月1日前,某商场给信息技术开发部在本市四环以内、西南东三环以外安置居住面积不少于10平方米的平房一间,信息技术开发部对其投入用房的使用权与该安置房的使用权相对抵;本调解生效后15日内,某商场给付信息技术开发部房屋补偿费45000元,案件受理费2110元由某承担。

4. 1997年11月6日,李某作为信息技术开发部的代理人签收了上述民事调解书。

5. 1997年11月11日,由被投诉人代为收取了人大贸易某商场给付信息技术开发部的房屋补偿金45000元。

6. 信息技术开发部法定代表人陈某书面证实:关于40000元钱(实际应为45000元),李某表示,10000元已代陈某还债,其余作为费用已用完。陈某对现金部分未作其他表示。

7. 未有证据表明,西城法院民事调解书中所列房产已执行给投诉人。

8. 信息技术开发部没有就上述案件与SG所签订委托代理合同。

(三)行业惩戒

1. 被投诉人李某代理某信息技术开发部诉讼活动的行为,系在其为执业律师期间,未以职业律师身份接受当事人委托,未通过其所在的SG所办理任何代理手续的私自接受委托的行为,该行为已违反了《律师法》第44条第7项和1997年1月1日起施行的《律师职业道德和执业纪律规范》第14条的规定,应予相应的纪律处分。至于被投诉人李某辩称,其行为为职务行为的主张不能成立。

2. 关于被投诉人私自处置房屋补偿款的投诉,由于投诉人曾授权被投诉人"直接领取、处分诉讼标的物",且原某开发部法人代表陈某所出具的材料中也写明"对现金部分未作其他表示",表明投诉人对被投诉人处理房屋补偿款的情况未提出异议。但是,律师在接受委托人委托后,应当尽心尽力维护委托人的合法权益,对委托人所委托事项应当及时、准确地通报当事人。该案中,被投诉人除了10000元还债是得到了陈某的默认,其余35000元均未向投诉人提交相关的账目清单,也没有将费用使用情况通报当事人,其行为构成利用提供法律服务的便利牟取当事人争议的权益,触犯了《律师职业道德和执业纪律规范》第23条的规定,应当给予相应的行业纪律处分。

3. 关于对被投诉人侵占房产的投诉,由于投诉人仅提供了本部职工宋某出具的证明材料,不足以证明被投诉人已就调解协议中约定的房产执行完毕并将该房产侵吞或出售,对此项投诉,本会无法认定。

律协纪律委员会决定给予李律师公开谴责的处分。

(四) 案件评析

如前所述,按照全国律协《律师执业行为规范》第53、54条的规定,律师应当妥善保管当事人财物,严禁侵占、私吞。

本案中,被投诉人李律师除了将10000元还债是得到了陈某的默认,其余35000元均未向投诉人提交相关的账目清单,也没有将费用使用情况通报当事人,这种行为严重违反了律师财物保管规则,严重侵害了委托人的利益,应当受到惩戒。

三、湖南 QS 律师事务所喻某律师侵占委托人财物案

(一) 简要案情

2010年4月,湖南省律师协会(以下简称"本会")收到投诉人湖南电力公司长沙电业局(下称"投诉人")举报湖南 QS 律师事务所律师喻某违法违纪的材料。投诉人称,2001年左右,喻某向长沙市中院原法官陈建伟先后3次行贿8万元;在代理长沙市电力局与湖南省长沙矿业集团有限责任公司供用电合同纠纷一案中,将该案执行中投诉人应得到的4717万元案款全部据为己有,侵占巨额国有资产,要求依照律师执业规范取消喻某的会员资格,并依规范作出提交司法行政机关处罚或追究法律责任的建议。同时,投诉人向本会提供了喻某向法官行贿的证据和喻某与投诉人的委托代理协议、法院的判决书、裁定书,湖南 QS 律师事务所所收取案款4717万元以及将4717万元案款全部据为己有等证据。根据《中华全国律师协会会员违规行为处分规则(试行)》和《湖南省律师协会惩戒程序规定(试行)》的规定,本会经审查后受理了投诉人的投诉,并立案调查。根据调查了解的情况,本会惩戒委员会追加湖南 QS 律师事务所为被投诉人,依规举行了听证。湖南 QS 律师事务所负责人喻某律师出席了听证会。

听证会后,喻某提交了《关于湖南 QS 律师事务所与湖南省长沙电业局委托代理纠纷的情况汇报》、委托代理协议、法院的判决书和裁定、该所给长沙电业局的函件,该所给南县人民法院的《关于案款提存的报告》,南县人民法院同意提存的函、银行汇票申请书等证据材料。湖南 QS 律师事务所在《关于湖南 QS 律师事务所与湖南省长沙电业局委托代理纠纷的情况汇报》中称,QS 所留置4717万元案款是因为原委托主体与现主张权利的主体不一致,电业局私下和矿

业集团达成执行和解,电业局在履行阶段性付款义务时多次违约,在协商代理费时明确表示不按合同结算等。

(二) 查明事实

经过调查查明,被处分人喻某及 QS 所存在如下违规事实:

1. 挪用委托人(投诉人)的案款 189 万元。2007 年 9 月 12 日,被投诉人湖南 QS 律师事务所收到湖南金烨拍卖有限公司交来而属于投诉人的案款 189 万元,湖南 QS 律师事务所开具了收据,喻某在收据上签了自己的姓名。但该款未入湖南 QS 律师事务所的账户,也未交给投诉人,而是被被投诉人湖南 QS 律师事务所、喻某挪用。上述事实有南县人民法院通知、湖南 QS 律师事务所给南县人民法院开具的收据,以及湖南 QS 律师事务所给长沙电力局《关于案款分配情况的说明》等证据为证。

2. 向投诉人下属单位宁乡电业局谎称需 300 万元审计费,从中侵占投诉人资金 100 万余元。在被投诉人代理回收拖欠电费及滞纳金案件的过程中,被投诉人湖南 QS 律师事务所、喻某向宁乡电业局谎称,需预交审计费用 300 万元,并要求投诉人承担 150 万元,同时,由被投诉人包干使用于该案的司法审计。而该案判决确认的全部司法鉴定费仅 50 万元,且判决主要由长沙矿业集团承担。被投诉人湖南 QS 律师事务所、喻某因此侵吞投诉人资金 100 万余元。上述事实有投诉人与被投诉人签订的《委托代理协议》、借据及湖南省高级人民法院(2005)湘高法民二初字第 9 号民事判决书等证据足以证实。

3. 侵占委托人(投诉人)巨额案款。2005 年 4 月 28 日,被投诉人与投诉人下属单位宁乡电力局就收取湖南省煤炭坝能源有限公司拖欠电费(本金约 6700 万元)及违约金,签订了《委托代理协议》。协议约定实行全风险代理,约定"将乙方收回的欠费本金的 8% 及违约金的 52% 作为乙方的律师代理费",代理权限为全权,协议约定由投诉人收取案款后再向被投诉人支付代理费。2005 年 5 月 8 日,双方在原协议的基础上签订了《补充协议》,明确代理费结算方式、一审判决时间、执行时间及回款额度等事项。2006 年 3 月 3 日,双方又以(2005)QS 代字 078-3 号《补充协议》,约定分期支付代理费,执行终结结算抵扣等事项。2007 年 2 月 1 日,投诉人湖南省电力公司长沙电业局的《授权委托书》明确喻某、游伟为供用电合同纠纷案中投诉人方的执行代理人,其中,代理人喻某的代理权限为全权代理(包括进行和解、调解、接收案款和财物,签收法律文书等)。上述事实有《委托代理协议》《补充协议》、(2005)QS 代字 078-3 号《补充协议》、2005 年 5 月 8 日《授权委托书》、2006 年 3 月 20 日《授权委托书》、2007 年 2 月 1 日《授权委托书》等证据足以证实。

从 2005 年 5 月 27 日起至 2007 年 2 月 14 日止,被投诉人湖南 QS 律师事务所、喻某先后多次以借款、代理费名义从投诉人下属单位宁乡电力局支取款项

710万元。上述事实有喻某签字的借款凭证、银行送票凭证、银行进账单等证据足以证实。

该案执行过程中,被投诉人不按《委托代理协议》第4条"甲方应在收到坝能公司欠费后向乙方支付本合同约定的律师代理费"和《补充协议》第2条"每次每笔资金到达甲方长沙电业局账户后,应在15天内按照(2005)强代字第078号委托代理协议第4条之约定,结算该笔回款的律师代理费并支付给乙方"的约定执行,将执行案款交给委托人,而是要求执行法院将被执行人位于长沙市韶山路057号房屋拍卖所得价款189万元交付给被投诉人湖南QS律师事务所,将被执行人长沙县星沙镇土桥村宗地号为36-79的30亩土地使用权拍卖所得价款4528万元打入被投诉人湖南QS律师事务所的银行账上。189万元拍卖执行款由被投诉人通过占有拍卖标的物的方式直接占有,未通过现金方式交付。4528万元拍卖执行款到被投诉人账户后,被投诉人将该款项先后转入其他单位或个人账户擅自占有,拒不交付给委托人,也不与委托人进行结算。上述事实有南县人民法院2007年9月12日、2007年11月13日通知,被投诉人签字盖章的收款收据,南县人民法院(2007)南法执字第36-9号民事裁定书,被投诉人在浦发银行的账户对账单、进账单、转账支票,以及长沙英怀商务咨询有限公司等有关银行凭证等证据足以证实。

被投诉人喻某与南县人民法院进行利益交换,影响人民法院依法办案。2007年11月20日,长沙电业局的执行案款到了被投诉人湖南QS律师事务所的账户后,喻某除了向南县人民法院支付了50余万元的执行费用外,还以费用、借款等形式从执行款项中拿出现金200万元给南县人民法院。2007年9月12日南县人民法院通知湖南金烨拍卖公司称"现买受人周剑沙已于2007年9月7日将拍卖成交价款人民币189万元交至本院所指定的申请执行人账户上",要求拍卖公司办理交接、结算手续,而事实上周建沙并没有将拍卖价款交给本案的申请执行人。南县人民法院收取喻某的256万元后,未裁定执行费数额,只向喻某出具了一张100万元的借条。2009年3月,长沙电业局起诉湖南QS律师事务所后,该所向南县人民法院提出《关于案款提存的报告》,南县人民法院于2009年3月23日具函同意违法对有争议的案款2846.4万元进行提存。2009年6月,当长沙电业局向南县人民法院提出原执行的4717万元案款中只有4000万元属于执行案款,其余595万元属于执行溢价收益,认为应当用以支付被执行人的新欠电费,要求将前述款项及利息从提存款中支付至该局,但南县人民法院在2008年12月26日作出的(2007)南法执字第36-9号民事裁定书裁定终结执行后,又于2009年11月4日以(2007)南法执异字第36-1号执行裁定书裁定驳回长沙电业局的异议申请,而未对申请人提出的执行溢价收益部分作出合理解释。前述事实有湖南QS律师事务所2007年11月27日给长沙电业局《关于案款分配情况的说明》中"南县人民法院收取的费用 150 万元",南县人民法院给喻某 2008 年 1 月 8 日借条"今借到湖南省电力公司长沙电业局现金人民币壹佰万元整",湖南 QS 律师事务所 2009 年 3 月 19 日给南县人民法院《关于案款提存的报告》中"2007 年 11 月 20 日本所从法院领得执行案款 4461 万元(已扣除了相应支出 256 万元)"以及南县人民法院(2007)南法执异字第 36-1 号执行裁定书等内容足以证实。

被投诉人喻某向法官行贿。根据益阳市中级人民法院(2005)益中刑二初字第 16 号刑事判决书认定,被投诉人喻某在长沙市中级人民法院办理案件过程中,先后三次送给该院承办法官陈建伟贿赂款 8 万元。上述事实有益阳市中级人民法院的前述判决书及喻某本人的询问笔录等证据足以证实。

(三) 行业惩戒

经惩戒委员会讨论,认为被投诉人湖南 QS 律师事务所以主张权利的主体不一致作为留置投诉人执行案款的理由明显不能成立;被投诉人以电业局私下和矿业集团达成执行和解协议作为留置案款的理由不能成立。因为:第一,执行和解本身也是被投诉人的代理义务;第二,执行和解,对部分电费本金的处理和滞纳金的处理不是长沙电业局放弃债权,而是省政府协调的意见,对此不能视为委托人放弃债权,这在双方的《委托代理协议》第 6 条"但因甲方以外的其他因素导致的债权减少除外"的约定中十分明确;第三,被投诉人喻某对《和解协议》也是完全同意的。因此,被投诉人以此为由"留置"执行案款理由不能成立。说投诉人在履行阶段付款义务时多次违约,而从现有证据看,根本性违约的不在投诉人,而在被投诉人,被投诉人的这一理由也不能成立。至于被投诉人关于投诉人不按合同结算代理费的理由,没有任何证据可以证明,其理由同样不能成立。可见,被投诉人关于留置的全部理由均不成立。此外,被投诉人未对投诉人的投诉进行申辩,对投诉不具抗辩力。

本会认为,律师是中国特色社会主义法律工作者,律师事务所是律师的执业机构,应当恪守诚信,维护当事人的合法权益,维护法律的正确实施,维护社会公平和正义;应当遵守宪法和法律,恪守律师职业道德和执业纪律,维护良好的职业形象。但是湖南 QS 律师事务所及湖南 QS 律师事务所主任律师喻某挪用委托人案款、骗取侵吞委托人巨额审计费和侵占委托人巨额案款的行为,违背了中华全国律师协会《律师执业行为规范(试行)》第 7 条、第 84 条诚实守信、不得挪用或侵占委托人财物的规定,其行为既侵害了委托人的合法权益,也损害了律师的良好形象,社会影响恶劣;喻某的利益交换方式影响人民法院依法办案,违反《律师法》第 49 条第 1 款第 1 项之规定,扰乱了司法秩序,也影响了司法公正,社会危害很大;喻某身为律师事务所主任侵占委托人巨额案款,向法官行贿,不但违反了律师执业行为规范,而且实施了违法行为,亵渎法律,玷污律师职业,依法应当受到严厉惩处。本会在对被投诉人湖南 QS 律师事务所、喻某调查和听证过程中,其拒不承认错误,也不予配合,态度十分恶劣。

为了维护律师职业形象,维护委托人的合法权益,维护社会公平和正义,严肃法纪,本会依照中华全国律师协会的有关规定,对被投诉人湖南 QS 律师事务所、湖南 QS 律师事务所律师喻某给出了从严处罚的处理决定。

(四)案件评析

全国律协《律师执业行为规范》第 6 条规定:"律师应当诚实守信、勤勉尽责,依据事实和法律,维护当事人合法权益,维护法律正确实施,维护社会公平和正义。"第 53 条规定:"律师事务所可以与委托人签订书面保管协议,妥善保管委托人财产,严格履行保管协议。"第 54 条规定:"律师事务所受委托保管委托人财产时,应当将委托人财产与律师事务所的财产、律师个人财产严格分离。"律师应当妥善保管与委托事项有关的财物,不得挪用或者侵占。

本案当中湖南 QS 律师事务所律师喻某挪用委托人案款、骗取侵占委托人巨额审计费和侵占委托人巨额案款的行为严重违反了律师的财物保管规则,严重损害了委托人的利益,可以说是知法犯法,所以对律师喻某应当予以严厉的惩戒。

问题讨论

1. 王律师受吴某委托处理民事案件,法院要求其补交诉讼费,补交期限截止前一天,吴某终于筹集到所需缴纳的 2 万元现金,于下午 5 点送到王律师事务所。王律师收下后放在抽屉中准备第二天交到法院。当天晚上,事务所遭遇盗窃,2 万元现金被偷走。

请问,王律师是否应当受到惩戒?如果王律师已经将 2 万元现金放进了保险柜里但小偷仍用专业开锁手段打开了它,王律师是否还应当受到惩戒?

2. 为将来支付律师费,客户在律师那里预先存入 5000 元人民币。律师尚未赚得该笔费用。不久,律师的办公室租金到期,律师没有足够的个人资金支付这笔租金,于是律师在客户存款中支用了 1000 元人民币。律师对这笔资金用途作了详细记录,并打算几个礼拜之后全额归还。律师的行为能被允许吗?应当被允许吗?

3. 在一起侵权索赔中,律师代理客户作为原告。被告请求了结这起诉讼并提出为此目的将向律师办公室寄去额度为 10000 元人民币的支票。律师应当告诉被告如何开出这张支票?律师应当如何处理这笔入账资金?

第二部分
律师与法官、检察官关系规则

律师与法官、检察官关系规则概述

律师制度是国家法律制度的有机组成部分。在我国,有人形象地把律师同法院、检察机关、公安机关一起比作法治运行的四个轮子,缺一不可。美国《律师职业行为示范规则》序言中开宗明义地指出,律师是客户的代理人,是法律制度的职员,是对司法的质量具有特殊责任的公民。日本的法学界通常称律师为在野法曹,在野即非政府机关,法曹即国家司法机关,在野法曹即非政府的司法人员。日本的《律师法》中规定,律师要维护司法人权。德国《律师法》中明确,律师是独立的司法人员。这些都反映了律师在国家法治体系中的地位,也体现了这样一种观念,即律师不但要服务于客户利益,而且要服务于公共利益,对司法负责。律师在法律服务中,应当遵循与检察官、法官等司法工作人员的关系规范。

律师与法官的关系是律师执业行为规范的重要内容。几乎在所有法系中都规定了律师不仅对客户负有义务,而且对法院也负有义务。例如在美国,美国律师协会《示范规则》特别规定律师对法庭的坦诚、对法庭的客观和得体、审判公开、对他人陈述的真实等义务。我国台湾地区也对律师与法院之间的互动进行了规定,台湾地区"律师法"第28条禁止律师对法院、检察机关或司法警察机关有蒙蔽或欺诱的行为。第16条禁止律师伪造证据,违反真实义务。第33条规定不得与司法人员进行不正当交往等。意大利《律师伦理准则》规定,律师不得故意向法庭引入虚假证据。

我国律师与法官的关系体现在律师在诉讼与法庭中的权利和义务两个方面:律师在诉讼中享有会见、阅卷、调查取证等权利,相关司法工作人员应当为律师权利的实现提供相应的便利。同时,律师有对案件事实真实的义务;律师在执业活动中不得与法官有不正当的关系,如行贿、请吃等危害法庭廉洁的行为;律师应当遵守诉讼中的规则,不得故意扰乱法庭秩序,影响法庭审判活动的顺利进行;律师在法庭之外的言论要适度适当。

　　律师与检察官的关系同律师与法官的关系有类似之处,如律师不得与检察官有不正当关系;律师不得有破坏检察公正的行为等。同时,律师与检察官的关系有其特殊之处,即律师与检察官在诉讼中的平等、对立、协作关系。律师与检察官的关系主要集中在刑事诉讼领域。律师与检察官作为诉讼中的控辩双方,其关系的紧张程度大于法官。律师与检察官关系的一般与特殊的特点决定了,律师在处理与检察官的关系过程中一方面要遵循与司法工作人员的一般规则,另一方面更要注意律师与检察官之间的特别关系和规范。

第七章 律师与真实的发现及应遵守的规则

对真实的发现是司法活动的重要目的之一,在司法活动中,律师的参与对于司法活动实现真实和公正的目的有着不可忽视的积极作用。司法活动对真实的追求,主要通过对证据的收集、审查判断以及审判方听取各方的意见等得以实现。而律师在司法活动中,作为一方当事人的代理人,其从专业角度提出的证据和意见,使法官能够兼听各方的意见,并遵循一定的规则,认定事实,作出裁判。尤其在刑事诉讼中,作为被告人辩护人的律师,在一定程度上,起着制衡追诉机关、使辩方与控方"平等武装"的作用。本章从律师与真实发现的角度出发,介绍和把握律师关于真实发现应遵守的基本规则。

第一节 律师与真实发现及基本规则

一、律师与真实发现的理论基础

律师的参与对于司法活动实现真实和公正的目的有着不可忽视的积极作用。司法活动对真实的追求,主要通过对证据的收集、审查判断以及审判方听取各方的意见等得以实现。而律师在司法活动中,作为一方当事人的代理人,从其委托人的角度出发,收集有利于委托人的证据材料,并对对方提出的证据材料及观点提出反驳意见,在此基础上依据自己对事实的认定,对法律的理解,提出有利于委托人的意见,从而使法官能够兼听各方的意见,并遵循一定的规则,认定事实,作出裁判。尤其在刑事诉讼中,作为被告人辩护人的律师,其辩护活动对于司法活动追求真实、公正的目的起着不容忽视的作用。

在侦查阶段,辩护律师不仅可以自行收集或申请侦查机关收集有利于被告人的证据,而且辩护律师通过被告人被讯问时在场,可以防止追诉机关采用刑讯、引诱、欺骗等非法手段收集证据,从而在一定程度上保障证据真实、可靠。在审判阶段,控方提出指控并展示证据,辩护律师通过对控方提出和展示的证据加以质证,提出有利于被告人的证据材料,审判方通过对控辩双方在法庭上展示的证据加以评价、判断,并直接听取控辩双方的辩论,整个庭审活动通过控辩双方对证据的展示、质证,使法官"兼听则明",对事实的认定更接近于真实。律师通过维护委托人的合法权益,维护法律的正确实施,这也正是辩护制度及律师制度设立的原旨。

二、律师对法庭真实义务的规则

各国和地区对律师参与诉讼对法庭的真实义务作了明确规定。《英格兰和威尔士出庭律师行为准则》规定,出庭律师"不得故意欺骗法院或使法院产生误解"《日本律师职务基本准则》第 75 条规定,律师不得教唆作伪证及虚假陈述,并不得明知虚假仍提供该证据。

《美国律师协会职业行为标准规则》(2011 年版)[①]3.3 条规定,"律师应坦诚面对法庭。包括(a)律师不能在明知的情况下:(1)就事实或者法律向裁判庭作虚假陈述,或者没有就律师以前向裁判庭作出的关于重要事实或者法律的虚假陈述作出修正;(2)明知在有管辖权的司法管辖区存在直接不利于其委托人并且对方律师没有发现的法律根据,而不向裁判庭公开该法律;或者(3)提交律师明知虚假的证据。如果律师、律师的委托人或者该律师所传唤的证人在提供某重要证据后,律师进而发现该证据是虚假的,则该律师应当采取合理的补救措施,包括必要情况下主动向裁判庭予以披露。除了刑事案件中被告的证言外,律师可以拒绝提交律师合理认为是虚假的证据。(b)在司法裁判程序中代理某个委托人的律师在知道某个人意图从事、正在从事或者已经从事了与该程序有关的刑事或者欺诈行为后,应当采取合理的补救措施,包括必要情况下向裁判庭予以披露。(c)(a)款和(b)款规定的责任持续到诉讼终结,即使律师遵守上述规定需要公开本受《规则》1.6 条保护的信息,上述责任也适用。(d)在单方程序中,律师应当告知裁判庭其知道的所有重要事实,以便裁判庭能够作出明智的决定,无论这些事实是否有利。"

我国台湾地区"律师法"第 28 条规定:"律师对于委托人、法院、检察机关或司法警察机关,不得有蒙蔽或欺诱之行为。"台湾地区《律师伦理规范》(2003 年 9 月 7 日修正)第 23 条规定:"律师于执行职务时,不得有故为蒙蔽欺罔之行为,亦不得伪造变造证据、教唆伪证或为其他刻意阻碍真实发现之行为"。

我国《律师法》第 31 条规定了律师担任辩护人的,应当根据事实和法律,提出犯罪嫌疑人、被告人无罪、罪轻或者减轻、免除其刑事责任的材料和意见,维护犯罪嫌疑人、被告人的诉讼权利和其他合法权益。我国《律师法》《律师执业行为规范》《刑事诉讼法》《民事诉讼法》和《律师和律师事务所违法行为处罚办法》等相关法律法规明确规定律师在执业活动中不得故意提供虚假证据或者威胁、利诱他人提供虚假证据,妨碍对方当事人合法取得证据。在我国律师参与司法活动对法庭真实义务,应遵守以下规则:

---

① 《美国律师协会职业行为标准规则》(2011 年版),王进喜译,载《境外律师行业规范汇编》,中国政法大学出版社 2012 年版,第 220 页。

1. 律师不得伪造证据，不得帮助委托人隐匿、毁灭、伪造证据或者串供，不得威胁、利诱他人提供虚假证据。

2. 律师不得提供明知是虚假的证据。如果律师已经提供有关证据后才得知证据不实，律师必须采取合理补救措施。

3. 律师不得在明知的情况下，向法庭作虚假的陈述，也不得故意误导法庭。

4. 律师不得妨碍对方当事人合法取得证据。

三、律师违反法庭真实义务的罚则

我国《律师和律师事务所违法行为处罚办法》明确规定了《律师法》第49条第4项规定的律师"故意提供虚假证据或者威胁、利诱他人提供虚假证据，妨碍对方当事人合法取得证据的"违法行为，包括：故意向司法机关、行政机关或者仲裁机构提交虚假证据，或者指使、威胁、利诱他人提供虚假证据；指示或者帮助委托人或者他人伪造、隐匿、毁灭证据，指使或者帮助犯罪嫌疑人、被告人串供，威胁、利诱证人不作证或者作伪证；妨碍对方当事人及其代理人、辩护人合法取证，或者阻止他人向案件承办机关或者对方当事人提供证据。律师如有以上行为，由设区的市级或者直辖市的区人民政府司法行政部门给予停止执业6个月以上1年以下的处罚，可以处5万元以下的罚款；有违法所得的，没收违法所得；情节严重的，由省、自治区、直辖市人民政府司法行政部门吊销其律师执业证书；构成犯罪的，依法追究刑事责任。

第二节 案例研习

一、律师张某某妨害作证案

（一）简要案情

衢州市柯城区人民检察院以衢柯检刑诉（1999）173号起诉书指控被告人张某某犯辩护人妨害作证罪，于2000年1月5日向法院提起公诉。

衢州市柯城区人民检察院指控，被告人张某某在受聘担任盗窃被告人陈某某辩护人期间，为了使陈某某的盗窃数额由巨大变为较大，将工作重点放在陈某某于1998年12月30日夜第三次参与盗窃价值为3000余元的铝锭的事实上，并将案情及该事实能否认定在量刑上的利害关系告诉陈某某的姐姐。同年4月20日，被告人张某某违反规定，独自一人到陈某某的姐姐家约见陈某某的朋友李某某，向李某某透露案情，并告知陈案同案犯罪嫌疑人在逃的情节，以诱导性的设问方式进行询问，致使李某某违心地肯定了张设定的1998年12月30日夜李某某与陈某某在一起的"事实"和"情节"，形成了一份陈某某无作案时间的虚假"调查笔录"。同年5月4日即陈案再次开庭审理前一天,被告人张某某再次会见了陈某某,并趁无人之机指使陈改变以往的供述。开庭后,又将李某某的伪证递交法庭。被告人张某某在履行刑事辩护职责中,引诱证人作伪证的行为已影响了刑事诉讼顺利进行,触犯了我国《刑法》的规定,构成辩护人妨害作证罪。

被告人张某某辩解,其在担任陈某某辩护人期间,未将陈某某的案情告诉陈某某的姐姐,也未将同案犯罪嫌疑人在逃的情节告诉李某某。在向李某某取证时未对李进行威胁,更未对其进行诱导式的发问,之后也未指使陈某某改变以往的供述。担任辩护人期间所做的工作,旨在履行辩护人的职责,并未妨害刑事诉讼。因此,请求法院宣告其无罪。

辩护人认为,被告人张某某主观上没有妨害作证的直接故意;客观上没有以金钱、物质或其他利益引诱证人作伪证的行为。同时认为李某某的当庭证言不可信,起诉书仅凭这一不可信的证言控诉被告人张某某诱导李某某作虚假陈述,缺乏依据。并认为被告人张某某在向李某某取证时先出示证件,然后一问一答形成了1999年4月20日的调查笔录,最后李某某还亲笔写上"以上已经看过,跟我讲的一样",并签名、捺印。此份笔录完全是李某某出于友情故意作伪证所致,而不是被告人张某某的诱导形成的。因此,被告人的行为是正常履行辩护人的职责,并未妨害刑事诉讼,请求法院宣告被告人张某某无罪。

(二) 查明事实

被告人张某某于1999年3月11日接受盗窃被告人陈某某姐姐(原与被告人张某某熟识)的委托,担任陈某某盗窃案的一审辩护人。之后,被告人张某某到柯城区人民检察院复印了衢州市公安局柯城分局衢柯公侦字(99)21号起诉意见书。该意见书载明陈某某盗窃五次,价值11530余元,其中1998年12月30日23时盗窃铝锭价值3134.10元及同案犯罪嫌疑人韦某在逃等事实。4月19日,又到本院复印了陈某某盗窃一案的有关案卷材料。同年3月26日、4月20日被告人张某某先后两次会见了陈某某。会见中,陈某某辩解1998年12月30日未参与盗窃,与李某某一起打扑克。之后,被告人张某某将陈某某翻供、李某某如能作证可使起诉书指控的陈某某第三次盗窃不能成立,及该事实能否认定关系到对陈某某的量刑等情况告诉陈的姐姐,并要求其找到李某某。4月20日晚,李某某被叫至浙安二处大院7幢105室陈某某的姐姐家,后被告人张某某一人亦到了陈家。另外,陈某某的姐夫缪某及朋友也在陈家。被告人张某某向李某某介绍了陈某某盗窃及同案犯罪嫌疑人韦某在逃的情况,并告知如能作证可减轻陈某某的罪责等。同时以只要李某某回答是或不是的形式,对李某某进行了诱导,从而形成了一份1998年12月30日晚陈某某与李某某一起打扑克、无作案时间的虚假证词。另外,被告人张某某还在该份笔录中故意把调查人写成

"张某某、何某"两人,调查地点写成"巨化安装三工地4幢102室(即李某某家)",并要求李某某如有人问起调查情况,就说两人来李某某家调查的。4月27日,陈某某盗窃一案开庭,陈某某翻供,并供述1998年12月30日晚是与李某某一起打扑克,无作案时间。为进一步查清事实,该案休庭。4月30日,陈案主审人、公诉人及作为辩护人的被告人张某某一起找李某某调查,李某某作了与4月20日证词相同的证言。5月4日,被告人张某某及徐某再次会见陈某某,被告人张某某把李某某"证词"的内容告诉给陈。5月5日,陈案继续开庭审理,陈某某当庭根据从被告人张某某处得知的李某某的证言进行翻供,使其供述与被告人张某某当庭向法庭提供的李某某在1999年4月20日所作的证言相一致。妨害了该案一审刑事诉讼的正常进行。陈案一审判决,对李某某的伪证未予采纳,陈某某上诉。在二审审理期间,被告人张某某制作的李某某的伪证再一次妨害了二审刑事诉讼的正常进行。

认定上述事实的证据有:

1. 衢州市公安局柯城分局出具的户籍证明、律师事务所的函件、陈某某的委托书证实被告人张某某担任陈某某盗窃案件的一审辩护人。

2. 李某某的证言证实被告人张某某在于1999年4月20日向他调查前,即向其介绍陈某某的盗窃案情及韦某在逃的情况,并证实被告人张某某要求其回答"是"或"不是"的方式,以提示性的方式向其询问,形成的笔录也是事后整理而成的。被告人张某某还告知以后有人问起该次调查情况,应说是二人调查、地点在李家等情况。

3. 陈某某的姐姐的证言证实,被告人张某某向其介绍过陈某某的盗窃及韦某在逃的情况,同时证实1999年4月20日,被告人张某某向李某某介绍陈某某案情的情况,与李某某的证言相印证。

4. 徐某、陈某某的证言及被告人张某某于1999年12月30日所作的供述相互印证证实,被告人张某某于1999年5月4日会见陈某某时,将李某某的证词内容告诉陈某某的经过情况。

5. 衢州市中级人民法院审判人员1999年6月7日所作的调查笔录,证实李某某在接受调查时明知是被告人张某某一人向其调查的,而回答审判人员提问时却是张某某和另外一个大约30岁的男的一起来的。这也证明了,被告人张某某在制作笔录时故意写成二人调查、并向李某某交待过要说两人来调查的情况是事实的。

6. 缪某等的证言亦证实被告人张某某于1999年4月20日向李某某取证时的经过情况。

7. 陈某某于1999年5月5日的庭审中的供述,证实其此次庭审中作了与李某某4月20日的"证言"内容相一致的供述。

8. 被告人张某某在1999年4月20日向李某某取证时所作的"调查笔录",经当庭出示,被告人确认。

(三) 法院判决

法院认为,被告人张某某在担任盗窃案犯陈某某的辩护人、参与该案一审诉讼期间,为了使陈某某的盗窃数额从巨大降为较大,减轻其罪责,利用诱导性的设问方式,诱使证人李某某作了违背事实的伪证;且为了该伪证得到法院采信,又将该伪证的内容透露给陈某某,使陈的供述与李的"证言"相统一,其行为已妨害了刑事诉讼的正常进行,构成辩护人妨害作证罪。公诉机关指控罪名成立。被告人张某某在制作"调查笔录"时,故意将调查人、调查地点作了违背事实的记录;在取得伪证后,为了使法院采信该伪证,又向陈某某通风报信,这一系列的客观行为都反映了被告人主观上包庇罪犯的动机,也反映了被告人妨害证人作证的直接故意。在客观上被告人虽然没有采用物质、金钱或其他利益对证人进行引诱,但其在上述主观故意指导下,实施的一系列引诱证人作伪证的行为,已侵犯了两级法院刑事诉讼的正常进行。况且这种物质、金钱或其他利益引诱也不是刑法所规定的构成本罪的必要要件。因此,辩护人提出的被告人张某某主观上没有妨害作证的故意,客观上没有以物质、金钱或其他利益引诱证人作伪证的行为,不构成辩护人妨害作证罪的意见,不予采纳。因此,依照《刑法》相关规定,判决被告人张某某犯辩护人妨害作证罪,判处有期徒刑1年。

(四) 案件评析

本案涉及的问题是律师是否引诱证人作伪证。

《律师和律师事务所违法行为处罚办法》第17条规定了指示或者帮助委托人或者他人伪造、隐匿、毁灭证据,指使或者帮助犯罪嫌疑人、被告人串供,威胁、利诱证人不作证或者作伪证的属于律师"故意提供虚假证据或者威胁、利诱他人提供虚假证据,妨碍对方当事人合法取得证据的"违法行为。

《律师和律师事务所违法行为处罚办法》明确规定,对于《律师法》第49条第4项规定的律师"故意提供虚假证据或者威胁、利诱他人提供虚假证据,妨碍对方当事人合法取得证据的"违法行为,由设区的市级或者直辖市的区人民政府司法行政部门给予停止执业6个月以上1年以下的处罚,可以处5万元以下的罚款;有违法所得的,没收违法所得;情节严重的,由省、自治区、直辖市人民政府司法行政部门吊销其律师执业证书;构成犯罪的,依法追究刑事责任。

《刑法》第306条第1款规定在刑事诉讼中,辩护人、诉讼代理人毁灭、伪造证据,帮助当事人毁灭、伪造证据,威胁、引诱证人违背事实改变证言或者作伪证的,处3年以下有期徒刑或者拘役;情节严重的,处3年以上7年以下有期徒刑。

本案中张某某为了使陈某某的盗窃数额从巨大降为较大,减轻其罪责,利用诱导性的设问方式,诱使证人李某某作了违背事实的伪证;且为了该伪证得到法院采信,又将该伪证的内容透露给陈某某,使陈的供述与李的"证言"相统一。其行为已妨害了刑事诉讼的正常进行,构成辩护人妨害作证罪。法院对其的判决是符合事实和法律的。

二、律师郑某妨害作证案

(一)简要案情

郑某,男,1982年10月27日出生,汉族,本科文化,浙江ZYD律师事务所律师,2008年7月5日开始执业。

2008年5月26日,被告人马某某因盗窃罪被杭州市下城区人民法院判处有期徒刑三年,缓刑五年,并处罚金人民币4000元。马某某被释放后,向郑某咨询如何上诉才能获得改判。根据咨询结果,马某某要求盗窃案被害人章某某改变原陈述,章某某据此制作了4份与原陈述内容相反的证据,并由马某某提交给郑某。6月11日,ZYD所与马某某签订刑事辩护委托协议,指派郑某以该所律师名义担任马某某盗窃案二审辩护人。6月30日,郑某与马某某、章某某一起到杭州市中级人民法院递交证据。

8月27日,杭州市人民检察院检察人员询问了该案证人李某某(系章某某的丈夫)。马某某得知后与郑某商量,郑某表示由其出面做李某某的工作,并与马某某及其妻子张某某一起到李某某家,要求李某某改变证言,因李某某不在未果。次日,三人再次去李某某家。郑某劝说李某某改变证言,要求其证言内容与章某某保持一致。遭到李某某的拒绝后,又劝说李某某女儿及男友做李某某的工作。

11月4日,郑某因涉嫌辩护人妨害作证罪被公安机关刑事拘留,11月28日被取保候审。2009年4月8日,郑某向杭州市下城区人民法院递交了悔过书,自愿认罪。2009年5月20日,杭州市下城区人民法院作出一审判决,郑某犯辩护人妨害作证罪,免予刑事处罚。该判决已生效。

(二)司法局处罚

杭州市司法局认为,郑某在担任马某某盗窃案二审辩护人期间,唆使被告利诱被害人改变陈述,出具虚假证据,引诱证人改变证言,违反了《律师法》第40条第6项之规定,情节严重,依法应当予以行政处罚。根据《律师法》第49条第1款第4项之规定,2009年5月20日,杭州市司法局决定:给予郑某停止执业1年的行政处罚。

(三)案件评析

根据《律师法》第49条的规定,律师故意提供虚假证据或者威胁、利诱他人提供虚假证据,妨碍对方当事人合法取得证据的,由设区的市级或者直辖市的区人民政府司法行政部门给予停止执业6个月以上1年以下的处罚,可以处5万元以下的罚款;有违法所得的,没收违法所得;情节严重的,由省、自治区、直辖市人民政府司法行政部门吊销其律师执业证书;构成犯罪的,依法追究刑事责任。郑某虽然免予刑事处罚,但是其行为已构成辩护人妨害作证罪,应追究其行政责任。

《刑法》第 306 条第 1 款规定,在刑事诉讼中,辩护人、诉讼代理人毁灭、伪造证据,帮助当事人毁灭、伪造证据,威胁、引诱证人违背事实改变证言或者作伪证的,处 3 年以下有期徒刑或者拘役;情节严重的,处 3 年以上 7 年以下有期徒刑。本案中,郑某律师作为代理人,违背法律与事实,提供不符合法律的意见,并积极促成虚假证据的制作、引诱证人改变证言等与律师职业伦理规范相违背的行为。郑某在违背律师职业伦理的同时,也触犯了刑法辩护人妨害作证罪,法院依法对其作出判决,司法局给予其相应的行政处罚是适当的。

三、律师周某某伪造证据案

(一) 简要案情

2004 年四川省成都市青白江区人民检察院指控律师周某某伪造证据,向法院提起公诉。

公诉人指控:

被告人四川某律师事务所律师周某某在接受犯罪嫌疑人何某某之妻陈某某委托担任何某某侦查、起诉、审判阶段的辩护人期间,为达到证实何某某没有将公款 439530.17 元据为己有的目的,分别实施了添加、引导和编造行为,即将有悖于证人原意且不知晓的情节添加在证人的调查笔录中,引导证人提供虚假证词,以及在调查笔录中违背证人原意编造事实,意图将何某某涉嫌贪污 439530.17 元的事实改变为"成都市某米业有限公司领导班子集体研究决定为该公司与成都某股份有限公司进行民事诉讼以及申请法院对土地进行执行过程中正常开支了公款",从而达到证实"何某某无罪"之目的。12 月 22 日法院公开审理何某某贪污一案,被告人周某某作为辩护人出庭为何某某辩护。法庭建议控辩双方进行证据交换时,将包括 4 份伪证在内的共 14 份证据于同月 24 日交给法院,并经过法庭示证、质证,公诉人在法庭上对上述 4 份伪证明表示了异议。公诉机关认为,被告人周某某的行为已构成辩护人伪造证据罪。

被告人周某某辩称:

证人证言的形成是被告人与另一个律师就侦查阶段工作的体现,也没有造成恶劣的后果,当案件进入起诉阶段至审理阶段,被告人没有任何辩护意见提交法庭,庭审的情况也不清楚,并没有构成辩护人伪造证据罪。

辩护人的辩护意见:

辩护人以假设调查笔录添加的内容是被告人所为为前提,提出了如下理由:

1. 被告人在调查笔录中添加的内容是背着证人添加上去的,还是在现场当着证人添加上去的无从查证;4位证人分别证明的是他们自己证言上的情况,从数量上讲这是一个孤证。

2. 笔录上添加的内容不违背证人的原意和客观事实。

3. 笔录上添加的话对何某某贪污一案没有造成任何不利后果,没有影响刑事诉讼活动的正常进行。

(二) 查明事实

2003年5月12日,成都市某米业有限公司原法定代表人、董事长、总经理何某某因涉嫌贪污犯罪被成都市青白江区人民检察院立案侦查。同年5月16日,四川某律师事务所律师周某某、冯某接受犯罪嫌疑人何某某之妻陈某某的委托,担任何某某在侦查期间的法律辩护人。被告人周某某于同年5月16日至27日期间,分别对原成都市某米业有限公司董事、办公室主任曾某、公司董事何某、公司副总经理沈某、原成都市青白江区粮食局局长王某4位证人调查取证,并制作形成律师调查笔录4份。调查取证结束后,被告人周某某在对证人王某所作的调查笔录中添加了"花了不少钱,油厂又没摊。情况就这些",在对证人何某所作的调查笔录中添加了"所有费用我们一家摊起,反正花了不少钱。有4.50万",在对证人沈某所作的调查笔录中添加了"他花了多少我们都同意,何某某也不会贪污这个钱"等与检察院指控何某某涉嫌贪污公款439530.17元的犯罪事实直接相关的内容。被告人周某某对证人曾某所作的调查笔录曾某未当场签字。被告人周某某在该份笔录上添加的主要内容在律师昝某找证人曾某签字时,被曾某划去。

2003年8月26日,何某某涉嫌贪污一案侦查终结并移送审查起诉。同年8月28日,四川某律师事务所律师周某某、昝某接受陈某某委托担任何某某在起诉期间的辩护人,被告人周某某将上述4份调查笔录作为辩护证据交给了律师昝某。同年12月8日,成都市青白江区人民检察院以成青检刑诉字[2003]176号起诉书指控被告人何某某涉嫌贪污公款439530.17元,向成都市青白江区人民法院提起公诉。同年12月10日,四川某律师事务所向法院出具编号为刑函C字第7号《律师事务所通知函》,指派周某某、昝某担任何某某的辩护人。同年12月22日,法院公开开庭审理何某某被控贪污一案,被告人周某某、律师昝某作为辩护人出庭为何某某辩护。同年12月24日,律师昝某将包括上述4份调查笔录在内的辩护证据交给了法院。其后法院又数次开庭审理此案,每次均发出《出庭通知书》通知被告人周某某、律师昝某作为辩护人出席法庭,被告人周某某未再出庭。在法庭举证、质证过程中,公诉人对上述调查笔录明确表示了异议。青白区人民法院(2003)青白刑初字第204号生效判决书确认了何某某贪污439530.17元的犯罪事实,上述调查笔录及辩护人关于何某某无罪的辩护意见未被法院采信。

上述事实有下列证据证明：

1. 被告人周某某对证人何某、沈某、王某所作的调查笔录，证实添加的"有4.50万""花了不少钱，油厂又没摊"是原调查笔录中没有的内容。

2. 成都市公安局刑事技术鉴定书的鉴定结论，证实调查笔录的字迹是同一个人书写。

3. 证人何某、沈某、王某的证言，证实调查笔录上的添加内容是被告人周某某事后添加的。

4. 律师执业证、刑事案件委托书、出庭通知书等书证，证实被告人周某某的律师及在何某某贪污一案中的辩护人身份。

5. 被告人周某某在供述中承认了对调查笔录进行添加的事实。

6. 被告人在对证人沈某所作的调查笔录上添加的内容与该调查笔录中沈某陈述内容的核心意思是一致的，虽未经被调查人确认，但未对证人证言的内容进行虚构。

7. 经当庭质证的证人昝某、曾某的证言及被告人周某某的供述证实，被告人周某某在对曾某的调查笔录上添加的主要内容在律师昝某找曾某签字时，被曾某划去。

8. 起诉书中指控被告人周某某在引导曾某提供虚假证词，在调查笔录中编造事实的行为，只有证人曾某的证词，没有其他证据印证，指控证据不足。

（三）法院判决

1. 被告人周某某接受委托人作为被告人何某某的辩护人，在刑事诉讼过程中对已经证人何某、王某签字确认的证人证言故意采用事后添加的手段，增添了原证人证言中没有的证言内容，且添加内容与何某某贪污犯罪事实直接相关，其行为已构成辩护人伪造证据罪。公诉机关指控罪名成立。

2. 公诉机关关于被告人周某某对证人曾某、沈某的证言进行伪造以及引导证人曾某提供虚假证词的指控缺乏充分的证据和理由，法院不予支持。

3. 被告人周某某辩称证人证言的形成只是与另外一名律师就侦查阶段工作的体现，不构成辩护人的伪造证据罪的辩解理由不成立。

4. 律师接受被控告者的委托介入刑事诉讼，就是要为委托人提供法律帮助，提出委托人无罪、罪轻等意见。被告人周某某在侦查、起诉、审判各诉讼阶段均接受了委托，作为被告人何某某的辩护人，其在侦查阶段的调查取证行为已超出了律师帮助的范畴，其添加了内容的调查笔录亦在审判阶段作为辩护证据提交法院并进行了庭审质证。辩护人提出的公诉机关指控的犯罪事实证据不足，被告人周某某不构成辩护人伪造证据罪的辩护意见中，关于公诉机关对被告人周某某就证人沈某、曾某的证人证言进行添加伪造及引导曾某提供虚假证词的指控证据不足的理由成立，法院予以采信。

5. 关于公诉机关对被告人周某某就证人何某、王某的证人证言进行添加伪造的指控证据不足的辩护意见不成立。公诉机关指控被告人周某某对证人何某、王某的证人证言进行添加伪造的事实有收集在案的物证、书证、鉴定结论、证人证言、被告人的供述等证据相互印证，形成了证据锁链，证据确实、充分。辩护人提出被告人周某某添加的证人证言内容没有违背证人的原意和客观事实，没有影响刑事诉讼活动正常进行的辩护意见理由和依据不够充分，法院不予采信。

法院依照《刑法》第306条第1款、第30条，作出如下判决：周某某犯辩护人伪造证据罪，免予刑事处罚。

（四）案件评析

本案涉及律师是否伪造证据的问题。

我国《刑法》第306条规定，辩护人伪造证据罪是指在刑事诉讼中，辩护人、诉讼代理人毁灭证据、伪造证据，帮助当事人毁灭证据、伪造证据的行为。辩护人伪造证据罪的客观方面表现特征是认定该罪的主要内容，即辩护人本人亲自直接实施毁灭、伪造证据的行为和帮助当事人实施毁灭、伪造证据的行为。本案中被告人周某某接受委托作为被告人何某某的辩护人，在刑事诉讼过程中对已经证人何某、王某签字确认的证人证言故意采用事后添加的手段，增添了原证人证言中没有的证言内容，且添加内容与何某某贪污犯罪事实直接相关。本案在客观方面的特征属于前者。辩护人本人亲自直接实施毁灭、伪造证据的行为主要表现为行为人对自己受委托的案件证据采取毁灭、伪造等非法手段，以达到与既定事实相反的证明的目的。

根据《律师和律师事务所违法行为处罚办法》的规定，律师有《律师法》第49条规定的违法行为的，由司法行政机关给予停止执业6个月以上1年以下的处罚，可以处5万元以下的罚款；有违法所得的，没收违法所得；情节严重的，吊销其律师执业证书；构成犯罪的，依法追究刑事责任。本案中辩护人伪造证据罪是行为犯。行为犯是以实行法定的犯罪行为作为犯罪构成必要条件的犯罪，只要行为人实施了刑法分则所规定的行为，不论是否发生了犯罪后果，其行为本身即构成犯罪。在本案中，周某某在搜集证据的过程中，在证人不知情且违背证人原意的情况下实施了添加行为，完成了证据搜集的法定程序，具有法定意义的诉讼证据已以形成，并且在审判阶段作为辩护证据提交法院进行了庭审质证，从这点上说，周某某不仅实施了法律规定的伪造证据的行为，而且完成了整个伪造证据的行为，法院的认定和判决是正确的。

问题讨论

1. 陈某被指控犯有故意杀人罪,某律师接受了陈某家属的辩护委托。陈某让律师为其作从轻辩护,该律师经过查阅案卷了解到陈某杀人手段残忍,证据确凿,没有从轻情节。该律师便以律师要对案件事实真实负有义务为由,要求解除委托;陈某不同意,该律师便拒绝为其辩护。该律师的做法是否合法?

2. 作为一个刑事辩护律师,如果你的客户——一个刑事被告,你怀疑其有意作伪证,那么在代理过程中,你对法院的坦诚义务、对案件真实的义务就会与客户决定是否在自我辩护中作证的权利发生直接冲突。你怎么处理这个冲突?如果在法庭上,你的客户作了伪证并寻求你的配合时,你会怎么做?

3. 某律师接受汪某某故意伤害罪一案的委托代理,在调查取证过程中,其获得了证人张某某的书面证言,其中有一段事实是汪某某在实施伤害的过程中,被伤害人已无力反抗,汪某某仍对其拳打脚踢,并击打其头部。该律师销毁该份证言,在向法庭举证过程中未提到上述内容。该律师的行为符合律师真实义务吗?

4. 在已经知道委托人杀人的情况下,律师还拿着杀人的枪指着上面的指纹对法官说,这个指纹是他的当事人不小心碰到上面的,这是不是在作伪证包庇犯罪嫌疑人、被告人?

5. 律师王某代为委托人A保管一些对委托人A来说不利且很重要的文书。在诉讼中,该律师接受法院询问时被问到该文书是否存在,该律师的以下回答是否正确?

回答(1):不存在那样的文书。

回答(2):文书由A自己保管。

第八章 律师的会见、阅卷、调查取证权规则

为了保障律师执业活动的正常进行,各国法律都对律师的权利作了明确规定。律师的权利主要有:阅卷权、调查取证权、参与诉讼的权利、拒绝辩护、代理权、代行上诉权、拒证权、刑事辩护豁免权等。在律师的上述权利中阅卷权、调查取证权、同被限制人身自由的人会见和通信的权利尤为重要。由于律师参加诉讼有着积极和消极的两方面作用,因此在赋予律师权利以保障律师依法执业,发挥其维护司法公正、追求案件真实的积极作用的同时,各国的法律又对律师的权利加以限制,以减少其消极作用。本章从我国相关规定出发,并借鉴国外的做法,了解和把握律师会见、阅卷、调查取证权的规则。

第一节 律师会见、阅卷、调查取证权的基本规则

一、律师会见权的规则

获得律师的帮助是国际人权法确认的在押犯罪嫌疑人或被告人享有的基本权利之一,被认为是每个受到刑事指控的人所应享有的"最低限度的保障"之一,而律师对受刑事指控的人的帮助主要体现为在侦查阶段介入,与在押犯罪嫌疑人或被告人会见交流,为在押犯罪嫌疑人或被告人提供法律帮助,防止侦查机关侵犯其合法权益,从而维护程序上的公正。

关于在押犯罪嫌疑人或被告人的会见交流权,各国家和地区的法律在允许会见的同时,又加以限制,其目的在于减少辩护人与犯罪嫌疑人会见、通信对侦查活动的妨碍。

在美国,在刑事诉讼的侦查阶段,辩护律师可以会见被告人,时间、地点以及会见次数根据案情而定,会见必须遵守监管规则,监狱雇员和警方不得录音。通过会见,律师既可以为被告人提供法律咨询,又可以了解案情。但律师不得泄露被告人向其陈述的秘密。在日本刑事诉讼中,在押嫌疑人和被告人可以与辩护人或能够选任辩护人的人所委托的辩护人,在没有其他人在场的情况下进行会见或者接受文件或物品。日本《律师职务基本准则》要求律师对于受到人身扣留的嫌疑人及被告人,应努力确保必要的会见机会及人身扣留的解除。

根据我国《律师办理刑事案件规范》《律师法》《刑事诉讼法》等的规定,律

师在会见在押的犯罪嫌疑人时,应遵守以下规则:

1. 律师依照刑事诉讼法的规定会见在押或者被监视居住的犯罪嫌疑人、被告人,应持律师执业证书、律师事务所证明和委托书或者法律援助公函。

2. 律师会见犯罪嫌疑人,应当遵守羁押场所依法作出的有关规定,不得为犯罪嫌疑人传递物品、信函,不得将通讯工具借给其使用,不得进行其他违反法律规定的活动。

3. 律师不得携领犯罪嫌疑人、被告人的亲属或者其他人员会见在押犯罪嫌疑人、被告人。

4. 律师会见完毕后应与羁押场所办理犯罪嫌疑人交接手续。

二、律师阅卷权的规则

律师介入诉讼,查阅案卷材料有助于律师全面、详细地了解案情,有效维护委托人的合法权利。所以律师的阅卷权是相当重要的权利。

联合国《关于律师作用的基本原则》规定,主管当局有义务确保律师能有充分的时间查阅当局所拥有或管理的有关资料、档案和文件,以便使律师能向其当事人提供有效的法律协助。应该尽早在适当时机提供这种查阅。许多国家和地区的法律规定了律师的阅卷权。

我国法律赋予律师阅卷的权利,但律师阅卷须遵循如下规则:

1. 律师摘抄、复制有关材料时,必须忠于事实真相,不得伪造、变造、断章取义。

2. 律师摘抄、复制的材料应当保密,并妥善保管。

三、律师调查取证权的规则

日本《律师职务基本准则》第 37 条[法律等的调查]要求,律师处理案件时,不得耽误必要的法律调查。律师处理案件时,应努力进行必要且可能的事实关系的调查。在美国,依据美国联邦刑事诉讼规则的规定,被告方可以掌握、保管或控制部分证据,包括:(1) 书籍、纸张、文件、照片、有形物品或者其复制件;(2) 与案件有关的身体或精神检查的结果或报告,或者科学测验或实验的结果;(3) 被告人所作的陈述,或者由政府方或辩护方证人或预期的政府方或辩护方证人对被告人、被告人的律师或代理人所作的陈述。由此可见,律师担任辩护人实际上拥有调查取证权。

我国《民事诉讼法》规定:代理诉讼的律师有权调查收集证据,可以查阅本案有关材料。《行政诉讼法》规定:代理诉讼的律师,可以依照规定查阅本案有关材料,可以向有关组织和公民调查,收集证据。对涉及国家秘密和个人隐私的材料,应当依照法律规定保密。律师在调查取证时应该遵守这些规定。

1. 律师调查、收集与案件有关的材料,应持律师执业证书和律师事务所证明。

2. 在刑事诉讼中,经本人同意,辩护律师经证人或者其他有关单位和个人同意,可以向他们收集与本案有关的材料,也可以申请人民检察院、人民法院收集、调取证据,或者申请人民法院通知证人出庭作证。辩护律师经人民检察院或者人民法院许可,并且经被害人或者其近亲属、被害人提供的证人同意,可以向他们收集与本案有关的材料。

3. 律师不得伪造证据,不得威胁、利诱他人提供虚假证据。

4. 律师不得向司法机关或者仲裁机构提交明知是虚假的证据。

5. 律师制作调查笔录,应全面、准确地记录调查内容,并须经被调查人核对或者向其宣读。被调查人如有修改、补充,应由其在修改处签字、盖章或者按指纹确认。调查笔录经被调查人核对后,应由其在每一页上签名并在笔录的最后签署记录无误的意见。

四、律师豁免权

除了上述权利外,许多国家和地区也规定了律师在刑事辩护中享有豁免权。在日本,无论在司法解释上,还是在司法实践中,律师被认为在刑事辩护中享有豁免权,即律师不因自己在法庭的辩护而受法律追究,当律师为一位有罪的人作无罪辩护时,法院绝不会追究其任何法律责任,律师的这一权利是由律师所执行的职务的特殊性决定的,是律师履行其职责实现其使命的必备条件。法国1881年7月29日法律第41条规定,律师在法庭上的活动,享有豁免的权利。具体表现在:对律师在法庭上的辩护和当面发言,不得以诽谤、侮辱或藐视法庭提起诉讼。如果律师认为法院执行的法律是过时的、被废除的或引用不当的情况发生时,律师有不遵守这些法律的权利;在法庭上,如果公众出于感情或政治原因,对被告进行攻击情况发生时,律师可以有蔑视公众舆论的权利。律师上述的这些行为,均属辩护豁免权的范围,不能以违反法庭纪律论处。此外,法国还有一项沿袭下来的、习惯上的不成文法律,就是律师办公室或住所有不受侵犯的特别权利。它体现在以下三个方面:(1)不能在律师住所逮捕罪犯或被告人;(2)警察局和检察院虽然可以到律师住所和办公室寻找有罪行的文件(原件),但不能到律师办公室寻找委托人罪行和过失的线索;(3)律师与委托人之间的通讯,既不能被查封,也不能被第三者拆看,受到法律的绝对保护。[①] 我国《律师法》并没有明确规定律师享有刑事豁免权,只是在第36条规定律师担任诉讼代理人或者辩护人的,其辩论或者辩护的权利依法受到保障。而《刑法》第306条的规定,被

---

① 参见陈宝权、苏醒、庄嘉辉:《中外律师制度比较研究》,法律出版社1995年版,第91、92页。

业界比喻为悬在律师头顶的"达摩克利斯之剑。"

第二节 案例研习

一、律师违规会见案

（一）简要案情

2009年5月5日，投诉人J检察院以被投诉人魏律师违规将被告人李某的情妇何某带进看守所，并一同参与会见李某为由向深圳律师协会投诉被投诉人。深圳律师协会纪律委员会对此案进行立案调查。LS律师事务所魏律师就投诉人的投诉内容进行了书面答辩，并提交了相应书面答辩材料。

投诉人投诉称：

2008年10月初，被告人李某的堂弟高某联系到LS律师事务所魏律师后，让李某的妻子G委托魏律师作为李某的律师。另外，高某又将魏律师介绍给被告人李某在广州的情妇何某认识。同年10月8日，何某带着魏律师到广州市公安局预审监管支队办理申请律师会见被告人李某的手续。经公安机关审批同意后，何某与魏律师于10月9日上午9时许，一同到广州市公安局预审监管支队值班室，领取了"安排律师会见非涉密案件在押犯罪嫌疑人通知书"，何某在此陪同魏律师办理好相关的会见手续后，又跟随魏律师到广州市第三看守所对外办事大厅，由魏律师按规定办理好本人进出所手续，并领取了一张允许律师单人进入该所的门禁IC卡。当魏律师持门禁IC卡进入广州市第三看守所第一重大门的时候，何某趁机尾随他混入了该所。魏律师明知何某跟随自己混进看守所是违规行为，却未加劝阻，反而放任了何某的行为；接着，魏律师又在何某的陪同下到看守所内勤大厅办理了提票，两人一同等待办案民警带引会见被告人李某。当天上午11时许，办案民警前来带引律师会见，在魏律师的默许下，何某冒充律师助手，欺骗了办案民警，一同参与了律师对犯罪嫌疑人李某的会见。在整个约20分钟的会见过程里，何某并未离开会见现场，魏某、何某二人也没有向负责带引律师会见的办案民警告知何某的真实身份，何某还以律师助手的身份向被告人李某介绍魏的律师身份，并与被告人李某有过简短的对话，对何某的上述行为，魏律师一直未予劝止。

投诉请求：要求深圳律师协会对被投诉人的违规行为进行严处，并将处理意见和结果函告该院。

被投诉人答辩称：

J检察院《检察意见书》反映被投诉人在会见犯罪嫌疑人李某时何某在现场的事实属实，但何某是如何进入会见场所以及通过何种途径进入的事实情节被投诉人并不知情。在办理会见手续过程中,被投诉人从未故意唆使和怂恿何某进入会见现场,也未为何某进入会见现场提供任何便利。对何某进入会见现场后,未对何某的行为向公安机关举报并予以劝阻和制止,被投诉人承认确实存在错误,并保证在今后的执业过程中予以改正。

(二)查明事实

1. 2008年10月9日,被投诉人在广州市第三看守所会见犯罪嫌疑人时,与何某一同会见了犯罪嫌疑人李某;

2. 对于何某私自进入会见现场并参与会见的行为,被投诉人未予以劝阻和制止,也未向公安机关举报。

(三)行业惩戒

虽然没有证据显示何某进入会见现场并与被投诉人一起会见犯罪嫌疑人是受被投诉人的唆使和怂恿,也没有证据显示被投诉人为何某进入会见现场并参与会见提供了便利,但被投诉人对何某私自进入会见现场并参与会见的行为未予制止和劝阻则是事实,被投诉人在客观上与非律师人员一同会见了犯罪嫌疑人也是事实。因此,被投诉人违规会见在押犯罪嫌疑人的事实足以认定。根据《律师协会纪律委员会处分细则》第5条第19项之规定,被投诉人的行为已构成违规。鉴于被投诉人对其行为错误已有正确认识,且本次违规会见并非其主观故意所致,深圳律师协会认为可以从轻或减轻处分。

根据听证评议团的评议结果,并依照中华全国律师协会《律师协会会员违规行为处分规则(试行)》第11条第23项,《律师协会纪律委员会处分细则》第3条和第14条之规定,深圳律师协会决定对被投诉人魏律师予以"训诫"处分。

(四)案件评析

律师接受当事人委托会见在押人员,必须由其本人持相关证件并由其单独会见,这是律师从事律师业务的基本原则。本案中,LS律师事务所魏律师在会见犯罪嫌疑人时,由于其未及时阻止何某进入看守所,也未及时向公安机关举报,违反了法律规定。

本案中,被投诉人声称何某在现场的事实属实,但何某是如何进入会见场所以及通过何种途径进入的事实情节被投诉人并不知情。在办理会见手续过程中,被投诉人从未故意唆使和怂恿何某进入会见现场,也未为何某进入会见现场提供任何便利。即便被投诉人所答辩的确是事实,但是何某私自进入会见现场并参与会见,而被投诉人未予以劝阻和制止也未向公安机关举报的行为已经构成违规。

从深圳市律师协会此次的惩戒中我们可以认识到,律师的会见规则,不仅仅是律师遵守会见规则,不主动去违背要求;对于会见中的违法情形,律师还负有积极主动反映的义务,否则可能构成对会见规则的消极违反。

律师工作是一项追求严谨和追求诚信的职业,律师职业中的一言一行,影响的是整个社会民众对于律师的形象及看法。律师职业中的不当行为会给律师以及律师行业的发展带来风险和阻碍。

在从事辩护工作中,律师承载着巨大的风险,违规会见当事人不仅带来执业纪律处分的风险,而且,还可能触犯刑律,被追究刑事责任。本案中所反映的违规行为发生在律师会见犯罪嫌疑人环节中,各律师事务所和广大律师应当引以为戒。

二、北京市律师协会调查 TJ 律师事务所刘律师案——律师违反会见规定[①]

(一) 简要案情

2001 年 11 月 22 日,刘律师因涉嫌妨碍作证被某市公安局审查拘留,并于 2001 年 12 月 21 日被取保候审,2002 年 12 月 20 日解除取保候审。律师协会纪律委员会依相关规定对 TJ 律师事务所(以下简称 TJ 所)刘律师的行为进行立案调查。

TJ 所意见:

1. TJ 所关于对刘律师处理的请示报告中所涉及的事实:

2001 年 11 月 22 日,某市公安局将刘律师刑事拘留,之后刘律师于 12 月 21 日被取保候审。经了解,刘律师被某市公安局采取刑事强制措施的原因是涉及其办理的一起涉嫌金融诈骗案,因犯罪嫌疑人关某某系中国某集团工作人员,原与刘律师系同事,故通过其家属委托刘律师作为其辩护人(后关某某自行终止了委托)。接受委托期间,刘律师多次在某公安分局看守所会见关某某。在会见期间,关某某提出让刘律师去马来西亚找证人调取关键证据,并让其家属支付给刘律师调查经费 12 万元。刘律师收取了该 12 万元(后因关某某终止委托,该 12 万元由刘退给了关的家属)。另外,刘律师在会见关某某期间,关某某用刘律师的手机与其亲属及中国某集团的董事长靳某某通过电话,内容均为感情交流及请求靳某某为其帮忙,证明其系中国某集团的工作人员,其诈骗行为是为中国某集团谋取得益,而非个人行为等,并请求靳某某让中国某集团将骗取来的借款还给银行。某市公安局收审刘律师的最重要原因是刘律师被怀疑与关某某、靳某某(后靳某某也被公安局收审)在该起金融诈骗当中有过通谋,涉嫌共同犯罪。经某市公安局审查,刘律师没有在该起金融诈骗中有共同犯罪的事实,同时收取的办案费用已于 2001 年 5 月退还给了关某某的家属,不能定为犯罪。在刘律师会见关某某期间,关某某利用刘律师的手机与家人和靳某某联系尚不构成妨碍作证和串供的问题,故于 2001 年 12 月 21 日将刘律师予以释放。

[①] 参见北京市律师协会主编:《北京律师职业警示录》,中国政法大学出版社 2005 年版,第 249 页。

2. 本所认为：虽然刘律师未涉嫌犯罪，但在办理该案中未遵守律师执业纪律和司法局规定的办案程序，为此，在刘律师被释放后，多次对其进行了严厉的批评和教育，刘律师已认识到了自己的错误并主动向所里提交了书面检查，从其态度上看，对其错误的认识是深刻的。同时所里专门召开了合伙人会议及全体律师会议，对刘律师在办理关某某一案中违反了律师执业纪律和律师工作规范，从而导致了其被公安机关收审的严重后果一事进行了通报，尽管刘律师未涉嫌犯罪，但这一后果给局里和律师行业带来了不良影响，经合伙人决议，所里决定给予纪律处分。但念其行为尚未造成严重后果，又念其从业时间不长，尚年轻且其认识到了问题的严重性并保证予以纠正，故请求司法局和律协给予适当的纪律处分。

刘律师的陈述：

刘律师提交的"事情经过和检查"中所述事实与TJ所的陈述一致，并表示通过反思，认识到自己在工作中行为不慎重，严重违反了律师工作规范所要求的执业纪律，尽管行为中有些客观原因，但无论如何，作为一名律师，犯的错误是不可宽恕的。之所以犯以上错误的一个很重要的原因是自己平时只注意具体业务的学习而没有重视对执业纪律的自觉遵守，觉得是小节，自己能够把握得住，思想上的放松必然导致行为上的不检点，以致铸成大错。

刘律师最后称"总之，回忆过去一个月的痛苦经历和自己的所作所为，心情非常沉痛，想到自己当年迈出北京校门时对律师工作的美好憧憬，面对自己今天的困境，深感有愧于律师的光荣称号，有愧于神圣的法律事业，对自己的过失绝不诿过于他人，同时我将诚恳请求事务所、司法局、律师协会对我进行批评和处分，以严肃纪律，我将终生记取这次深刻的教训，并有信心在今后的执业中自觉遵守执业纪律，做一个合格的律师"。

（二）查明事实

1. 2001年11月22日，某市公安局刑事侦查总队以涉嫌妨碍作证对刘律师拘留审查。刘律师被拘留的原因涉及其办理的一起涉嫌金融诈骗案，因涉嫌犯罪人关某某系中国某集团工作人员，原与刘律师系同事，故通过其家属委托刘律师作为其辩护人（后关某某自行终止了委托）。其间，刘律师多次在某公安分局看守所会见关某某。在会见期间，刘律师将自己的手机让犯罪嫌疑人关某某使用，与其亲属及中国某公司的法定代表人靳某某通话。

2. 2001年12月21日，刘律师被取保候审；2002年12月20日，解除取保候审。

（三）行业惩戒

刘律师的行为严重违反了《律师办理刑事案件规范》第29条"律师会见犯罪嫌疑人，应当遵守羁押场所依法作出的有关规定，不得为犯罪嫌疑人传递物品、信函,不得将通讯工具借给其使用,不得进行其他违反法律规定的活动"的规定。其违规行为不仅给北京律师的执业形象带来了严重的负面影响,而且致使北京市律师协会为消除影响、维护律师合法权益产生了相应的损失。TJ 所对刘律师的违规行为应承担相应的责任。在事件发生后,TJ 所和刘律师本人能够认真对待本事件,接受各方的批评,刘律师能够认真检查自己所犯严重错误的原因,并保证今后不再发生类似事件,其态度是认真的,检查是深刻的。

律师协会纪律委员会决定:

根据《北京市律协会员纪律处分规则》第 9、13、14 条的规定,律师协会纪律委员会决定如下:

1. 给予刘律师批评的处分;
2. 对刘律师处以罚款 2000 元;
3. 对 TJ 所处以罚款 5000 元;
4. 对于刘律师上述情节严重的行为,建议司法行政机关给予行政处罚。

(四) 案件评析

本案反映了个别律师在办理刑事案件中会见在押的犯罪嫌疑人和被告人时不能严格执行羁押场所的强制性规定。虽然本案刘律师的行为表现为向在押人员提供通讯工具,但是实际上类似的其他情况也时有发生。比如:向在押人员提供金钱、食品、香烟和衣物,为在押人员的亲友传递信件等。这些行为固然有些是源于在押人员家属的要求,但是它们毕竟不是律师分内的工作,并且违反了羁押场所的规定,从根本上说对委托人是不利的,也给律师执业带来巨大风险。因此,律师遇到在押人员家属执意要求律师传递物品时一定要耐心说服他们,并晓之以利害,使他们采用正当的方式来表达对在押人员的关心,也使他们把注意力放在支持和配合律师工作上来。

应当指出的是,也有个别委托人要求律师动员在押人员改变口供,或者通过律师或者律师的通讯工具传递串供的信息,这是非常危险的,甚至可能会导致妨碍司法公正的严重后果。为了维护当事人的根本利益,为了确保律师在刑事诉讼工作中的相对独立性,也为了律师的执业安全,律师应该向委托人告知这种做法的严重法律后果。一旦无法说服委托人的时候,律师应该选择适时地解除委托关系。

三、张某律师泄露案卷信息被公开谴责处分案

(一) 简要案情

和平区人民检察院针对一起刑事案件中辩护律师张某某违反执业规定将复制的全部案卷材料交予被告人的问题,向市司法局律师管理处发出《检察建议书》。天津市司法局律师管理处对此进行查处。

检察院指出：

2013年9月21日，被告人张某某律师担任曾某故意伤害案的一审辩护人。10月5日，张某某为准备出庭辩护，向天津市人民法院复印了曾某故意伤害案的有关案卷材料。曾某的亲属知道后，向张某某提出看看复印材料的要求。张某某将有关复印材料留给了曾某的亲属李某等人。随后，曾某某和张某某解除代理关系，并将案卷的复印件复制多份予以扩散，影响案件的司法程序。

张某某律师辩称：

1. 我没有将案卷交给曾某的亲属，只是给她一下看了复印件，是她自己偷偷复印了案卷。

2. 现在我已经不是曾某的代理，曾某亲属的行为和我无关。

3. 我的行为是遵守了法律和律师规则的，并没有违法或者干扰、影响司法。

（二）查明事实

在王某某故意伤害案件中，2013年9月被告人曾某与天津某律师事务所张某某律师签订委托协议，聘请该律师担任其辩护人。

2013年10月5日下午，张某某律师到法院查阅并复制了该案的案卷材料。第二天，张某某律师电话通知曾某的亲属，其复印了案卷，曾某的亲属提出要看看案卷的内容，张某某律师表示同意。

在曾某亲属看案卷的过程中，曾某亲属表示想留一份自己回去好好看看。张某某律师并没有表示反对，而是告诉其不能在自己这里印，要复印去外面复印。当天，曾某的亲属复印了案卷并带回去。曾某的亲属在带回案卷后将案卷复印多份，并将其扩散给其他亲属。

2013年11月20日，曾某因某原因与张某某律师解除代理关系。此时，案卷内容已被多人知悉，并传至曾某案被害人及其亲属。被害人因个人信息的泄露，与被告人曾某之间的矛盾进一步激化。

曾某案件庭审中，被告人曾某在庭前及庭审过程中针对案卷材料提出诸多并无事实根据的质疑，导致该案在事实清楚、证据充分的情况下仍长期不能审结。

以上事实有相关证人证言和书证等证据予以佐证。

（三）行业惩戒

《律师办理刑事案件规范》中规定，律师持律师事务所介绍信、授权委托书及律师执业证，有权到人民检察院、人民法院查阅、摘抄、复制本案的诉讼文书和技术性鉴定材料。摘抄、复制时应保证其准确性、完整性。律师摘抄、复制的材料应当保密，并妥善保管。

本案中，张某某律师在担任曾某故意伤害一案的辩护人期间，将复印的案卷故意泄露给曾某的亲属。虽然张某某律师辩称自己并没有答应曾某的亲属可以复印案卷,但是根据相关证言,可以认定其默许了曾某亲属的要求并让其在外面的打印店进行复印。张某某律师的行为违反了《律师法》《律师办理刑事案件规范》中关于律师阅卷权行使的规范。

因为张某某律师的故意行为导致曾某亲属在复印案卷后将案卷扩散至多人知道,泄露了案卷中被害人的隐私和信息,造成被告人曾某在诉讼中故意提出无根据的质疑、拖延案件的进展等不良影响。

天津市律师协会根据《律师协会会员违规行为处分规则(试行)》的相关规定决定:

给予该律师公开谴责的行业处分,并将处分结果反馈至和平区检察院。

(四) 案件评析

本案涉及的问题是律师阅卷权的正确行使。

律师对于其在担任辩护人、代理人期间在法院或检察院所阅或复印的案卷有保密责任。辩护律师作为具有执业资质的法律工作者,应当在代理案件过程中严格遵守执业规定,妥善保管复制的案件材料,在涉众、涉访案件中更应慎重处理。作为辩护律师,应严格审查把握是否存在不宜对当事人公开的材料,一旦发现,应当妥善保管,以防造成不良影响。

全国律协《律师办理刑事案件规范》中针对该问题也有明确规定,"律师摘抄、复制的材料,应当保密,并妥善保管"。天津市《关于在审查起诉工作中辩护律师依法行使诉讼权利若干问题的规定(试行)》中也规定:"辩护律师在查阅、摘抄、复制案卷材料时应当尽到必需的注意义务,不得涂改或者损坏卷宗材料。对获知的案卷材料信息应当承担保密责任,严禁泄露和通过媒体、网络进行炒作"。在与当事人解除委托代理关系后,辩护律师更应及时将复制的案卷材料归档保管,不能任由当事人处理。

随着新《刑事诉讼法》的生效和施行,辩护律师在刑事诉讼中的权利进一步扩大,辩护律师在刑事诉讼中的重要作用也将日益突出,同时也会有个别律师滥用权利妨碍诉讼的现象出现。律师群体应严格自律,在行使律师权利的同时,更不忘身为律师的使命和律师形象,自觉遵守律师职业中的各类规范和规则。

四、郑某甲等妨害作证、辩护人伪造证据、帮助伪造证据案

(一) 简要案情

淮北市相山区人民检察院指控被告人郑某甲、韩某甲、高某某、徐某某、张某某、李某甲犯妨害作证罪、被告人傅某某犯辩护人伪造证据罪,向淮北市相山区人民法院提起公诉。

郑某甲辩称:

1. 其未参与商议利用李某甲作为郑某乙立功线索的提供人,也未安排李某

甲外出躲藏，未和傅某某一起会见过郑某乙；

2. 本案超过追诉时效。

其辩护人提出基本相同的辩护意见。

傅某某辩称：

1. 其事先不知道韩某甲给郑某乙扔纸条，也未带郑某甲到看守所会见郑某乙。

2. 本案超过追诉时效。

被告人韩某甲、徐某某、高某某、张某某、李某甲对指控的事实无异议。

（二）查明事实

2001年3月以来，在罪犯郑某乙等人故意杀人案件审理阶段，被告人郑某甲（系郑某乙之姐）、韩某甲（时系郑某乙之妻）等人为使郑某乙得到从轻处罚不被判处死刑（立即执行），四处打探，为郑某乙制造"立功"而寻找可供郑某乙检举揭发的他人犯罪线索。韩某甲找被告人高某某寻找，高某某又找被告人徐某某寻找犯罪线索，后由徐某某提供信息，三被告人打探到在逃犯罪嫌疑人廖某某入室抢劫案的相关线索，并设法使韩某甲与廖某某见面，确认了廖某某的个人信息及住处。

随后，在征得郑某乙辩护人被告人傅某某的同意后，韩某甲借傅某某在看守所会见郑某乙之机以扔纸条的方式将廖某某入室抢劫案情及廖某某个人信息、住处等线索传递给郑某乙。获知该犯罪线索后，郑某乙于2001年4月20日向淮北市中级人民法院检举。后韩某甲在郑某甲和被告人张某某（时系郑某甲男朋友）的陪同下随司法机关人员前往宿州市，由韩某甲指认将廖某某抓获。

在案件审理期间，检察机关发现郑某乙羁押时间在廖某某实施抢劫时间之前，检举线索来源存在问题，遂对郑某乙检举线索来源的真实性进行调查。当得知检察机关在调查此事后，郑某甲、韩某甲等人又商议利用之前曾与郑某乙关押于同一监室的被告人李某甲假冒是检举线索的提供人。为防止司法机关找到李某甲核实立功线索来源，韩某甲、郑某甲在张某某的陪同下找到李某甲，告知目的后让其出去躲藏，并为其提供住所、资金。之后，在征得傅某某同意后，郑某甲跟随傅某某一起到看守所会见郑某乙，让郑某乙谎称检举线索是其以前同监室的李某甲提供的。

在检察机关调查郑某乙检举线索来源问题期间，韩某甲多次联系李某甲、徐某某、高某某等人，郑某甲多次联系李某甲，让李某甲、徐某某、高某某出去躲藏，不要被司法机关找到，如被找到，也不要承认有关举报线索之事，并为李某甲、徐某某躲藏提供钱财、安排住所。李某甲为躲避司法机关调查而长期在外躲藏。为进一步掩盖郑某乙检举线索来源真相和本案各被告人的上述行为，韩某甲、傅某某经商议后，在检察机关调查时谎称系傅某某带郑某乙的口信让韩某甲找

"小强"(即廖某某)地址的,妨害司法机关对举报线索真实来源的调查。

案发后,被告人高某某、傅某某经电话通知分别于2011年10月7日、11月30日到公安机关接受调查,并如实供述了作案经过;被告人张某某于2011年11月30日到公安机关接受调查,并如实供述了作案经过。

上述事实,有相关物证和证人证言等证据证实。

(三)法院判决

被告人韩某甲、郑某甲、傅某某、徐某某、高某某、张某某、李某甲等人在司法机关进行刑事诉讼过程中,为减轻郑某乙的刑事责任,为郑某乙制造检举立功而搜集、提供、传递他人犯罪线索或提供其他帮助,使本来不为郑某乙所知悉的他人犯罪线索为郑某乙掌握,导致郑某乙通过内外串通而伪造了其本人通过正常来源获取他人犯罪线索并检举揭发的立功证据,实现了重大立功,并获得从轻处罚,情节严重,七被告人的行为均已构成帮助伪造证据罪。

对郑某甲、傅某某关于本案超过追诉时效的抗辩,经查,郑某乙等人故意杀人一案被害人近亲属在追诉期限内一直提出控告,故本案不应受追诉时效的限制,该理由不能成立,不予采纳。

在共同犯罪中,七被告人均系主犯,徐某某、高某某、张某某、李某甲作用相对较小。韩某甲、徐某某归案后能如实供述犯罪事实,且取得郑某乙案被害人近亲属的谅解,依法对韩某甲从轻处罚,对徐某某免予刑事处罚。

高某某、张某某犯罪后自动投案,如实供述犯罪事实,构成自首,且取得郑某乙案被害人近亲属的谅解,依法免予刑事处罚。对韩某甲适用缓刑确实不致再危害社会,依法对其宣告缓刑。

傅某某取得郑某乙案被害人近亲属的谅解,对其免予刑事处罚。李某甲犯罪情节轻微,且取得郑某乙案被害人近亲属的谅解,依法免予刑事处罚。

依照《刑法》第307条第2款,第25条第1款,第26条第1、4款,第67条第1、3款,第72条第1款,第73条第2款,第37条之规定,判决如下:

1. 被告人韩某甲犯帮助伪造证据罪,判处有期徒刑一年六个月,缓刑二年;
2. 被告人郑某甲犯帮助伪造证据罪,判处有期徒刑一年二个月;
3. 被告人傅某某犯帮助伪造证据罪,免予刑事处罚;
4. 被告人徐某某犯帮助伪造证据罪,免予刑事处罚;
5. 被告人高某某犯帮助伪造证据罪,免予刑事处罚;
6. 被告人张某某犯帮助伪造证据罪,免予刑事处罚;
7. 被告人李某甲犯帮助伪造证据罪,免予刑事处罚。

(四)案件评析

本案涉及的问题是伪证罪。

本案中,郑某甲、韩某甲为帮助郑某乙制造"立功",通过徐某某、高某某寻找他人犯罪线索,并利用傅某某(时系郑某乙辩护人)会见郑某乙时传递消息,后唯恐事情败露又安排李某甲外出躲藏。

郑某甲、傅某某伙同韩某甲、高某某、张某某、李某甲、徐某某等人在司法机关进行刑事诉讼过程中,为给罪犯郑某乙制造立功而搜集、提供、传递他人的犯罪线索或提供其他帮助,使郑某乙掌握了本来不为其所知悉的他人犯罪线索并检举揭发,从而获得从轻处罚,情节严重,其行为均已构成帮助伪造证据罪,应认定为妨害作证罪,傅某某的行为应认定为辩护人伪造证据罪。法院量刑时已综合考虑了七原审被告人的各种从轻情节,作出与其情节相适应的刑罚。

关于辩护人傅某某的行为。根据我国《律师办理刑事案件规范》《律师法》《刑事诉讼法》等的规定,律师在会见在押的犯罪嫌疑人时,应当遵守羁押场所依法作出的有关规定,不得为犯罪嫌疑人传递物品、信函,不得将通讯工具借给其使用,不得进行其他违反法律规定的活动。律师不得伪造或帮助他人伪造证据。本案中,傅某某的行为明显违背了律师职业规则的要求。

问题讨论

1. 张律师在会见被羁押的嫌疑人黄某某时,黄某某说自己很想家里的小孩,想借张律师的电话和小孩说说话。在黄某某的恳求下,张律师把手机借给了黄某某,黄某某问了孩子们最近的生活状态后,将手机还给了律师。请问张律师的行为是否违反了律师会见的规则?

2. 律师在担任辩护人的过程中,客户提供给律师一份证据,言称可以减轻自己的罪责,律师怀疑这份证据的是伪造的,请问,在法庭提交证据时,律师应不应该提交该份证据?

3. 某律师在法院复制完案件卷宗后,写了一篇关于此案件的评论文章,并将复印版本中的部分信息直接截图放在该篇文章中,后此文章在网络上引起大家的广泛关注和议论。请问该律师的行为哪些违反律师职业伦理的要求?

4. 张律师担任蒋某贩卖假冒名牌皮包一案的代理律师,在第一次会见之前,下列请求他可以答应吗:

(1) 蒋某的朋友熊某希望可以一起去;

(2) 蒋某的外甥希望张律师在会见时帮忙为蒋某带去2万元;

(3) 蒋某的妹妹希望张律师在会见时帮蒋某带几件衣服;

(4) 蒋某的哥哥知道张律师和本案法院认识,希望他代为疏通。

第九章 律师维护裁判庭廉政性义务的规则

律师职业从其诞生伊始,就担负起维护委托人权益的特殊社会职能。但是律师不是也不应该是仅仅维护委托人的利益,他还必须对法律负责,对国家负责。一位美国学者威廉·H.西蒙认为:"律师作为法律的捍卫者,在保卫社会方面发挥着极为重要的作用","律师是当事人的代理人,是法制工作者,是对法律的顺利实施和司法的质量负有特殊责任的公民。"日本律师协会编著的《日本律师业务手册》中指出,律师应当基于这种"拥护基本人权和实现社会正义"的使命来开展法庭活动……基于此,律师有维护裁判庭廉政性的义务。

第一节 律师维护裁判庭廉政性义务的基本规则

一、律师维护裁判庭廉政性的义务

律师不是也不应该是仅仅维护委托人利益的职业,他还必须对法律负责,对国家负责。司法公正需要一个依法设立的合格的、独立和无偏倚的法庭来实现。但法官毕竟是人,而不是一部机器,作为人来讲,法官不可能完全把自己从作为个体而具有的一切情感、偏好和价值观中分离出来,于是不少办理诉讼业务的律师把研究法官作为"必修课"。诚然,研究法官、了解法官,避免与法官不必要的冲突,提出易于被法官接受的意见,这些当然是无可厚非的,但律师如果以法律禁止的方式对法官、陪审员或其他司法人员施加影响、与之进行有倾向性的交流,则会妨碍司法的公正。我国法律规定了律师不得以法律禁止的方式对法官、陪审员或其他司法人员施加影响;不得以法律禁止的方式对法官、陪审员或其他司法人员进行有倾向性的交流。

在英格兰和威尔士,"出庭律师无论向谁支付佣金或送礼以得到辩护要点,都是严重违反职业道德的行为,如果被发现,很可能要被除名"。美国律师协会职业行为标准规则规定,律师不能通过被法律禁止的方式来试图影响法官、陪审员、预备陪审员或其他官员。

在日本,律师职业道德规范规定:"律师不得为了有利于案件,而与审判官、检察官进行私人方面的接触和交涉活动。"律师不得宣传其在职务方面与审判官、检察官之间的关系,或者利用这种关系。《韩国辩护士法》规定:"辩护士或者其事务职员,不得为了接受法律事件或法律事务的委托,而表示其与审判人员或者从事搜查业务的公务员之间有缘故等私人关系,从而能够影响案件作为宣传手段。"

二、律师不得以法律禁止的方式对法官、陪审员或其他司法人员施加影响

我国《律师法》明确了律师在执业活动中不得向法官、检察官、仲裁员以及其他有关工作人员行贿,介绍贿赂或者指使、诱导当事人行贿。律师不得贿赂司法机关和仲裁机构人员,不得以许诺回报或者提供其他利益(包括物质利益和非物质形态的利益)等方式,与承办案件的司法、仲裁人员进行交易。律师不得介绍贿赂或者指使、诱导当事人行贿。

我国《律师和律师事务所违法行为处罚办法》第15条明确了律师向法官、检察官、仲裁员以及其他有关工作人员行贿,介绍贿赂或者指使、诱导当事人行贿的违法行为:

1. 利用承办案件的法官、检察官、仲裁员以及其他工作人员或者其近亲属举办婚丧喜庆事宜等时机,以向其馈赠礼品、金钱、有价证券等方式行贿的;

2. 以装修住宅、报销个人费用、资助旅游娱乐等方式向法官、检察官、仲裁员以及其他工作人员行贿的;

3. 以提供交通工具、通讯工具、住房或者其他物品等方式向法官、检察官、仲裁员以及其他工作人员行贿的;

4. 以影响案件办理结果为目的,直接向法官、检察官、仲裁员以及其他工作人员行贿、介绍贿赂或者指使、诱导当事人行贿的。

三、律师不得以法律禁止的方式进行有倾向性的交流

我国《律师法》规定律师不得违反规定会见法官、检察官、仲裁员以及其他有关工作人员,或者以其他不正当方式影响法官、检察官、仲裁员以及其他有关工作人员依法办理案件。《律师和律师事务所违法行为处罚办法》规定了具体情形:

1. 在承办代理、辩护业务期间,以影响案件办理结果为目的,在非工作时间、非工作场所会见法官、检察官、仲裁员或者其他有关工作人员的;

2. 利用与法官、检察官、仲裁员或者其他有关工作人员的特殊关系,影响依法办理案件的;

3. 以对案件进行歪曲、不实、有误导性的宣传或者诋毁有关办案机关和工作人员以及对方当事人声誉等方式,影响依法办理案件的。

四、律师违反该义务的罚则

我国《律师法》第49条规定,律师违反维护裁判庭廉政性义务的,"由设区的市级或者直辖市的区人民政府司法行政部门给予停止执业6个月以上1年以下的处罚,可以处5万元以下的罚款;有违法所得的,没收违法所得;情节严重的,由省、自治区、直辖市人民政府司法行政部门吊销其律师执业证书;构成犯罪的,依法追究刑事责任。"

第二节　案例研习

一、侯某投诉 HC 律师事务所徐律师案——律师私收案、私收费;违规会见法官[①]

(一)简要案情

2003年7月16日,侯某(以下简称投诉人)以"在办理我丈夫钱某某诈骗案上诉审理过程中进行欺诈,骗取钱财"等为由,向北京市律师协会(以下简称律师协会)投诉北京市 HC 律师事务所(以下简称 HC 所)徐律师。律师协会纪律委员会于2003年7月立案审查。HC 所及徐律师就投诉内容进行了书面答辩并提交了相应的证据材料。针对被投诉人的答辩,投诉人提交了补充投诉意见及其说明并追加了有关证据,而后被投诉人也进行了补充答辩。律师协会纪律委员会于2003年12月22日就此案进行了听证,投诉人、被投诉人均到场发表了意见。

投诉人称:

1. 2003年4月初,我丈夫因犯诈骗罪被某市中级人民法院一审判处有期徒刑10年,当时有人向我介绍徐律师可在二审中接办此案。徐律师当时说:如果家里出2—3万元律师费,案子能够改判,如果出5—10万元律师费就可以彻底翻案。我即告诉介绍人,既然徐律师有这么大把握,可以把案子翻过来,那么这钱就出吧。

2. 2003年4月4日,介绍人代我向徐律师支付了律师费1.6万元,4月17日,我在某市按徐律师的要求向徐律师的银行卡汇入3万元,5月10日又应徐律师要求支付了现金1.5万元。另外,介绍人还代我向 HC 所汇款1.5万元。以上付款合计7.6万元,徐律师及 HC 所均未给我开具任何收据、收条或发票。上述所付费用均不包括差旅费等办案费用,除了一张去某市的机票以外,徐律师所有的出差费用都由我另行支付。

3. 2003年6月下旬,徐律师又向我索要5万元,被拒绝后,徐律师的态度发生了根本性的变化,不再接听我的电话,或接听后均声称在外地办案。

[①] 北京市律师协会主编:《北京律师职业警示录》,中国政法大学出版社2005年版,第80页。

4. 2003年7月9日,我在HC所坐等徐律师(当时徐律师又声称在外地出差),当面要求徐律师停止办理此案并退还所有收取的费用。徐律师则称:"你给的钱我都为你打点用了,事情也为你办了,随你告到哪里去"。我们报警,提出徐律师从根本上就是为了骗钱才接我们的案子,所以不再相信他了,让他停止再办此案,并退还不合理收费。徐律师则在吹嘘自己的同时表示一分钱也不会退。对此,民警也无可奈何。随后,徐律师于次日上午遥控指挥物业人员和保安人员将我们锁进办公楼楼梯内,限制我们的人身自由长达2小时。

投诉人向律师协会提交了介绍人两次交付现金和一次汇款共计4.6万元的书面证言,投诉人在某市向被投诉人银行卡汇款3万元的汇单等证据。

投诉请求:解除双方委托协议,被投诉人退还全部已收取费用。

被投诉人答辩:

徐律师答辩称:

1. 2003年4月初,介绍人向我介绍钱某某诈骗案的情况,并请我进行二审辩护。我据一审判决和部分证据,初步分析认定钱某某个人诈骗20万元证据不足。我要求签一份书面合同,介绍人表示不要签协议,律师代理费等钱某某出来后,从退赃的20万元里给我。关于办案费用,我认为,根据对材料和工作量的分析,改判有可能,花2—3万元可以争取;彻底推翻一审判决则要看具体事实,花8—10万元可以争取一下。我即前往某市见钱夫人,签了《刑事辩护委托书》。关于费用问题,钱夫人表示由介绍人说了算。

2. 2003年4月9日,介绍人代投诉人向我汇款1.6万元,注明系出差办案费用;4月17日,投诉人向我银行卡汇款3万元;5月10日,投诉人直接向我汇款1.5万元,系专家论证会议费。除汇入银行卡的3万元以汇单代收据以外,其余的付款均有注明用途的收条交给付款人。另外,我从投诉人处收到的汇款合计为6.1万元,而非7.6万元,介绍人另外支付的1.5万元与本案无关。

3. 我办此案,四次前往某市,会见被告人钱某某,调取了重要证人的证词,书写了关于被告人无罪的书面辩护意见,在有关杂志上发表文章为被告人诉冤,召开了由著名专家学者参加的法律论证会,取得了"认定被告人诈骗20万元事实不清,证据不足"的论证意见,并交某市中院和某省高院有关领导,与有关法官反复磋商本案案情。通过上述工作,最终有关法院采纳了律师的辩护意见和专家的论证意见,该诈骗案拟发回重审。

4. 2003年6月下旬,投诉人及其亲属和介绍人提出解约和退费,而要撤换我的是介绍人,并非投诉人的本意。因此,我还得继续为其辩护,但投诉人已不再信任我,在此情形下,中断联系是没有过错责任的自我保护行为。

5. 2003年7月9日12时,投诉人及其介绍人到我所谈解除二审委托关系。投诉人要求全部退费计7.6万元。我认为,律师已经付出艰辛劳动,代收取的会议及差旅等费用已经实际支出,应等二审判决作出后,再协商是否构成退费理由以及如果退费数额是多少等问题。自7月9日中午至7月10日中午,投诉人占据我所持续时间达一天,其间"110"三次派民警未果,"120"也派医护车来,投诉人等人均未撤出我所,给正常的办公和生活秩序造成极坏的影响。

6. 2003年7月25日,投诉人向法院申请更换辩护律师,不准我再辩护,至此,我没有义务再为投诉人提供法律服务。

7. 投诉材料中所称走关系送礼等言词,均为对律师、法官和法律专家的恶毒攻击,没有事实根据。

8. 律师要求:驳回投诉;二审辩护律师工作已经基本完成,委托方单方解除委托应支付律师代理费;律师办案所花的合理费用不应退还,余额可抵冲代理费。

徐律师提供了《刑事辩护委托书》、辩护代理卷宗、证据卷宗、发表有关文章的杂志、辩护代理费发票、结算发票、HC所财务记账联并部分凭证、有关介绍人的书面证词、物业管理公司的书面证明等证据。

HC所意见与徐律师意见相同。

(二) 查明事实

1. 投诉人与徐律师于2003年4月初经人介绍,协商确定由徐律师担任钱某某合同诈骗案二审辩护人。投诉人及被告人分别于2003年4月9日和4月17日签署了《刑事辩护委托书》,委托关系成立,委托有效期至终审裁判止。投诉人与HC所没有订立书面的委托代理协议,尤其没有就律师需支出的办案费用和律师收取的代理费用事宜及委托终止事宜订立书面协议。投诉双方均承认徐律师在接受委托时说过,花2—3万元可以争取;彻底推翻一审判决则要看具体事实,花8—10万元可以争取一下。

2. 投诉人及介绍人分别于2003年4月4日、4月17日、5月10日和7月16日分四次向被投诉人付款1.6万元、3万元、1.5万元和1.5万元,合计7.6万元。

3. 投诉人提出2003年4月17日交给徐律师的3万元人民币是徐以帮助投诉人托关系向某省高级人民法院法官送礼为由向投诉人索要的。在律师协会听证调查时,徐律师承认其曾带领投诉人到某省高级人民法院某法官家去过并与该法官吃饭,但否认向法官送钱,承认该笔款项由其本人收取,是用于专家论证会的。

4. 徐律师接受委托以后,完成了会见被告人、调取证人的证词、书写关于被告人无罪的书面辩护意见、在某杂志2003年第4期上发表文章为被告人诉冤、召开了由有关专家学者参加的法律论证会、并取得相应论证意见等工作。

5. 自2003年6月下旬起,投诉人提出解约和退费,投诉人与被投诉人未能

第九章　律师维护裁判庭廉政性义务的规则　　135

就解除委托关系和退还收取的律师费用问题达成一致。

6. 被投诉人开具了票面金额为 2000 元、出票日期为 2003 年 4 月 8 日的"辩护费"发票和票面金额为 2.9 万元、出票日期为 2003 年 8 月 2 日的"结算"发票。

7. 投诉人于 2003 年 7 月 25 日向法院申请更换辩护律师,被投诉人亦停止为投诉人提供法律代理服务,双方的委托关系事实终止。

以上事实有投诉人的投诉书及其补充说明和被投诉人的答辩意见及补充答辩以及双方所提交证据在案佐证,并且为投诉双方的事实主张及所举证据所共同印证,双方对上述事实陈述亦无异议。

(三) 行业惩戒

1. HC 所实际上接受了投诉人的委托,并且徐律师已经实际履行了代理工作。但双方没有订立书面的委托协议,尤其未就费用的金额、性质、支付方式和确认方式等事宜订立书面协议,致使双方就上述问题产生了争议。为此,律师协会认为,HC 所及徐律师作为提供法律服务的专业机构和专业人士,应当了解并懂得提供上述法律服务必须与委托人签订委托代理协议并依据协议完成代理工作及收取费用。在此,HC 所及徐律师已经违反了《北京市律师执业规范(试行)》第 42 条的规定以及《关于北京市律师事务所统一收费统一收案的若干规定》第 3 条和第 4 条的规定,应予相应的纪律处分,并按照有关规定上报司法行政机关予以行政处罚。

2. 关于收款凭据。投诉人主张,其所付 7.6 万元费用均未取得被投诉人出具的任何发票、收据或收条;被投诉人则主张,其每次收到投诉人所付或介绍人代付费用时,付款人均取得注明用途的收条,其中向银行卡汇款以汇单代替收条。就上述事实主张,投诉人提交了介绍人于 2003 年 9 月 11 日出具的书面证词,称其经手或在场经历的所有付款均未取得被投诉人出具的任何发票、收据或收条;而被投诉人则不能提交其确实向投诉人出具发票、收据或收条的证据。因此,律师协会纪律委员会采信投诉人的主张,认定徐律师收取费用后均未向投诉人开具任何发票。徐律师的上述行为违反了《关于北京市律师事务所统一收费统一收案的若干规定》第 5 条、第 8 条的规定,应按照第 9 条的规定上报司法行政机关予以行政处罚,律师协会也应予相应的纪律处分。

3. 关于投诉人提出的被投诉人向法官、法律专家送礼或送钱的主张,投诉人没有提交相关证据,有关旁证亦不能支持该等主张。因此,律师协会不予采信。

4. 关于付款性质。投诉人主张其所付款项计 7.6 万元均为律师代理费用;被投诉人则主张为办案费用。从现有的证据材料看,HC 所在 2003 年 4 月 8 日已经开具了 2000 元的专用发票,可以认定为律师辩护费用。HC 所在 2003 年 8

月2日开具的29000元的结算发票,因为没有委托代理合同来证明该笔款项是可以在合同终止后结算的风险代理费用,况且,在刑事辩护业务中亦不应有风险代理。所以律师协会认定,HC所收取的费用中除2000元为律师代理费外,剩余款项为办案费用。

5. 关于欺骗。投诉人主张被投诉人为骗取钱财而接办此案,进行自我吹嘘,作出虚假承诺,在办案过程中不断索要不合理费用。徐律师对此没有直接提出针对性主张。律师协会认为,由于双方没有就律师办案费用的支付总额、支付方式和期限等问题订立书面协议,在委托关系成立期间,HC所可以随时向投诉人请求支付费用,投诉人同意并实际予以支付,投诉人也可以选择拒绝被投诉人的请求;HC所在收取费用后,也应本着节约的原则使用;另外,投诉人也没有就徐律师骗取钱财等主张提交客观证据。据此,律师协会认为,投诉人关于徐律师骗取钱财的主张没有事实根据。但是,徐律师在接受委托时所说的"花2—3万元可以争取;彻底推翻一审判决则要看具体事实,花8—10万元可以争取一下"等语,违反了《律师职业道德和执业纪律规范》第26条的规定,应予相应的纪律处分。

6. 关于退费。投诉人主张,因徐律师系以骗取钱财为目的而接办此案,故应退还全部所收费用;徐律师则主张,其已基本完成委托工作,投诉人应当另外支付代理费,投诉人所付办案费用中实际支出后的余额,可以抵冲代理费。律师协会认为,投诉人有权随时解除其对被投诉人的委托,委托终止后,投诉人要求返还其同意并已实际支付的律师费缺乏事实根据和法律依据,徐律师对委托关系的终止并无过错责任,其所收取的2000元律师代理费无须返还。但是,HC所及徐律师就此案所收取的办案费因没有与委托人约定为包干使用,HC所应该与投诉人进行结算。

律师协会纪律委员会决定:

1. 给予HC所及徐律师谴责的处分,建议司法行政机关对HC所及徐律师涉嫌违反《中华人民共和国律师法》第23条和第35条的行为给予吊销执业证书的处罚;

2. 建议HC所将7.4万元办案费用与投诉人结算。

(四)案件评析

本投诉案集中了律师协会受理的大部分案件的投诉情形:

被投诉律师承接当事人委托时进行不恰当陈述和承诺、私自接受委托、私自向委托人收取部分费用(自然也没有开具合法票据)、不恰当带领委托人会见法官、不恰当处理与委托人的争议,而且本投诉案中被投诉律师及所在律师事务所的违规、违法情节严重。

律师与法官和其他司法辅助人员应保持独立。对待法官既不要表示卑屈,也不要不拘礼节。律师不得以任何借口对法官表现出不拘礼节,过于亲热,因为这样可能使那些初次从事辩护的人以为这个律师在法庭上享有特殊的地位。为此不少国家立法规定禁止律师与执法人员非正常的接触。禁止非正常的接触要求律师不得为了有利于案件,而与审判官、检察官进行私人方面的接触和交涉活动。正常的接触应当是尽量非私人化的、公开的。

我国也禁止律师与法官的非正常接触。如律师不得在承办代理、辩护业务期间,以影响案件办理结果为目的,在非工作时间、非工作场所会见法官、检察官、仲裁员或者其他有关工作人员。所以,本案例中,徐律师带领投诉人到某省高级人民法院某法官家并与该法官吃饭,即使没有向法官送钱,这种私下的、非正式的接触也当属于律师与法官的非正常接触,是对律师维护裁判庭廉政性义务的违反。

二、某学校投诉 QH 律师事务所石律师案——律师向法院"疏通关系"①

(一) 简要案情

2003 年 6 月 18 日,投诉人某学校以未签订委托代理协议、收费未开具发票、代理工作不尽职为由向北京市律师协会(以下简称律师协会)投诉 QH 律师事务所(以下简称 QH 所)及该所石律师。

投诉人称:

2003 年 1 月 4 日,石律师通过某大学法学院法律援助中心陈某与投诉人联系,并与投诉人协商达成了为投诉人案件代理诉讼的口头协议,石律师同意担任投诉人案件的诉讼代理人。双方约定实行风险代理,代理期间投诉人负担被投诉人办案所需必要的经费,不预付代理费,全部代理费待案件判决生效后执行时支付,其他相关事项待双方进一步协商后再签书面协议等。

以上口头协议达成后,双方商定春节前后由投诉人写出书面材料,春节后一起到某市调查取证,并向法院提起诉讼。2003 年春节前后,石律师收取了办案经费 1000 元,未出具收条亦未说明使用情况,而且一直以工作忙为借口长期不履行应尽的代理义务。石律师拒绝说明经费使用情况并故意躲避投诉人。

投诉请求:

1. 责令石律师对其长期故意拖延不履行与投诉人约定的合同义务,拒绝与投诉人联系的错误行为向投诉人承认错误,并按规定对被投诉人进行处罚;

2. 责令石律师返还其收取的投诉人办案经费 1000 元,并支付利息。

投诉人为支持其投诉主张提供了相应的证据。

石律师答辩称:

---

① 参见北京市律师协会主编:《北京律师执业警示录》,中国政法大学出版社 2005 年版,第 245 页。

1. 虽然我与投诉人接触过并研究过案情,但并没有建立正式委托关系。在研究案情过程中,投诉人希望我向法院疏通关系,我向律师事务所汇报后同意帮助投诉人疏通关系,投诉人所述1000元是投诉人主动分两次交给被投诉人的,每次500元人民币。被投诉人称2003年1月中旬,出差到深圳遇到相关人员后将材料通过关系递交给某法官。当时请客吃饭之类用了大约1000元。后又与投诉人多次研究。2003年4月初,投诉人提出不愿意让我代理这个案子了,要求退还1000元,我认为已经使用了无法退还。投诉人多次打电话,要求赔偿损失,我认为其态度不好故没有接听电话。

2. 我认为是投诉人要求我疏通关系,以便使今后的诉讼能够顺利进行,我作为律师并没向其索要费用,同时投诉人也未要求要1000元的收据。由于没有正式办理委托手续故没有卷宗,我同意退还投诉人1000元费用。

QH所答辩称:

2003年春节前,投诉人向我所石律师提出要求被投诉人帮助其疏通关系,费用由投诉人出,经过所里研究同意石律师协助投诉人疏通关系,以便诉讼顺利进行,但对石律师收取费用的具体数目所里并不掌握。2003年4月中旬后,投诉人多次打电话到我所要求我所赔偿他的损失,我们认为投诉人的要求很无理,因此,一直未予理睬。

(二) 查明事实

1. 投诉人通过某大学法学院法律援助中心与石律师取得联系。双方没有签订书面委托代理合同。但投诉人与石律师口头达成了在一定条件下双方签订委托代理合同的一致意见,石律师与投诉人对案件进行了研究。

2. 石律师接受了投诉人支付的1000元费用但未出具发票或收条,也没有说明使用情况。实际上被投诉人已将该款在"疏通关系"的请客吃饭中使用。

3. 投诉人向石律师索要其所支付的1000元费用,石律师未能返还,石律师及其所在QH所均采取了不予理睬的态度。

(三) 行业惩戒

1. 石律师作为一名执业律师,应明确知道律师执业的范围以及律师职业道德、执业纪律的相关规定,但其仍然置相关的规定于不顾为当事人"疏通关系",缺乏基本的律师职业道德;况且其私自收取投诉人1000元费用并以此款项为投诉人拉关系的行为,已经严重违反《律师法》的规定,应予相应的纪律处分。他在接受律师协会行业纪律部电话联系调查时,否认与投诉人有联系,更否认收取过1000元费用。在行业纪律部告知投诉人有录音为证据材料时,才承认有此事,不具备作为执业律师应有的诚信,轻视协会的行业管理,应予严肃处理。

2. 石律师在没有任何合同依据的情况下,私自收取投诉人1000元费用,应退还投诉人。

3. QH 所在答辩中称该所同意并支持石律师进行所谓的"疏通关系"的行为,作为律师的执业机构,该所的行为是在纵容律师的违规违纪行为,其书面意见中对问题的严重性没有应有的认识,存在严重的管理问题,应予相应的纪律处分。

律师协会纪律委员会决定:

1. 被投诉人石律师应在接到本通知后 3 日内与投诉人联系,退还投诉人 1000 元人民币;

2. 对石律师的上述行为给予谴责的处分,并建议司法行政机关对其予以相应的行政处罚。

3. 对 QH 所的行为给予批评的处分。

(四)案件评析

《律师法》第 40 条明文规定,禁止律师在执业活动中,"违反规定会见法官、检察官、仲裁员以及其他有关工作人员;向法官、检察官、仲裁员以及其他有关工作人员行贿,介绍贿赂或者指使、诱导当事人行贿,或者以其他不正当方式影响法官、检察官、仲裁员以及其他有关工作人员依法办理案件"等影响司法公正的行为。

本案中,QH 所和石律师都应当非常清楚地知道"向法院疏通关系"是我国《律师法》所明令禁止的违法行为。纪律处分委员会应当给予石律师相应的纪律处分并建议司法行政机关给予相应的行政处罚。QH 所作为律师执业机构在明知石律师的行为违法的情况下不仅没有给予制止,反而集体研究同意石律师的做法,实际上纵容了石律师的违法违纪行为。QH 所在本案中是存在过错的,应当承担相应的纪律责任。

石律师在与投诉人进行接触时,私自收取了投诉人的费用,没有给投诉人出具任何收款凭证,而且,在投诉人向其追问所收款项的用途时,石律师没有作出合理的解释。石律师的该行为违反了我国《律师法》第 35 条第 1 款和《律师事务所收费程序规则》第 5 条的规定,应当受到相应的纪律处分。

三、湖南 QC 律师事务所及律师喻某某行贿、违规挪用、侵占委托人财物案

(一)简要案情

2010 年 4 月,湖南律师协会收到投诉人湖南电力公司长沙电业局(下称"投诉人")举报湖南 QC 律师事务所律师喻某某违法违纪的材料。

投诉人称,2001 年左右,喻某某向长沙市中院原法官陈某某先后 3 次行贿 8 万元;在代理长沙市电力局与湖南省长沙矿业集团有限责任公司供用电合同纠纷一案中,将该案执行中投诉人应得到的 4717 万元案款全部据为己有,侵占巨额国有资产,要求依照律师执业规范取消喻某某的会员资格,并依规范作出提交司法行政机关处罚或追究法律责任的建议。同时,投诉人向湖南律师协会提供

了喻某某向法官行贿的证据和喻某某与投诉人的委托代理协议、法院的判决书、裁定书,湖南 QC 律师事务所收取案款 4717 万元以及将 4717 万元案款全部据为己有等证据。

根据《中华全国律师协会会员违规行为处分规则(试行)》和《湖南省律师协会惩戒委员会惩戒程序规定(试行)》的规定,湖南律师协会经审查后受理了投诉人的投诉,并立案调查。根据调查了解的情况,湖南律师协会惩戒委员会追加湖南 QC 律师事务所为被投诉人,依规举行了听证。湖南 QC 律师事务所负责人喻某某律师出席了听证会。

听证会后,喻某某提交了《关于湖南 QC 律师事务所与湖南省长沙电业局委托代理纠纷的情况汇报》、委托代理协议、法院的判决书和裁定、该所给长沙电业局的函件、该所给南县人民法院的《关于案款提存的报告》、南县人民法院同意提存的函、银行汇票申请书等证据材料。湖南 QC 律师事务所在《关于湖南 QC 律师事务所与湖南省长沙电业局委托代理纠纷的情况汇报》中称,QC 所留置 4717 万元案款是因为原委托主体与现主张权利的主体不一致,电业局私下和矿业集团达成执行和解,电业局在履行阶段性付款义务时多次违约,在协商代理费时明确表示不按合同结算等。

(二) 查明事实:

经过调查及听证,被投诉人喻某某及 QC 所存在如下违规事实:

1. 挪用委托人(投诉人)的案款 189 万元。2007 年 9 月 12 日,被投诉人湖南 QC 律师事务所收到湖南金烨拍卖有限公司交来而属于投诉人的案款 189 万元,湖南 QC 律师事务所开具了收据,喻某某在收据上签了自己的姓名。但该款未入湖南 QC 律师事务所的账户,也未交给投诉人,而是被被投诉人湖南 QC 律师事务所、喻某某挪用。上述事实有南县人民法院通知、湖南 QC 律师事务所给南县人民法院开具的收据,以及湖南 QC 律师事务所给长沙电力局《关于案款分配情况的说明》等证据足以证实。

2. 向投诉人下属单位宁乡电业局谎称需 300 万元审计费,从中侵占投诉人资金 100 万余元。在被投诉人代理回收拖欠电费及滞纳金案件的过程中,被投诉人湖南 QC 律师事务所、喻某某向宁乡电业局谎称,需预交审计费用 300 万元,并要求投诉人承担 150 万元,同时,由被投诉人包干使用于该案的司法审计。而该案判决确认的全部司法鉴定费仅 50 万元,且判决主要由长沙矿业集团承担。被投诉人湖南 QC 律师事务所、喻某某因此侵吞投诉人资金 100 万余元。上述事实有投诉人与被投诉人签订的《委托代理合同》《协议》、借据及湖南省高级人民法院(2005)湘高法民二初字第 9 号民事判决书等证据足以证实。

3. 侵占委托人(投诉人)巨额案款。2005 年 4 月 28 日,被投诉人与投诉人下属单位宁乡电力局就收取湖南省煤炭坝能源有限公司拖欠电费(本金约 6700

万元）及违约金，签订了《委托代理协议》。协议约定实行全风险代理，约定"将乙方收回的欠费本金的8%及违约金的52%作为乙方的律师代理费"，代理权限为全权，协议约定由投诉人收取案款后再向被投诉人支付代理费。2005年5月8日，双方在原协议的基础上签订了《补充协议》，明确代理费结算方式、一审判决时间、执行时间及回款额度等事项。2006年3月3日，双方又以（2005）QC代字078-3号《补充协议》约定分期支付代理费、执行终结结算抵扣等事项。2007年2月1日，投诉人湖南省电力公司长沙电业局的《授权委托书》明确喻某某、游某为供用电合同纠纷案中投诉人方的执行代理人，其中，代理人喻某某的代理权限为全权代理（包括进行和解、调解、接收案款和财物，签收法律文书等）。上述事实有《委托代理协议》《补充协议》、（2005）QC代字078-3号《补充协议》、2005年5月8日《授权委托书》、2006年3月20日《授权委托书》、2007年2月1日《授权委托书》等证据足以证实。

从2005年5月27日起至2007年2月14日止，被投诉人湖南QC律师事务所、喻某某先后多次以借款、代理费名义从投诉人下属单位宁乡电力局支取款项710万元。上述事实有喻某某签字的借款凭证、银行送票凭证、银行进账单等证据足以证实。

该案执行过程中，被投诉人不按委托代理协议第4条"甲方应在收到坝能公司欠费后向乙方支付本合同约定的律师代理费"和补充协议第2条"每次每笔资金到达甲方长沙电业局账户后，应在15天内按照（2005）强代字第078号委托代理协议第4条之约定，结算该笔回款的律师代理费并支付给乙方"的约定执行，将执行案款交给委托人，而是要求执行法院将被执行人位于长沙市韶山路057号房屋拍卖所得价款189万元交付给被投诉人湖南QC律师事务所，将被执行人长沙县星沙镇土桥村宗地号为36—79的30亩土地使用权拍卖所得价款4528万元打入被投诉人湖南QC律师事务所的银行账户上。189万元拍卖执行款由被投诉人通过占有拍卖标的物的方式直接占有，未通过现金方式交付。4528万元拍卖执行款到被投诉人账户后，被投诉人将该款项先后转入其他单位或个人账户擅自占有，拒不交付给委托人，也不与委托人进行结算。上述事实有南县人民法院2007年9月12日、2007年11月13日通知，被投诉人签字盖章的收款收据，南县人民法院（2007）南法执字第36-9号民事裁定书，被投诉人在浦发银行的账户对账单、进账单、转账支票，以及长沙英怀商务咨询有限公司等有关银行凭证等证据足以证实。

4. 被投诉人喻某某与南县人民法院进行利益交换，影响人民法院依法办案。2007年11月20日，长沙电业局的执行案款到了被投诉人湖南QC律师事务所的账户后，喻某某除了向南县人民法院支付了50余万元的执行费用外，还以费用、借款等形式从执行款项中拿出现金200万元给南县人民法院。2007年

9月12日南县人民法院通知湖南金烨拍卖公司称"现买受人周某某已于2007年9月7日将拍卖成交价款人民币189万元交至本院所指定的申请执行人账户上",要求拍卖公司办理交接、结算手续,而事实上周某某并没有将拍卖价款交给本案的申请执行人。南县人民法院收取喻某某的256万元后,未裁定执行费数额,只向喻某某出具了一张100万元的借条。2009年3月,长沙电业局起诉湖南QC律师事务所后,该所向南县人民法院提出《关于案款提存的报告》,南县人民法院于2009年3月23日具函同意违法对有争议的案款2846.4万元进行提存。2009年6月,当长沙电业局向南县人民法院提出原执行的4717万元案款中只有4000万元属于执行案款,其余595万元属于执行溢价收益,认为应当用以支付被执行人的新欠电费,要求将前述款项及利息从提存款中支付至该局,但南县人民法院在2008年12月26日作出的(2007)南法执字第36-9号民事裁定书裁定终结执行后,又于2009年11月4日以(2007)南法执异字第36-1号执行裁定书裁定驳回长沙电业局的异议申请,而未对申请人提出的执行溢价收益部分作出合理解释。前述事实有湖南QC律师事务所2007年11月27日给长沙电业局《关于案款分配情况的说明》中"南县人民法院收取的费用150万元",南县人民法院给喻某某2008年1月8日的借条"今借到湖南省电力公司长沙电业局现金人民币壹佰万元整"和湖南QC律师事务所2009年3月19日给南县人民法院《关于案款提存的报告》中"2007年11月20日本所从法院领得执行案款4461万元(已扣除了相应支出256万元)"以及南县人民法院(2007)南法执异字第36-1号执行裁定书等内容足以证实。

5. 被投诉人喻某某向法官行贿。根据益阳市中级人民法院(2005)益中刑二初字第16号刑事判决书认定,被投诉人喻某某在长沙市中级人民法院办理案件过程中,先后三次送给该院承办法官陈某某贿赂款8万元。上述事实有益阳市中级人民法院的前述判决书及喻某某本人的询问笔录等证据足以证实。

(三) 行业惩戒

经惩戒委员会讨论,认为被投诉人湖南QC律师事务所以主张权利的主体不一致作为留置投诉人执行案款的理由明显不能成立;被投诉人以电业局私下和矿业集团达成执行和解协议作为留置案款的理由也不能成立。因为:第一,执行和解本身也是被投诉人的代理义务。第二,执行和解,对部分电费本金的处理和滞纳金的处理不是长沙电业局放弃债权,而是省政府协调的意见,对此不能视为委托人放弃债权,这在双方的《委托代理协议》第6条"但因甲方以外的其他因素导致的债权减少除外"的约定中十分明确。第三,被投诉人喻某某对《和解协议》也是完全同意的。因此,被投诉人以此为由"留置"执行案款的理由不能成立;说投诉人在履行阶段付款义务时多次违约,而从现有证据看,根本性违约的不是投诉人,而是被投诉人,被投诉人的这一理由也不能成立;至于被投诉人关于投诉人不按合同结算代理费的理由,没有任何证据可以证明,其理由同样不能成立。可见,被投诉人关于留置的全部理由均不成立。此外,被投诉人未对投诉人的投诉进行申辩,对投诉不具抗辩力。

惩戒委员会决定给予 QC 所公开谴责的行业处分,给予喻某某取消会员资格的行业处分。

处分决定书下达后,喻某某及 QC 所不服,向纪律惩戒复查委员会申请了复查。经复查,纪律惩戒复查委员会认为该案事实认定清楚,适用依据准确,责任区分适当,程序合法,依规维持原处分决定。

(四)案件评析

律师是中国特色社会主义法律工作者,律师事务所是律师的执业机构,应当恪守诚信,维护当事人的合法权益,维护法律正确实施,维护社会公平和正义;应当遵守宪法和法律,恪守律师职业道德和执业纪律,维护良好的职业形象。

本案中湖南 QC 律师事务所及湖南 QC 律师事务所主任律师喻某某存在多项违规行为。

首先表现在对于律师勤勉尽责义务的违背。律师作为当事人的代理人,其职责是维护当事人的合法权益。律师要对自己的当事人负责,禁止律师不尽责、不履行对当事人的义务,更禁止律师从当事人业务中谋取私利、侵占当事人财产等行为。本案中喻某某律师挪用委托人案款、骗取侵吞委托人巨额审计费和侵占委托人巨额案款的行为,违背了中华全国律师协会《律师执业行为规范》禁止律师非法牟取委托人权益的规定,其行为既侵害了委托人的合法权益,也损害了律师的良好形象。

其次表现在律师对维护法庭清正廉洁义务的违背。律师、法官、检察官作为法律工作者,在工作中不可避免会有接触,会对对方产生影响。我国律师职业伦理要求律师在与法官的交往中不得有损害法官廉政的行为。本案中喻某某的利益交换方式影响人民法院依法办案,违反《律师法》第 49 条第 1 款第 1 项之规定,扰乱了司法秩序,也影响了司法公正,社会危害很大;喻某某身为律师事务所主任侵占委托人巨额案款,向法官行贿,其行为是严重违规的。

四、李某律师行贿法官被吊销执业证书一案

(一)简要案情

2006 年 11 月 13 日,安徽省司法厅以李某律师向法官行贿为由,对李某律师立案查处。

李某辩称:

1. 与涉案三位法官的交往中所送钱款,是朋友间的礼尚往来,没有谋取不当利益的故意,在主观上和客观上都不存在行贿问题。

2. 司法厅所查有些数额、原因与客观事实不符,不能作为处罚的依据。

(二) 查明事实

1. 2002年8月至9月期间,李某为了和时任阜阳市中级人民法院(以下简称阜阳中院)经济二庭庭长的董某搞好关系,方便其代理案件的协调,以董某女儿上大学送贺礼为名送给董某现金2000元。

2. 2004年初,李某代理的安徽华源药业公司与其他公司合同纠纷案在阜阳中院经济二庭审理,董某任审判长。审理期间,李某多次找董某要求尽快审理,并请董某对华源公司予以关照,董某表示在法律允许的范围内尽量帮忙。后李某到董某办公室送给其现金10000元。

3. 2004年初,因代理外地的一个案件较为复杂,李某找时任阜阳中院经济一庭庭长的陈某商讨并请其帮忙查找资料。此时正逢阜阳中院调整经济一庭、经济二庭对上诉案件的分片管辖,安徽省太和县转由经济一庭分管。李某在陈某办公室以咨询费的名义送给陈现金5000元,请陈某对其今后代理的案件给予帮助,陈某收下后表示答应。2001年至2005年间,为了得到时任太和县法院院长巩某对其业务的关照和支持,李某分多次共送给巩某现金8300元。

以上事实与相关证人及物证予以作证。

(三) 司法厅处罚

李某多次向担任法官职务的董某、陈某、巩某送钱物的行为,违反了律师职业道德和执业纪律,构成了律师向法官行贿。根据《律师法》的相关规定,决定对李某处以吊销律师执业证书的行政处罚,并将此案移送检察机关侦查。

(四) 案件评析

此案例可以说是当前存在的司法不公现象的一个小缩影。实践中一些律师向承办案件的法官、检察官以及其他有关工作人员请客送礼、馈赠钱物,以及以许诺回报或提供其他便利等方式,与承办案件的执法人员进行交易,造成了很坏的影响。

我国《律师法》规定,禁止律师在执业活动中,向法官、检察官、仲裁员以及其他有关工作人员行贿。本案中李某多次向担任法官职务的董某、陈某、巩某送钱物,以谋取在办理案件上的照顾,其以其他不正当方式影响法官依法办理案件,破坏了司法公正,显然构成法律所禁止的向法官行贿的行为。

同时,《律师法》第49条规定律师违反维护裁判庭廉政性义务的,"由设区的市级或者直辖市的区人民政府司法行政部门给予停止执业6个月以上1年以下的处罚,可以处5万元以下的罚款;有违法所得的,没收违法所得;情节严重的,由省、自治区、直辖市人民政府司法行政部门吊销其律师执业证书;构成犯罪的,依法追究刑事责任。"司法厅据此作出的处罚和决定是符合法律规定的。

问题讨论

1. 律师张某正在代理一个由法官王某主审的案件。一天晚上，两人各自在餐馆用餐，碰巧相遇。张律师没有过去与法官王某坐到一起，但两人在王某的餐位附近聊了大约十分钟。恰好案件的对方当事人的亲属陈某也在餐馆，并且看到两人的谈话，陈某即将此事告知案件当事人杨某。杨某向法院反映此事，如果律师与法官在聊天的过程中确实没有讨论案件，那么该律师与法官的行为会被视为违反行为规则吗？

2. 某律师在法庭上和法官发生争吵并被赶出法庭，后在其微博上发表一篇长篇微博，痛斥法官滥用职权，不尊重律师；并发表法官和公诉人狼狈为奸、陷害嫌疑人的言论。该微博在网络上广受转载。该律师的行为是否已经违反了维护裁判庭廉政性的义务？

3. 王律师为罗某某故意伤害一案做辩护人时，罗某某的家属表示想给办案法官送一份大礼，希望王律师搭桥。王律师听后说，这可是违反律师职业伦理的事，我不能接受你们的要求，你们自己去办吧。随后将法官的联系方式给了罗某某的亲属。请对王律师的行为作出评价？

4. 翟律师为开拓案源，集中给北京及广东数名法官写信并附上自己的名片，信中希望法官把"争议金额30万元以上的"案件介绍给他，同时许诺给付代理费的40%作为介绍费。收到信的法官将此信上缴到院监察室，各法院分别将该信件转给北京市司法局并要求处理。北京市司法局随后依据《律师法》的有关规定，以涉嫌向法官行贿对翟律师作出吊销律师执照的行政处罚决定。翟律师承认自己的行为违反了律师法的有关规定，但是因为没有法官回复，自己从未向任何法官实际支付过费用，所以不应当认定为行贿，只是不正当竞争。"我送的是信而不是钱，这只是许诺介绍费的证据，而不是行贿的证据。"翟律师的行为有无违反律师职业伦理？他的辩解是否成立？

第十章 律师在诉讼中应遵守的规则

为了诉讼活动的正常进行,为了使当事人权益受到合法的保障,同时也为了司法活动的庄严与神圣,参加诉讼活动的律师必须要遵守诉讼规则。尊重法官、遵守法庭秩序以及不得干扰、妨碍诉讼的正常进行是律师在诉讼中所应遵循的基本规则。违反这些规则,律师不仅会受到职业伦理的谴责,还有可能受到法律的制裁。

第一节 律师在诉讼活动中应遵守的基本规则

律师在诉讼活动中应遵守的基本规则有尊重法官、遵守法庭秩序以及不得干扰、妨碍诉讼的正常进行等。

一、律师应尊重法院及司法人员

一个基本的问题是,为什么律师要尊重法院及司法人员?这是因为,法院及司法人员在一定意义上是公平正义的化身,是法律价值的载体。对法院及司法人员的尊重,对法院及司法人员威信的维护,是对法律的至高性的尊重,也是对自己职业的尊重。许多国家和地区的律师法和律师职业行为规则都规定了律师应尊重法院及司法人员。《日本律师联合会章程》[①]要求,无论法庭内外,律师应对法官、检察官和同事遵守礼节,同时不得有公私不分的态度。在英国,《英格兰及威尔士2007年事务律师行为守则》规定,事务律师不得欺骗或者故意、罔顾后果地误导法院,必须遵守法院的命令,不得藐视法院。《英格兰及威尔士大律师行为守则》规定,大律师无论是为了追求职业目的还是其他目的,不得有有损于司法的行为,不得有可能贬损公众对法律职业或者司法的信任、或者其他使法律职业陷入污名的行为。《加拿大律师协会律师职业行为准则》(2009年修订版)规定,当以辩护人身份活动时,律师必须对法庭或审裁处保持礼貌和尊重,并且必须以果断、令人尊敬的方式在法律限度内担任委托人的代理人。

在我国,《律师执业行为规范》第66条规定:"在开庭审理过程中,律师应当尊重法庭、仲裁庭。"此外,该规范第70、71条还规定了"律师担任辩护人、代理

---

① 《日本律师联合会章程》,1949年7月9日制定,2007年12月6日修订。

人参加法庭、仲裁庭审理,应当按照规定穿着律师出庭服装,佩戴律师出庭徽章,注重律师职业形象。""律师在法庭或仲裁庭发言时应当举止庄重、大方,用词文明、得体。"

二、律师应遵守法庭秩序,严格遵守出庭时间、提出文书的期限以及其他与履行职务有关的程序规定

司法公正必须通过诉讼程序予以实现,律师同包括法官在内的其他所有法律职业人员一样,有义务保证诉讼程序的公正运作,而公正的运作既包括以人们看得见的方式实现公正,还包括公正的实现是迅速的,正如英国的一句名谚所云:"迟到的正义是非正义",因此各国的诉讼都规定了法定的期限,以确保诉讼在一定的时间内完成。律师参与诉讼应遵守法庭秩序,严格遵守出庭时间、提出文书的期限以及其他与履行职务有关的程序规定。

2012年发布的《最高人民法院关于适用〈中华人民共和国刑事诉讼法〉的解释》(以下简称《解释》)第249条规定:"法庭审理过程中,诉讼参与人、旁听人员应当遵守以下纪律:(1)服从法庭指挥,遵守法庭礼仪;(2)不得鼓掌、喧哗、哄闹、随意走动;(3)不得对庭审活动进行录音、录像、摄影,或者通过发送邮件、博客、微博客等方式传播庭审情况,但经人民法院许可的新闻记者除外;(4)旁听人员不得发言、提问;(5)不得实施其他扰乱法庭秩序的行为。"之前一些案件中存在的律师一边开庭一边发微博的行为被明确为法庭纪律不允许的情形。第250条第1款规定:"法庭审理过程中,诉讼参与人或者旁听人员扰乱法庭秩序的,审判长应当按照下列情形分别处理:(1)情节较轻的,应当警告制止并进行训诫;(2)不听制止的,可以指令法警强行带出法庭;(3)情节严重的,报经院长批准后,可以对行为人处1000元以下的罚款或者15日以下的拘留;(4)未经许可录音、录像、摄影或者通过邮件、博客、微博客等方式传播庭审情况的,可以暂扣存储介质或者相关设备。"第251条规定:"担任辩护人、诉讼代理人的律师严重扰乱法庭秩序,被强行带出法庭或者被处以罚款、拘留的,人民法院应当通报司法行政机关,并可以建议依法给予相应处罚。"第252条规定:"聚众哄闹、冲击法庭或者侮辱、诽谤、威胁、殴打司法工作人员或者诉讼参与人,严重扰乱法庭秩序,构成犯罪的,应当依法追究刑事责任。"

我国《民事诉讼法》第110条规定:"诉讼参与人和其他人应当遵守法庭规则。人民法院对违反法庭规则的人,可以予以训诫,责令退出法庭或者予以罚款、拘留。人民法院对哄闹、冲击法庭,侮辱、诽谤、威胁、殴打审判人员,严重扰乱法庭秩序的人,依法追究刑事责任;情节较轻的,予以罚款、拘留。"我国《行政诉讼法》规定,诉讼参与人或者其他人以暴力、威胁或者其他方法阻碍人民法院工作人员执行职务或者扰乱人民法院工作秩序的,人民法院可以根据情节轻重,予以训诫、责令具结悔过或者处 1000 元以下的罚款、15 日以下的拘留；构成犯罪的，依法追究刑事责任。

我国《律师执业行为规范》第 65 条规定："律师应当遵守法庭、仲裁庭纪律，遵守出庭时间、举证时限、提交法律文书期限及其他程序性规定。"

我国《律师和律师事务所违法行为处罚办法》第 19 条规定："有下列情形之一的，属于《律师法》第 49 条第 6 项规定的律师'扰乱法庭、仲裁庭秩序，干扰诉讼、仲裁活动的正常进行的'违法行为：（1）在法庭、仲裁庭上发表或者指使、诱导委托人发表扰乱诉讼、仲裁活动正常进行的言论的；（2）阻止委托人或者其他诉讼参与人出庭，致使诉讼、仲裁活动不能正常进行的；（3）煽动、教唆他人扰乱法庭、仲裁庭秩序的；（4）无正当理由，当庭拒绝辩护、代理，拒绝签收司法文书或者拒绝在有关诉讼文书上签署意见的。"

三、律师不得在法庭上发表危害国家安全、诽谤他人、扰乱法庭秩序的言论

法庭审判是人民法院代表国家行使审判权，依据法定程序，对刑事、民事、行政诉讼案件进行审理和判决的活动。律师作为辩护人、诉讼代理人参与诉讼，依法享有发问权、质证权、发表辩护意见或代理意见的权利。我国《刑事诉讼法》第 35 条规定："辩护人的责任是根据事实和法律，提出犯罪嫌疑人、被告人无罪、罪轻或者减轻、免除其刑事责任的材料和意见，维护犯罪嫌疑人、被告人的诉讼权利和其他合法权益。"第 193 条第 1、2 款规定："法庭审理过程中，对与定罪、量刑有关的事实、证据都应当进行调查、辩论。经审判长许可，公诉人、当事人和辩护人、诉讼代理人可以对证据和案件情况发表意见并且可以互相辩论。"《民事诉讼法》《行政诉讼法》也规定了律师在庭审中的权利。《律师法》第 36 条还规定，律师担任诉讼代理人或者辩护人的，其辩论或者辩护的权利依法受到保障。律师在法庭上的辩论与辩护其目的是履行其作为辩护人、诉讼代理人的职责，同时担负着"维护法律正确实施，维护社会公平和正义"的使命，律师在法庭上的言论必须限定在合法的范围内。

我国《律师和律师事务所违法行为处罚办法》第 21 条明确规定："有下列情形之一的，属于《律师法》第 49 条第 8 项规定的律师'发表危害国家安全、恶意诽谤他人、严重扰乱法庭秩序的言论的'违法行为：（一）在承办代理、辩护业务期间，发表、散布危害国家安全，恶意诽谤法官、检察官、仲裁员及对方当事人、第三人，严重扰乱法庭秩序的言论的；（二）在执业期间，发表、制作、传播危害国家安全的言论、信息、音像制品或者支持、参与、实施以危害国家安全为目的活动的。"如有上述情形，由设区的市级或者直辖市的区人民政府司法行政部门给予停止执业 6 个月以上 1 年以下的处罚，可以处 5 万元以下的罚款；有违法所得的，没收违法所得；情节严重的，由省、自治区、直辖市人民政府司法行政部门吊

销其律师执业证书;构成犯罪的,依法追究刑事责任。

第二节 案例研习

一、王某投诉 JZ 律师事务所李律师案——被投诉人不答辩,承担不利后果①

(一)简要案情

2004 年 2 月 27 日,投诉人王某以代理人不尽职且未出具正式票据为由向北京市律师协会(以下简称本会)投诉 JZ 律师事务所(以下简称 JZ 所)及李律师。本会纪律委员会于 2004 年 3 月立案审查,因 JZ 所正在迁移新址,2004 年 4 月 20 日,李律师签收了本会就此投诉案件作出的受理投诉通知,JZ 所负责人书面承诺在 5 月 20 日前提交答辩意见。然而,JZ 所及李律师在其承诺的期限内既未向本会提交答辩意见,也未提交任何相关材料,本会依据投诉人提供的证据材料对此投诉案进行审查。

投诉人称:

1. 2003 年 7 月 25 日,投诉人因遗产继承纠纷案,委托 JZ 所李律师担任第二审诉讼代理人,并向该所交了代理费 5000 元,收款人以"你们要发票也没有什么用,也不报销"为由,至今没有开具收据。

2. 2003 年 9 月 23 日,李律师以"打官司需要疏通关系,要请法官吃饭"为由,向投诉人之子李某索要人民币 2 万元。

3. 2003 年 12 月 13 日,李律师又以吃饭和疏通关系为由,向投诉人索要人民币 5000 元。

4. 作为律师,李律师在代理诉讼期间,没有履行律师职责,不认真准备材料,在第一次开庭时,自己回老家办理私事,临时委派其他律师参加庭审。第二次开庭时,李律师也没有充分表达委托人的主张,李律师曾承诺:"我能把官司打赢。"二审结果却未像李律师说的那样。事后,投诉人要求李律师说明其索要的 25000 元是如何开销时,李律师只说用于请人吃饭和打车了。李律师违规索要钱财,严重违反了行业规范、职业道德和执业纪律。

投诉请求:

1. 要求 JZ 所及李律师返还违规索要的人民币 25000 元;

2. 对 JZ 所及李律师在代理诉讼中的违规行为进行调查处理。

(二)查明事实

1. 2003 年 7 月 25 日,王某因不服北京市某区人民法院(2003)民初字第

---

① 参见北京市律师协会主编:《北京律师执业警示录》,中国政法大学出版社 2005 年版,第 161 页。

2770号民事判决书所作的判决,与JZ所签订了委托代理合同。合同约定:JZ所指派李律师作为王某二审诉讼的委托代理人,JZ所的代理权限为代为上诉、辩论、陈述事实、调查取证、发表代理意见。双方约定代理费人民币5000元整,JZ所律师从事与委托事务有关的活动而发生的一切必要而合理的签订、翻译、调档、资料、交通(市内/异地)、通讯、用餐、食宿、打字和复印等实际费用应由甲方(投诉人)支付,本案如需要到外地出差,费用实报实销,另加异地办案费1000元。

2. 2003年7月28日,投诉人王某与其子女因财产继承纠纷案,不服北京市某区人民法院(2003)民初字第2770号民事判决书,共同向北京市某中级人民法院提起上诉。

3. 王某依合同向JZ所缴纳代理费人民币5000元整。JZ所收取代理费却未向投诉人开具发票。

4. 北京市某中级人民法院(2003)民终字第0760号民事判决书首页列明上诉人王某及其子女之委托代理人为李律师。

5. 2003年9月23日,李律师以"打官司需要疏通关系,要请法官吃饭"为由,个人收取投诉人之子李某2万元人民币现金,2003年12月13日,李律师仍以同上理由,再次收取投诉人5000元人民币现金,合计25000元。

6. 二审法院通知第一次开庭,李律师因办私事而未出庭,临时由其他律师代其履行职务;第二次开庭李律师出庭参加了诉讼活动。

(三) 行业惩戒

1. 关于投诉人对李律师在整个案件代理过程中代理工作不尽职责的问题。在JZ所及李律师不作答辩、不提交任何相关材料和证据的情况下,本会可以认为JZ所及李律师自愿放弃被投诉人应有的答辩等项权利,同时也未履行作为本会会员的相关义务,也可以推定为该所李律师对投诉人的投诉事实、理由和请求不持有异议。

2. 关于投诉人王某对JZ所收取投诉人代理费5000元,未开具北京市律师业专用发票的问题。根据投诉人提供的材料,本会认为,JZ所已经收取投诉人代理费5000元,JZ所并未向本会出具其向投诉人开具了发票的证明。JZ所的行为违反了北京市司法局关于《北京市律师事务所统一收费统一收案的若干规定》第5条规定的"委托人按照委托代理合同或辩护委托书中约定支付的报酬和费用,由律师事务所统一收取,并向委托人开具律师业专用发票……",应予JZ所相应的纪律处分,并建议司法行政机关给予其相应的行政处罚。

3. 关于投诉人对李律师以"打官司疏通关系,请法官吃饭"为由,个人私自收取投诉人25000元人民币,未出具任何手续的投诉。本会认为,李律师并未对此进行任何答辩,并且投诉人向本会出具了李律师承认收取上述费用的录音证明,本会认定李律师私自收取投诉人费用 25000 元。李律师的行为违反了《中华人民共和国律师法》第 35 条的规定,应予相应的纪律处分,并建议司法行政机关给予其相应的行政处罚。

4. 关于投诉人对李律师因办私事第一次未出庭,临时由其他律师代其履行职务;第二次虽然出庭,但因未做好庭前准备工作,在庭上未能充分表达委托人的主张,敷衍了事,没有尽到作为代理律师应尽的职责的投诉。本会认为,律师接受当事人的委托后,应当认真、全面、负责地履行职责,充分维护委托人的合法权益。李律师并未向本会提供其已经按照委托代理协议的约定以及《北京市律师执业规范(试行)》的规定履行了其代理职责的证据,不能证明其已经尽职尽责地完成了代理工作。本会支持投诉人的投诉主张,对李律师代理工作不尽职的行为应予相应的纪律处分。

5. 从二审法院判决书中看到列有 5 位为上诉人,即王某及其子女,上列上诉人之委托代理人李律师。而与 JZ 所签订委托代理合同的委托人却只有王某一人。从上述情况可以看出 JZ 所接受委托手续极不完备,违反了《北京市律师执业规范(试行)》的有关规定,应予相应的纪律处分。

律师协会纪律委员会决定:

1. 给予 JZ 所及李律师谴责的处分,并建议司法行政机关给予其相应的行政处罚。

2. 责令李律师在接到本会通知后 10 日内,将私自收取的 25000 元人民币退还投诉人。

(四)案件评析

全国律协《律师执业行为规范》第 65 条规定:"律师应当遵守法庭、仲裁庭纪律,遵守出庭时间、举证时限、提交法律文书期限及其他程序性规定。"第 68 条规定:"律师在办案过程中,不得与所承办案件有关的司法、仲裁人员私下接触。"另外北京市《律师执业规范》第 55 条也规定:"律师应当严格按照法律规定的期间、时效以及与委托人约定的时间,办理委托事项。"

本案中李律师因办私事第一次未出庭,临时由其他律师代其履行职务,第二次虽然出庭,但因未做好庭前准备工作,在庭上未能充分表达委托人的主张,敷衍了事,没有尽到作为代理律师应尽的职责,同时也违反了律师执业伦理和相关规范对律师出庭时间和庭上行为的要求。另外,李律师向委托人及其家属索要 25000 元人民币供其请法官吃饭娱乐这一行为也严重违反了律师与法官的接触规则,有悖于司法审判的公正与独立,同样是需要受到惩戒的。

二、北京市某人民法院投诉 ST 律师事务所徐律师案——为争取二审开庭，律师拒交辩护词①

（一）简要案情

2003 年 4 月 10 日，北京市某人民法院（以下简称北京某院）向北京市律师协会发来［2003］刑经字第 5 号"关于对徐律师拒绝向法院提交辩护意见一事应作查处的建议函"。

北京某院在建议中称：

本院审理的李某某贪污、受贿、挪用公款上诉一案，由徐律师担任上诉人李某某的辩护人。在本案审理期间，本院依法组成合议庭，经过阅卷，询问上诉人李某某后，依法多次通知李某某的辩护人徐律师向本院提交辩护意见，但其一再以多种方式拖延并最终拒绝向本院提交辩护意见。本院认为该律师的行为违反了我国《律师法》第 29 条、《律师职业道德和执业纪律规范》第 33 条、《律师办理刑事案件规范》第 130 条及《刑事诉讼法》第 187 条的规定，严重影响了审判活动和案件的审理过程。徐律师接受当事人的委托，却不履行法庭辩护职责，损害了当事人的合法权益，违背了律师职业道德和执业纪律。建议北京市律师协会根据《律师职业道德和执业纪律规范》的规定给予其相应处理，并请将处理结果函告本院。

投诉请求：

依照会员处分办法给予相应处理。

被投诉人徐律师答辩：

2002 年 12 月 16 日，我接受李某某亲属的委托，担任其二审辩护人，查阅了一审卷宗及其他相关材料，调查走访了部分知情人员，并会见了上诉人李某某，认为一审法院搞有罪推定，一审判决无期徒刑，是极其错误的。本案的关键是"某公司"真实的企业性质——到底是姓"公"还是姓"私"。针对上述事实，我调取了新证据交给二审办案人员并准备出庭时，北京某院的承办法官却通知我此案不开庭审理，让律师交一份辩护词。我认为北京某院承办人此做法违反了《刑事诉讼法》第 187 条的规定，对一审判决认定事实不清的案件，二审法院应当开庭审理。为此分别于 2003 年 2 月 23 日及 3 月 18 日向北京某院提交了书面意见和申请，请求开庭审理本案。但北京某院没有任何书面答复，之后就对此案宣判，维持原判。我认为法院办案人员违法办案。在此之前，北京某院已将我告到北京市司法局律师管理处，我已向律管处递交了未交辩护词的经过，律管处也未通知我应当或必须递交辩护词。我请求贵会维护律师合法权益。

---

① 参见北京市律师协会主编：《北京律师执业警示录》，中国政法大学出版社 2005 年版，第 174 页。

ST所书面意见：

徐律师接受委托后，曾5次会见被告人，多次调查取证，并与本所资深的律师反复研究讨论，认为原判主体有误，并作无罪辩护。律师的要求及做法均符合《刑事诉讼法》及《律师法》的规定。律师所认为徐律师并无违纪之处，不应受到调查和惩处。

（二）查明事实

1. 2002年12月16日，ST所与上诉人李某某的亲属签订了委托书并办理了交费手续。ST所指派徐律师作为李某某的辩护人。

2. 徐律师于2003年2月23日及3月18日两次向北京某院出具的《法律意见书》表示："辩护人已向二审法院递交了与一审相反的新证据，明确指出不公开开庭审理，不经过当庭质证，不能体现法律的公正。……但时至今日，贵院刑事庭未向辩护人作出是否同意开庭的任何书面答复，只是多次打电话催要辩护词，并声称只有律师递交了辩护词之后，法院才能定夺是否开庭。……辩护人认为，贵院刑事庭的此种做法缺少法律依据。如果对此案不公开开庭审理，对新证据不能当庭进行质证，律师所交的辩护词就必然缺少客观真实的依据，即使交这样的辩护词也只能是徒走形式，毫无实际意义。"

3. 2003年3月21日，徐律师在写给司法局的"关于对李某某一案拒交辩护词的说明"中表示："作为一名律师，不能维护当事人的合法权益，只能说我'无能'，如果我交一份毫无意义的辩护词去配合办案人，那就会成为一个没有职业道德，没有做人原则的失职律师。……为维护法律的公正，为维护当事人的合法权益而奋斗，这将招致一些权势者的不满与刁难，甚至打击报复……我宁愿自选后者，这就是我未交辩护词的原因。"

4. 二审过程中，徐律师除会见上诉人外，还调查取证6次，均做了调查笔录。

5. 北京某院于2003年4月3日作出(2003)刑经字第5号刑事裁定书，称："本院依法组成合议庭，经过阅卷，询问上诉人李某某，认为本案事实清楚，决定不开庭审理，在本院依法通知李某某的辩护人向本院提交辩护意见后，其拒绝向本院提交辩护意见。本案现已审理终结。……在本案审理期间，上诉人的辩护人向本院递交了王某、李某等人的书面证词。经查，前述证人所证均为1993年之前李某某所在公司的性质及李某某的身份情况，与本案认定的事实性质并无关联。在本院审理期间，上诉人李某某未提出新的证据。本院经审理认为，一审判决认定的事实清楚，证据确实、充分。……驳回李某某的上诉，维持原判。"

（三）行业惩戒

1. 我国《刑事诉讼法》第223条规定："第二审人民法院对于下列案件，应当组成合议庭，开庭审理：（一）被告人、自诉人及其法定代理人对第一审认定的事实证据提出异议,可能影响定罪量刑的上诉案件;(二)被告人被判处死刑的上诉案件;(三)人民检察院抗诉的案件;(四)其他应当开庭审理的案件。第二审人民法院决定不开庭审理的,应当讯问被告人,听取其他当事人、辩护人、诉讼代理人的意见……"依照上述规定,二审合议庭有权决定案件是否开庭审理,律师应遵从法院的决定,履行手续。经查看二审裁定书,该刑事案件的合议庭办案人员完成了上述的法律事务,特别是明确指明二审律师(即徐律师)向法院提交的新证据材料,二审法院已经进行了审查,并作出了结论。二审法院作出不再开庭审理,是有法律依据的。

2. 我国《律师法》第 32 条第 2 款规定:"律师接受委托后,无正当理由的,不得拒绝辩护或者代理……"《律师职业道德和执业纪律规范》第 18 条规定:"律师应当遵守法庭和仲裁庭纪律,尊重法官、仲裁员,按时提交法律文件、按时出庭。"依照上述的有关规定被投诉人徐律师多次拒绝向法庭提供辩护词是极为不妥的,不仅影响律师的形象,实际上也损害了当事人的合法权益,就本案来讲如律师对不开庭审理有异议,完全可以通过其他合法形式,反映自己的意见。徐律师采取拒交辩护词的做法,应该说是错误的。

律师协会纪律委员会决定:

给予徐律师警告的处分。

(四)案件评析

按照上述全国律协《律师执业行为规范》第 65 条规定、全国律协《律师职业道德和执业纪律规范》第 18 条规定及《北京市律师执业规范》第 55 条规定,本案中徐律师多次拒绝向法庭提供辩护词,这种行为是不正确的。这种行为不仅会破坏法庭的正常审理秩序,损害委托人的切实利益,而且更会对律师界的整体形象带来负面影响。如果徐律师不满本案审理过程中的一些问题,应当通过合法的渠道反映解决,而不应当采取本案中的这种手段。

三、某律师扰乱法庭秩序案

(一)简要案情

2010 年 4 月 28 日,A 省 B 市 C 区人民法院向 D 省司法厅发出司法建议书。建议书称:该院在审理原告甲大厦业主 149 人与被告 B 市建设规划局、第三人乙大厦业主 10 人、第三人丙房地产集团有限公司城建行政规划一案中,某某律师事务所某律师作为原告的委托代理人参加诉讼。庭审中,由于某律师带有煽动性的言论,挑起旁听群众起哄,导致诉讼活动无法正常进行。为此建议依照《律师法》有关规定作出处理,并将处理结果函告该院。

投诉人投诉称:A 省 B 市 C 区人民法院在审理原告甲大厦 149 名业主与被告 B 市建设规划局、第三人乙大厦业主、第三人丙房地产集团有限公司城建行政规划一案中,某某律师事务所某律师作为原告的委托代理人参加诉讼。庭审中,某律师发表了带有煽动性的言论,引起旁听群众起哄,导致诉讼活动无法正常进行。C区人民法院为此建议依照《律师法》有关规定对某律师作出处理,并将处理结果函告该院。

被投诉律师的答辩称:被投诉人某律师提供了关于代理该行政案件的情况报告以及代理词。某某所提供了相关证据,出具了该所对此投诉案件的书面意见,对被投诉人情况报告中上述事实予以认可。

(二)查明事实

2009年8月,某某所接受原告149人状告B市规划局行政许可一案,双方签订了委托代理合同,委托人支付了代理费用。事务所指派两位律师出庭代理。接受委托后,代理律师依法向B市中级人民法院提起行政诉讼,2009年9月9日,B市中级人民法院裁定该案由C区人民法院审理。C区人民法院审理后于2009年12月10日作出行政判决书,判决驳回原告陈某等人的诉讼请求。陈某等人不服上诉于B市中级人民法院,B市中级人民法院于2010年3月1日作出行政裁决书,裁定撤销一审判决,发回重审。

重审开庭中,由于被投诉人未能控制好情绪,发表"一审法官徇私枉法,枉法裁判"等过激的言语,使庭审秩序受到干扰,诉讼无法正常进行,当天庭审休庭。

调查中,某某所积极配合提供了相关证据,出具了该所对此投诉案件的书面意见。被投诉人某律师提供了关于代理该行政案件的情况报告以及代理词。某某所在书面意见以及被投诉人在情况报告中对上述事实予以认可。

本案涉及群体性案件,某某所未能按照中华全国律师协会《关于律师办理群体性案件指导意见》的相关规定及时履行报告手续。

(三)行业惩戒

被投诉人某律师在代理C区人民法院行政案件诉讼过程中违反了《律师执业行为规范》第162条、第163条的规定;同时被投诉人某律师在代理涉及群体诉讼时,未按照全国律协《关于律师办理群体性案件指导意见》的规定履行报告手续,但尚未造成严重后果。

根据《律师执业行为规范》第178条的规定,给予某律师训诫处分。

(四)案件评析

全国律协《律师执业行为规范》第65条规定:"律师应当遵守法庭、仲裁庭纪律,遵守出庭时间、举证时限、提交法律文书期限及其他程序性规定。"全国律协《律师职业道德和执业纪律规范》第18条也规定:"律师应当遵守法庭和仲裁庭纪律,尊重法官、仲裁员,按时提交法律文件、按时出庭。"

律师在执业中应当注重职业修养,不能随意对法官等司法人员的品德和能力妄加评论,更不应当在公共场合诋毁司法工作人员,这是律师执业伦理对律师的基本要求之一。被投诉人在代理 C 区人民法院行政案件诉讼时,在庭审中言辞过激,轻率无据,既对司法工作人员带来不良影响,又造成庭审秩序混乱,应当予以惩戒。

问题讨论

1. 某区法院公开审理某物业管理有限公司与谢某劳动争议纠纷一案,原告委托代理人马律师在法庭调查阶段向法官提交了一份考勤卡,被告方质证并表示有异议后,经办法官将该考勤卡原件放在审判台上。在被告发表辩论意见期间,马律师未经法官许可突然离开原告席,直接走到审判席欲取走考勤卡原件。法官即予制止并明确告知双方争议的证据原件应由法院保存,并对其擅自到审判台拿走争议证据材料的行为予以训诫。马律师无视训诫,法官向其指出相关法律规定后,马律师即要求开具证据收据,法官告知可在庭审结束后开具。此时,马律师开始在法庭上高声谩骂法官:"你连狗都不如,我就是对你不敬。你以为你很牛,你怎么不被干掉。"庭审被迫中止。之后马律师未在开庭笔录上签名就离开了法院。①

马律师律师违反了律师职业伦理的什么内容?

2. 被告人张某委托某律师事务所王律师担任自己盗窃罪一案辩护人,王律师在开庭审理后,未经法庭许可,在庭审过程中不断录音、拍照,经审判长警告制止,王律师称本案一审结果已经内定,自己无须将精力放在法庭调查和法庭辩论上,而应该将法庭审判的影像资料公之于众,由社会予以评判,法庭强行要求其删除录音,王律师不从,双方发生激烈冲突,后法院将王某手机暂扣,对王某采取拘留措施。

王律师的行为是否违背了律师的职业道德?

---

① 载金羊网,http://www.ycwb.com/gb/content/2006-03/09/content_1083353.htm,访问时间:2014 年 8 月 24 日。

第十一章 律师法庭外言论规则

　　世界上大多数国家都把言论自由作为一项宪法原则在宪法中加以明确规定。言论自由被认为是公民的基本权利之一。律师同其他公民一样享有言论自由这一法定权利,有权通过各种语言形式宣传自己的思想和观点,也包括对法院审判案件的有关事项发表自己的思想和见解,向公众发表自己的见解。但是律师法庭外言论不是单纯意义的对审判事项发表自己的见解,该行为涉及律师的利益、委托人的利益、新闻界的利益和公众的利益。律师法庭外言论一方面可以从专业的角度发表律师对案件的见解,以正视听,促进司法公正。另一方面,如果超过一定的度,则可能损害委托人的利益,影响司法公正,有损于律师的形象。

第一节 律师法庭外言论的规则

一、律师法庭外言论与言论自由

　　律师的法庭外言论,是指律师在执业过程中,对其所承办的案件就有关审判的问题,在法庭之外,公开发表自己的看法和见解的行为。世界上大多数国家把言论自由作为一项宪法原则在宪法中加以明确规定。言论自由被认为是公民的基本权利之一。律师同其他公民一样享有言论自由这一法定权利,有权通过各种语言形式宣传自己的思想和观点,也包括对法院审判案件的有关事项发表自己的思想和见解,向公众发表自己的见解。

　　律师通过向公众发表自己的见解,宣传自己,提高自身知名度,当然是无可非议的。但当律师作为审判案件当事人的委托律师时,对其有关言论则有了不同于一般公民的规则和限制。正如联合国《关于律师作用的基本原则》所规定的一样:"与其他公民一样,律师也享有言论、信仰、结社和集会的自由。特别是他们应有权参加有关法律、司法以及促进和保护人权等问题的公开讨论并有权加入或筹组地方的、全国的或国际性的组织和出席这些组织的会议而不致由于他们的合法行为或成为某一合法组织的成员而受到专业的限制。律师在行使这些权利时,应始终遵照法律和公认准则以及按照律师的职业道德行事。"因为律师法庭外言论已不是单纯意义的对审判事项发表自己的见解,该行为已涉及律师的利益、委托人的利益、新闻界的利益和公众的利益。律师法庭外言论一方面可以从专业的角度发表律师对案件的见解,以正视听,促进司法公正。另一方面,如果超过一定的度,则可能损害委托人的利益,影响司法公正,有损于律师的形象。

二、法庭外言论的规则

世界上不少国家和地区对律师的法庭外言论作了相应的规定。《美国法律协会律师法重述条文》第 109 条"诉辩者对未决诉讼的公开评论"规定,在裁判庭就某事务代理委托人时,如果律师知道或者合理地应当知道其所作的常人认为公共交流所传播的程序外陈述,将存在严重损害陪审员或者影响、恐吓程序的潜在证人的重大可能,则律师不得作出该程序外陈述。然而,如果为减轻最近律师或者律师的委托人之外的人所作的重大、不当、有害宣传而对律师的委托人所产生的影响,则律师在任何情况下都可以作出合理必需的陈述。《加拿大律师协会律师职业行为准则》(2009 年修订版)关于律师与媒体的接触,强调"如果律师因职业参与或其他原因而能协助媒体向公众传送准确的信息,只要不违背律师对委托人、律师界、法院及审裁处或司法所承担的义务,并且律师作出的评论是真诚的且无恶意或隐秘不明的动机,则律师作此协助是正当行为"。《英格兰及威尔士大律师行为守则》要求,律师不得应其受委托预期作为诉辩者出庭或者已经作为诉辩者出庭的任何预期或者当前的程序或者调解,就程序中的事实或者争点,向新闻界、其他媒体或者在其他任何公开陈述中表达个人意见。《巴黎律师公会规程》(2010 年 6 月 11 日最新修订)强调,如果律师就当前案件或与职业活动相关的常见问题发表声明时,必须指出他以何种身份表态,必须表现格外谨慎。这种律师的公共干预具有特殊性质。我国香港特别行政区的《大律师执业行为守则》第 102 条规定:"除 103 条的规定外,大律师不得将其已办理或正在办理的案件要点编书出版、或通过电台或电视广播、电影或用其他方法向社会公众公开,除非该大律师在这样做时不会泄漏保密情况且并不公开本人在案中的地位。"①

由此可见,律师的法庭外言论应遵循以下规则:

---

① 我国香港特别行政区的《大律师执业行为守则》第 103 条规定:"大律师在退休后可用其曾办理过的案件撰写回忆录,但必须牢记第 54 条、第 116 条的规定和当事人寄予他的信任以及有关案件所涉及人员和亲属的感受。"第 54 条规定:"交给大律师的案卷文件,一般来说,产权属于当事人。未经当事人的同意,大律师不得将文件出借或将内容透露给任何人。但他在履行作为大律师或实习大律师导师的职责时,可以对所涉及的内容作适当的、必要的陈述。"第 116 条规定:"大律师有责任保密并不向第三者透露当事人向其提供的情况,且不得将当事人提供的情况用来损害当事人的利益,或为其个人或其他当事人谋利益。即使大律师与该当事人的代理关系终止,这种责任仍然存在。非经当事人的同意(明示或暗示的)大律师有责任对当事人的情况保密,除非法院下了命令,或出现了为公共利益必须适用于透露的情况,或不讲出秘密将损于大律师专业的利益。"

(一) 律师应在法律的限度内发表法庭外言论

尽管律师享有宪法赋予的言论自由的权利，但作为法庭外言论的言论自由却是一把双刃剑，它在律师享有宪法权利的同时，既可能维护委托人的合法权益，促进司法审判的公正进行，也可能损害委托人的合法权益，影响司法审判的公正。

所以在一般情况下，律师应避免法庭外言论。但有的情况下律师的法庭外言论是无法避免的，有时甚至为了维护委托人的合法权益，律师应该积极地进行法庭外言论。美国律师执业守则在限制律师的法外言论的同时还规定，如果一个普通律师认为需要保护某委托人免遭最近非因该律师或该律师的委托人对案情的宣传而带来的不适当的实质损害，则律师可以进行有关陈述。但应当限制在为减轻上述最近的不利宣传带来的后果所必需的范围内。

(二) 律师的法庭外言论可以涉及的范围

美国大法官肯尼迪说过："律师的职责并不是在进入法庭之门才开始的。律师可以为维护委托人的声望采取合理的措施，减少指控的不利影响。包括向法庭说明公众的意见是委托人不值得惩罚。"

美国律师职业行为示范规则[①]3.6[审判宣传]规定：(a) 正在参与或者曾经参加关于某事务的调查或者诉讼的律师，如果知道或者合理地应当知道其所作的程序外言论会被公共传播媒体传播，并对裁判程序有产生严重损害的重大可能，则不得发表这种程序外言论。(b) 尽管存在(a)款的规定，律师仍然可以就下列事项发表言论：(1) 有关的诉讼请求、违法行为或辩护，有关人员的身份，但法律禁止者除外；(2) 公共档案中包含的信息；(3) 关于某调查正在进行之中的事务；(4) 诉讼的日程安排或诉讼每一阶段取得的结果；(5) 在必要的证据和信息方面需要获得帮助的请求；(6) 当有理由认为对个人或公共利益存在产生严重损害的危险时，就有关人员行为的危险性发出的警告；以及(7) 在刑事案件中，除(1)到(6)项外的：(i) 被告人的身份、住址、职业和家庭状况；(ii) 如果被告人还没有被逮捕，有助于逮捕该人的必要信息；(iii) 被告人被逮捕的事实、时间和地点；以及(iv) 执行调查或逮捕的人员或机构的身份和调查持续的时间。

为了维护委托人的合法权益，维护法律的正确实施，律师的法庭外言论涉及的内容应限定在一定的范围。借鉴美国律师执业守则，我国律师法庭外言论应遵守以下规则：

1. 非经委托人授权，不得泄露委托人的个人隐私。
2. 不得煽动、教唆当事人采取非法集会、游行示威，聚众扰乱公共场所秩

---

① 《美国律师协会职业行为标准规则》，王进喜译，载《境外律师行业规范汇编》，中国政法大学出版社2012年版，第225页。

序、交通秩序,围堵、冲击国家机关等非法手段表达诉求,妨害国家机关及其工作人员依法履行职责,抗拒执法活动或者判决执行。

3. 不得发表、散布危害国家安全,恶意诽谤法官、检察官、仲裁员及对方当事人、第三人,严重扰乱法庭秩序的言论。

4. 不得对案件进行歪曲、不实、有误导性的宣传。

5. 不得公布未经确认的事实或仅根据委托人提供的事实而进行宣传。

第二节 案例研习

一、律师雷某不当网络言论遭处罚

（一）简要案情

2013年,北京市律师协会执业纪律与执业调处委员会根据《北京市律师协会会员纪律处分规则》第8条的规定,决定对某所雷律师在李某某等人强奸案审理期间,涉嫌违反律师执业规范的行为进行调查。

被调查人律师雷某的申辩:

1. 本人接受行业调查和行业处罚。新浪微博相关账号是我本人操作,我对所有发言承担责任。

2. 我在7月初无意中看到律师田某的微博,后出于兴趣使然站在杨某某的立场谈论正确的做法及方案。后见律师兰某的微博,也出于兴趣使然谈论站在李某某立场的正确方案和做法,当时并无特定立场。基于不愿正面与司法机关发生对立,我采取娱乐做法,最终将案件聚焦为杨某某涉嫌仙人跳设局诈奸与李某某涉嫌强奸轮奸的对力对决。我以个人名义评论,后放弃新浪认证,以"知名策划雷某""独立评论员雷某"等名义,并以更换微博名的方式干扰其他人搜索查找。悬赏款,已退还募捐人。

本案高度复杂,后期继续演变,在有高度争议的案件中,我的很多语言和做法有特殊环境和特殊考虑。我愿意接受行业协会作出的必要处罚和处理。考虑到本案的特殊性和后续演变,我恳请行业协会作出留有余地的处罚和处理。

3. 自行整改措施:(1)删除新浪微博上涉案文章;(2)清理新浪微博上的微博;(3)学习行业协会规定;(4)多次调整情绪及态度,努力协助以平和的局面化解纠纷;(5)尽可能友好地对待其他律师的批评指教;(6)尽可能尊重其他律师的角度和立场。

被调查人所在YL所的情况说明:

本所愿意接受北京市律师协会的处理和处罚。本所未接受李某某案中任何一方的委托,在该案过程中也未接受其他任何委托。本所将根据北京市律师协会的相关处理决定,在合伙人会议层面上对雷某律师的行为作出相应处理。本所恳请律师协会考虑本案的特殊性以及案件后期的复杂性,尽可能只对雷律师作出处罚和处理。

(二) 查明事实

2013 年 7 月以来,雷律师在其控制的相关微博、博客上发表了关于李某某涉嫌强奸案的若干言论,该等言论包括以下内容:

1. "人头落地也要帮李某某找回公道,政治斗争再残酷也不能拿孩子下手。"

2. "有国外势力利用李某某案,第一时间与杨某某合作,搞臭中国的官二代。报案前,杨某某可能就背着酒吧和国外势力勾结完毕,请中国政府警惕上述可能性。"

3. "李某某你受委屈了,你是中国历史上第一大冤案,雷某是有罪的,没能阻止这一冤案。"

4. "那是因为他们的律师太水,连仙人跳是否需要排除都没想到。律师业,因为他们,很丢人。"

雷律师在其微博、博客中披露了李某某的真实姓名以及被害人所谓的真实姓名。

(三) 行业惩戒

雷律师不是李某某一案的代理律师,也并未参加诉讼活动,也无证据证明其合法有效地获悉了案件事实。但在案件尚未开庭审理和判决之时,雷律师就在其个人的微博和博客上发表所谓"人头落地""政治斗争""杨某某与国外势力勾结""李某某一案是冤假错案"等毫无根据、纯属主观臆断的言论。雷律师的行为完全违背了律师依法行使权利、履行职责、谨言慎行的要求,构成了《律师协会会员违规行为处分规则(试行)》第 11 条第 28 项规定的"有悖职业道德,严重损害律师职业形象的行为",应当给予相应的行业纪律处分。

雷律师在其微博和博客上以虚构和臆想的事实,公开指责本案相关的其他律师并对自己进行吹捧,对同行律师进行贬损攻击,违反了《律师执业行为规范》第 74 条"律师或律师事务所不得在公众场合及媒体上发表恶意贬低、诋毁、损害同行声誉的言论"的规定,对整个律师行业的声誉造成了恶劣影响,应当给予相应的行业纪律处分。

雷律师在北京市律师协会约谈后仍没有引起足够重视,依旧继续发表不当言论。

作为雷律师所在的 YL 所应当加强管理,避免此类事件再次发生。

律师协会纪律委员会决定:

给予雷律师公开谴责的行业处分。

（四）案件评析

我国《律师执业行为规范》虽然尚未对律师的法庭外言论，特别是网络言论进行专门规范，但是该《规范》第 8 条规定："律师应当保守在执业活动中知悉的国家秘密、商业秘密，不得泄露当事人的隐私。"第 9 条规定："律师应当尊重同行，公平竞争，同业互助。"第 74 条规定："律师或律师事务所不得在公众场合及媒体上发表恶意贬低、诋毁、损害同行声誉的言论。"这几条规定同样可以适用于规制律师的庭外言论。律师通过向公众发表自己的见解，宣传自己，提高自身知名度，当然是无可厚非。但律师作为法律职业者或当律师作为审判案件当事人的委托律师时，其对审判有关言论则有了不同于一般公民的规则和限制。正如前文所言，律师法庭外言论不是单纯意义的对审判事项发表自己的见解，该行为涉及律师的利益、委托人的利益、新闻界的利益和公众的利益，所以律师必须要对自己的庭外言论格外小心、谨慎为之。

然而本案中雷律师不但不顾当事人的基本隐私，披露未成年当事人的姓名等信息，甚至还仅凭借主观臆断的事实去贬损同行，这些都是严重违反律师职业道德的行为。律师在执业过程当中不但应当尽力避免因过失言论使利害关系人受损，更不能故意通过法庭外言论误导公众、贬损同行、绑架审判或实现其他不正当目的。

二、律师起诉律师侵犯名誉权案

（一）简要案情

某市首例律师间诉讼案在市中级法院终审落幕，其诉讼请求中的 30 万元名誉权损失索赔额属中国"律师官司"之最。据了解，该市某律师事务所的李律师是这场"律师官司"的原告，他诉称在 1999 年 11 月，被告刘律师怂恿该市某区的几家公司起诉他，引出一场委托人状告自己的律师的官司（李某原为某市这几家公司的代理律师）。李某接到诉状后应诉，但被告四处散布言论，扬言除诉讼外，还要争取大众传媒的支持，被告找到传媒记者，要求将他的观点见报。2000 年 1 月，两家报纸对委托人状告自己律师的官司进行了报道。同时，被告还将其在法庭上的代理词向传媒记者散发，将原告行为虚构成诈骗，诋毁同行，热衷于向大众传媒发表其虚构、捏造的不负责任的言论，肆意损毁原告名誉权，造成了难以挽回的恶劣影响。因此，原告请求法院判令被告在广州、深圳两地的报纸上公开向原告赔礼道歉，同时赔偿原告名誉权损失 30 万元。

法院审理查明后认为，被告律师向记者提供其"代理词"的行为本身，并不足以使原告的社会评价受到贬损。几家报社的报道，只是客观地介绍了诉讼当事人的一些观点，属正常的新闻舆论监督。在法院作出生效判决之前，一个正常人不应当也不会认为当事人在诉讼中所言即为事实。因此，媒体的报道也没有损害原告的名誉,因而被告向记者提供代理词的行为没有产生损害后果,也没有确凿证据证明被告还向记者之外的人散发其代理词或实施了其他有损原告名誉的行为。

(二)法院判决

某区法院一审判决驳回原告律师李某的诉讼请求。李某不服判决,上诉到市中级法院。市中院开庭审理此案,终审判决驳回上诉,维持原判。

(三)案件评析

本案中需要探讨的一个问题是,法院审理认为"被告律师向记者提供其代理词的行为本身并不足以使原告的社会评价受到贬损"这一理由是否成立?这一问题的回答需要具体情况具体分析,需要视被告律师向记者提供的代理词的内容而定,如果代理词内容中立客观,那么当属于律师言论自由权行使的范围,但是如果代理词内容有贬损同行之嫌,那么就是应当被禁止的行为。

另外,律师应当谨慎使用公共媒体工具,因为律师法庭外言论不是单纯意义的对审判事项发表自己的见解,该行为涉及律师的利益、委托人的利益、新闻界的利益和公众的利益。律师法庭外言论一方面可以从专业的角度发表律师对案件的见解,以正视听,促进司法公正。另一方面,如果超过一定的度,则可能损害委托人的利益,影响司法公正,有损于律师的形象。对此,律师一定要格外小心,慎之又慎。

三、律师不谨慎司法评论、影响司法公正案

(一)简要案情

2006年11月27日,投诉人某网络技术(北京)有限公司(以下简称某网络技术公司)以代理工作不尽职为由向北京市律师协会(以下简称本会)投诉北京市HZ律师事务所(以下简称HZ所)及刘律师。

投诉人称,刘律师在高某与某网络技术公司之间的劳动争议仲裁案中担任高某的代理律师。高某原为某网络技术公司员工,2006年6月30日以严重违纪被该网络技术公司开除。因其不服该处理决定,于2006年7月31日向北京市劳动争议仲裁委员会提请劳动仲裁。北京市劳动争议仲裁委员会受理此案并分别于2006年8月29日、9月8日开庭审理,刘律师作为高某的代理律师参加了庭审。9月9日投诉方发现刘律师在北京劳动法律网上对该案发表公开评论文章,而此时第二次庭审刚刚结束,仲裁庭尚未作出裁决。该文章题目为《网络技术公司对员工电话进行秘密录音》,在该文中,不仅透露了案件庭审的有关情况,并且以诱导提问的方式对投诉方进行恶意攻击。该文章的发布已经对投诉方的声誉造成了严重损害,从针对该文的读者评论意见中可以得到印证。文章虽署名作者方李某,但编辑为刘律师,根据如下理由投诉方认为该刘律师即为办

案的刘律师:(1) 由于该案两次庭审均无第三方列席旁听,因此只有参加庭审的刘律师及其被委托人高某等、投诉方某的委托代理人陈某等和审理该案的仲裁员知悉案件庭审情况,而据了解仲裁庭及投诉方均没有发表过上述文章;(2) 刘律师为劳动法律网的站长,而上述文章恰恰是在该网站发布。由上述两点可以推断出,该文章的实际发布者是刘律师。按照法律、法规及相关行业规定,被投诉方 HZ 所有责任规范其所属人员的职业行为,对于其违纪行为应承担相应法律责任。

投诉请求:对被投诉方的违规行为给予严肃处理;要求被投诉方立即停止发布对投诉方的恶劣评论,并消除有关评论引起的社会影响;要求被投诉方在劳动法律网显著位置发布向投诉方公开致歉文章。

刘律师申辩称:

2006 年 8 月 28 日,高某(原该公司员工)与 HZ 所签订了委托代理合同,由 HZ 所指派我代理高某诉该公司的劳动争议案件的代理律师。2006 年 8 月 29 日,高某向 HZ 所财务交纳了代理费用 HZ 所出具了相应的发票。我接受代理之后,认真审查了相关的案件材料,并参加了庭审,对高某尽到了自己作为代理律师的职责。后来,该案件在北京市劳动争议仲裁委员会以该公司的败诉而结案。仲裁裁决之后,该公司向人民法院提出了诉讼。

现在,某网络技术公司向律协对我作出投诉,我认为,该公司的目的在于通过这种行为,给律师的工作施加压力。我并非其代理律师,与其之间也不存在任何委托合同关系,对其公司不存在任何代理责任和义务。发表在北京劳动法律网上的《网络技术公司对员工电话进行秘密录音》一文,固然署名作者为李某,但确实是我本人谈论过的内容,如果因此文章而产生有法律责任的话,我本人愿意承担。该文章仅是对投诉人对在职的员工进行秘密录音的行为,表示了一定程度的道德的蔑视与谴责。

作为一名律师,首先应当有一定的正义感。2006 年 9 月 8 日高某案在仲裁开庭时,投诉人当庭放映了有关高某的近 60 条电话录音,中间涉及的内容有近 20 条录音是私人电话录音,有的是高某为自己买鞋问价的录音,有的是咨询医院相关药品的录音,还有的是与自己的贴身朋友以及亲友通话的录音。所有的这些录音,皆是在当事人不知情的情况之下秘密录制的。我认为这种行为是对在职员工的一种极大的不尊重,涉嫌侵犯当事员工的个人隐私,是一种应当受到道德谴责与声讨的行为。而且投诉人作为国内知名的人力资源服务公司,为企业提供的就是一种人力资源服务,其本身用工却仍然存在这种漠视职工基本隐私的行为,实在让人无法接受和容忍。在这种情况下,回到律师事务所之后,我才与助理探讨了公司的这种行为,并让李某整理成了这篇文章,发表在了网站上。

该文章内容并没有对司法公正与否作出任何评论。该案属于公开开庭审理,该文章只是对该案事实作出了部分报导,并非属于对案件本身的一种评论性文章。该文章没有对仲裁员的行为或者言论作出任何披露和评论,更没有对庭审是否公正、司法是否公正作出评论。我不清楚这篇文章的哪一部分会对司法公正造成影响,希望投诉人能够明确一下。

综上,我认为,作为一名普通的公民,我享有言论的自由,对于不公平不道德的事情,我有权利发表自己的意见;作为一名律师,我更应该积极地对社会中丑恶的一面进行声讨。因此,我认为,我的行为本身不存在违规的情节,劳动法律网上所发表的文章内容所述属于事实,我不应当因此而承受不当的后果。因此,我请求律师协会能够秉公处理,驳回其投诉请求。

HZ 所申辩称:

该案件事实清楚,案件内容已经按照归档要求及时入卷。本案中,当事人对方投诉中指责我所刘律师违背了相关的规定。可是,纵观全文,该网站文章没有做任何会被认为可能有损司法公正的报道。

具体理由如下:

第一,该文章内容仅是公开了在劳动争议仲裁委员会开庭中所发生的部分真实内容。此案件为公开开庭,该公司在公开开庭的案件庭审中,公布电话录音,本身已经意味着该公司认可电话录音一事不是公司机密,是完全可以公开的。

第二,对方公司提出辞退员工的理由是:被告违反了公司《员工手册》第七部分"严重违纪"第 6 条规定:"无正当理由不服从或拒不接受工作分配、调动指挥。"第七条规定:"拒不执行上级命令,经批评教育无效的",因此庭审过程中,本所代理律师认为该录音证据与案件无关,该案件最后的仲裁书中也写明此录音证据与案件无任何关联。

这样一篇与本案诉求毫不相干的文章,怎么会被定性为有可能引发司法不公正结果呢?对方公司有自己的专门的法务人员,怎会不知道证据与诉求要相匹配的基本原则呢?未免具有挑词架诉之嫌疑,极大地浪费国家的诉讼资源和律协工作人员的管理成本。

同时,本所承办律师刘律师,由于工作认真努力,多次受到当事人表扬。此次被投诉,也许是双方交流不够畅通所致,或是对方对于本所律师存在什么误解导致。

总之,鉴于以上事实与证据,本所认为:本所律师在代理该案的过程中,严格遵守了律师法及相关法律法规,对当事人,尽到了一个执业律师的责任。投诉方对我所律师作出的投诉,没有任何依据。因此,请求律师协会能够秉公处理,驳回其投诉请求。

(二) 查明事实

1. 2006年8月28日,高某与HZ所签订委托代理协议,HZ所指派刘律师担任其与某网络技术公司劳动仲裁案的代理人,代理权限为代为承认、变更、放弃诉讼请求,代为调解、和解等。双方约定代理费为3000元,于签约后两个工作日内现金支付。协议有效期限为自协议签订之日起至本案二审终结止(判决、调解、案外和解及撤销诉讼)。

2. 2006年8月28日,高某向HZ所出具授权委托书,委托刘律师和实习律师程某担任其与某网络技术公司劳动仲裁案的代理人,代理权限为:代为承认、变更、放弃诉讼请求、与对方和解、调解、依法向法院或者仲裁机关提出申请、代签、代收法律文书等特别授权。

3. 2006年8月29日,HZ所收到高某支付的代理费3000元并开具了正式发票。

4. 2006年9月9日,投诉人发现被投诉人在其创办的北京劳动法律网发表公开评论文章,题目为《网络技术公司对员工电话进行秘密录音》,并于2006年10月17日采用公证书的形式对该文章进行了证据保全。此时仲裁案件正在审理之中。

5. 2007年1月17日,投诉人采用公证书证据保全形式,证明投诉人对其工作电话进行录音行为事先有明示告知。

6. 2006年10月27日,北京市劳动争议仲裁委员会作出裁决书,裁决撤销某网络技术公司对高某作出的开除决定;自裁决书生效之日起10日内某支付高某解除劳动合同的经济补偿金19080.9元及未休年假补偿1520.15元;驳回其他申诉请求。

7. 北京市某区人民法院作出民事判决,判决维持某网络技术公司2006年6月29日对高某作出的开除决定;某网络技术公司无须向高某支付周解除劳动合同所致的经济补偿金19080.9元;某网络技术公司于本判决生效后3日内向高某支付2006年未休年假补偿金1520.15元;驳回高某的其他诉讼请求。

8. 2007年6月1日,北京市第一中级人民法院作出民事判决,经审理法院认为:用人单位有权在不违反法律强制性规定的情况下制订本单位的规章、制度对员工进行劳动管理。根据公证书显示,某网络技术公司于2006年2月27日通过该公司邮件系统向其员工发出了《关于设立电话销售人员电话考核指标的通知》,该通知主要对电话销售人员的电话业务考核作出规定,其中规定"为保证电话服务质量,公司将对其通话抽样录音,并定期对录音抽样检查"。高某作为电话销售人员理应知晓该通知,并依其工作职责遵守该通知规定的内容。最后法院判决驳回上诉,维持原判。

(三) 行业惩戒

1. 关于投诉人投诉刘律师在网站上公开仲裁案件内容的问题。被投诉人刘律师以自己作为一名普通公民享有言论自由权为由,认为对已公开审理的仲裁案件,其庭审内容是可以在案件结案前向社会公开的答辩理由,本会不予认可。本会认为,被投诉人在本案中的角色不同于普通公民,而是参与案件活动的职业律师。作为职业律师在执业期间的言行,应当受法律、法规和职业道德、执业纪律规范的约束。对于职业律师而言,应当知道即便是公开审理的案件,也不意味着其在终审前可以在公开场合谈论有关案情或将相关庭审内容公之于众。《律师执业行为规范(试行)》第163条的规定,本质上也是为了避免承办律师通过正当程序以外的方式影响或可能影响公正裁判。本案在仲裁进行期间,在仲裁委员会没有得出仲裁结果时,被投诉人向社会公开部分庭审内容,期望引起社会公开讨论,势必会造成舆论界的不同观点,带来影响仲裁工作的顺利进行的后果,故,该文章应属"可能被合理的认为损害司法公正的言论",刘律师的上述行为违反了《律师执业行为规范(试行)》第163条的规定,应予相应的行业纪律处分。

2. 投诉人因需要对工作电话录音,投诉人对其工作电话进行录音前已对相关人员履行了告知义务,声明"为了提高我们的工作质量,您的电话将有可能被录音",不存在"秘密录音"的事实。故被投诉人在公开披露有关案情时也存在着明显的偏差,可能误导社会公众和舆论对案件的客观判断,甚至对司法公正造成负面影响。

3. 投诉人的"停止侵害、消除影响、公开致歉"的投诉请求,已超出了本会的管辖范围,对此,本会不予处理,建议投诉人采取其他合法途径予以解决。

律协纪律委员会决定:
给予刘律师训诫的行业纪律处分。

(四) 案件评析

全国律协《律师执业行为规范》第14条规定:"律师不得为以下行为:……(二)妨碍国家司法、行政机关依法行使职权的行为……"律师不应当通过利用正当司法程序之外的手段去达到影响司法公正的目的,律师在案件最终判决前应当注意保密,并且审慎地进行司法评论。

本案当中刘律师的角色不同于普通公民,而是参与案件活动的职业律师。作为职业律师在执业期间的言行,应当受法律、法规和职业道德、执业纪律规范的约束。对于职业律师而言,应当知道即便是公开审理的案件,也不意味着其在终审前可以在公开场合谈论有关案情或将相关庭审内容公之于众从而达到影响司法公正的目的。所以,对刘律师进行惩戒是恰当的。

问题讨论

1. 互联网的发展给律师的宣传带来了更快捷的途径、更丰富的手段和更广泛的受众。但律师不当的宣传，尤其是对未决案件发表的言论，在实践中产生了越来越多的问题：损害委托人的利益；干扰正常的审判秩序，影响公正裁判；侵害其他人的合法权益；等等。而全国律师协会修订后的《律师执业行为规范》，有关这方面的规定却比原来弱化，那么，应当如何完善律师法庭外言论的规则，加强律师自律呢？

2. 在某涉黑案件的法庭审理过程中，部分律师在法庭上拍照，并将法庭审理情况通过微博配以照片实时发布，引起网民围观，法庭予以警告制止，律师拒绝接受。于是法庭作出驱逐律师的决定，引发律师激烈对抗。

律师在微博上同步公开法庭审理情况的做法是否违背律师职业伦理？

3. 李某（未成年人）涉嫌强奸一案的一审判决后，该案代理律师之一田某将法院"标有犯罪记录封存，不得提供他人"红色印章的一审判决书在微博上发布，当受到网友质疑时，田律师为自己辩解说，二审判决书已将该印章撤除，一审判决书盖有这一字样是法院工作疏漏所致，本判决属于可以公开发布的法律文书，而不是未成年人犯罪记录封存的案件。之所以公布该案判决书，只是希望公众能够了解案件的真相，并无不妥。

田律师的行为有无违反律师职业道德？

第十二章 律师与检察官的关系规则

律师与检察官是现代世界各法治国家除法官之外最重要的两种法律职业,司法公正能否得到最大程度的实现,很大程度上取决于律师与检察官之间职业伦理关系的状况。律师和检察官保持良好、正态的职业伦理关系有助于二者更好地遵守宪法和法律,维护国家利益、社会公共利益,维护自然人、法人和其他组织的合法权益,而且有助于促进国家的法治建设和社会的和谐稳定。本章结合我国现有法律规定,把握律师与检察官之间的职业伦理关系。

第一节 律师与检察官的关系基本规则

一、法治目标方面的关系规范

检察官和律师在诉讼活动中应当忠实于宪法和法律,依法履行职责,共同维护法律尊严和司法权威。

一方面,根据检察官法的规定,宪法赋予了人民检察院检察权,作为行使检察权的检察官必须严格遵守宪法和法律所规定的原则,依照法律规定独立行使检察权,不受行政机关、社会团体和个人的干涉,在适用法律上一律平等,不允许有任何超越法律的特权。检察官是国家司法权的具体运作者,是执法者,检察官的这一特殊身份要求检察官在行使检察权时,必须依据宪法和法律的规定,在宪法和法律规定的职权范围内,按照法律规定的程序,依照法律的规定进行检察活动,依法办案,不能违背宪法和法律,随意处理案件。因此,严格遵守宪法和法律是检察官履行职责的首要义务。

另一方面,根据律师法的规定,律师执业必须遵守宪法和法律,恪守律师职业道德和执业纪律。律师执业必须以事实为根据,以法律为准绳。律师在执业活动中不得有下列行为:(1)私自接受委托、收取费用,接受委托人的财物或者其他利益;(2)利用提供法律服务的便利牟取当事人争议的权益;(3)接受对方当事人的财物或者其他利益,与对方当事人或者第三人恶意串通,侵害委托人的权益;(4)违反规定会见法官、检察官、仲裁员以及其他有关工作人员;(5)向法官、检察官、仲裁员以及其他有关工作人员行贿,介绍贿赂或者指使、诱导当事人行贿,或者以其他不正当方式影响法官、检察官、仲裁员以及其他有关工作人员依法办理案件;(6)故意提供虚假证据或者威胁、利诱他人提供虚假证据,妨碍对方当事人合法取得证据;(7)煽动、教唆当事人采取扰乱公共秩序、危害公共安全等非法手段解决争议;(8)扰乱法庭、仲裁庭秩序,干扰诉讼、仲裁活动的正常进行。

二、案件办理方面的关系规范

在案件办理方面,律师和检察官一般应遵守以下规范:

1. 自觉排斥对方不当干扰。检察官应当严格依法办案,不受当事人委托的律师利用各种关系、以不正当方式对案件侦查、审查批捕、审查起诉等办案活动进行的干涉或者施加的影响。律师在代理案件之前及其代理过程中,不得向当事人宣称自己与侦查或者受理案件检察院的检察官具有亲朋、同学、曾经同事等关系,并不得利用这种关系或者以法律禁止的其他形式干涉或者影响检察机关对案件的办理。检察官不得私自单方面会见当事人委托的律师。律师不得违反规定单方面会见检察官。

2. 严格执行回避制度。检察官应当严格执行回避制度,如果与本案当事人委托的律师有亲朋、同学、师生、曾经同事等关系,可能影响案件公正处理的,应当自行申请回避,是否回避由本院检察长或者检察委员会决定。律师因法定事由或者根据相关规定不得担任诉讼代理人或者辩护人的,应当谢绝当事人的委托,或者解除委托代理合同。

3. 共同保守案件保密。检察官应当严格执行有关诉讼制度,依法告知当事人委托的律师本案侦查或者办理的相关情况,但是不得泄露检察秘密。律师不得以各种非法手段打听案情,不得违法误导当事人的诉讼行为。

4. 共同遵守诉讼程序。检察官在办理案件过程中,应当严格按照法律规定的诉讼程序进行,尊重律师的执业权利,认真听取当事人及其委托的律师的意见。律师应当自觉遵守诉讼规则,尊重检察官的执法活动,依法履行辩护、代理职责。

5. 共同遵守司法礼仪。检察官和律师在诉讼活动中应当严格遵守司法礼仪,保持良好的仪表,举止文明。

三、司法廉洁方面的关系规范

司法廉洁方面,律师和检察官至少应遵守以下三个方面的规范:

1. 检察官不得向当事人委托的律师索取或者收受金钱、礼品、有价证券等;不得借本人或者其近亲属婚丧喜庆事宜向律师索取或者收受礼品、礼金;不得接受当事人委托的律师的宴请;不得要求或者接受当事人委托的律师出资装修住宅、购买商品或者进行娱乐、旅游等各种形式的消费活动;不得要求当事人委托的律师报销任何费用;不得向当事人委托的律师借用交通工具、通讯工具或者其他物品。

2. 当事人委托的律师不得借检察官或者其近亲属婚丧喜庆事宜馈赠金钱、礼品、有价证券等;不得向检察官请客送礼、行贿或者指使、诱导当事人送礼、行贿;不得为检察官装修住宅、购买商品或者出资邀请检察官进行娱乐、旅游等各种形式的消费活动;不得为检察官报销任何费用;不得向检察官出借交通工具、通讯工具或者其他物品。

3. 检察官不得要求或者暗示律师向当事人索取财物或者其他利益。当事人委托的律师不得假借检察官的名义或者以联络、酬谢检察官等为由,向当事人索取财物或者其他利益。

四、相互监督方面的关系规范

在律师和检察官相互维护彼此之间正常职业的时候,二者应当相互监督。

一方面,律师对于检察官有违反本规定行为的,可以自行或者通过司法行政部门、律师协会向检察机关反映情况,或者署名举报,提出追究违纪检察官党纪、政纪或者法律责任的意见。

另一方面,检察官对于律师有违反本规定行为的,可以直接或者通过检察机关向有关司法行政部门、律师协会反映情况,或者提出给予行业处分、行政处罚直至追究刑事责任的检察建议。

此外,当事人、案外人发现检察官或者律师有违反职业关系行为的,可以向检察机关、司法行政部门、纪检监察部门、律师协会反映情况或者署名举报。人民检察院、司法行政部门、律师协会对于违反职业行为规范的检察官、律师,应当视其情节,按照有关法律、法规或者规定给予处理;构成犯罪的,依法追究刑事责任。

五、律师与检察官在刑事诉讼中的关系规则

律师与检察官在刑事诉讼中的职业关系主要表现在平等、对抗和协作三个方面。

1. 在刑事诉讼中,律师与检察官的平等主要包括三个方面的内容:

第一,主体地位的平等。一方面,作为控诉方的检察官不能拥有对辩护方的绝对支配地位,更不能对被告人作出有罪或者无罪的判定;另一方面,作为辩护人的律师也具有相对独立的地位,他不依赖于检察官而存在。

第二,诉讼参与的平等。诉讼参与平等承认诉讼主体的平等参与。通过主动参与到刑事诉讼的过程中来,律师能和检察官一样亲自体验和影响刑事程序的运行进程,并有效地改变程序结果的状态。

第三，司法待遇的平等。在具体的诉讼过程中，法官作为庭审的指挥者，应该保障双方的诉讼权利和诉讼义务落到实处：一方面要在诉讼过程中给予律师和检察官以平等的机会、便利和手段；另一方面要对双方的主张和证据予以同等的关注和考虑。

2. 在刑事诉讼中，律师与检察官的对抗体现在：

其一，地位对抗。辩护律师接受刑事被告人的委托，为保障被告人的合法权益，进行无罪、罪轻的辩护，是辩方；检察机关在刑事审判中承担对被告人依法进行追诉、依法追究其刑事责任的任务，其角色被定为与辩方平等对抗的一方，即公诉人。

其二，诉求对抗。在犯罪行为的刑事责任判断上，控辩双方的主张必然会截然不同甚至完全对立，这种对立冲突的态势必然体现为诉讼行为方式上的对抗，使控辩双方在事实上和法律上的对抗贯穿于整个刑事庭审过程。

其三，职能对抗。律师与检察官在刑事诉讼中的职能是天然对立的。当然，律师与检察官在职能对抗方面也不是绝对的。比如，在刑事诉讼中，检察官在建议对被告人从轻、减轻处罚时可能赞同律师的一部分观点，律师可以作无罪辩护，也可以作有罪辩护，在作有罪辩护时可以赞同检察官对案件的定性意见。

3. 检察官和律师是辩证统一的关系，二者既相互区别又相互联系。虽然二者存在对抗的一面，但二者的使命或根本目标却是一致的：律师和检察官应当忠实于宪法和法律，依法履行职责，共同维护法律尊严和司法权威。由于二者根本目标的一致性，律师与检察官在职业关系中也存在协作的一面。

第二节　案例研习

一、唐某某受贿案

（一）简要案情

湖南省衡阳市雁峰区人民法院审理湖南省衡阳市雁峰区人民检察院起诉指控原审被告人唐某某犯受贿罪一案，于2013年12月14日作出刑事判决。被告人唐某某不服，提出上诉。

上诉人唐某某认为自己没有利用职务之便，更没有为他人谋利，故不构成受贿罪。其上诉主要理由是：

1. 原判认定上诉人的口供与证人何某某的口供，作为定案的依据不当。因何某某是在被刑拘后交待，上诉人也是在"双规"后才被迫交待的，本案带有明显对证人和上诉人先入为主、有罪推定倾向。由于公安存在先入为主的倾向，所以其对羁押中的何某某所取得的口供，其真实性、完整性本身不客观。有人伪造衡阳县人民检察院《案件讨论记录》。本案不符合受贿隐秘性特征,更违背了"权钱交易"的本质特征,因何某某有请托却从未能表达请托。

2. 原判认定上诉人将何某某的钱欲退未果,无合法有效证据支持。

(二)查明事实

一审法院查明,被告人唐某某系湖南省衡阳市人民检察院(以下简称市检察院)检察员,2009年4月任正科级检察员,同年10月任该院公诉局案件审查二科副科长。

2005年3月17日,衡阳市公安局将侦查终结的刘某某案移送市检察院审查起诉。市检察院公诉科指定唐某某承办该案。刘某某的妻子何某某(另案处理)经刘某某案代理人李某(另案处理)介绍认识唐某某,为了使刘某某重罪轻判,案件交由基层检察院办理,何某某于同年10月初的一天中午,在衡阳市莲湖广场附近一酒店请唐某某吃饭,何某某在包厢内将2万元钱送给唐某某,被唐某某拒收。事后,同行的李某责备何某某送钱方法不对,并面授机宜。当天晚上9时许,何某某得知唐某某在院里加班,遂赶到市检察院,并打电话约唐某某出来,被唐某某拒绝,何某某便在市检察院办公楼处人行道等候,待唐某某下班回家时,何某某将2万元塞给唐某某即离开。过了两三天,唐某某与何某某在市检察院附近见面时,欲将2万元钱退给何某某未果。

2005年12月5日,唐某某将刘某某案提交本科集体讨论,唐某某审查认为该案判不到无期徒刑,建议将案件移送基层人民检察院审查起诉。经公诉科集体讨论并报请院领导同意,市检察院将该案交由衡阳县人民检察院审查起诉。2006年3月21日,衡阳县人民检察院就刘某某案的审查情况向市检察院公诉科请示汇报时,唐某某在讨论中发表了有利于刘某某的处理意见,同年4月24日,衡阳县人民检察院以刘某某犯寻衅滋事罪、敲诈勒索罪提起公诉。同年6月9日,衡阳县人民法院以敲诈勒索罪判处刘某某有期徒刑1年2个月,缓刑1年6个月。2012年4月10日,唐某某因涉嫌受贿被中共衡阳市纪律检查委员会"双规",唐某某交代了自己收受何某某2万元的事实,并退缴受贿款2万元。

上述事实,有公诉机关提交的、并经法庭质证、认证的证据予以证实。

(三)法院判决

一审法院认为,被告人唐某某身为国家机关工作人员,利用职务上的便利,非法收受他人财物,为他人谋取利益,其行为已构成受贿罪。唐某某在庭审中翻供,称其已退回贿赂款,这与本案证据矛盾,而其庭前供述与其他证据能相互印证,依据《最高人民法院关于适用〈中华人民共和国刑事诉讼法〉的解释》的规定,其辩解不能成立。唐某某的辩护人提出唐某某没有收受他人财物,没有利用职务上便利为他人谋取利益,不构成受贿罪,缺乏事实和法律依据,该院不予采纳。鉴于唐某某在纪委调查阶段就坦白了受贿事实,并已退缴受贿款,犯罪情节轻微,依法免予刑事处罚。依照《中华人民共和国刑法》《最高人民法院、最高人民检察院关于办理职务犯罪案件严格适用缓刑、免予刑事处罚若干问题的意见》的规定,判决:被告人唐某某犯受贿罪,免予刑事处罚。

二审中,上诉人及其辩护人,以及衡阳市人民检察院在二审期间,均未提供新的证据。二审法院审理查明,原判认定上诉人唐某某犯受贿罪的事实清楚,证据确实、充分,予以确认。

二审法院认为,上诉人唐某某身为国家机关工作人员,利用职务上的便利,非法收受他人财物,其行为已构成受贿罪。上诉人唐某某上诉称,原判认定其受贿2万元的事实不当,因原判据此认定的证据不客观,上诉人已将2万元退还给何某某。且何某某有请托却从未表达请托,上诉人没有利用职务之便,更没有为他人谋利,其行为不构成受贿罪。其二审辩护人亦持同样的意见。经查,对刘某某故意伤害案,衡阳市人民检察院为提高侦查效率,上诉人在公安机关侦查阶段受委派已提前介入。2005年3月17日,衡阳市公安局将侦查终结的刘某某案移送衡阳市检察院审查起诉。衡阳市检察院原公诉科指定唐某某承办该案。同年10月初的一天中午,通过李某介绍邀请,在衡阳市莲湖广场附近一酒店请唐吃饭,唐某某虽与何某某未交谈,但已初步接触,并拒收何某某2万元。根据侦查机关调取的证人何某某的证言和上诉人唐某某在侦查机关的供述和辩解,足以认定上诉人唐某某明知何某某送钱的意图和请托意愿,而非法收受何某某2万元欲退未果的事实。诚然,唐某某在检察机关的供述有反复,与证人何某某的证言所证实的细节有差异虽属实,但符合情理,因何某某送钱的时间和其所作证的时间,相隔达7年之久。但尚不足以否定唐某某收受2万元贿赂的事实,且无证据证实检察机关在讯问上诉人时,存在诱供或刑讯逼供等违法情形。证人何某某所作的证言是在侦查机关对其采取强制措施后调取的虽属实,但何某某系双重刑事诉讼身份即犯罪嫌疑人和证人身份,在此情况下,侦查人员调取何某某的证言并不违法。故侦查机关对上诉人唐某某的讯问笔录及调取证人何某某的证言经庭审质证,均具有法律效力,可作为定案的依据。同时,两次检察机关案件讨论笔录,尤其是2006年3月21日,衡阳县人民检察院就刘某某案的审查情况向衡阳市人民检察院公诉部门请示汇报时,上诉人唐某某也参与了此次会议,唐某某作为原交办该案的承办人,相对其科室的其他工作人员而言,对该案案情更了解,在讨论中却发表了有利于刘某某的处理意见。且现无证据证实该讨论笔录系他人伪造的事实。当然,此时唐某某已将案件交办给衡阳县人民检察院,其审查起诉职责已完成属实。但唐某某毕竟是上级检察机关的工作人员,故尚不能否定其职务行为与非法收取他人钱财之间的刑法因果关系,完全符合受贿罪的构成要件。故上诉人唐某某及其辩护人辩称的上诉人的行为不构成受贿罪的理由不能成立,本院不予采纳。衡阳市人民检察院出具的本案书面审查意见,

本院依法应予支持。据此,依据《刑事诉讼法》之规定,裁定如下:

驳回上诉,维持原判。

(四) 案件评析

本案涉及检察官与律师之间司法廉洁的关系规范。

律师职业伦理以及检察官职业伦理都规定了其各自廉洁自律的纪律规则。在检察官和律师的关系中,司法廉洁关系可以说是属于其自律内容的一部分,显示着这两类法律人共同的职业要求。

检察官不得向当事人委托的律师索取或者收受金钱、礼品、有价证券等。当事人委托的律师不得向检察官请客送礼、行贿或者指使、诱导当事人送礼、行贿;不得为检察官装修住宅、购买商品或者出资邀请检察官进行娱乐、旅游等各种形式的消费活动。

本案中,李某作为刘某某案件的代理人,从律师职业伦理的角度,其有维持法官、检察官廉政的义务,以保障法庭以及法律实施的公正。但是其不但没有遵守这一原则,还积极促进刘某某妻子与案件负责检察官认识、吃饭,教授其行贿检察官的技巧。这一行为不仅仅违反了律师纪律的规定,也触犯了刑法相关规定(已另案处理)。从案件检察官唐某某的角度来看,他对于这类行贿、请吃,有拒绝的义务,但是没有拒绝,经过法院的审理认定,其职务行为与非法收取他人钱财之间的刑法因果关系不能被否认。唐某某与李某均违反了检察官与律师司法廉洁关系规范中对于二者行为的规定和要求。

二、检察院监督律师违规收费,谢某某律师收取"检察院办案费"被处罚一案

(一) 简要案情

2009年7月,有群众向成都市双流县检察院反映,检察院存在办案收费的问题。双流县检察院立即展开调查。

3月1日,检察院查明,所谓"收费",系四川省中港律师事务所主任谢某某以"打点检察官"为名向犯罪嫌疑人家属索取费用。检察院向青羊区司法局反映上述情况,并建议司法局对谢某某的行为作出相应处罚。

(二) 查明事实

2008年,郭某某等3人在双流华阳某小区买断该小区口岸做塑钢门窗生意,不准他人在此做同类生意,并多次阻拦其他做同类生意的人进入,还为此发生纠葛、殴打,致刘某受伤住院。

2009年2月20日,郭某某等3人因涉嫌强迫交易罪被双流县公安局刑拘,同年3月27日,该3人被双流县检察院以寻衅滋事罪批捕。警方于5月21日将此案移送双流县检察院审查起诉。

6月初,郭某某之姐郭某书面委托四川省中港律师事务所主任谢某某担任

郭某某的辩护律师。不久,谢某某对郭某某之妻周某说,案件已到了检察院,现在要打点检察官,已和检察官说好了,如果给10万元的话,一星期内就可以放人。家属信以为真,但认为钱要得太多,请求是否可以少点,并提出分期付款。经过讨价还价,谢某某同意降到8万元,要求先付4万元。

8月4日,谢某某收取郭某某姐姐及其妻周某支付的现金4万元后,打了一张收条。该条记载"今收到郭某某办案费用肆万元整。用于办理郭某某不予起诉。如不予起诉办理成功(大约7天),郭某某须再补交办案费用肆万元整。如不予起诉办理不成功,今收的肆万元由我负责退还。"

8月9日,谢某某得知检察机关介入调查此事,遂以检察官不同意刑事和解为由退还4万元。

根据双流县公安局关于郭某某一案的调解书显示,2008年11月29日本案被害人案发后与犯罪嫌疑人达成赔偿协议,犯罪嫌疑人已赔偿被害人2500元。在公诉阶段,被害人没有再提起附带民事诉讼,不涉及刑事和解赔偿的问题。同时,根据双流县检察院纪检监察部门的调查,该院公诉科承办检察官从未与谢某某提及该案要进行所谓的"刑事和解",更没有作出交8万元就放人的承诺。双流县检察院还了解到,该事务所自接受为郭某某辩护之委托到8月10日期间,已先后收取了为郭某某辩护的律师费共计2.3万元。

(三)处理结果

经查证核实上述事实,双流县检察院认为谢某某为获取非法利益,采用虚构事实和欺骗的方法,骗取犯罪嫌疑人家属钱财的行为,违反了《律师法》《律师职业道德和执业纪律规范》等规定,其行为严重违法、违纪、违规,不仅损害了委托人及犯罪嫌疑人的合法权益,更损害了检察机关形象,破坏了国家法律的尊严。2009年12月,双流县检察院向四川省司法厅发出检察建议,建议依法依纪对当事律师进行严肃处理。

青羊区司法局随即派员进行调查,认为律师谢某某在办理郭某某涉嫌寻衅滋事案过程中私自收取委托人4万元"办案费"的行为,违反了律师法的相关规定,应当受到相应处罚。2010年1月28日,成都市青羊区司法局对谢某某私自收取委托人4万元"办案费"的行为,作出停止执业3个月的行政处罚决定。

(四)案件评析

本案涉及的问题,一是律师与检察官在相互监督方面的关系规范;二是律师与检察官司法廉洁的关系规范。

律师与检察官之间应当进行相互监督。这种监督是相互的,体现在:检察官对于律师有违反本规定行为的,可以直接或者通过检察机关向有关司法行政部门、律师协会反映情况,或者提出给予行业处分、行政处罚直至追究刑事责任的检察建议;律师对于检察官有违反本规定行为的,可以自行或者通过司法行政部门、律师协会向检察机关反映情况,或者署名举报,提出追究违纪检察官党纪、政纪或者法律责任的意见。

此外,当事人、案外人发现检察官或者律师有违反职业关系行为的,可以向检察机关、司法行政部门、纪检监察部门、律师协会反映情况或者署名举报。人民检察院、司法行政部门、律师协会对于违反职业行为规范的检察官、律师,应当视其情节,按照有关法律、法规或者规定给予处理;构成犯罪的,依法追究刑事责任。

本案中,双流县检察院接到举报后,对于谢某某的行为进行调查,查明其违规收取当事人费用的事实后,依法向司法局反映,并建议其对谢某某的违规行为进行处罚,正是体现了检察官与律师关系中相互监督的一方面。

律师与检察官司法廉洁的关系规范,要求检察官不得要求或者暗示律师向当事人索取财物或者其他利益。当事人委托的律师不得假借检察官的名义或者以联络、酬谢检察官等为由,向当事人索取财物或者其他利益,强调的是律师与检察官相对当事人的廉洁性。本案中,谢某某向当事人及其亲属收取"打点检察官"的费用,已经违反了司法廉洁的关系规范。

三、孙某渎职、受贿一案

(一) 简要案情

长春市检察院指控检察官孙某渎职、收受贿赂向法院提起公诉。

检察院指控:2008年9月,女检察官孙某受理了王某、王某某父子涉嫌非法占用耕地罪、侵占罪一案。孙某向王某亲属介绍了自己的好友韩某担任此案律师。在对王某案件进行调查过程中,孙某与韩某先后两次收受嫌疑人亲属6万元贿赂。随后,孙某利用自己的职权,对王某案提出不予起诉意见书并得到检委会通过。

孙某对自己的犯罪事实没有否认,但其主张其是在被领导找回检察院后被抓的,由于检察院也是司法机关,所以应该算主动投案。

(二) 查明事实

1. 向当事人推荐律师

2008年9月,检察官孙某受理了王某、王某某父子涉嫌非法占用耕地罪、侵占罪一案。同年10月,在提审王某的时候,孙某对王某说,他们家之前请的律师业务水平不行,她可以找个更好的律师。王某默许了孙某的暗示,表示同意再请律师。于是孙某向王某推荐了自己的好友韩某(女,四平市某律师事务所工作人员,无律师资格)。

2. 收受贿赂6万元

2008年11月初,孙某通过韩某得到了王家愿意拿钱、以求从轻处罚的承诺。在补充取证过程中,孙某授意王某亲属付某以其所在村的名义出具对王某和王某某罪轻证据。11月中旬，孙某与韩某两次收受付某的6万元贿赂，孙某分得4万元、韩某分得2万元。

2008年11月24日，孙某向铁西区检察院检委会提出了不起诉意见，并经检委会讨论通过。后经四平市政法委协调，公安机关将王某和王某某释放。

2009年8月4日，王某某又因非法制造爆炸物、非法占用农地罪被长春市朝阳区检察院提起公诉。在案件审理过程中，王某供认之前对孙某和韩某行贿的事实。受贿案案发后，孙某被长春市检察院立案侦查。孙某返赃4万元，韩某返赃1万元。

以上事实有相应证人证言、物证等予以佐证。

（三）法院判决

法院认为，孙某向自己承办案件的涉案当事人亲属推荐自己好友韩某担任辩护人，并在案件的侦查过程中，利用自己的职权，与韩某共同先后收受贿赂6万元，以避免对王某的责任追究。上述案件事实清楚，证据充分，本院予以认定。针对孙某主张自己行为构成自首情节，长春市检察院反渎职侵权局侦查处出具的情况说明则证实：长春市检察院侦查人员到达铁西区检察院后，未向该院领导通报孙某案件的具体案情，该院领导也没有反映孙某任何涉案情况。两人的行为均已构成受贿罪。而孙某在被庭审时则供述："如果单位领导没找我，我也不能去单位；我没有去司法机关自动投案是不知道办案单位在哪。"因此，法院对于其属主动投案的辩解意见不予采纳。依据我国《刑法》有关条款，法院认定检察院对孙某所指控的罪名成立，判处其有期徒刑6年。

（四）案件评析

本案涉及律师与检察官关系规范的如下问题：

第一，违反在案件办理方面，检察官与律师不得相互干扰的规则。检察官应当严格依法办案，不受当事人委托的律师利用各种关系、以不正当方式对案件侦查、审查批捕、审查起诉等办案活动进行的干涉或者施加的影响。律师在代理案件之前及其代理过程中，不得向当事人宣称自己与侦查或者受理案件检察院的检察官具有亲朋、同学、曾经同事等关系，并不得利用这种关系或者以法律禁止的其他形式干涉或影响检察机关对案件的办理。本案中，孙某检察官直接向案件当事人亲属建议其更换律师，并推荐自己的好友韩某担任代理人。孙某的行为违反了"检察官不得为律师或其他法律工作者推荐承接检察机关办理的案件；不得向当事人推荐介绍律师作为检察机关办理案件的诉讼代理人、辩护人"等行为规则。

第二，违反在案件办理过程中，律师与检察官应遵守回避原则。检察官应当严格执行回避制度，如果与本案当事人委托的律师有亲朋、同学、师生、曾经同事等关系，可能影响案件公正处理的，应当自行申请回避，是否回避由本院检察长或者检察委员会决定。本案中，孙某不仅没有自觉遵守这一原则，而且主动将与自己关系密切的好友韩某推荐给当事人亲属，严重影响司法公信力。

第三，违反在司法廉洁方面不得收取贿赂的规则。检察官不得要求或者暗示律师向当事人索取财物或者其他利益。当事人委托的律师不得假借检察官的名义或者以联络、酬谢检察官等为由，向当事人索取财物或者其他利益。

第四，违反刑事案件中，律师与检察官对抗关系的原则。检察官代表的是国家利益，其职能是让被告接受惩罚，把犯罪嫌疑人送上法庭。而律师是维护个人利益者，在诉求上是跟检察官对应的，律师的职能就是提出那些用以证明犯罪嫌疑人、被告人无罪、罪轻、减轻处罚或免除处罚的材料和证据，努力减轻或免除自己的委托人的处罚。律师与检察官对抗关系的前提是对事实与法律的忠实。本案中，孙某作为检察官，为谋取私利、收受贿赂，指使付某提供利于嫌疑人王某的证据，据此作出不起诉的意见书，其行为显然已经违背了控辩平衡这一原则，影响案件公正。

问题讨论

【辩护律师的情况说明书】

2014年6月4日，江西甘雨律师事务所律师熊某向法庭为公诉人提交了一份证明检察机关没有对自己当事人刑讯逼供的情况说明，而当事人当庭控告检察机关对其实施了刑讯逼供。

情况说明书内容：我是江西甘雨律师事务所执业律师，担任王某涉嫌合同诈骗、行贿一案的辩护人。我接受委托时案件已移送靖安县人民检察院起诉，且王某关押在靖安县看守所。2013年9月份，我与王某亲属王某某、何某某三人前往靖安县人民检察院为王某办理取保候审手续。在路上得知王某的父亲在医院住院，医院下达了病危通知。我们到达靖安后，靖安县人民检察院的领导和公诉科的李科长到靖安县看守所提审了王某。我作为王某的辩护律师确实在场，并告知了王某其父亲病危的情况。当时王某的情绪非常不稳定，甚至一度用头去撞门，要求停止提审。后经劝说才恢复平静，继续接受讯问，讯问完毕后，我作为在场人也在笔录上签了字。整个讯问过程，检查人员没有对王某采取刑讯逼供的行为。当天下午，靖安县人民检察院为王某办理了取保候审，将其释放。以上情况属实。

【问题】：

1. 上述案例中，熊某律师是否违反了律师与当事人关系中的职业伦理，是否适当？

2. 如何理解律师与检察官在诉讼中的平等、对抗、协作关系?

3. 本案例中,熊某律师的行为体现了律师对与检察官的协作关系的遵守,还是对于检察官对抗关系的违背?

4. 结合本案例,谈谈你对诉讼中律师与当事人、检察官关系的认识。

第三部分
律师职业内部的关系规则

律师职业内部的关系规则概述

律师事务所是律师的执业场所,直接负责对律师的日常管理工作,如人事、业务、财务、行政等方面的管理。世界上绝大部分国家和地区将律师的执业机构称为律师事务所,例外情况,如印度的律师可以在家办案,也可以在法院办案。律师事务所在律师执业活动中具有重要的意义,律师职业内部关系首先是在律师事务所内部展开的,律师事务所既是法律服务事务的经营者,也是律师的管理者。律师事务所具有相对独立于律师的法律地位,律师需通过律师事务所统一接受委托来办理事务;律师的职业秘密、律师执业活动中的利益冲突等问题均与律师事务所的管理有密切关系,律师事务所作为整个律师管理体系的基础,起到承上启下的作用。

日本著名企业家松下幸之助曾说过:"一个行业内互相诋毁,这个行业是没有希望的。"律师之间良好关系的建立涉及整体律师形象以及整体律师权益的维护。律师应当尊重同行,以礼相待,公平竞争。这一基本的职业道德要求律师之间应当以友爱和公平为准则。我国大陆和台湾地区在律师与同行的职业伦理中均要求"律师间应该彼此尊重""律师不应诋毁、中伤其他律师"等。律师之间的同道情谊并非要求律师之间仅作表面功夫,而是要求律师之间真正做到以诚相待,相互承认及尊重。

在律师与同行的关系中,同行之间的竞争与合作是主要内容。同行竞争关系是指两个或多个律师在案源、业务或资源方面存在的竞争关系,是法律服务市场打破垄断和提升质量的必备条件。同行合作关系是两个或多个律师在案源、业务或资源方面存在的相互帮助与协作关系,是法律服务市场健康有效运行的必备条件。律师在法庭上可激烈辩论,甚至争论,但是在法庭之外应仍能够如朋友般相待。同行的相互扶持也是要求律师加入律师协会的基础,律师整体的形象与律师个体形象密不可分。

公职律师制度起源于英国,并为英美法系国家普遍采用。目前世界上很多国家和地区都建立了比较完善的公职律师制度。如美国的政府律师制度,美国的政府律师主要包括:地方、州和联邦机构的执业的律师,公设辩护人和其他公职律师。我国香港地区也建立了政府律师制度,政府律师主要是指应聘在立法会、香港行政会议、律政司、法律援助署、公司注册处、土地注册处、破产管理署、知识产权署、海关总署、廉政公署等政府机关中工作的律师,是香港政府的公务员。在司法行政机关大力推动下,经过试点,我国逐步建立起公职律师制度。公职律师制度的建立对于促进依法行政、维护政府合法权益、改变我国律师行业结构单一的状况发挥着重要作用。

第十三章 律师与同行的关系规则

所谓"同行",按照《现代汉语词典》的解释,是指从事同一行业的人员。所谓"同行关系",在笔者看来,是基于同一行业而形成的职业关系。任何一个行业均有众多的从业人员,各行各业均有不同的同行关系,律师行业也是这样。律师行业的同行关系也就是律师与其他律师之间的职业关系。

第一节 律师与同行关系的理论与规则

一、律师与同行关系类型

律师与同行关系的类型有以下几种:

(一)内部同行关系与外部同行关系

以律师同行关系的存在范围为标准,可以分为内部同行关系与外部同行关系。内部同行关系是一个相对的概念,它可以指同一律师协会属下的律师同行,也可以指某一特定区域内的律师同行,但通常是指同一律师事务所内部律师之间的职业关系。外部同行关系也是一个相对的概念,它可以指不同律师协会的律师之间的同行关系,也可以指不同区域律师之间的同行关系,但通常是指不同律师事务所的律师之间的同行关系。

(二)同行竞争关系与同行合作关系

以律师同行关系的表现形式为标准,可以分为同行竞争关系和同行合作关系。所谓同行竞争关系,是指两个或多个律师在案源、业务或资源方面存在的竞争关系,是法律服务市场打破垄断和提升质量的必备条件。所谓同行合作关系,是指两个或多个律师在案源、业务或资源方面存在的竞争关系,是法律服务市场健康有效运行的必备条件。律师的同行合作关系并不简单地表现为团队合作。要实现真正意义上的合作,还必须强化合作共赢意识。只有做到这一点,才可以更好地提升每一位律师的业务水平,达到真正建立律师精英队伍的目的。

(三)良性同行关系与恶性同行关系

以律师同行之间的竞争性质为标准,可以将律师同行之间的关系分为良性同行关系与恶性同行关系。良性同行关系是一种正态的、建立在实力和声誉之上的竞争关系。恶性同行关系则是一种负面的、以非法手段或非道德方式形成的竞争关系。

二、律师与同行关系规则

在了解了律师与同行关系的几种类型后,我们需要进一步了解律师职业伦理对律师与同行之间的关系有哪些要求。具体来说,律师职业伦理对律师与同行之间的关系有以下几方面的伦理要求:

(一)相互尊重

相互尊重是人与人之间相处的最基本的要求,只有学会尊重别人,才会赢得别人的尊重。相互尊重也是律师与同行之间相处的最基本要求,律师在一般的日常生活中应当尊重他人,在职业生涯中更要尊重同行。正因为如此,全国律协《律师执业行为规范》对律师与同行之间的相互尊重作了规定。

全国律协《律师执业行为规范》第72条规定:"律师与其他律师之间应当相互帮助、相互尊重。"第73条规定:"在庭审或者谈判过程中各方律师应当互相尊重,不得使用挖苦、讽刺或者侮辱性的语言。"第74条规定:"律师或律师事务所不得在公众场合及媒体上发表恶意贬低、诋毁、损害同行声誉的言论。"

(二)相互帮助

相互帮助对于培养律师与律师之间的职业认同感,避免律师之间的不正当竞争具有非常重要的意义。正因为如此,全国律协《律师执业行为规范》和《律师职业道德和执业纪律规范(修订)》都对此作了明确规定。《律师职业道德和执业纪律规范》第42条规定:"律师之间应该相互学习,相互帮助,共同提高执业水平。"《律师执业行为规范》第9条规定:"律师应当尊重同行,公平竞争,同业互助。"第72条规定:"律师与其他律师之间应当相互帮助、相互尊重。"律师之间的相互帮助包含许多方面的含义。比如律师之间在业务上的相互切磋、相互研讨、相互支持,等等。其中最受律师认同和欢迎的方面就是律师之间相互介绍案源。

(三)避免恶性竞争

根据全国律协《律师职业道德和执业纪律规范(修订)》的规定,律师与同行之间的竞争应当遵守以下规范:

其一,律师应当遵守行业竞争规范,公平竞争,自觉维护执业秩序,维护律师行业的荣誉和社会形象。

其二,律师在介绍自己的业务领域和专业特长时可以通过以下方式:(1)可以通过文字作品、研讨会、简介等方式以普及法律,宣传自己的专业领域,推荐自己的专业特长;(2)提倡、鼓励律师、律师事务所参加社会公益活动。

其三,律师不得采用不正当手段进行业务竞争,损害其他律师的声誉或者其他合法权益。律师不得以下列方式进行不正当竞争:(1)不得以贬低同行的专业能力和水平等方式招揽业务;(2)不得以提供或承诺提供回扣等方式承揽业务;(3)不得利用新闻媒介或其他手段向其提供虚假信息或夸大自己的专业能力;(4)不得在名片上印有各种学术、学历、非律师业职称、社会职务以及所获荣誉等;(5)不得以明显低于同业的收费水平竞争某项法律事务。

根据全国律协《律师执业行为规范》的规定,律师与同行之间的竞争应当遵守以下规范:

第77条:"律师和律师事务所不得采用不正当手段进行业务竞争,损害其他律师及律师事务所的声誉或者其他合法权益。"

第78条:"有下列情形之一的,属于律师执业不正当竞争行为:(一)诋毁、诽谤其他律师或者律师事务所信誉、声誉;(二)无正当理由,以低于同地区同行业收费标准为条件争揽业务,或者采用承诺给予客户、中介人、推荐人回扣、馈赠金钱、财物或者其他利益等方式争揽业务;(三)故意在委托人与其代理律师之间制造纠纷;(四)向委托人明示或者暗示自己或者其属的律师事务所与司法机关、政府机关、社会团体及其工作人员具有特殊关系;(五)就法律服务结果或者诉讼结果作出虚假承诺;(六)明示或者暗示可以帮助委托人达到不正当目的,或者以不正当的方式、手段达到委托人的目的。"

第79条:"律师和律师事务所在与行政机关、行业管理部门以及企业的接触中,不得采用下列不正当手段与同行进行业务竞争:(一)通过与某机关、某部门、某行业对某一类的法律服务事务进行垄断的方式争揽业务;(二)限定委托人接受其指定的律师或者律师事务所提供法律服务,限制其他律师或律师事务所正当的业务竞争"。

第80条:"律师和律师事务所在与司法机关及司法人员接触中,不得采用利用律师兼有的其他身份影响所承办业务正常处理和审理的手段进行业务竞争。"

第81条:"依照有关规定取得从事特定范围法律服务的律师或律师事务所不得采取下列不正当竞争的行为:(一)限制委托人接受经过法定机构认可的其他律师或律师事务所提供法律服务;(二)强制委托人接受其提供的或者由其指定的律师提供的法律服务;(三)对抵制上述行为的委托人拒绝、中断、拖延、削减必要的法律服务或者滥收费用。"

第82条:"律师或律师事务所相互之间不得采用下列手段排挤竞争对手的公平竞争:(一)串通抬高或者压低收费;(二)为争揽业务,不正当获取其他律师和律师事务所收费报价或者其他提供法律服务的条件;(三)泄露收费报价或者其他提供法律服务的条件等暂未公开的信息,损害相关律师事务所的合法权益。"

第83条第1款:"律师和律师事务所不得擅自或者非法使用社会专有名称或者知名度较高的名称以及代表其名称的标志、图形文字、代号以混淆误导委托人。"

第84条:"律师和律师事务所不得伪造或者冒用法律服务荣誉称号。使用已获得的律师或者律师事务所法律服务荣誉称号的,应当注明获得时间和期限。律师和律师事务所不得变造已获得的荣誉称号用于广告宣传。律师事务所已撤销的,其原取得的荣誉称号不得继续使用。"

此外,根据司法部《关于反对律师行业不正当竞争行为的若干规定》的规定,律师之间的相互竞争还应当遵守以下规定:

其一,律师的执业行为必须遵循公平、平等、诚实、信用的原则,遵守律师职业道德和执业纪律,遵守律师行业公认的执业准则。

其二,律师不得从事以下不正当竞争行为:(1)通过招聘启事、律师事务所简介、领导人题写名称或其他方式,对律师或律师事务所进行不符合实际的宣传;(2)在律师名片上印有律师经历、专业技术职务或其他头衔;(3)借助行政机关或行业管理部门的权力,或通过与某机关、部门联合设立某种形式的机构而对某地区、某部门、某行业或某一种类的法律事务进行垄断;(4)故意诋毁其他律师或律师事务所声誉,争揽业务;(5)无正当理由,以在规定收费标准以下收费为条件吸引客户;(6)采用给予客户或介绍人提取"案件介绍费"或其他好处的方式承揽业务;(7)故意在当事人与其代理律师之间制造纠纷;(8)利用律师兼有的其他身份影响所承办业务正常处理和审理。

其三,对于律师之间的不正当竞争行为,可以由律师惩戒委员会进行检查、监督和惩戒。地、市(州)的律师惩戒委员会负责对本辖区的律师的不正当竞争行为进行惩戒。

(四)相互合作

中国的律师业经过十多年的快速发展,一批批的律师成长起来,随着律师执业时间和经验的积累,随着大量新的律师从业人员的进入,随着律师行业准入的各项政策的不断变化与完善,和世界上许多国家的律师一样,中国的律师们也已经呈现出不同的类型与生存状态。在这种情况下,如何培养正常的职业竞争环境,如何增强律师之间的相互合作,显得尤为重要。

关于律师之间的相互合作,全国律协《律师执业行为规范》和《律师职业道德和执业纪律规范》均作了明确规定。《律师职业道德和执业纪律规范》第41条规定,自觉维护执业秩序,维护律师行业的荣誉和社会形象。全国律协《律师执业行为规范》第9条规定:"律师应当尊重同行,公平竞争,同业互助。"据此,就同一事由提供法律服务的律师之间应明确分工,相互协作,意见不一致时应当及时通报委托人决定,律师不得阻挠或者拒绝委托人再委托其他律师参与同一事由的法律服务。

第二节 案例研习

一、某公司投诉 YH 律师事务所陈律师——违规印制名片①

（一）简要案情

2002 年 5 月 20 日，投诉人北京某公司（以下简称某公司）以律师在代理过程中未能依法维护投诉人的合法权益，导致投诉人被迫撤诉为由投诉北京市 YH 律师事务所（以下简称 YH 所）及陈律师。

投诉人北京某公司称：

我公司于 1999 年 11 月 24 日与 YH 所签订《委托代理协议》，YH 所指派陈律师为我公司与中国某股份公司纠纷案的非诉讼及诉讼代理人，YH 所共收费 3 万元。

我公司认为 YH 所和陈律师在签订和履行委托代理协议中存在如下问题：

1. 被投诉律师在接案过程，有虚假宣传行为。陈律师的名片上印有：《北京晚报》"包律师法律答疑"、YH 所陈律师、中国注册执业高级律师、中国首届省级十佳律师、香港国际法律服务有限公司顾问；

2. 被投诉律师在代理过程中未向投诉人解释被投诉律师与其当时所在律师事务所之间的"挂靠"关系；

3. 被投诉律师应返还剩余办案费用 4000 多元给我公司；

4. 被投诉律师在代理案件过程中违背最起码的诉讼常识，未能依法维护投诉人的合法权益，最终导致投诉人被迫撤诉，主要表现在：

（1）在法院开庭审理前，被投诉律师不积极联系法院，索取答辩状及证据；

（2）在法院开庭审理过程中，由于被投诉律师的失职，导致投诉人在质证环节、法庭辩论阶段都十分被动。

被投诉人陈律师答辩称：

1. 在代理投诉人案件过程中，我无超协议范围工作；

2. 投诉人撤诉并非因我工作失职所致；

3. 我在案件开庭前及庭审过程中的代理行为均符合法律的规定及诉讼程序惯例，尽职尽责，并无失职表现；

4. 我及当时所在 YH 所不存在虚假宣传行为。

YH 所答辩称：

1. 陈律师于 1999 年 5 月 17 日调入我所任专职律师，2000 年 5 月 30 日调

---

① 参见北京市律师协会主编：《北京律师执业警示录》，中国政法大学出版社 2005 年版，第 181—184 页。

出我所,不存在投诉人称"陈律师是挂靠在我所"的问题。

2. 我所于 1999 年 3 月成立,经《北京晚报》领导同意,成为《北京晚报》"包律师法律答疑"成员之一。

3. 陈律师在此案中尽职尽责,没有违法违纪行为。委托律师办理的事项已办理完毕。

(二)查明事实

1. 被投诉律师于 1999 年 5 月 17 日调入 YH 所任专职律师,后于 2000 年 5 月 30 日从 YH 所调入北京市 YC 律师事务所。

2. 1999 年 11 月 24 日,YH 所与投诉人签订"委托律师协议"一份,双方约定:由 YH 所指派陈律师为投诉人与中国某股份公司侵权纠纷一案的一审诉讼代理人;陈律师的代理权限为一般代理,即陈律师代为承认、放弃、和解、反诉或上诉,需有投诉人特别授权;投诉人应于协议签订之日向 YH 所交纳律师费 15000 元,交通办案费 5000 元,另再于起诉或仲裁前交 1 万元。

3. 1999 年 11 月 24 日,投诉人向 YH 所交纳了 1 万元律师代理费;1999 年 12 月 8 日,投诉人向 YH 所交纳了 1 万元律师代理费。YH 所分别向投诉人出具了等额的"收费发票"。

4. YH 所在 1999 年与《北京晚报》"包律师法律答疑"栏目建立为期 1 年的合作关系,成为其协办律所之一。

5. 陈律师在 YH 所时使用的名片上印有:《北京晚报》"包律师法律答疑"、北京 YH 律师事务所陈律师、中国注册执业高级律师、中国首届省级十佳律师、香港国际法律服务有限公司顾问等内容。

6. 2000 年 3 月 2 日,投诉人起诉的案件于北京市某区人民法院开庭审理,从陈律师提交的该案件卷宗看,陈律师在接受投诉人委托后,收集了与案件有关的证据材料和法律法规,与投诉人进行了庭审前分析研究工作,按时到庭进行了代理工作,履行了代理律师的职责。

7. 2000 年 6 月 15 日,投诉人以"需进一步调查取证为由"向北京市某区人民法院提出撤诉申请,而后法院依法裁定准许投诉人撤诉。

(三)行业惩戒

1. 投诉人与 YH 所对于双方签订的《委托代理协议》的意思表示真实,该《委托代理协议》内容不违反国家法律、法规的规定,应当认定有效。

2. 由于陈律师当时所在 YH 所确为《北京晚报》"包律师法律答疑"栏目协办律所之一,被投诉律师在名片上所引内容均为真实,投诉人诉称的"被投诉律师有虚假宣传行为"的投诉理由,不能成立。

3. 陈律师在名片上所印有关内容违反了司法部司律字(1998)99 号《关于进一步规范律师事务所名称律师名片的通知》中"名片上不得带有律师经历、专业技术职务或其他头衔,以及与律师执业不相关的内容"的规定。

4. 在被投诉律师代理投诉人案件期间,被投诉律师确为 YH 所执业律师,投诉人诉称的有关"被投诉律师只是挂靠 YH 所"的投诉理由,因其无法找到法律及事实依据,不能成立。

5. 投诉人与 YH 所签订的《委托代理协议》约定:投诉人应于协议签订之日向 YH 所交纳律师费 15000 元、交通办案费 5000 元,另再于起诉或仲裁前交 1 万元。而后,双方在实际履行该协议过程中,投诉人先后两次向 YH 所支付名为"律师代理费"的款项合计 2 万元整,为此,YH 所向投诉人出具了等额的"北京市律师业专用发票"两张。双方的履行行为实际上是变更了《委托代理协议》中有关"律师费"及"办案费"支付条款的约定。鉴于 YH 所就投诉人所交纳的款项已向投诉人出具了等额的"北京市律师业专用发票",投诉人所诉称的"要求返还剩余办案费用 4000 多元"的投诉理由,不能成立。

6. 对于投诉人诉称的"被投诉律师缺乏最起码的诉讼常识,因其工作失职导致投诉人撤诉"的投诉理由,因投诉人缺乏充足证据证明其撤诉乃因被投诉律师工作失职所致,同时,被投诉律师所提交的大量证据材料证明其已较为尽职地履行作为一名诉讼代理律师的职责,故投诉人这一投诉理由,不能成立。

最终,律师协会纪律委员会决定:

责令陈律师停止使用上述违规名片,并按照相应规定重新印制名片报我会备案。

(四)案件评析

司法部司律字(1998)99 号《关于进一步规范律师事务所名称律师名片的通知》规定:"名片上不得带有律师经历、专业技术职务或其他头衔,以及与律师执业不相关的内容。"根据全国律协《律师职业道德和执业纪律规范》第 44 条规定:"律师不得以下列方式进行不正当竞争:……(四)不得在名片上印有各种学术、学历、非律师业职称、社会职务以及所获荣誉等……"另外全国律协《律师执业行为规范》第 77 条规定:"律师和律师事务所不得采用不正当手段进行业务竞争,损害其他律师及律师事务所的声誉或者其他合法权益。"第 84 条规定:"律师和律师事务所不得伪造或者冒用法律服务荣誉称号。使用已获得的律师或者律师事务所法律服务荣誉称号的,应当注明获得时间和期限。律师和律师事务所不得变造已获得的荣誉称号用于广告宣传。律师事务所已撤销的,其原取得的荣誉称号不得继续使用。"

但是在本案中,陈律师在他的名片上印有:《北京晚报》"包律师法律答疑"、北京 YH 律师事务所陈律师、中国注册执业高级律师、中国首届省级十佳律师、香港国际法律服务有限公司顾问等内容。这一做法明显违反了司法部以及全国律协颁布的相关执业规范的规定。陈律师这种做法的目的在于通过夸张的宣传手法来获得相对于同行的竞争优势,从而为自己招揽更多案源并从中获益。但是这种做法违反了律师职业伦理中关于禁止律师不当竞争的要求,所以是错误的。

二、上市公司涉嫌虚假陈述　律师独董外籍身份被隐瞒①

(一) 简要案情

在创业板上市不足半年的光线传媒(SZ,300251)深陷虚假陈述漩涡。《经济参考报》记者调查发现,在光线传媒《首次公开发行股票并在创业板上市招股说明书》(以下简称《招股说明书》)里对独董查某律师的相关陈述多处存在虚假内容,光线传媒招股书对其的信息披露涉嫌虚假陈述。

光线传媒在其《招股说明书》对公司独董查某介绍为:查某,中国国籍,无境外永久居留权,JD律师事务所合伙人,任期2009年7月31日至2012年7月31日。

事实上,查某并非JD律师事务所的合伙人,仅仅是该所专职律师。记者获得的一份由北京市司法局律师业务指导和执业监管处开具的证明材料显示:2001年查某取得律师执业资格,2005年11月4日取得律师执业证,自2008年10月28日起在JD律师事务所执业;查某自2008年10月28日在北京市执业以来一直系北京市JD律师事务所专职律师,不是合伙人。

另外,资料显示查某在2001年即已加入美国国籍,并非光线传媒在其《招股说明书》所陈述的:查某无境外永久居留权。

据记者了解,查某在2001年即已加入美国国籍。知情人士表示,2010年3月查某加入瑞泽资本有限公司,在履行股权登记的相关法律程序时,查某出具的身份证明是美国护照和北京JD律师事务所合伙人。

如果查某加入了美国国籍,他就不能在中国申请律师执业资格,更不可能成为JD律师事务所合伙人。《中华人民共和国律师法》规定,申请律师执业,应当通过国家统一司法考试。《国家司法考试实施办法》规定,具有中华人民共和国国籍为参加司法考试的必备条件。而《中华人民共和国国籍法》规定,中华人民共和国不承认中国公民具有双重国籍;定居外国的中国公民,自愿加入或取得外国国籍的,即自动丧失中国国籍。

北京问天律师事务所主任张远忠也对《经济参考报》记者表示,在中国进行律师活动需要是中国国籍,外国律师在中国是不能以律师身份进行活动的。查某在成为上市公司独董前应该有向上市公司上报材料和身份证明,如果说查某

---

① 载经济参考网,http://jjckb.xinhuanet.com/2012-01/11/content_353410.htm,2014年9月14日访问。

在提交身份证明时隐瞒了个人美国国籍的身份,则构成欺诈。

根据《中华人民共和国证券法》的明确规定,发行人、上市公司依法披露的信息,必须真实、准确、完整,不得有虚假记载、误导性陈述或者重大遗漏。

记者了解到,2005年4月至2008年4月,查某在担任紫光股份(SH,000938)独董时,紫光股份曾同样虚假陈述其为JD律师事务所合伙人。

2011年12月26日,光线传媒发布公告称,查某因个人身体原因,于12月23日书面辞去公司独立董事一职,该辞职报告将在公司股东大会(尚未举行)选举新独立董事后生效。

记者拨打了光线传媒招股书中公开的联系电话,接电话的相关人士表示:证监会已经开始对查某进行调查,我们能做的是配合调查。查某辞职是因为身体原因。

记者又向查某求证其国籍和JD律师事务所合伙人身份的问题。查某表示,辞去光线传媒独立董事确实是因为身体的原因,自己一直就是JD律师事务所的合伙人,中国的律师事务所有个惯例,就是登记的合伙人并不是每个律师事务所全部的合伙人,大部分的律师事务所都是这样。关于加入美国国籍一事,查某表示,在电话中不方便谈。

针对查某提到的中国律师事务所的惯例问题,张远忠表示,法律意义上的律师事务所的合伙人都是需要登记的,并且应该可以在司法局的网站上查到;如果只是律师事务所内部人之间的约定,则是不合规的。

有趣的是,查某因严重不当的职业行为而被北京市律师惩戒部门立案调查,相关报道已经见诸报端,但律师业界却长时间对此保持沉默。有北京律师在微博中转发关于此事的报道,立即就有律师也通过微博的评论,斥责转发律师落井下石。转发律师讪讪自辩:"我只是转发,没有评论。"

(二)案件评析

微博里的这个小风波颇为有趣,也许它说明了查某能潜伏十年的个中缘由。两位律师在微博上的争执,提出了一个有趣的律师职业伦理问题:律师对于同行的严重不当职业行为,是否有检举揭发的积极责任?即假如律师发现其他律师的职业行为严重背离律师职业行为规则,该律师是否有义务检举揭发至律师惩戒部门?

美国学者莱斯利指出:"在我们的社会,告发者的角色非常暧昧。在日常用语以及法律评论中不乏告密者、密探、叛徒这样的贬义词。在日常生活中人们也认为这样的行为违反了基本的伦理观念。"由于日常生活中将检举揭发视为告密行为,因而不少人对该行为颇为不屑。相对而言,律师界对于检举揭发同行之事更加觉得匪夷所思,也更为排斥。假如二者关系素来不睦,那么揭发检举者会担心自己的行为被同行视作公报私仇。

但必须强调的是,律师检举揭发同行的严重不当职业行为是强化律师伦理、获得公众信任的关键。事实证明,媒体监督至关重要,查某事件也确实凸显了媒体监督的威力。然而,媒体难以做到及时、有效地监督律师不当职业行为。查某非法执业长达十年方被公众知晓,这说明强化律师检举揭发同行严重不当行为的伦理责任是解决该问题的现实需要。

事实上,鉴于律师在法学院以及在职业生涯中不断接受律师伦理教育,他们深刻理解不当职业行为的含义及相关规制。此外,律师在其圈内的合作以及日常交往互动比较频繁,律师对于同行的不当职业行为最为敏感,也最容易发现。

那么,到底基于何种理由要求律师检举揭发同行的不当职业行为呢?美国律师协会职业伦理委员会称:"律师多加检举专业上的不当职业行为是保护公众权益免受伤害的必要之举,若非如此公众受到伤害的情况可能不会被发现。如果对未能检举的律师予以惩戒,律师可能会比较勤于尽到此项责任。"

查某在美国受过法学教育,对美国律师协会严格的职业伦理要求不会陌生,同时对中国法律的要求也很熟悉,但他却涉嫌伪造、变造身份证明材料,骗取中国律师资格,涉嫌以欺诈等不正当手段取得中国律师执业证书。此外,在过去的十年间,查某以中国律师身份加入律师事务所,并获取了多家上市公司独立董事职务。同时,查某所在的律师事务所业绩显著、声誉卓著,对于其合伙人非法执业长达十年的事实负有失察之责,对该事件难辞其咎。查某事件已经严重损害这家律师事务所的声誉。

该事件的价值在于促使律师业界展开深刻反思。出于保护公众利益的需要,律师惩戒部门应当规定:如果某律师知晓其他律师违反律师职业行为规则,并且该行为使得违规律师的诚实性、可信性存在重大疑问,则该律师有义务向律师惩戒组织报告;假如没有及时报告,则该律师疏于检举之责应当受到惩戒。①

三、律师转所带走案源 惹怒原所遭遇"黑砖"②

(一)简要案情

为争夺业务、争抢案源,律师事务所暗示客户其委托的律师存在商业贿赂嫌疑,客户单位因此撤销了对合作律师的业务委托。律师一怒之下以不正当竞争为由将该律师事务所及负责人告上法庭。日前,上海市杨浦区人民法院对这起特殊的商业诋毁纠纷案作出判决,认定所涉纠纷受反不正当竞争法规制,律所的

---

① 许身健:《律师该如何面对同行的不当行为》,载东方早报网,http://www.dfdaily.com/html/63/2012/5/23/796006.shtml,2014 年 9 月 14 日访问。

② 载人民法院报,http://rmfyb.chinacourt.org/paper/html/2014-10/31/content_89857.htm#,2014 年 11 月 8 日访问。

行为构成商业诋毁。

2010年,具有多年从业经验的律师金某进入由乌某开设的律师事务所担任专职律师,次年,律师林某也被该律所招至麾下。双方约定,律师自己寻找的案源由自己承办,律所根据比例分享收益。

2012年6月,上海某建筑公司基于对金某的信任,决定聘请乌某的律所为其工程项目提供专项法律服务,在《专项法律服务合同》中,建筑公司指明要求由金某、林某等人组成律师团队为公司项目提供全程法律服务;建筑公司向律所支付服务报酬80万元,并同意为律所报销不超过服务报酬50%的差旅费用。

因在律所工作不顺利,合同签订后不久,金某与林某便萌生了离职转所的想法,就在两人办理离职手续期间,却意外得知他们与建筑公司的服务委托被对方单方面撤销了。由于此前合作一向愉快,建筑公司这一突如其来的决定让二人感到十分莫名。

在与建筑公司深入沟通后,金某与林某才了解到,原来就在两人向律所提交辞职报告后不久,律所便向建筑公司发出函件要求建筑公司对是否撤换法律服务团队作出选择。在建筑公司明确表示将终止与律所的合同,交由金某转入的新所继续为其提供法律服务后,乌某以律所名义致函建筑公司,信函中写道:"《专项法律服务合同》是金某在违背本所内部管理,未经主任审查的前提下,用违背客观事实的方法从内勤处盖章而使其生效的……本所怀疑承办律师私自收取代理费用,以支付给贵公司有关人员的回扣……"

这份函件引起了建筑公司的重视,为慎重起见,建筑公司随后决定撤销对金某、林某的法律服务委托。

金某了解到,在信函中乌某还一再宣传自己的执业年限、专业特长等,企图争取到这笔业务。金某这才意识到,律所为了争抢业务竟污蔑两人私收律师费进行商业贿赂。金某与林某于是将律所及乌某告上法庭,认为被告捏造事实诋毁原告声誉,导致客户公司撤销了对原告的委托,严重损害了原告的执业权利,构成不正当竞争,要求被告停止侵权行为、赔礼道歉、消除影响,并赔偿经济损失15万元。

庭审中,律所反驳称,诋毁商业信誉的不正当竞争行为应发生在商业主体之间,即律师事务所与律师事务所之间。而原告为律师个体,不是经营者,只是提供法律服务的人员,不属于反不正当竞争法定义的"经营者",原、被告是上下级关系,双方之间的纠纷不属于反不正当竞争法的调整范围。被告还辩称,在发给建筑公司的信函中,律所只是怀疑相关费用会流到律师口袋而提醒公司注意,并无诋毁之意。

(二)法院判决

法院审理后认为,本案中,两名原告符合反不正当竞争法对竞争主体的要求,与律所存在竞争关系,律所将含有捏造事实的函件发给原告服务的建筑公司,使建筑公司对原告的商业道德和执业形象等产生了不良印象,也致使建筑公司撤销了对原告的委托,律所的行为构成商业诋毁。

由于乌某为律所负责人,其发函行为属职务行为,因此,本案侵权行为的实施主体为律所,而非乌某个人。最终,法院判决该律所立即停止对金某、林某的不正当竞争行为,出具书面声明消除影响,并赔偿两原告经济损失1万元。

（三）案件评析

这是一起主体比较特殊的商业诋毁纠纷案件,律师与律师事务所之间的这类纠纷是否受反不正当竞争法的规制呢？问题的解答关键在于：第一,律师是否属于反不正当竞争法定义的"经营者"；第二,律师与律师事务所之间是否存在"竞争关系"。

本案主审法官吴盈喆表示,反不正当竞争法定义的经营者为："从事商品经营或者营利性服务的法人、其他经济组织和个人。"虽然律师在提供法律服务时需要以其所在的律所名义与服务单位签订法律服务合同,但实际为客户单位提供法律服务的是接受委托或者指定的律师。在律师自己寻找案源的情况下,服务单位往往是基于对律师本身的信任才与律所签订法律服务合同。本案中,原告自己寻找案源,并根据比例与律所分配收益,应属于"经营者"范畴。

最高人民法院在有关审理不正当竞争案件的指导中曾解释："竞争关系是取得经营资格的平等市场主体之间在竞争过程中形成的社会关系。"本案中,在律所发函前,两原告已经提出离职要求,因此,律所才要求建筑公司对是否继续委托金某团队提供法律服务作出选择。而建筑公司的选择必将决定到底是由两原告还是被告律所抑或是律所其他执业律师承接该项业务,也直接影响到各方收益,因此,两原告与被告之间实际上已经形成了竞争关系。

问题讨论

1. 在一起引起舆论广泛关注的热点案件中,张律师频繁发布微博对该案代理律师王律师的诉讼失误提出批评,并举出若干事例说明王律师不具备相关诉讼经验,而且在业内口碑极差,其之前代理的几起类似案件都以当事人败诉收场,并贴出王律师和自己的短信截图,证明王律师曾经说过"我就是想借着这个案件出名,根本没有想过委托人会不会重判,他被判多少年都是活该。"张律师还公布了若干能够证明王律师和对方代理律师私下沟通共同炒作该案,已达到扩大二人知名度的往来邮件内容。张律师随后列出了自己对该案代理思路的若干设想,并吹嘘自己在该业务领域在国内无人能敌,如若把案件交给他来代理,保证会取得意想不到的效果。

张律师的行为是否违反了律师职业伦理？

2. 张律师在某律师事务所担任合伙人，工作将近10年，因律所发展理念与其他合伙人不合而选择离开律所，另投新所。在离开事务所之前，曾多次以邮件形式给事务所多年客户逐一发送邮件，说明自己离开律师事务所的隐情，指出事务所在管理和业务上的诸多不足之处，并对原律所其他合伙人进行了批评，且在信件末尾暗示，可以将其法律业务转委托自己在新所办理。

张律师在离职后应当如何正确地处理与原律所的关系？

3. 在律师不正当竞争表现形式中，最为典型的就是用支付案件介绍费的形式获得案源。多年来，向案源提供者支付案件介绍费似乎已成律师行业的惯例，许多律师借此获得相对的竞争优势，案件介绍费的比例一般为律师费的20%至30%。对于这种情况，我国律师职业伦理法规是持反对和禁止的态度的，但现实中这种情况却非常常见，律师、当事人和案件介绍人对律师职业伦理法规的反对和禁止都不以为然，你对此有何看法？问题的根源究竟在哪？

第十四章 律师与律师事务所之间的关系规则

截至2014年,我国的律师队伍发展到了27.1万多人,有5478名律师当选为各级人大代表和政协委员。律师队伍不断发展壮大,在社会生活中发挥的作用也越来越重要,与此同时,律师与律师事务所的纠纷也日益增多。但律师和律师事务所关系问题在立法层面并没有得到解决。律师与律师事务所之间究竟是什么关系,两者之间的责任如何承担?本章从律师与律师事务所的关系出发,把握和了解律师与律师事务所的关系以及律师与律师事务所的责任承担。

第一节 律师与律师事务所的关系基本规则

一、律师与律师事务所关系现状

按照律师从律师事务所取得收入的方式不同,可以把律师分为提成制律师、薪金制律师。

提成制分配模式下的合伙人包括加盟律师的结盟是松散的、不稳定的,尽管也有合伙人会议等相关制度,但是就本质上而言,这种管理模式下,合伙人和律师通常是各干各的,自己开拓案源、凭借自己的法律实力为当事人提供法律服务,律所很难也少有相关机制对相关律师的执业活动进行全面系统的监控。逐渐地,律师事务所实际变成了一个开发票和转账的务虚机构。律师与律师(包括与合伙人)、律师与律师事务所之间是一种合作关系,提成律师与律师事务所之间并不具有一定的隶属性。并且,律师事务所也不负责提成律师的社会保险,而是由律师自己负担。薪酬制在国内是比较新型的律师事务所管理模式,它对律师实行朝九晚五的坐班制度,并执行统一的薪酬体系标准。薪金律师与律师事务所形成的不是劳动关系,而是一种雇佣关系。因为实际上,薪金律师并不单纯地按照聘请他的律师事务所或律师个人的指令行事,在指令之外,他必须遵循行业规范和律师业通行的职业道德,作出自己的独立判断。否则产生的执业风险由执行工作任务的薪金律师对外承担。雇佣关系不同于劳动关系,法律对其合同主体没有特别限制,自然人、法人都可以作为雇佣人,而在劳动合同中,用人单位有明确的法律含义和范围。另外,二者受国家干预的程度不同。国家经常以强行法的形式规定劳动合同当事人的权利义务,干预劳动合同内容的确定,当事人的约定不能超出法律的规定。雇佣合同作为一种民事合同,以意思自治为基本原则,合同当事人在合同条件的约定上有较大的自由。比如对于薪金的多少、合作的形式以及其他福利形式,当事人间通常有更大的协商空间,而这种较大的合作空间也有利于促进更多的年轻律师入行,实现我国律师行业的可持续发展。

二、律师事务所不是《劳动法》《劳动合同法》调整的用人单位

依据我国《律师法》的规定,我国的律师事务所分为国有律师事务所、合伙制律师事务所和个人律师事务所。

首先,国有律师事务所不是劳动法意义上的事业单位。事业单位是依法举办的营利性经营组织,必须实行独立核算,依照国家有关公司、企业等经营组织的法律、法规登记管理。县级以上各级人民政府机构编制管理机关所属的事业单位登记管理机构(以下简称登记管理机关)负责实施事业单位的登记管理工作。县级以上各级人民政府机构编制管理机关应当加强对登记管理机关的事业单位登记管理工作的监督检查。事业单位实行分级登记管理。分级登记管理的具体办法由国务院机构编制管理机关规定。可见,国有律师事务所要想成为事业单位,必须经过上述的登记程序。而事实上,我国的国有律师事务所恰恰缺少上述登记程序。1994年5月26日司法部颁布《律师事务所审批登记管理办法》,规定律师事务所由司法行政部门进行登记管理。因此,国办律师事务所未经事业单位登记管理机关登记,实际上没有取得事业单位主体资格,不属于《劳动法》《劳动合同法》调整的用人单位。

其次,合伙律师事务所、个人律师事务所并非劳动法意义上的民办非企业单位。伴随着国有律师事务所的"脱钩改制",民办律师事务所现已成为我国法律服务业的主流。根据我国《律师法》的规定,民办律师事务所包括合伙律师事务所和个人律师事务所。1998年10月25日,国务院颁布《民办非企业单位登记管理暂行条例》(国务院第251号令);1999年12月,民政部发布《民办非企业单位登记管理办法》。中共中央、国务院、民政部一系列的政策、行政法规和部门规章明确将具有民办事业单位性质的社会组织定性为"民办非企业单位",正式以政策和行政法规的形式确立了民办非企业单位的法律地位。民办律师事务所要成为民办非企业单位,在经过司法行政管理部门依法审核或登记并已取得执业许可证后,仍应到民政部门进行登记,未经民政部门登记,不能取得民办非企业单位的主体资格。而2002年6月7日,司法部根据《律师法》和《律师事务所登记管理办法》作出的批复,恰恰要求民办律师事务所不要进行民政登记,因此也就不能将其定性为民办非企业单位。由此,合伙以及个人律师事务所也不符合民办非企业单位不得设立分支机构的禁止性规定,也就不能成为劳动法意义上的民办非企业用人单位。

再次，律师事务所不是社会团体。社会团体是指中国公民自愿组成，为实现会员共同意愿，按照其章程开展活动的非营利性社会组织。国务院民政部门和县级以上地方各级人民政府民政部门是本级人民政府的社会团体登记管理机关。律师事务所由合伙人发起设立，没有会员，也不经民政部门登记，显见，律师事务所也不是社会团体。

综上，无论是国有律师事务所，还是合伙律师事务所、个人律师事务所，均不是《劳动法》《劳动合同法》所调整的用人单位，认定律师和律师事务所之间的劳动合同关系也就没有了法律依据。

三、律师与律师事务所的责任

1. 民事责任

民事责任是指律师在执业过程中，因违法执业或者因过错给当事人的合法权益造成损害所应承担的民事赔偿责任。律师与律所承担连带赔偿责任。我国《律师法》规定，律师造成当事人损失，由和当事人有合同关系的律师事务所承担赔偿责任，律师事务所赔偿后，可向有故意或者重大过失的律师追偿。律师承担民事赔偿责任的情形有两种：一是"违法执业"；二是"因过错给当事人造成损失"。

2. 行政责任

行政责任是指律师事务所违反《律师法》进行执业行为所应承担的行政法律后果。律师事务所行政责任的内容包括：律师事务所行政责任的种类、适用的原则和情形、实行"双罚"制和"双停"制。

在美国，对律师惩戒的种类主要有：取消律师资格、暂停执业、临时即停执业、谴责、不公开谴责、留用察看、其他惩戒和补充措施、互助惩戒制度、重新申请执业和恢复执业。

在法国，对律师惩戒处分的种类为：警告、谴责、停止执行业务三年以下、除名。

根据我国《律师法》第47条至第49条的规定，对律师个人的行政处罚分为警告、罚款、没收违法所得、停止执业、吊销律师执业证书5种。

3. 刑事责任

律师执业中的刑事责任是指律师在执业过程中，违反律师执业规范，情节严重，构成犯罪，依照刑法应当承担刑事责任的行为。

在英国，法律规定，律师若有藐视法庭或者违抗法院命令的行为，将受到监禁的处罚。在欧洲大陆法系国家中，律师保守职务秘密是强制性义务，故意或过失泄露职务秘密就是犯罪，应受剥夺自由的刑罚或判处罚金的刑罚。日本关于律师必须保守职务秘密的义务条款中也有类似规定。

我国刑法主要规定了律师妨碍作证方面以及律师扰乱法庭秩序方面的罪名。如《刑法》第 306 条规定："在刑事诉讼中,辩护人、诉讼代理人毁灭、伪造证据,帮助当事人毁灭、伪造证据,威胁、引诱证人违背事实改变证言或者作伪证的,处 3 年以下有期徒刑或者拘役,情节严重的,处 3 年以上 7 年以下有期徒刑"。

第二节 案例研习

一、仲某某与上海 AB 律师事务所劳动纠纷一案

(一) 简要案情

上诉人上海市 AB 律师事务所因劳动合同纠纷一案,不服上海市虹口区人民法院(2002)虹民二(商)初字第 624 号民事判决,向上海市第二中级法院提起上诉。

上海市 AB 律师事务所上诉称：

原审适用法律错误。《劳动法》所确定的解除劳动合同的方式有两种：一是协商一致解除,二是单方解除。《劳动法》对单方解除合同作了明确的规定,除此之外,解除劳动合同需要双方当事人的合意。《劳动法》第 31 条规定："劳动者解除劳动合同,应当提前 30 日以书面形式通知用人单位。"该规定仅指劳动者享有提出解除合同的权利,但合同最终是否解除,仍有待于双方当事人协商一致。现上诉人拒绝解除劳动合同,在双方未协商一致的情况下,被上诉人不具备单方解除权,仍需履行依法成立的劳动合同。据此,请求二审法院撤销原判,予以改判。

被上诉人仲某某答辩称：

原审认定事实清楚,适用法律正确,请求二审驳回上诉,维持原判。

(二) 查明事实

1999 年 7 月 20 日,上诉人与被上诉人仲某某签订聘用合同一份。约定：上诉人聘用被上诉人仲某某为上诉人的专职律师,开展律师业务,聘用期为 6 年,自 1999 年 7 月起至 2005 年 6 月止；被上诉人仲某某受聘后在合同期内人事和组织关系归属于上诉人,被上诉人仲某某的人事档案由上诉人的上级司法行政机关代管；被上诉人仲某某受聘期间,上诉人为被上诉人仲某某办理并代为缴纳养老金、公积金、失业保险金,上诉人负责对被上诉人仲某某进行政治思想、工作纪律、业务培训等方面的教育和管理,上诉人根据被上诉人仲某某的工作业绩对被上诉人仲某某进行考核、奖罚并发放福利和待遇,被上诉人仲某某须遵守上诉人的章程和各项制度、服从上诉人的管理；被上诉人仲某某受聘时尚未取得律师执业证,上诉人按照有关律师助理的规定为被上诉人仲某某提供工作条件,由上

诉人按月向被上诉人仲某某发放基本工资650元;自被上诉人仲某某取得律师执业证后,上诉人对被上诉人仲某某根据其业务创收数确定按比例提取酬金的分配制度,被上诉人仲某某酬金为其创收数的30%,被上诉人仲某某个人业务收入保底指标应不低于每年5万元;在合同履行过程中任何一方违反合同,另一方均有权提出解除合同;双方在该合同中还就"因单方过错而解除合同时的费用退补"等问题约定了各自的权利义务。

1999年9月,被上诉人仲某某取得律师执业证。2000年5月24日,被上诉人仲某某经过上诉人同意与上海市司法局签订《派遣律师和律师助理自费出国留学协议书》,被上诉人仲某某赴英国留学14个月。

2002年1月12日,被上诉人仲某某以挂号信形式向上诉人邮寄了书面辞职报告书。2002年3月14日,被上诉人仲某某向上海市虹口区劳动争议仲裁委员会递交申诉书申请仲裁。同日,上海市虹口区劳动争议仲裁委员会作出虹仲(2002)决字第28号仲裁决定书。在该决定书中,上海市虹口区劳动争议仲裁委员会以被上诉人仲某某的申请不属于其受理范围为由决定对被上诉人仲某某的仲裁申请不予受理。此后,被上诉人仲某某拒绝到上诉人处继续工作并诉至法院,请求解除上诉人与被上诉人仲某某签订的聘用合同、上诉人立即为被上诉人仲某某办理退工手续、上诉人承担被上诉人仲某某所支付的律师费500元。

另查明:上诉人上海市AB律师事务所是由全体合伙人订立合伙协议、共同出资、自愿组合、共同参与、共同执业、共享利益、共担风险的律师执业机构。根据上海市司法局沪司发律管字(1994)第104号文件规定,上海市AB律师事务所不占国家编制,不用国家经费。

(三) 法院判决过程

1. 一审法院判决:

劳动关系是一种存在于劳动者与用人单位之间的以一定数量和质量的劳动给付为目的的特殊民事法律关系。劳动关系既包含财产性债权债务关系也包含身份隶属关系。在现行法律制度、审判实践及劳动法理论中,确定有无身份隶属关系的标准通常可概括为"控制论"或"组织论":前者是指受聘人是否必须服从聘用人并遵守聘用人单位的劳动纪律与规章制度,后者是指受聘人个人的工作是否是聘用人单位业务的组成部分。

上诉人是不占国家编制、不用国家经费的合伙制律师执业机构。被上诉人仲某某自1999年7月通过签订聘用合同受聘于上诉人后,至今其人事和组织关系归属于上诉人,上诉人负责对被上诉人仲某某进行政治思想、工作纪律、业务培训等方面的教育和管理,并根据被上诉人仲某某的工作业绩对被上诉人仲某某进行考核、奖罚、发放福利和待遇,被上诉人仲某某必须遵守上诉人的章程和各项制度、服从并执行上诉人的管理,上诉人根据政策规定为被上诉人仲某某办理并代为缴纳养老金、公积金、失业保险金。同时，被上诉人仲某某个人的工作也是上诉人单位业务的组成部分。因此，上诉人与被上诉人仲某某签订并履行聘用合同的法律行为在双方当事人之间确立了劳动关系。

劳动权是我国宪法赋予公民的基本权利，而辞职权则是劳动法律制度所规定的劳动者的法定权利。与辞职权相对应的民事权利应是劳动者对劳动合同的单方解除权。在劳动关系中，劳动者与用人单位均享有依法单方解除劳动合同的权利。对于劳动者而言，单方解除劳动合同的方式有"随时通知解除"和"提前通知解除"两种。就劳动者以"提前通知"方式单方解除劳动合同而言，根据《中华人民共和国劳动法》（以下简称《劳动法》）第 31 条的规定，"书面形式"与"提前 30 日"二者缺一不可。被上诉人仲某某所主张的上诉人未依约向被上诉人仲某某发放劳动报酬及上诉人所能提供的工作条件妨碍被上诉人仲某某将留学所获得的知识学以致用这两个用于证明被上诉人仲某某与上诉人所签订的聘用合同应当解除的理由均不能成立，但是，作为劳动者的被上诉人仲某某有权单方面解除劳动合同，事实上被上诉人仲某某已经以书面形式将自己要求解除上诉人、被上诉人仲某某之间的劳动关系的真实意思提前 30 日通知了上诉人，故对被上诉人仲某某提出的解除被上诉人仲某某与上诉人签订的聘用合同、上诉人立即为被上诉人仲某某办理退工手续的诉讼请求予以支持。由于该权利是法定权利且解除合同的本义之一即是履行期限未届满，故上诉人称双方约定的聘用期尚未届满，上诉人亦未违约，被上诉人仲某某无权单方要求解除合同不能成立。因律师代理费不是实现被上诉人仲某某主要诉讼请求必要的合理费用，故对被上诉人仲某某提出的由上诉人承担被上诉人仲某某所支付的律师费 500 元这一诉讼请求不予支持。根据《劳动法》第 2 条、第 31 条，《最高人民法院关于审理劳动争议案件适用法律若干问题的解释》第 1 条第 1 项、第 8 条，《劳动部关于贯彻执行中华人民共和国劳动法若干问题的意见》第 3 条、第 32 条，《上海市劳动合同条例》第 2 条、第 30 条，《民事诉讼法》第 128 条之规定，判决如下：

（1）确认上诉人与被上诉人仲某某于 1999 年 7 月 20 日签订的聘用合同自 2002 年 2 月 15 日起解除；

（2）上诉人于判决生效之日起 20 日内为被上诉人仲某某依法办理退工手续；

（3）不支持被上诉人仲某某要求上诉人承担被上诉人仲某某律师代理费 500 元的诉讼请求。案件受理费 100 元，由上诉人负担 20 元，被上诉人仲某某负担 80 元。

2. 二审法院判决：

经审理查明，原审法院查明的事实属实，且双方当事人均无异议，予以确认。

二审中，双方当事人的争议焦点为被上诉人仲某某是否有权单方解除聘用合同？本院认为，原审法院根据劳动合同的法律特征确认上诉人与被上诉人仲某某签订的聘用合同系劳动合同，上诉人与被上诉人仲某某之间系劳动合同关系正确。根据《劳动法》的相关规定，劳动合同履行过程中，经合同当事人协商一致，劳动合同可以解除；同时《劳动法》也规定了用人单位和劳动者可以单方解除劳动合同。由于劳动者和用人单位之间存在身份隶属关系，地位不平等，故为了保护劳动者的利益，《劳动法》对用人单位单方解除劳动合同作了较为严格的限制，而对于劳动者单方解除劳动合同仅规定了"随时通知解除"和"提前通知解除"二种方式，对"随时通知解除"法律规定了适用"随时通知解除"的三种情况，对"提前通知解除"法律只规定了适用"提前通知解除"的两个要件即"书面形式"和"提前30日"。《劳动法》第31条规定的是劳动者在满足上述两个要件的情况下有权单方解除劳动合同。上诉人称该规定仅指劳动者有提出解除合同的权利，但合同最终是否解除，仍有待于双方协商一致，与法律规定的文字意思不符，不能成立。现被上诉人仲某某已将解除劳动合同的意思提前30日以书面方式通知了上诉人，故原审判决解除双方签订的聘用合同，上诉人为被上诉人仲某某办理退工手续并无不当。上诉人的上诉理由不能成立，不予支持。依照《民事诉讼法》第153条第1款第1项之规定，判决如下：

驳回上诉，维持原判。

(四) 案件评析

在该案件中，一、二审法院均回避了认定仲律师和上海市AB律师事务所构成劳动合同关系的法律依据，而是依据"审判实践""劳动法理论"。

《劳动法》第2条规定："在中华人民共和国境内的企业、个体经济组织和与之形成劳动关系的劳动者，适用本法；国家机关、事业组织、社会团体和与之建立劳动关系的劳动者，依照本法执行"。《劳动合同法》第2条规定："中华人民共和国境内的企业、个体经济组织、民办非企业单位等组织（以下称用人单位）与劳动者建立劳动关系，订立、履行、变更、解除或者终止劳动合同，适用本法。国家机关、事业单位、社会团体和与其建立劳动关系的劳动者，订立、履行、变更、解除或者终止劳动合同，依照本法执行。"

依据《律师法》的规定，我国的律师事务所分为国有律师事务所、合伙制律师事务所和个人律师事务所。首先，国有律师事务所不是劳动法意义上的事业单位。其次，合伙律师事务所、个人律师事务所并非劳动法意义上的民办非企业单位。再次，律师事务所不是社会团体。所以，无论是国有律师事务所，还是合伙律师事务所、个人律师事务所，均不是《劳动法》《劳动合同法》所调整的用人单位，认定律师和律师事务所之间的劳动合同关系没有法律依据。

二、李某某诉被告北京市 DF 律师事务所上海分所其他合同纠纷案

（一）简要案情

原告李某某诉被告北京市 DF 律师事务所上海分所其他合同纠纷一案，本院受理后，依法适用简易程序于 2010 年 6 月 10 日公开开庭进行了审理。之后，本案转为普通程序，于 2010 年 11 月 9 日公开开庭进行了审理。原告李某某，被告北京市 DF 律师事务所上海分所委托代理人吴某到庭参加诉讼。本案现已审理终结。

原告李某某诉称：

2008 年 9 月，原告到被告律师事务所做提成律师，2009 年 6 月调离。双方约定，原告可根据自身的律师费年创收按比例提成，年创收额人民币 5 万元以下按 50% 提成，5 万元至 15 万元之间按 75% 提成。原告在被告处执业期间，承接了四起案件，其中当事人为陈某某及邵某某的两起案件的律师费因当事人在符合支付条件后拒绝支付，被告也不予追索，致原告的提成款无法取得。其中，陈某某案应收律师费为胜诉金额 110774.57 元的 10%，为 11077.45 元；邵某某案应收律师费为胜诉金额 212 万的 3%，为 63600 元。原告在被告处执业期间总创收为 11077.45 元（陈某某案）+ 63600 元（邵某某案）+ 22922.80 元（已结算完毕），共计 97600.25 元。按双方约定，原告应取得的提成款为 50000 元 × 50% + 47600.25 元 × 75% 计 60700.18 元，扣除原告已取得的提成款 10309.26 元，被告仍欠付提成款 50391 元。现起诉要求：被告支付原告律师费提成款人民币 50391 元。

被告北京市 DF 律师事务所上海分所辩称：

原告于 2008 年 9 月到 2009 年 6 月间在被告处执业，原告自己找案源、自己收费，被告协助出具律师事务所委托函、委托书，双方属于代管理的关系。双方约定，被告根据原告收取的律师费，按一定比例收取提成款作为管理费。

当事人邵某某于 2008 年 10 月 28 日委托原告为其代理律师，2009 年 3 月邵某某向被告发函要求解除律师代理合同。邵某某仅通过原告向被告支付过 1 万元律师费，该费用已由原、被告结算完毕。当事人陈某某的案件，原告只向被告缴纳了 1 万元的费用，该 1 万元原、被告亦已结算完毕，至于该案的其他情况被告并不知晓。若上述两案尚有未收取的律师费，被告愿意积极配合原告追讨，也可以将上述债权全部转让原告。目前情况下，被告并没有收到上述两案当事人支付的其他律师费。原告离所时，曾承诺待律师费收到后再行提成，故无论根据双方约定抑或律师行业的惯例，被告没有收到律师费的前提下，无法向原告支付提成款。现不同意原告的诉讼请求。

（二）查明事实

2008年10月15日，原、被告签订律师聘用合同一份，约定原告受聘于被告从事专职律师工作，原告在受聘期间应完成每年10万元的业务创收指标，三金由被告统一缴纳，从律师提成中扣除；原告在受聘期间的报酬方式为提成制。年创收在5万元以下按全部业务的50%提取费用；年创收5万元至15万元，超过5万元部分按超过部分的75%提取费用等。

2008年10月30日，原告代表被告律师事务所与案外人陈某某签订聘请律师合同，原告以被告律师事务所指派律师身份作为陈某某劳动仲裁案件一审代理人，双方约定协议收费，陈某某先缴纳律师费1000元，案件终结后，陈某某按所得利益总额的10%支付律师费等。

2009年4月，陈某某案由法院一审判决审理终结。2008年10月28日，原告代表被告律师事务所与案外人邵某某签订聘请律师合同，以被告律师事务所指派律师身份作为邵某某借款合同案件的一审代理人，双方约定邵某某先支付律师费1万元，其余律师费根据胜诉（一审、二审）及执行情况风险收费。2008年12月9日，邵某某案一审判决审理终结。2009年3月25日，邵某某致函原、被告以其案件在执行过程中保全地块被解封为由，要求终止原告的一切代理权。上述二案的当事人均未向原、被告支付后续律师费。

2009年6月，原告离开被告律师事务所，双方解除合同。2009年6月5日，原、被告签署"李某某业务明细提成清单"，双方就本案争议的后续律师费之外的费用全部结算完毕。同日，原告向被告出具承诺书，承诺邵某某案3%标的提成款、陈某某案1万元风险代理费等均未收入，待收到后结算。

2009年6月1日，原告向陈某某发函要求其支付律师费1万元，被告协助在催款函上盖章确认。2009年12月，原告向上海市浦东新区劳动争议仲裁委员会提起劳动仲裁，以原、被告之间存在劳动合同为由，要求被告支付上述二案的工资提成款50391元。2010年4月2日，仲裁委员会出具浦劳仲（2009）办字第8097号裁决书，以原、被告之间系律师与律师事务所之间因利益分配问题产生的纠纷为民事纠纷为由，驳回了原告的仲裁请求。2010年4月6日，原告向本院提起诉讼。

（三）法院判决

本院认为，依法成立的合同受法律保护，双方均应依约履行。原、被告于2008年10月15日签订的律师聘用合同为双方真实意思表示，合法有效，对双方均具有约束力。根据合同约定，原告为被告的专职律师，原告取得报酬的方式为根据年创收额按比例提成。现有证据表明，被告并未取得系争二案的后续律师费。根据原告于2009年6月5日的承诺及律师行业的惯例，在被告未取得原告创收律师费的前提下，被告并无义务向原告支付律师费提成款。且现有证据尚不足以证明原告主张的系争二案的后续律师费为被告必然取得的收益,而被告亦明确表示将合法债权全部转让原告享有,原告自有途径实现其合法权利。综上,原告之请求,依法无据,本院难予支持。综上,根据《合同法》第5、6条之规定,判决如下:

驳回原告李某某的诉讼请求。案件受理费人民币1059元,由原告李某某负担。

(四) 案件评析

律师与律师事务所之间的关系定性问题,在实践中和理论界都是备受争议的问题。

劳动关系的本质是用人单位与劳动者依法签订劳动合同,劳动者接受用人单位的组织和管理,从事用人单位安排的工作,从用人单位领取劳动报酬所产生的法律关系。本案中,从原被告所签订的聘用合同的主要内容来看,双方对于劳动报酬、底薪、具体工作内容、劳动保护等均未作规定。律所对原告的管理在内容上和形式上亦较为松散,双方之间并不存在劳动法律法规规定的严格意义上的管理与被管理关系。原被告之间的关系不符合劳动关系的特征。

根据律师与律师事务所薪金制度的分类(提成制与薪金制),可将律师与律师事务所关系划分两类:(1) 提成制。律师与律师(包括与合伙人)、律师与律师事务所之间是一种合作关系;(2) 薪金制。律师与律师事务所形成是一种雇佣关系。如上海高院的意见,即领取工资的授薪律师等与律所之间的争议属劳动争议,提成律师因合伙利益或分配利益产生纠纷,属民事纠纷。法院依据《合同法》进行判决有其合理的依据。

三、杨律师投诉JZ律师事务所案——律所侵害律师合法权益[①]

(一) 简要案情

2003年12月10日,投诉人杨律师以拖欠投诉人工资、未依法为投诉人办理各种保险、对投诉人的合法调动强加阻拦为由向北京市律师协会(以下简称协会)投诉北京市JZ律师事务所(以下简称JZ所)。协会纪律委员会于2003年12月立案审查。JZ所并未按照协会要求向协会提供书面答辩以及相应的审查材料。协会依据投诉人所提供的材料进行审查并进行了处理。

投诉人称:

本人于2002年12月取得律师执业证书。因案源很少,从2003年2月8日开始给JZ所主任李律师作助理;本人从2003年2月8日(正月初八)一直工作到当年3月12日,其间只休息了5天,其余时间天天都在外面工作,周末

---

① 参见北京市律师协会主编:《北京律师职业警示录》,中国政法大学出版社2005年版,第242页。

常加班，十分辛苦，却无加班费用。本人因公出差外地的差旅费，所里仅给了500元，我自己支付了部分费用；该所不发本人工资，不为本人交相关社会保险；本人因无基本生活保障，向李律师提出调动申请，李律师称需交纳1万元管理费；李律师同意本人在该所参加2003年度年检后调离，但却一直不让本人调离该所。

投诉请求：

1. 支付2003年2月8日至3月12日工资1200元；

2. 依法给投诉人办理社会保险；

3. 责令被投诉人给其办理调动手续。

被投诉人未作答辩，未提交任何证据材料。JZ所在协会规定的时间内未向协会提交该投诉案件的审查材料，有逃避、抵制和阻挠调查的行为。

（二）协会处理

1. 关于投诉人要求JZ所支付工资1200元的问题。本会认为：投诉人与JZ所的此项纠纷为聘用合同纠纷，应通过仲裁或诉讼程序解决。

2. 关于投诉人投诉JZ所没有依法给其办理各种保险的问题。本会认为，依据司法部颁布的《合伙律师事务所管理办法》第26条的规定，合伙律师事务所应当根据国家的有关规定，为聘用人员办理养老保险、医疗保险。JZ所并没有向本会提交该所已经为投诉人办理养老保险的证据，本会视为该所违反了上述规定，并未为聘用人员办理法定社会保险。依据《北京市律师协会会员纪律处分规则》第3、4条的规定，应予JZ所相应的纪律处分。

3. 关于投诉人对JZ所不为其办理调动手续的投诉。本会认为，投诉人在JZ所应聘并在JZ所执业是依据双方签订的聘用合同，现双方签订的聘用合同并未期满，投诉人杨律师要求解除聘用合同调到其他律师事务所执业的请求是双方发生的合同纠纷，双方应通过仲裁或诉讼的途径解决。

（三）协会纪律委员会决定

1. 给予JZ所谴责的处分；

2. 投诉人的其他投诉请求不属协会管辖职责，建议投诉人通过其他合法途径解决。

（四）案件评析

通常情况下，纪律委员会只对律师与律师之间、律师与律所之间、律所相互之间的执业纠纷进行调解，而不直接对他们之间的民事权益争议作出决定。但是，纪律委员会在调解这类纠纷时，如发现律所或律师存在违反法律、行政法规或行业规范、职业道德和执业纪律情节的，将依职权予以查处。

JZ所聘用杨律师工作期间，既不支付劳动报酬，也未办理各项社会保险，违反了国家有关社会保障法律、行政法规规定和司法部《合伙律师事务所管理办法》第 26 条"合伙律师事务所应当根据国家的有关规定,为聘用人员办理养老保险、医疗保险"的规定,侵害了杨律师的合法权益,表明 JZ 所管理混乱,未能依法规范管理律师事务,有违行业管理规范和纪律。协会纪律委员会对 JZ 所在既不答辩、也未提交该所为杨律师办理保险的证据的情况下,视其违反规定,未为聘用人员办理保险,依据有关规定给予 JZ 所相应的处分,鉴于杨律师的其他请求,不属管辖职责,建议通过其他合法途径解决,是正确的。

各律师事务所应以此案为戒,避免此类问题发生。本案中协会依据司法部有关规章的精神和北京律协的纪律处分规则对本案作出了相应的处分决定。2004 年 3 月 24 日中华全国律师协会发布了《律师协会会员违规行为处分规则(试行)》。该规则第 14 条第 9 项明确规定,律师事务所"聘用律师或者其他工作人员,不按规定与应聘者签订聘用合同,不为其办理社会统筹保险的",由律师协会给予训诫、通报批评、公开谴责的纪律处分。

四、李某投诉 XH 律师事务所及邓律师案——违反业务档案管理规定,律所律师均受处罚[①]

(一)简要案情

2003 年 9 月 10 日,投诉人李某以不尽代理职责为由向北京市律师协会(以下简称协会)投诉 XH 律师事务所(以下简称 XH 所)及邓律师。

投诉人称:

我因与北京市某区妇幼保健院之间的医疗纠纷,想聘请一位律师做代理人。后我在某报上看到邓律师的联系方式,于 2001 年 4 月与其电话联络,在电话中向其讲述了案件经过,并留下了联系电话。此后邓律师多次主动与我联络,并在一次通话中许诺可以帮助我申请减免诉讼费用;我遂于 2001 年 9 月来到 XH 所,签订了委托代理合同,交付了代理费 2500 元(邓律师要求交付代理费 5000 元,但投诉人当时没带那么多钱,邓律师同意先交付 2500 元,其余 2500 元于开庭前付清),XH 所开具了发票。但我交付代理费之后,邓律师的态度就没以前认真了,向我讲了一些与案件无关的事情,并没有为案件做相关工作,没有尽到代理律师的职责。具体依据如下:

1. 邓律师总是有各种事情,并且向我讲一些与案件无丝毫关系的事情,也没再提为投诉人申请减免诉讼费的问题,说的都是法庭的黑暗、法官的不公正等之类的话。

2. 将我提供的资料交给了案件的对方当事人(后来在法庭时见到对方手里有,才得知是邓律师给的),且没有告知我。

---

① 参见北京市律师协会主编:《北京律师职业警示录》,中国政法大学出版社 2005 年版,第 92 页。

3. 邓律师总是建议我撤销一些诉讼请求。

4. 邓律师自我付款后至今从没有主动联络过我，每次我打来电话，邓律师便叫人重新找我的案卷，并没有把我的事情放在首位。我一个月不打电话，邓律师就一个月没有音讯，直至诉讼时效期间即将届满时，也没有什么与我联络的事情。现在时间已经两年，邓律师仍然没有为我做事情。

5. 邓律师并没有信心和把握为我打此官司，还收取费用实属欺骗。（邓律师对投诉人说"有50%的把握"，这就意味着胜负各一半，跟没把握一样，不应该出自一个专业律师之口）。

6. 投诉人问是否可以申请其他部门的法律援助时，邓律师说不可以。

投诉请求：

要求 XH 所退还投诉人已交付的代理费2500元。

被投诉人邓律师答辩称：

详尽的工作记录可以证明我们当年为李某案件做了大量的工作，有权利依据事实和合同的约定取得律师费；相反，投诉人的投诉理由缺乏事实依据，其为达到退费目的向律协投诉的理由是不成立的。

1. 我在办理李某案件中没有任何违法违规之处。接受委托前，我认真分析了案情，告知投诉人诉讼风险，投诉人自愿与我所建立委托代理关系；接受委托后，我所与投诉人签订了《委托代理合同》，并在收取2500元首期律师费后为其开具了正式发票；复制了相关证据材料，建立了业务档案，并有完整的工作记录。

2. 我们为李某一案做了大量的具体工作。认真研究案情；查询了相关法规和资料；复制了证据材料，编制了证据目录；向有关单位申请医疗事故鉴定，并拿到了鉴定报告；询问假肢费用；起草起诉书，确定诉讼标的和请求；为办法院立案手续，至少去法院五次以上；就减免缓交诉讼费事宜反复与法院协商，多次找过民庭庭长和立案庭庭长；在法院不同意减免和缓交诉讼费的情况下，与投诉人协商修改起诉书，将诉讼标的额减少，采取分段起诉的方式减少投诉人的诉讼费压力。投诉人表示同意，在修改后的诉讼材料上签字，并与邓律师一起到法院立案。

3. 李某案件委托代理合同没有完全履行，是因为投诉人在法院不同意减免或缓交诉讼费的情况下，拒绝缴纳诉讼费而导致法院没有受理此案，律师代理工作也无法继续进行；对此，投诉人应承担全部责任，律师没有任何过错。

4. 投诉人在投诉书中所述的六点理由均不是事实。投诉人说我对其大讲法官如何如何，纯粹是无中生有，我们从不会以贬低法院的名声来取得当事人的信任。投诉人称我们将其提交的材料交给对方当事人，也是无中生有。第一，此案在我代理期间，法院没有立案，尚未引发诉讼，我们不可能与对方当事人直接接触;第二,投诉人提交给我们的都是病历资料,医院方也有这些资料;第三,医疗事故鉴定依据的就是这些底档资料,没有任何秘密所言,医院通过自己的医疗事故鉴定完全可以掌握这些资料;第四,通过证据交换,对方同样可以拿到这些资料。投诉人称我们总是建议其撤销一些诉讼请求,这是无稽之谈。在投诉人不可能按上百万的标的额缴纳诉讼费之时,我们征得其同意,分阶段起诉,减轻诉讼费压力,这是为保证投诉人诉权合理实现的正当行为。投诉人称自从委托后,律师没有主动与其联系,近两年时间里没有为其做任何事情。我们认为,工作档案和律师工作记录可以证明这不是事实:第一,工作档案和工作日记详细记录了律师为投诉人服务的全过程,有案可查。第二,投诉人在与律师最后一次去法院立案后,曾来到 XH 所提出不再起诉,要求退律师费。我们明确表示不同意退费,如果投诉人缴纳诉讼费,我们可以继续为其服务。无正当理由单方解除合同,不能由律师承担责任。第三,投诉人没有按合同约定缴纳律师费,欠交 2500 元律师费,违约在先。投诉人称我们同意开庭时补齐律师费,没有证据支持,不是事实。投诉人称律师对其表示没有把握打赢官司,收费属于欺骗。这话恰恰证明了律师忠实履行了风险告知义务,委托是当事人的自主选择。投诉人称我们对其说不可以申请其他部门法律援助,是没有事实依据的。

XH 所答辩称:

1. 经我们初步了解,邓律师在执业过程中没有违法违纪行为,与当事人签订了委托代理合同,我所收代理费 2500 元后为当事人开具了正式发票。对此,投诉人在投诉书中不持异议。

2. 经查验,邓律师有完整详细的工作记录。该记录表明邓律师不存在投诉人所述的不履行义务、不尽职责的情况。

3. 按照委托代理合同的约定,投诉人应在立案前支付律师费 5000 元,但投诉人仅交纳 2500 元。投诉人称邓律师同意到开庭时再交,但邓律师否认此说法,我们认为投诉人说法没有证据支持。投诉人已经构成合同违约,应承担违约责任。

4. 该医疗事故纠纷案件没有立案,原因是当事人不交诉讼费,此不属于承办律师的过错责任,不符合律师事务所退费的条件。为维护律师的合法权益,我们认为不应当作退费处理。

5. 民诉法规定人身损害赔偿的诉讼时效为 1 年,投诉人没有在有效期内办理法院立案手续,律师代理活动事实上已经终止。

(二) 查明事实

1. 2001 年 9 月 11 日,投诉人与 XH 所签订委托代理合同,就其与北京市某区妇幼保健院之间的医疗事故纠纷一案委托 XH 所代理诉讼,XH 所指定邓律师为投诉人的代理人;该合同第 2 条约定的委托事项为:代为起诉,代为承认、放弃、变更诉讼请求,进行和解,提起上诉和反诉;该合同第 4 条对代理费的约定为:委托时交付代理费 2500 元整,开庭前再付清 2500 元整。

2. 2001 年 9 月 11 日,投诉人向 XH 所支付 2500 元代理费,XH 所于当日向投诉人开具了正式发票。

3. 邓律师复制了相关证据材料,编制了证据目录。

4. 2001 年 9 月 12 日,邓律师起草了医疗事故鉴定申请书,并经投诉人签字认可。2001 年 10 月 9 日,邓律师接到北京市某区妇幼保健院已出医疗事故鉴定结论的通知,并派助手取回了鉴定结论。

5. 2001 年 12 月 4 日,邓律师修改民事起诉状,经投诉人签字认可后与投诉人一起到法院再次申请立案,因投诉人未缴诉讼费,最终法院未予立案。

6. 2001 年 12 月 13 日,投诉人到 XH 所表示不再起诉,要求退回代理费,XH 所答复不能退费,后投诉人取走了部分材料;2003 年 9 月 2 日,投诉人再次到 XH 所交涉退费事宜。对此,双方均无异议。

7. 2002 年 1 月,投诉人自行到法院起诉,并缴纳了诉讼费,投诉人与北京市某区妇幼保健院之间的医疗事故纠纷案进入诉讼程序;而投诉人并未告知邓律师,XH 所及邓律师对此并不知晓。

8. 邓律师未就其代理的投诉人与北京市某区妇幼保健院之间的医疗事故纠纷案建立完整的业务卷宗,其与投诉人签订的委托代理合同的原件遗失。

(三)协会纪律委员会认为

1. 投诉人投诉律师不尽代理职责的主张缺乏相关证据的支持。依据邓律师代书的医疗事故鉴定申请书、民事起诉状以及取得的医疗事故鉴定结论加以佐证,可以说明邓律师代为申请医疗事故鉴定并取得了鉴定结论。可见,律师已基本履行了代理职责;至于法院不予立案,进而导致委托代理合同无法继续履行,是因为投诉人在法院不同意减免缓交诉讼费的情况下未缴诉讼费造成的,不应由律师承担责任。

2. 投诉人投诉邓律师未经其许可将其病历资料交给北京市某区妇幼保健院一方,没有证据支持,不能认定,投诉人提出的其他投诉主张均没有向协会提交相应的证据材料,且被投诉人均予以否认,投诉人的投诉主张协会均不予支持。

3. XH 所及邓律师未妥善保管案卷资料,未建立完整的业务卷宗,违反了《律师业务档案立卷归档办法》的相关规定,应予相应的纪律处分。

协会纪律委员会决定:给予 XH 所及邓律师警告的处分。

(四)案件评析

本案涉及两个问题:

第一,本投诉的查处,揭示了目前律师执业中十分重要的问题:即律师及律师事务所必须十分重视工作档案的科学、系统和完整管理。这种管理的规范与成功:(1)标志着律师的执业水平和素质高低,既是律师的基本功,更是一种有益的积累;(2)标志着律师事务所的管理水平和管理职责是否到位,一个连律师工作档案都不能做到科学、系统和完整管理的律师事务所,肯定不会是一个合格的法律服务机构;(3)完整、系统的档案是查证事实的基础,是若干年后都能帮助我们判断是非的证据。本投诉中,该律师在执业中经审查并无其他方面的严重不当,但他未建立完整、规范的工作档案和遗失委托代理合同正本这一"低级"错误却导致协会必须要依照有关法规给予其处分。

第二,律师与律师事务所之间的责任承担问题。我国《律师法》规定,律师造成当事人损失的,由和当事人有合同关系的律师事务所承担赔偿责任,律师事务所赔偿后,可向有故意或者重大过失的律师追偿。从这一规定可以看出,我国律师事务所与律师之间是一种特定的雇佣关系。因而,对于律师专家责任的发生,律师事务所具有指派不当、疏于监管、缺乏培训等不可推卸的责任。这样的责任追究不仅仅体现在民事责任上,也体现在行政责任以及行业处罚中。

问题讨论

1. D律师事务所与Y律师事务所是F市两家业务领先的事务所,一直处于激烈的竞争当中。为增强竞争力,D所引进国内著名律师、同时也是F市市长夫人的A某,并将律师事务所更名为A某律师事务所。后A某在一次代理中,因严重疏忽,导致客户败诉,损失十几万。

请问:

(1)A某是否可以进入D所执业?D所引进A某是否违反了律所执业相关要求?

(2)D所的更名行为是否构成不正当竞争?是否可以对D所进行处分?

(3)A某造成客户损失,客户起诉时,是否可以起诉D律师事务所?A某和D律师事务所之间的责任如何?

2. 律师与律师事务所之间是一种什么关系?在不同种类的律师事务所中,律师与律师事务所之间的关系具有哪些区别?

3.(1)张律师为李女士的丈夫代书的遗嘱中仅有代书人的签名而没有见证人的签名,在形式上有欠缺,导致李女士未能按遗嘱继承获得遗产,李女士将律师所在的律师事务所诉至北京海淀区法院。李女士选择律师事务所作为被告的依据是什么?能否同时起诉律师和律师事务所?

(2)若李女士认为,由于张律师的过错,导致她必须给其他继承人房屋折价款16万余元,并在诉讼中损失了案件受理费和代理费。因此,李女士要求律师事务所赔偿她各种损失共计人民币23.6万余元。律所赔偿后是否可以向张律师追偿?

4. 律师事务所成立以后主要以违法犯罪为业务,对此应该如何追究其法律责任?

第十五章 公职律师制度与规则

公职律师在我国经过二十余年发展,已逐渐成为整个社会、律师行业不可或缺的重要组成部分。但是2007年《律师法》完全回避了公职律师问题,并且规定"公务员不得兼任执业律师",这就使得公职律师不仅"无法无据",而且还陷入涉嫌违法的尴尬境地。中国共产党十八届四中全会公报发布后,在社会各界引起广泛关注,公报提出"构建社会律师、公职律师、公司律师等优势互补、结构合理的律师队伍",各级党政机关和人民团体普遍设立公职律师,企业可设立公司律师,参与决策论证,提供法律意见,促进依法办事,防范法律风险,明确公职律师、公司律师法律地位及权利义务,理顺公职律师、公司律师管理体制机制。这又为我国公职律师制度的发展点燃了新的希望。

第一节 公职律师制度与规则

一、公职律师的内涵与外延

律师指依法取得律师执业证书,接受委托或者指定,为当事人提供法律服务的执业人员。按照工作性质划分,律师可分为专职律师与兼职律师;按照业务范围划分,律师可分为民事律师、刑事律师和行政律师;按照服务对象和工作身份划分,律师可分为社会律师、公司律师和公职律师。社会律师,大家比较熟悉,简而言之,就是在律师事务所执业,依靠为全社会的当事人提供法律服务,并取得法律服务费依法纳税及缴费后形成个人合法收入,由此维持生计的法律工作者。公职律师是专门为政府提供服务,"吃国家财政饭",相当于准公务员,主要作用是为政府宏观决策提供法律分析和意见,并且承担部分法律援助义务。一般而言,公职律师不得参与社会的有偿服务。公司律师则是为公司提供法律服务,尽管公司律师全国数量不多,但目前在国有大中型企业都有法律顾问。目前,我国大部分为社会律师,约有30万人。[①]

2007年《律师法》只界定了传统的"社会律师",并且授权国务院和中央军事委员会制定军队律师的具体管理办法。《律师法》中缺失关于公职律师的规

---

① 炜衡北京总所律师团队:《公职律师、公司律师、社会律师的概念与区别》,载学法网,http://www.xuefa.com/article-8718-1.html,2014年11月8日访问。

定,也导致目前公职律师的内涵和外延缺乏统一界定。

关于公职律师的内涵,参考司法部《关于开展公职律师试点工作的意见》(司发通[2002]80号)规定,本书认为公职律师是指具有中华人民共和国律师资格或司法部颁布的法律职业资格,并且供职于政府职能部门或行使公共职能的部门(包括具有社会公共管理、服务职能的事业单位),或经招聘到上述部门专职从事法律事务,经司法行政部门授予公职律师资格,专门为政府或者公共职能部门提供法律服务的律师。

关于公职律师的外延,根据上述界定,公职律师就应该包括政府律师(即具有行政编制的兼有公务员身份的执业律师,任职于人民团体、事业单位的具有事业编制的执业律师)、法律援助律师(供职于政府设立的专门的法律援助机构的律师)和军队律师等,即包括任职于权力机关、行政机关、司法机关、军队、党的机构、人民团体和事业单位的专门律师。鉴于我国相关法律法规已经对军队律师作出了规定,因此本书所论述的公职律师则主要是指政府律师和法律援助律师,对于军队律师则可以适用本书相关论述。

需要特别指出的是,为了尽可能涵盖现实中已经存在多种类型的履行"公职"的律师,本书中的公职律师采用了广义的概念,对于"公职"进行扩大化的解释。但是,严格按照《关于开展公职律师试点工作的意见》(司发通[2002]80号)以及其他教材、专著的界定,公职律师实际是专指上述具有公务员身份的政府律师。

二、公职律师的职业规范

由于我国公职律师制度仍属于试点之中,因此《律师法》《律师执业行为规范》等没有明确规定公职律师的职业规则。但是作为律师仍应遵循律师职业行为规则,本书中论述的关于律师职业道德的相关规则也适用于公职律师。因此,本节将注重从公职律师特殊的权利和义务(职责)角度来论述公职律师还应遵守的特别职业规则。

(一)公职律师的权利

作为执业律师,公职律师享有《律师法》规定的律师权利,主要包括两方面:一是律师的人身权利,二是律师的执业权利。《律师法》对律师人身权利的保障进行了明确的规定:"律师在执业活动中人身权利不受侵犯"。它包括:律师执业时人身自由不受非法限制和剥夺;人格尊严不受侵犯;住宅和办公地点不受侵害;名誉不受损害等。律师的执业权利包括:(1)拒绝辩护、代理权。律师因法定原因有权拒绝辩护或者代理。(2)律师参加诉讼活动,依照诉讼法律的规定,享有调查取证权、阅卷权、会见通信权、出庭权,以及诉讼法律规定的其他权利。(3)执业法定区域不受限制的权利。

公职律师中的法律援助律师享有的权利基本上与社会律师相同,因此,下文重点研究政府律师的权利。作为公务员,政府律师享有《公务员法》明确规定的权利,即:(1)获得履行职责应当具有的工作条件;(2)非因法定事由、非经法定程序,不被免职、降职、辞退或者处分;(3)获得工资报酬,享受福利、保险待遇;(4)参加培训;(5)对机关工作和领导人员提出批评和建议;(6)提出申诉和控告;(7)申请辞职;(8)法律规定的其他权利。

对于具有"双重身份"的政府律师来讲,他们既是律师,又是公务员,因此其享受的权利也应和这两种身份相符合。具体来说,除了社会律师所享有的在执业活动中不受侵犯之外的人身权利之外,还享有《公务员法》所确定的非因法定事由和非经法定程序不被免职、降职、辞退或者行政处分的身份保障权等。政府律师的权利除了调查取证权、阅卷权等一般的执业权利外,还需享有履行其职责所享有的其他权利,如列席政府会议及提出建议权、参与立法权等,具体包括:

(1)列席政府会议及发表意见权。公职律师中的政府律师主要职责是担任各级政府及其职能部门的法律顾问,为政府决策提供法律服务。

(2)参与立法权。由于公职律师直接从事法律服务,与政府及其职能部门有着最直接的联系,特别是通过具体参与政府工作的各项实践活动,对行政法制建设有着最真实的认知。因此公职律师参与行政立法具有重要意义。

(二)公职律师的义务(职责)

公职律师在享有权利的同时,必须履行相应的义务。

1. 公职律师的共同义务

权利与义务相对应,对于公职律师的义务方面,公职律师要遵守社会律师所必须遵循的职业道德和执业纪律以及其他义务,例如遵守法律、保守国家秘密、遵守纪律、勤勉尽责等。此外,公职律师应当履行下列义务:

(1)不得从事有偿法律服务,不得在其他律师事务所和法律服务所等法律服务机构兼职。

(2)接受司法行政机关的业务指导和监督,加入律师协会,履行会员的义务,接受律师协会的行业管理,参加司法行政机关或律师协会组织的培训,参加律师年度考核。

(3)利益冲突问题。公职律师作为律师,其也应当避免代理有自身或所在律师事务所有利益冲突的案件。

2. 政府律师的职责

作为公务员,政府律师要遵守《公务员法》所规定的相关义务,具体包括:(1)遵守宪法和法律;(2)按照规定的权限和程序认真履行职责,努力提高工作效率;(3)全心全意为人民服务,接受人民监督;(4)维护国家的安全、荣誉和利益;(5)忠于职守,勤勉尽责,服从和执行上级依法作出的决定和命令;(6)保守国家秘密和工作秘密;(7)遵守纪律,恪守职业道德,模范遵守社会公德;(8)清正廉洁,公道正派。① 作为公务员,其应遵守的职业规则包括:

(1)忠于国家;

(2)服务人民;

(3)恪尽职守;

(4)公正廉洁。

此外,司法部《关于开展公职律师试点工作的意见》(司发通[2002]80号)中明确规定了政府律师的职责范围有如下几项:

(1)为本级政府或部门行政决策提供法律咨询意见和法律建议;在涉及法律事项的重大决策上由公职律师进行调查,然后依据法律法规以及调研的情况,提出合法、合理、科学的意见和建议。

(2)按照政府的要求,参与本级政府或部门规范性文件的起草、审议和修改工作。

(3)受本级政府或部门委托调查和处理具体的法律事务;公职律师在本部门对外签订合同等活动中,必须进行审核,预防法律风险,避免不必要的损失。

(4)代理本级政府或部门参加诉讼、仲裁活动;充分利用公职律师的执业权利,履行调查取证、出庭应诉等职责。

(5)不得以不正当的手段影响依法行政的义务。

(6)本级政府或部门的其他应由公职律师承担的工作。如公职律师在部门内部进行执法监督,有利于提高部门的执法水准等。

第二节 案例研习

一、宜昌公职律师首次出庭维权②

(一)简要案情

五峰某校未成年学生小月,被中年男子刘某强奸。后经调查得知,还有2名同校女生遭此男子毒手。因涉及未成年人及当事人隐私,五峰法院依法不公开审理了此案。

宜昌市妇联公职律师作为小月的委托代理律师出庭此案,这也是宜昌市首例妇联公职律师出庭保护未成年少女案。近日,五峰法院一审判决刘某犯强奸罪和强制猥亵妇女罪,数罪并罚判处其有期徒刑8年。目前,刘某已向宜昌市中

---

① 《中华人民共和国公务员法》第12条。
② 载《三峡晚报》,http://ctdsb.cnhubei.com/html/sxwb/20140812/sxwb2413774.html,2014年8月16日访问。

院提起上诉。

事情回到2013年9月,男子刘某开着车在五峰某学校附近物色女学生,以周末顺带女学生回家为由,搭讪认识了小月。此后,他多次通过电话和网络联系小月,以送其上学、放学或吃饭等为由,获得其好感。一天,刘某打电话将小月骗至学校附近一宾馆,不顾小月反抗,将她强行奸污。惶恐失措的小月看到身下的床单上全是血,吓得哭了起来。刘某担心小月告发,当场对其恐吓,称他在当地势力很大。如果她敢对外透露一个字,她和家人的生命都会受到威胁。

遭遇强奸之后,小月一直神情恍惚,终日以泪洗面,还不停地收到刘某发来的威胁短信。她的不正常状况引起班主任老师的察觉,经多次耐心细致沟通,小月终于向老师讲述了自己被刘某强奸的事实,并在老师的帮助下向公安机关报案。报案后,小月得知同校2名女同学也受到刘某的猥亵或强奸。她们或迫于威胁或害怕事情张扬自己无法面对他人,都选择了沉默。看到小月勇敢站出来,她们也选择用法律维权。

此案引起宜昌市妇联高度关注,在了解事件经过并查阅相关资料后,市妇联权益部部长周玲决定接受小月的委托,作为公职律师出庭,与律师王俊共同代理案件。周玲是全省妇联系统为数不多的公职律师之一。据了解,这也是宜昌市首例公职律师出庭参与刑事案件的审理。

在庭审现场,周玲代表妇联组织、受害人向法官表达自己的意见。周玲表示,作为一名女性、一名母亲,现在更是从事妇女权益保护工作,对于被告人刘某的犯罪行为感到十分愤慨。周玲说,像小月这样的学生正处于花季一样年纪的孩子,却遭遇旁人永远无法理解的伤害。被告人侵害行为的对象,是未成年女性,是在校学生,其中不乏留守家庭的孩子。被告人以小恩小惠的物质引诱和不怀好意的长辈似的关心为开端,最终让受害人在如花的年纪惨遭极端伤害。

庭审现场,周玲希望通过法院的公平公正审判,在法律范围内从严从重从快对被告人予以处罚,并以个案见一般,让更多人信服法律、尊重法律,从而恪守法律底线,形成法律至上的良好社会氛围和舆论导向。

之后记者采访了宜昌市妇联权益部部长、公职律师周玲。周玲介绍,公职律师拥有公务员和律师双重身份,其工作主要是对社会弱势群体提供无偿法律服务,保障弱势群体的合法利益。周玲本科是法学专业,2005年2月获得法律职业资格证书。2008年9月22日,省司法厅批复同意省妇联开展公职律师试点,核准执业的公职律师共9人,其中包括周玲。2010年2月,省司法厅颁发了公职律师证。周玲称,目前公职律师在全国处于一个尝试阶段,此案也是公职律师保护妇女儿童权益在宜昌的一次有益尝试。

(二)法院判决

法院审理后认为,被告人刘某违背妇女意志,采取强制压力、胁迫等手段,猥亵妇女一人,强行发生性关系二人,其行为已构成强奸罪和强制猥亵妇女罪。以强奸罪判处刘某有期徒刑7年6个月,以强制猥亵妇女罪判处有期徒刑1年,数罪并罚,决定执行有期徒刑8年。刘某不服该判决,已向市中院提起了上诉。

(三)案件评析

本案当中,周玲律师作为宜昌市妇联任职的公职律师,代理未成年少女遭性侵案件,维护受害人合法权益,这对于公职律师制度的运行模式来说是一种有益的尝试和摸索,对我国今后公职律师的立法来说也可以积累一定的经验。本案当中,周玲律师作为在妇联任职的公职律师,代理妇联职能范围内的法律援助案件是公职律师履行职能的一种方式,但是由于我国尚未建立起统一的、正式的公职律师制度,公职律师与社会律师的职能划分在本案中就显得比较模糊,只有通过尽快立法,确立我国公职律师制度,才能真正厘清公职律师与社会律师职能的差别,才能推动我国公职律师的进一步完善。

二、为员工维权:一个公职律师的坚守①

(一)简要案情

1999年3月,到佛山南海市水头恒昌五金厂打工的农民工李忠被铝水灼伤双眼,南海市社会保险事业局作出工伤认定鉴定等级为三级。由于企业没有为员工购买工伤保险,13万多元赔偿款须由企业支付。企业不服鉴定结果申请重新鉴定,而劳动能力鉴定委员会重新鉴定后,得出了离谱的鉴定结论——五级,按此等级李忠只可得6万多元。李忠不服,向全总和广东省总工会投诉。

接到全总法律工作部指示,作为广东省总工会法律顾问的刘国斌接手了这个案子。他亲自到佛山调查后,发现佛山的重新鉴定无论程序还是事实,均有重大错误,于是到当地劳动局协调,要求自行纠正。遭到拒绝后,刘国斌为李忠代书,申请省劳动能力鉴定委员会终局鉴定,并亲自说明情况,又根据李忠的请求以省总工会的名义出面委托,最终,省劳动能力鉴定委员会鉴定为三级,等级之争画上句号。

"我当时万万想不到的是,一切才刚刚开始!"刘国斌回忆。企业拒不支付赔偿,刘国斌律师帮助李忠申请仲裁,企业却突然歇业,仲裁以企业歇业主体不存在为由裁定终结审理。李忠投诉无门顿陷绝境。刘国斌便找到法院请求法院直接受理,法院最后以企业主个人为被告受理了案件。一、二审虽然胜诉,但赔偿只能分期支付,于是,刘国斌又帮助李忠申请再审,最后,案件获得完全胜诉,企业主一次性支付李忠13万多元。2004年4月,李忠拿到第一笔执行款3万

---

① 载网易财经网,http://money.163.com/09/0309/13/53VG6FRB002524U1.html,2014年8月16日访问。

多元,百感交集与家属相拥而泣。几近失明的他,由亲人搀扶着给省总工会送来了一面锦旗。

这时,案件再次风云突变。经过企业主一番努力,省人民检察院接受佛山市人民检察院的提请,以终局鉴定是省总工会委托欠妥为由,向省高级人民法院提起抗诉,案件中止执行再次审理。企业主还数番通过熟人叫刘国斌不要插手,不被理会后又给省总工会领导写信,指控刘国斌勾结工人陷害企业。《法制日报》还刊登文章《谁是维权弱者》,得出私营企业是弱者的结论,引起全总法律工作部关注。

"我佩服他(企业主)的能耐,但我的信心永远在他的能耐之上!"刘国斌回忆起往事仍会激动不已。

刘国斌一边帮助李忠应付再审,一边向全总汇报,表明维权的坚定决心,并在《工人日报》上表态,如再审败诉将支持职工向最高院申诉。由于再审直接涉及省总工会和刘国斌本人,刘国斌不便出庭代理,刘国斌为李忠联系法律援助,为出庭律师撰写代理词,指出这是一场强势与弱者的劳资博弈,是一次正义与丑恶的是非较量。案件得到全总支持,全总有关领导亲自过问。2006年4月,省高级人民法院判决维持原判。同年7月,拿到大部分执行款的李忠托亲人给刘国斌送来了第二面锦旗。

也就是在这一年的岁尾,刘国斌当选了首届"全国维护职工权益十大杰出律师"。

近一年来珠三角经济的不景气,刘国斌作为广东省总工会的法律顾问,认为劳工失业及裁员情况尚在控制之内,并在朝好的方向发展。

他说:"我奉行的是'该硬则硬、该软则软'的劳资关系协调准则。在企业面临危机的时候,首先需要做的就是协调好双方关系,促使劳资双方平心静气地解决经营危机、共渡难关。劳动仲裁其实是万不得已才能去实施的事情,一上来就剑拔弩张地维权并不能收到太好的效果。"

2008年国庆节期间,惠州一家生产纤维的企业老板因为工厂难以为继,准备做"走佬",被早有防备的工人堵在了国道上,并劫持回厂里绑在办公室。当时刘国斌正在惠州老家探亲,闻讯立刻赶到该厂。

冒着"被当成汉奸"的危险,他帮那个老板松了绑。接着,刘国斌把劳资双方劝解到会议室,大家坐下来谈。"我给员工讲法律,给老板讲政策,半个小时之后,气氛就明显缓和了。最后,还聊出老板和绑他的几个工人是同乡,那个老板当时就掉了眼泪,双方握手言和。"

谈到最后,刘国斌当场发起了一个共同约定倡议:该老板承诺不做"走佬"、不降薪,不将危机转嫁给职工;工人方表示要和工厂共患难,立足本职,提升素质,推动工厂早日走出困境。

这个约定，和数月后才出台的"南粤春暖行动"的部分倡议如出一辙，而"构建和谐劳资关系"，一直是刘国斌近年来不断向省内各级工会组织提及的话题。

刘国斌当然不是一直当和事佬。有一年，东莞市清溪镇台资企业泛美塑胶玻璃纤维厂的打工者王绍明等3人找到刘国斌，请求刘国斌紧急提供援助，制止台商协会侵犯工人权益的行为。原来，他们3人代表全厂180名工人就加班费问题与厂方打官司，被厂方"以自动离职论处"，39名工人集体辞职以示抗争。39名工人是熟练技术工，辞职后在清溪镇却找不到一份工作，一个偶然机会才发现39人的名字赫然上了台商协会清溪分会"黑名单"，受到占据当地主导地位的台资企业封杀。

刘国斌迅速赶赴当地调查。台商协会清溪分会开始以协会内部文件为由不予配合，后又不认为侵权意图对抗。刘国斌明确指出，封杀令侵害职工就业权利必须马上整改，否则将以牙还牙也让清溪分会上"黑名单"。刘国斌还为39名工人起草了诉状准备将清溪分会诉诸法庭，很快清溪分会主动妥协，撤销文件、赔礼道歉、消除影响、帮助就业。

"职工需要律师，尤其是工人自己的律师。"这是刘国彬十几年来最深刻的感受。然而几年前，每次当职工找上门来求助时，刘国斌和他的工会同事们却只能以工会干部的身份，而不能以律师身份为职工代理案件。按照《律师法》规定，国家机关的现职工作人员不得兼任执业律师。刘国斌是工会机关的工会干部，虽然具有律师资格，但被视为国家机关工作人员而无法进行执业注册。

两年前，全国工会系统正式启动工会公职律师试点工作。刘国斌成为了首批工会公职律师。拿到公职律师执业证的那一刻，他非常激动。他说："为了这一天，他等了14年，做公职律师感觉更踏实，要比专职律师底气更足！"

（二）处理结果

从以上对于刘律师代理的案件的介绍中，我们可以看出，在刘律师处理的几个劳资纠纷案件中，劳动者的合法权益都得到了较为切实的保护，社会效果也比较理想。

（三）案件评析

广东省作为较早开展公职律师试点的省份之一，较为完善地建立起了公职律师制度。在这一背景下，本案例中的刘国斌律师可以正式以公职律师的身份代理其所任职的广东省总工会职权范围内的劳动纠纷案件。从中我们可以看出，完善的公职律师制度不仅可以帮助像刘国斌律师这样在公共机关内任职的律师在诉讼中切实享有律师的各项权益，更可以帮助社会弱势群体更容易地取得法律服务，促进社会公平正义的更充分实现。所以，尽快建立并完善我国的公职律师制度尤为必要。

问题讨论

1. 《现代金报》2005年11月2日报道,为提高政府依法行政水平,浙江省正式启动公职律师试点工作,43名具有律师执业证、专门为本级政府及其职能部门提供法律服务的律师,成为首批公职律师。据了解,公职律师的主要职责是为本级政府或部门行政决策提供法律咨询意见和法律建议,按照政府的要求参与规范性文件的起草、审议和修改,代理本级政府或部门参加法庭诉讼、仲裁活动,为有关当事人提供法律援助等。由此看来,作为公职律师首先具有角色的双重性,既是政府雇员又是律师;其次,服务对象的固定性,又进一步加深了其首先作为政府雇员的角色身份。

从以上报道中可以看到,公职律师的服务对象具有明显的确定性,即代理政府及其职能部门,或者履行政府的法律援助的职责。那么公职律师角色定位中应该首先是律师,还是所在公职机构的工作人员?此外,公职律师如何处理需要接受"两结合"的司法行政机关的监督指导和律师协会行业管理,同时还要接受所在公职机构的管理?

2. 《民主与法制》2008年第3期刊登一篇名为"《公职律师调查》专题报道之——公职律师,付出并困惑着"的报道。其中提到2005年11月30日北京市法律援助中心突然来了一群农民工,他们给香港在京的一家企业做装修工程,整整干了一年,到头来老板不给工钱。在北京市法律援助中心公职律师常明传的帮助下,76名农民工向当地法院提起诉讼,尽管案件审理一波三折,但是最后农民工最终拿到盼了一年的"血汗钱"。虽然只是一起普通的案件,但是常律师认为"从表面看我们解决了76名民工的问题。但他们背后是76个家庭、76个家族,帮助他们一个人,就是帮助了一个家庭。其中的影响会波及他们身边的一群人,甚至一个村子、一个镇子"。

从以上报道中,我们应该如何认识法律援助律师的作用?如何认识"法律援助是政府的责任"?可以从哪些方面来更好让政府履行责任?

3. 我国"旋转门条款"立法始于1993年国务院颁布《国家公务员暂行条例》,其第73条规定:"国家公务员辞职后,2年内到与原机关有隶属关系的企业或者营利性的事业单位任职,须经原任免机关批准"。1995年人事部颁布的《国家公务员辞职辞退暂行规定》第8条规定:"国家公务员辞职后,2年内到与原机关有隶属关系的国有企业或营利性的事业单位工作的,须经原任免机关批准"。随着我国法律共同体的生成,法律职业内的交流日益频繁,为了司法队伍的健康发展,防止相互勾结的"人情案""关系案"严重损害司法公正,法律职业立法率先对"旋转门条款"予以规定。1996年《律师法》第36条规定,曾担任法官、检察官的律师,从人民法院、人民检察院离任后2年内,不得担任诉讼代理人或者辩护人。2001年、2007年《律师法》修正,该条始终保留。2001年修正后的《法官法》第17条第1、2款和《检察官法》第20条第1、2款规定,法官或检察官从人民法院或人民检察院离任后2年内,不得以律师身份担任诉讼代理人或者辩护人。法官或检察官从人民法院或人民检察院离任后,不得担任原任职法院或检察院办理案件的诉讼代理人或者辩护人。

2005年《公务员法》是我国公务员管理工作科学化、法制化的里程碑,其第102条规定:"公务员辞去公职或者退休的,原系领导成员的公务员在离职3年内,其他公务员在离职2年内,不得到与原工作业务直接相关的企业或者其他营利性组织任职,不得从事与原工作业务直接相关的营利性活动。公务员辞去公职或者退休后有违反前款规定行为的,由其原所在机关的同级公务员主管部门责令限期改正;逾期不改正的,由县级以上工商行政管理部门没收该人员从业期间的违法所得,责令接收单位将该人员予以清退,并根据情节轻重,对接收单位处以被处罚人员违法所得1倍以上5倍以下的罚款"。2009年《刑法修正案(七)》增设第388条第2款,即"离职的国家工作人员或者其近亲属以及其他与其关系密切的人,利用该离职的国家工作人员原职权或者地位形成的便利条件实施前款行为的,依照前款的规定定罪处罚",将受贿罪主体延伸至离职的国家工作人员或者其近亲属以及其他与其关系密切的人。

除了上述传统意义上在不同法律职业之间的"旋转门"现象,由于公职律师的特殊性,因此即使是在律师职业的内部也存在着公职律师和社会律师之间的流动问题。"处理好各种利益问题是律师职业化的应有内容"①,结合本章第二节以及现行法律规定,讨论如何处理好公职律师和社会律师之间的利益冲突问题?

---

① 王进喜主编:《律师流动法律问题与对策》,知识产权出版社2013年,第9页。

第四部分
法官职业伦理

法官职业伦理概述

　　法官是行使司法权的行为主体,充当人民与人民、人民与国家之间纠纷解决者的角色。法官被动地处理纠纷,在具体案件中同时兼顾当事人之间实体利益与程序利益,行使认定事实、适用法律的职权以平息纠纷从而发现法之所在。法官透过具体个案的审理而解决人民的纠纷并监督国家公权力的行使,借由司法权的行使而做成权威性的法律判断。[①]

　　在我国,法官是指依照法律规定的程序产生,在司法机关中依法行使国家审判权的审判人员,是司法权的执行者。《中华人民共和国法官法》第2条明文规定法官是依法行使国家审判权的审判人员,包括最高人民法院、地方各级人民法院和军事法院等专门人民法院的院长、副院长、审判委员会委员、庭长、副庭长、审判员和助理审判员。如果说"法是善良和公正的艺术",那么法官则是这一理念最直接的载体。法官的职业伦理培养非常重要,其与法官自身的形象和司法公正息息相关。[②] 法官行使审判权,代表着国家的权威。通常我们认为,司法裁决是社会正义的最后一道屏障,而法官则运用其职业伦理来捍卫法官职业的神圣与庄严。法官职业伦理的遵守在很大程度上取决于法官是否严格地依法审判,是否遵从自己内心的善的召唤。

　　法官职业伦理是伴随着法官职业的形成、发展及社会需要而产生的一种特殊的社会意识形态和行为准则。法官职业的本质即"法律人以程序正义和专业

[①] 李礼仲、谢良骏:《法律伦理学新论》,元照图书出版公司2013年版,第11页。
[②] "职业化的法官是实现法律理性转化的前提;职业化的法官是保障法律运行确定、一致、权威的关键;法官的职业化构成法官个人行为的内在约束机制。"参见马建华:《职业化的法官与法官的职业化》,载《法律适用》2003年12月第213期。

知识的名义主张法治话语相对于其他政治话语的独立地位"。① 法官职业伦理实际上包括了两个方面的范畴：一是法官职业的人际关系应该如何；二是法官的人际关系事实上如何。即法官职业伦理问题的研究应从法官的自身行为、法官与其他法律职业工作者之间的关系、法官与当事人之间的关系出发来开展研究。法官伦理是法官业内业外活动中所应一体遵循的现在与潜在的行为规范、理念、信念及价值选择的总和。其与司法目的、司法行为、司法环境以及社会发展的需要相联系，反映了社会对法官的某种期待，展现法官职业的价值取向。

  法官的职业伦理主要包括公正义务、清正廉洁义务以及法庭外义务等。司法公正乃是法官职业伦理的第一准则，它要求法官独立行使审判权，中立裁决纠纷，恪守公开原则，坚守司法公正。廉洁义务要求法官应树立正确的权力观、地位观、利益观，坚持自重、自省、自警、自励，坚守廉洁底线，依法正确行使审判权、执行权。法官职业伦理除了约束法官在法庭上的行为，还进一步要求法官在法庭外应尽可能谨言慎行、保守秘密，避免不当或被认为不当的行为从而保护法官廉洁、正直之形象。

---

① 冯象：《木腿正义》，北京大学出版社2007年版，第139页。

第十六章 法官的公正义务

"公正"一词包含了公平、正义的内涵,是整个人类社会共同的价值目标。司法活动作为一种社会控制方式,是用来消除矛盾、定纷止争的工具。要承担着守护社会良心的作用,司法活动本身必须是公正的。因此,公正是一切司法工作的本质特征和生命线,也是法官必须遵循的基本准则。司法公正是法官职业伦理的第一准则。

第一节 法官恪守公正义务的理论与规则

正如导言所述,司法公正乃是法官职业伦理的第一准则。具体来说,法官的公正义务主要包括以下内容:

一、独立行使审判权

我国宪法和法律规定人民法院独立行使审判权,不受任何行政机关、社会团体和个人干涉。法官在具体的司法实践活动中应当严格地依照法律规定,忠于宪法和法律,坚决维护独立行使审判权的权利。《法官职业道德基本准则》第2条规定,法官职业道德的核心是公正、廉洁、为民。基本要求是忠诚司法事业、保证司法公正、确保司法廉洁、坚持司法为民、维护司法形象。同时,法官也应注意避免受到来自法院系统内部的影响和压力。《法官职业道德基本准则》第14条规定,尊重其他法官对审判职权的依法行使,除履行工作职责或者通过正当程序外,不过问、不干预、不评论其他法官正在审理的案件。《法官职业道德基本准则》第26条规定,法官退休后应当遵守国家相关规定,不利用自己的原有身份和便利条件过问、干预执法办案。具体而言,除非基于履行审判职责或者通过适当的程序,不得对其他法官正在审理的案件发表评论,不得对与自己有利害关系的案件提出处理建议和意见;不得擅自过问或者干预下级人民法院正在审理的案件;不得向上级人民法院就二审案件提出个人的处理建议和意见。当然,依法独立行使审判权,最主要还是法官自觉。《法官职业道德基本准则》第8条明确规定,法官在审判活动中,应当独立思考、自主判断,敢于坚持原则,不受任何行政机关、社会团体和个人的干涉,不受权势、人情等因素的影响。法官在裁判过程中,应当有独立判断的意识,正确地运用自己的法律专业知识和技能做出正确的判断,排除各种不利的影响和干扰,坚持观点,坚守职责。

二、中立裁决纠纷

法官、检察官、律师等司法职业者在司法实践活动有着各自的角色,承担着不同的任务。由于法官职业的特殊性质,法官在审判活动中应当保持中立,不偏不倚,维护司法公正的形象和要求。只有裁判中立,以控、辩、裁为基础的现代诉讼制度才能得以存续并运行良好。因此,无论是在刑事诉讼,还是在民事诉讼抑或行政诉讼中,法官中立裁决纠纷都是一项基本的诉讼要求。《法官职业道德基本准则》第13条规定:"法官应自觉遵守司法回避制度,审理案件保持中立公正的立场,平等对待当事人和其他诉讼参与人,不偏袒或歧视任何一方当事人,不私自单独会见当事人及其代理人、辩护人。在与一方当事人接触时,应当保持公平,避免他方当事人对法官的中立性产生合理怀疑。法官应当抵制当事人及其代理人、辩护人或者案外人利用各种社会关系的说情。"《法官行为规范》第40条和第42条规定,法官在调解过程中,应当征询各方当事人的调解意愿。在与一方当事人接触时,应当保持公平,避免他方当事人对法官的中立性产生合理怀疑。当事人坚持不愿调解的,不得强迫调解。根据《法院组织法》等法律的规定,法官还应充分注意到由于当事人和其他诉讼参与人的民族、种族、性别、职业、宗教信仰、教育程度、健康状况和居住地等因素而可能产生的差别,要切实采取措施保障诉讼各方的诉讼地位,保障他们充分行使诉讼权利和维护好实体权利。法官也不得在宣判前通过言语、表情、行为等流露出自己对裁判结果的观点或态度。《法官职业道德基本准则》第17条明确规定:"法官不得从事或者参与营利性的经营活动,不在企业及其他营利性组织中兼任法律顾问等职务,不得就未决案件或者再审案件给当事人及其他诉讼参与人提供咨询意见。"

三、恪守公开原则

公正以公开为前提,司法活动的公正在很大程度上在于其能够以人们看得见的方式来实现正义。《法官职业道德基本准则》第12条规定:"法官应认真贯彻司法公开原则,尊重人民群众的知情权,自觉接受法律监督和社会监督,同时避免司法审判受到外界的不当影响。"公开原则要求法官在履行职责过程中,除了法律规定不应该公开或可以不公开的情况,其他司法活动应当以公开的方式进行。公开的内容和范围应当在法律规定的范围之内。向当事人和社会公开的案件,法官应当允许公民旁听,允许新闻媒体采访,只要公众接触案件的方式符合法律规定,法官都应当对其行为给予适当的尊重。法官在司法裁判活动中应当避免主观擅断、滥用法官职权和枉法裁判等行为的发生。对涉案当事人的诉讼权利的限制应当依法说明原因,避免出现主观武断地得出结论的情形。公开原则是诉讼活动中的一项基本诉讼原则,是确保司法公正的重要方式,还体现在司法裁判的说理过程中。司法裁判本身就包含着一定的推理过程,对法律观念和法律价值的选择对于案件的裁断是必要的,对其进行科学合理的阐释有助于公众正确地理解国家的司法活动和由衷地接受司法裁判的结果,同时还有利于司法权威的加强。根据《法官行为规范》第 51 条规定,法官应对证明责任、证据的证明力以及证明标准等问题进行合理解释。诉讼过程中的诉讼文书是法律运用于实践的典范,法官应当将法律允许公开的司法文书公之于众,接受公众对司法裁判活动的监督和普通民众的正义观念的检验,真正做到以理服人。

四、坚守司法公正

司法公正是司法工作的良心和底线,也是法官从事司法实践工作努力达到的目标。法官应当以维护公平正义为己任,认真履行法官职责。根据《法官职业道德基本准则》第 9 条的规定,法官应坚持以事实为根据,以法律为准绳,努力查明案件事实,准确把握法律精神,正确适用法律,合理行使裁量权,避免主观臆断、超越职权、滥用职权,确保案件裁判结果公平公正。在具体的案件审理上,法官不仅要坚持实体公正,程序公正也是法官职业伦理的重要目标。根据《法官职业道德基本准则》第 10 条的规定,法官应牢固树立程序意识,坚持实体公正与程序公正并重,严格按照法定程序执法办案,充分保障当事人和其他诉讼参与人的诉讼权利,避免执法办案中的随意行为。实体公正是程序公正的目的,程序公正是实体公正的保障。《法官职业道德基本准则》将程序公正独立出来的价值在于法治更多的是程序规则之治。程序公正和实体公正是法官司法活动的基本要求,除此之外,法官职业伦理还要求法官在司法实践中做到形象公正。法官在裁决案件过程中,应尽量做到客观中立,避免公众对司法公正产生合理的怀疑,这既是裁判中立的要求,也是司法公正的要求。法官的行为代表司法职业的形象,法官的言行体现了国家公职的严肃和庄重,形象公众能够产生程序公正和实体公正所不具有的作用,能够强化司法的权威和公信力。《法官职业道德基本准则》第 3 条规定:"法官应当自觉遵守法官职业道德,在本职工作和业外活动中严格要求自己,维护人民法院形象和司法公信力。"

第二节 案例研习

一、法官受人请托、收受贿赂案

(一)简要案情

2006 年 10 月至 2013 年 5 月期间,被告人李某利用担任缙云县人民法院民二庭法官及民二庭副庭长、庭长的职务之便,在案件办理过程中,分 10 次收受蒋某、杨某、虞某、朱某乙、屠某、江某、胡某、夏某、徐某等9位案件当事人及代理人所送的现金、购物卡等财物,为案件当事人谋取利益,数额共计17.8万元。被告人李某于2013年7月15日主动向其工作单位投案,同年7月31日被告人李某的家属已向中共缙云县纪委退清其赃款。具体事实如下:

1. 2006年7月至10月期间,被告人李某承办了原告海宁市某某玻璃有限公司与被告蒋某某、浙江某某照明电器有限公司买卖合同纠纷一案。在案件判决后的一天,被告浙江某某照明电器有限公司的代理人蒋某(蒋某某的父亲)为感谢李某在案件中的关照,在李某的办公室送其现金10000元,李某予以收受。

2. 2004年6月至2007年9月期间,被告人李某承办了原告浙江某某钢结构有限公司与被告浙江缙云县某某实业有限公司建设工程合同纠纷一案。案件到执行程序后的2008年中的一天,浙江某某钢结构有限公司董事长杨某为感谢李某在案件审理过程中的关照,在缙云县博物馆边上送给李某现金10000元,李某予以收受。

3. 被告人李某在承办原告缙云县某某水电站清算小组与被告缙云县某某水电有限公司债权纠纷一案过程中,缙云县某某水电有限公司经理虞某为在案件处理中获得李某的关照,于2010年10月的一天,在李某的家中送其现金10万元,李某收受后于2011年5月9日送回到虞某家,在虞某家里双方又商量好以李某出具"借条"的形式,以虞某银行汇款的方式将这10万元再次以"借款"的形式送给李某。李某收受后至案发前并没有退还这10万元,也没有支付过利息。另查明,李某家从2008年开始到案发前有钱出借给亲朋好友,其中借给楼某25万元。

4. 2012年8月,被告人李某承办了原告朱某乙与被告朱某甲民间借贷纠纷一案。在案件调解结案后的一天,朱某乙为感谢李某在案件中的关照,在李某的办公室送其10张超市卡,每张价值1000元,共计金额10000元,李某予以收受。

5. 2012年11月,缙云县人民法院受理原告浙江某某模具有限公司与被告吴某某、上海某某精密五金制品有限公司买卖合同纠纷一案,并由该院民二庭承办。在案件办理过程中一天,浙江某某模具公司经理屠某为在案件处理中获得李某(时任民二庭庭长)的关照,在李某的办公室送其4张丽水百大购物卡,每张价值1000元,共计金额4000元,李某予以收受。

6. 被告人李某承办了原告浙江某某照明电器有限公司与被告广东某某电器有限公司承揽合同纠纷一案后,浙江某某照明公司副总经理江某为感谢李某在案件中的关照,于2012年11月的一天,在缙云县人民法院立案大厅门口送给李某5张中石化加油卡,每张价值1000元,共计金额5000元,李某予以收受。

7. 2012年12月至2013年1月期间,被告人李某承办了原告沈某某与被告浙江某某珠宝有限公司民间借贷纠纷一案。在案件处理过程中的一天,沈某某代理人胡某为在案件上获得关照,在李某办公室送其8张香烟卡,每张价值500元,共计金额4000元,李某予以收受。

8. 被告人李某承办原告杭州某某贸易有限公司与被告曹某某、浙江某某建筑工程有限公司、浙江某某建设有限公司买卖合同纠纷一案过程中,在案件第一次开庭前的2013年4月,原告方的供销员夏某为在案件上获得关照,在李某的办公室送其10张联华超市购物卡,每张价值1000元,共计金额10000元,李某予以收受。在案件第一次开庭后,夏某为了有利于案件处理,在李某的车上送其现金20000元,李某予以收受。

9. 2012年10月份,被告人李某承办原告徐某(缙云县新都大酒店经理)与被告陈某民间借贷纠纷一案。2013年4月,徐某在香港以5000多元的价格买回苹果牌MD223ZP/A笔记本电脑一台,为了和李某搞好关系有利于今后案件处理,于5月份的一天在其酒店将该电脑送给李某,李某予以收受。

被告人李某收受的现金和购物卡等已用于家庭日常开支,所收受电脑已上交至中共缙云县纪委。

被告人李某于2013年7月15日主动向工作单位投案,并如实供述了犯罪事实。同年7月31日被告人李某的家属已向中共缙云县纪委退清其赃款。

(二)法院判决

法院对本案判决如下:

1. 被告人李某犯受贿罪,判处有期徒刑7年。
2. 扣押在案的赃款人民币173000元和电脑由扣押单位予以收缴。

(三)案件评析

法官审判独立是指法官能依良知及法律审判,而不受干涉,以确保裁判正确及维护当事人正当权益。《法官职业道德基本准则》第8条规定:"坚持和维护人民法院依法独立行使审判权的原则,客观公正审理案件,在审判活动中独立思考、自主判断,敢于坚持原则,不受任何行政机关、社会团体和个人的干涉,不受权势、人情等因素的影响。"法官审判独立之要求,不仅表示其不受行政机关的影响,且要求其不受其他法院机关的影响。例如其他机关的建议、推荐、游说、请求、要求均属于干涉审判独立。

本案中,涉案法官理应坚守超然独立的立场,断然拒绝当事人的游说请求,从而保障案件审判的公正合法。但是该法官却没有坚守法官这一基本的伦理要求,而是在相关当事人的不断请求下,在金钱报酬的诱惑下,作出了违反法律的审判行为。这不仅造成了个案的违法,让另一方当事人难以得到平等的对待,更是对司法公信力的严重破坏。本案涉案法官无疑违反了法官最基本的职业伦理,当然他们的行为也逃不过刑法的制裁。

另外需要说明的是我国现行的司法独立是法院层面上的独立,尚未达到法官个体独立审判的程度,所以强调法官在审判中做到个体的独立仍有许多障碍,这其中有来自制度层面的障碍,也有非制度层面的其他因素的障碍,但不论有多少障碍,最终确保法官个人的独立审判是势在必行的,法官做到独立审判是实现司法公正的必要条件之一。在实践中,我们可以看到新一轮的司法体制改革中,法官独立审判是改革的中心任务,这是与司法审判的客观规律相契合的。

二、法官接受被害人家属宴请被申请回避案①

(一) 简要案情

2000年5月2日,某县人民法院对张某、王某、李某强奸、盗窃一案进行了不公开审理。开庭后,被告人张某、王某、李某同时申请审批人员吴某回避,理由是吴某于4月28日曾接受被害人黄某的请客,在某宾馆吃饭时被王某的哥哥用照相机拍了下来。被告人张某还申请审判长齐某回避,理由是被告人张某曾听到过齐某审判的盗窃案,他认为齐某量刑偏重,闭庭后曾向齐某提意见,齐某非但不予接受,还对他进行了批评教育。因此,张某认为齐某对他有成见,由齐某担任审判长会影响对案件的公正审理。合议庭当庭驳回了这两个回避申请。被告人张某、王某、李某对此不服,申请复议一次,又重复了上述理由。鉴于这种情况,合议庭宣布休庭,将回避申请报告院长决定。

(二) 处理结果

该法院院长听取了审判长的报告,合适了有关情况,遂作出口头决定:准许被告人张某、王某、李某要求审判员吴某回避的申请,决定吴某回避。对于被告人张某要求审判长齐某的回避申请,由于本案审判长齐某并不认识被告人张某,被告人提出申请回避的理由不符合法律规定,因而不能成立,经复议驳回申请,继续由齐某担任审判长审理全案。一审法院经过审理,以强奸罪、盗窃罪判处张某有期徒刑8年,王某有期徒刑5年,李某有期徒刑2年。

(三) 案件评析

《法官职业道德基本准则》第13条规定:"自觉遵守司法回避制度,审理案件保持中立公正的立场,平等对待当事人和其他诉讼参与人,不偏袒或歧视任何一方当事人。"《刑事诉讼法》第29条第1款规定:"审判人员、检察人员、侦查人员不得接受当事人及其委托的人的请客送礼,不得违反规定会见当事人及其委托的人。"法官审理案件应保持中立及公正,确保当事人之公正程序请求权。任意以具有歧视或偏见之言语斥责当事人,而令人对其中立性及公正性产生怀疑

---

① 杨华、李艳玲、曹晓霞主编:《刑事诉讼法案例点评》,中国人民公安大学出版社2005年版,第53页。

者,均有悖于法官的职业伦理。法官应毫无偏见地听取各方当事人陈述意见,若法官不能保持中立,混淆裁判者与当事人间的差别,成为一方当事人,其公正性必将遭受质疑。之所以对法官提出这些要求,是因为人类社会最基本的正义观认为一个人不能做与自己有关案件的法官,否则即便他再公正无私,所作出的决定也势必难以服众。更何况如果法官接受了一方当事人给予的恩惠,那么他势必会对这一方当事人加以偏袒,这样的话案件就再也无法得到公正的审判了。所以法官职业伦理要求法官超然中立,不偏袒任何一方当事人,更不能用手中的公权力作为权力寻租的对象。

而在本案中,审判员吴某明知黄某是自己审理案件的当事人之一,依旧接受黄某的私下宴请,这种行为就违反了恪守公正这一法官最基本的职业伦理,同时也违反了《刑事诉讼法》等法律法规的规定。所以本案中,法院决定让审判员吴某回避是正确的。

另外,我国三部诉讼法典都规定了法官应当回避的各种情形,以《刑事诉讼法》为例,该法第 28 条规定:"审判人员、检察人员、侦查人员有下列情形之一的,应当自行回避,当事人及其法定代理人也有权要求他们回避:(一)是本案的当事人或者是当事人的近亲属的;(二)本人或者他的近亲属和本案有利害关系的;(三)担任过本案的证人、鉴定人、辩护人、诉讼代理人的;(四)与本案当事人有其他关系,可能影响公正处理案件的。"由此可知,我国对于法官回避采取法定事由主义,如果法官不具备该条所列举的行为或关系的,那么就不属于需要回避的对象。所以本案中审判长齐某仅仅因为批评教育了张某而被申请回避就是不能成立的了。但是法官的法庭外言论也是法官职业伦理所关注的对象,我们在相关章节再进一步展开。

三、不公开审理王某案①

（一）简要案情

2012 年 2 月 6 日至 7 日,重庆市原副市长王某私自进入美国驻成都总领事馆滞留,在国内外造成恶劣影响。事后,侦查机关依法对此进行调查。6 月 30 日,经全国人大常委会公告依法终止王某第十一届全国人大代表资格。

2012 年 7 月 22 日,经成都市人民检察院批准,王某因涉嫌叛逃罪由成都市国家安全局执行逮捕,8 月 2 日侦查终结后移送成都市人民检察院审查起诉;王某涉嫌徇私枉法案经最高人民检察院指定安徽省合肥市人民检察院侦查终结后,于 8 月 2 日移送成都市人民检察院审查起诉;王某涉嫌受贿、滥用职权案经

---

① 载凤凰新闻网,http://news.ifeng.com/mainland/detail_2012_09/19/17742189_0.shtml,2014 年 8 月 6 日访问。

最高人民检察院指定四川省人民检察院侦查终结后,分别于8月8日、9月1日移送成都市人民检察院审查起诉。

9月5日,成都市人民检察院依法对王某涉嫌犯罪提起公诉,成都市中级人民法院依法受理。

(二)处理结果

2012年9月17日,王某涉嫌叛逃、滥用职权案因涉及国家秘密依法不公开开庭审理;9月18日,王某涉嫌受贿、徇私枉法案依法公开开庭审理。成都市中级人民法院3名法官组成合议庭,其中副院长钟尔璞担任审判长;成都市人民检察院副检察长王昕等3位检察官出庭支持公诉。被告人亲属、媒体记者、人大代表、政协委员和部分群众旁听了公开庭审。

(三)案件评析

本案涉及法官的审判公开义务。审判公开是指人民法院审理案件和宣告判决都必须公开进行,既要允许公民到法庭旁听,又要允许记者采访和报道。《法官职业道德基本准则》第12条规定:"法官应认真贯彻司法公开原则,尊重人民群众的知情权,自觉接受法律监督和社会监督,同时避免司法审判受到外界的不当影响。"公开原则要求法官在履行职责过程中,除了法律规定不应该公开或可以不公开的情况,其他司法活动应当以公开的方式进行。公开的内容和范围应当在法律规定的范围之内。向当事人和社会公开的案件,法官应当允许公民旁听,允许新闻媒体采访,只要公众接触案件的方式符合法律规定,法官都应当对其行为给予适当的尊重。但是法官的审判公开义务也不是没有止境的,对于涉及国家秘密、个人隐私、商业秘密以及未成年人案件,我国法律都对法官的公开义务作了一定的限制。

而本案中,在审理王某涉嫌叛逃、滥用职权罪时,由于案件内容涉及国家秘密,所以法庭决定不公开审理。而在审理其涉嫌受贿、徇私枉法罪时,由于不在法律限制公开的情形中,所以法庭决定公开审理案件,允许被告人亲属、媒体记者、人大代表、政协委员和部分群众旁听庭审。

审判公开具有非常重要的意义:首先阳光是最好的防腐剂,审判公开可以将审判过程置于公众的监督之下,加强了社会监督,增加了诉讼透明度,有利于防止冤假错案的发生;其次审判公开可以增强公众对法治的了解,有利于普法教育;最后审判公开还可以震慑潜在的犯罪分子,对预防犯罪有一定的作用。所以公开审理案件、自觉接受社会公众的监督也是法官恪守公正这一职业伦理的重要内容。

问题讨论

1. 李法官出生在一个偏僻的山村,大学毕业后从事法官工作十多年了。在一起案件的审理中,李法官突然记起当事人是老家小时候一起玩的朋友。两人已有十多年没见面,且平时也没有其他交流。李法官觉得两人的关系都是过去的关系了,不会影响现在的审判,于是继续审理该案。问:李法官的行为是否违反了法官职业念伦理?为什么?

2. 网络化时代的来临使得社会舆论有了更多更好的表达渠道,微博等公共平台更是在社会有着巨大的影响力。其积极作用是使案件的办理过程更加透明和公开,消极作用则在于社会舆论给法官的职业行为带来很大压力。那么法官应当如何应对网络时代可能对其独立性带来的影响?

第十七章 法官的清正廉洁规则

法官行使审判权,代表着国家的权威。司法裁决是社会正义的最后一道屏障,而法官则运用其职业伦理来捍卫法官职业的神圣与庄严。法官职业伦理指的是审判人员在履行其职责过程中所应具备的优良的道德品质,以及在调处各种社会关系时所应遵循的优良的道德规范的总和。法官职业伦理的遵守在很大程度上取决于法官是否严格地依法审判,是否遵从自己的内心的善的召唤。本章即重点分析法官职业伦理中清正廉洁的内容及其违反该职业伦理的责任。

第一节 法官清正廉洁的基本规则

一、法官保持清正廉洁的要求

我国《法官职业道德基本准则》第四章中明确了法官确保司法廉洁的要求。《法官行为规范》和《法官法》中也对法官的行为进行了规范。法官应树立正确的权力观、地位观、利益观,坚持自重、自省、自警、自励,坚守廉洁底线,依法正确行使审判权、执行权,在以下几个方面高度重视道德操守的保持:第一,禁止获取不正当利益。法官在司法活动中,不得直接或间接地利用其职务和地位谋取任何不正当利益。第二,限制从事业外活动。禁止法官在业外活动的参与影响其公正廉洁的形象和削弱司法权威,例如法官不得兼任律师、代理人、辩护人等。第三,保持正当的生活方式。法官应加强自身修养,培养高尚道德操守和健康生活情趣,杜绝与法官职业形象不相称、与法官职业道德相违背的不良嗜好和行为,遵守社会公德和家庭美德,维护良好的个人声誉。第四,约束家庭成员的行为。法官应妥善处理个人和家庭事务,不利用法官身份寻求特殊利益,按规定如实报告个人有关事项,教育督促家庭成员不利用法官的职权、地位谋取不正当利益。

美国律师协会《司法行为示范准则》[①]为司法行为确立了伦理准则,该《准则》意在明确规定关于司法行为的基本准则并指导法官在司法行为与个人行为两个方面遵从较高标准,努力维护自身的廉洁与独立。[②] 为了实现这一目标,

---

① 《司法行为示范准则》(2000),转引自刘晓兵:《国际法律伦理问题》,第224页。
② 同上,第230页。

《准则》提出了五项标准：

第一，法官应当维护司法系统的廉洁与独立。法官应当参加制定、坚持和执行高标准的行为准则，应当努力维护司法系统的廉洁与独立。

第二，法官应当在全部活动中避免不当的言行举止。这个标准要求法官不但要防止职业行为的不适当性，而且要防止个人行为的不适当性。法官应能在所有行为中区别职业声誉的适当利用或不当利用。

第三，法官应当公正而勤勉地履行义务。法官的司法义务应当优先于其他所有活动。法官应当不带偏见地从事司法活动。除了种族偏见、性别偏见和人种偏见，法官还要避免对朋友和亲属进行照顾或对特定职业或律师群体进行排斥。在维护法庭秩序与行为方面，法官应当克制对律师的偏见，尤其不得禁止诉讼发言。在未决案件或在可预见的将来可能起诉的案件得到最终解决之前，法官不得公开就此发表评论。

第四，法官应当管理自己的司法外活动，使其与司法活动的冲突风险降至最小。法官的司法外活动不应导致对法官公正性的合理怀疑，不能损害法官的职业尊严或干扰法官履行司法义务。

第五，法官应当远离不适当的政治活动。这个规定禁止法官在政治组织中担任领导或保有职位，禁止法官公开对某个谋求政治职位的候选人表示赞成或反对，禁止法官为政治组织发表演说，禁止法官参加政治集会，禁止法官为政治组织、候选人筹集资金、捐献财产或捐款。一旦法官成为政治候选人，就应当离开法官职位。

二、法官违反廉政纪律的责任形式

我国《法官法》在第 11 章第 32 条中对法官的禁止行为作了规定。《人民法院工作人员处分条例》则规定得较为具体。在第 2 章第 3 节中对违反廉政纪律的行为作了列举，共 11 种表现形式。根据《人民法院工作人员处分条例》，法官因违反法律、法规或者条例关于清正廉洁的规定，应当承担纪律责任的，依照条例给予处分。人民法院法官违纪违法涉嫌犯罪的，应当移送司法机关处理。

1. 纪律责任。法官违反法官职业伦理，其行为尚未构成犯罪，情节较轻且没有危害后果的，要给予诫勉谈话和批评教育；构成违纪的，根据人民法院有关纪律处分的规定进行处理。根据《法官法》和《人民法院工作人员处分条例》的规定，纪律处分的种类分为：警告、记过、记大过、降级、撤职、开除。

2. 刑事责任。法官因违反法官职业伦理而触犯刑律，就需要承担刑事责任，由纪检监察部门负责移送相关部门。根据刑事司法相关法律，法官触犯的罪名可以分为两类：一类是普通主体都能构成的犯罪，如杀人罪、抢劫罪等；另一类是特殊主体的职务犯罪。这里主要是指根据我国刑法第八章、第九章的相关规定。

三、法官违反廉政纪律的追责程序

2008年,最高人民法院针对法官职业责任制定了《人民法院监察工作条例》。根据该条例,人民法院内部设立监察部门,依照法律法规对法官和其他工作人员进行监察。最高人民法院,高、中级人民法院设立监察室。基层人民法院设立监察室或者专职监察员。监察部门受理对人民法院及其法官和其他工作人员违纪违法行为的控告、检举,调查处理人民法院及其法官和其他工作人员违反审判纪律、执行纪律及其他纪律的行为,受理法官和其他工作人员不服纪律处分的复议和申诉等。

对本院审判委员会委员、庭长、副庭长、审判员、助理审判员和其他工作人员,下一级人民法院院长、副院长、副院级领导干部、监察室主任、专职监察员,拟给予警告、记过、记大过处分的,由监察部门提出处分意见,报本院院长批准后下达纪律处分决定;拟给予降级、撤职、开除处分的,由监察部门提出处分意见,经本院院长办公会议批准后下达纪律处分决定。纪律处分决定以人民法院名义下达,加盖人民法院印章;给予违纪人员撤职、开除处分,需要先由本院或者下一级人民法院提请同级人民代表大会罢免职务,或者提请同级人民代表大会常务委员会免去职务或者撤销职务的,应由人民代表大会或者其常委会罢免、免职或者撤销职务后,再执行处分决定。对违反纪律的人员作出纪律处分后,有关法院人事部门应当办理处分手续,纪律处分决定等有关材料应当归入受处分人员的档案。

法官对人民法院关于本人的处分、处理不服的,自收到处分、处理决定之日起30日内可以向原处分、处理机关申请复议,并有权向原处分、处理机关的上级机关申诉。

第二节 案例研习

一、汪某某枉法裁判案

(一)简要案情

湖南省株洲市石峰区人民检察院指控汪某某枉法裁判向湖南省株洲市石峰区人民法院提起公诉。汪某某因本案于2000年5月26日被逮捕。

被告人汪某某辩称:

其未于1998年12月授意钟某某签订虚假合同,也未在钟某某与泰之岛门面租赁纠纷一案第一次开庭后授意钟某某制造虚假的损失证据,同时否认其于第二次开庭后将自己发现的钟某某所提交的有矛盾的虚假合同退给钟某某,声称其所收到的钟的合同即是入卷保存的那份合同。

(二) 查明事实

1989年2月,株洲市原南区人民法院与株洲市房产局合作成立房地产法庭,被告人汪某某借调该法庭工作(人事关系不变)。1995年9月27日,被株洲市原南区人民法院任命为助理审判员。1997年8月,因行政区划的调整,在株洲市原南区人民法院基础上成立株洲市芦淞区人民法院,被告人汪某某仍在该院房地产法庭工作。

1998年12月的一天,被告人汪某某到钟某某(已判刑)承租的株洲大饭店咖啡厅喝茶,钟某某因与湖南泰之岛实业有限公司发生门面租赁纠纷,请教汪某某,问汪某某有什么办法可以让泰之岛将门面租给钟。汪某某要求先看双方签订的经营场所租赁意向书,钟某某将其授权孙维萍与湖南泰之岛实业有限公司所签订的经营场所租赁意向书交给汪某某,汪某某看到该意向书约定:"本意向书内容为双方租赁关系的初步意向,详细规定应以甲、乙双方签订的正式租赁合同为准。如甲、乙双方对租赁合同条款未能达成一致,本意向书不予执行。"钟某某告诉汪某某,泰之岛可能不会将门面租赁给他,问汪某某有什么办法。汪某某讲,泰之岛是在玩名堂,只要泰之岛不与钟某某签订正式合同,这个意向书不能生效,并告诉钟某某:可以与别人签订订货合同,并在合同上附加违约赔偿的条款。钟某某问:那如果租不到门面,就会亏很多钱。汪某某讲:可以订一个不必履行的合同,目的是给泰之岛施加压力。1999年4月,泰之岛告知钟某某不能按意向书的约定于1999年5月5日向其交付租赁经营场所。钟某某多次要求泰之岛解决租赁经营场所一事,但没有结果。同月某日,钟某某约株洲市创卫有限公司的吴某某(已判刑)商议,并与创卫有限公司签订了一份虚假的销售合同,将签订合同的时间提前到1999年12月28日,该合同内容为:钟某某从创卫有限公司购进皮鞋2万双,单价30元,总价款60万元,同时,吴某某开具了一张虚假的30万元的收条给钟某某。

该"合同"订好后,钟某某在国安宾馆将前文的经营场所租赁意向书及与吴某某所签的皮鞋购销合同给株洲市芦淞区人民法院房地产法庭庭长刘某某及被告人汪某某过目,问是否可以起诉,对方回答是要等到经营场所租赁意向书约定的5月份后才能起诉。1999年5月18日,钟某某以与湖南泰之岛实业有限公司发生门面租赁纠纷为由,向株洲市芦淞区人民法院房地产法庭提起诉讼,请求法院判令泰之岛将门面租赁给钟经营。该法庭受理该案后,由法庭庭长刘某某及被告人汪某某、周某组成合议庭进行审理。刘某某任审判长,被告人汪某某为案件承办人。该案先后于1999年6月14日、6月29日两次开庭审理,在庭审过程中,刘某某、周某均未自始至终主持参加庭审,中途离开。

在第一次庭审时,泰之岛明确表示不能交付门面。钟某某则变更诉讼请求为要么交付门面,要么赔偿损失。汪某某要求钟某某提交损失证据时,钟某某及其代理人高某某回答没带来。汪某某宣布休庭,限期钟某某举证。休庭后,钟某某问汪某某怎么举证,汪某某讲要有实际受到的损失,如皮鞋购进后已销给了谁,但要注明是因泰之岛不能给付门面才低价处理。钟某某便与丑某某(另案处理)签订了一份皮鞋购销协议,协议内容为:钟某某因泰之岛场地无法落实,从创卫有限公司所进的2万双皮鞋,价值60万元,现作价44.2万元卖给丑某某。被告人汪某某将钟某某与吴某某所签订的皮鞋销售合同及与丑某某所签的皮鞋购销协议及丑某某的证言作为定案依据,并认定钟某某经济损失为15.8万元。

在合议庭合议前,钟某某在琴海饭店包房请株洲市芦淞区人民法院副院长萧某某及刘某某、汪某某,株洲市中级人民法院民庭副庭长黄某某吃饭。席间,汪、萧等人向黄某某汇报了案情,事后,萧某某指示被告人汪某某按在席间商定的意见处理。被告人汪某某在国安宾馆(由钟某某支付费用)写好判决书后,将判决书原稿交给钟某某,由钟某某送给萧某某签发后(合议笔录系事后补作),由钟某某负责打印,该案于1999年7月2日宣判,判决由泰之岛实业有限公司赔偿钟某某经济损失15.8万元。宣判后,泰之岛不服,上诉至株洲市中级人民法院,中级人民法院(黄某某为审判长)维持了该判决。因钟某某制造损失假相的事情败露,该判决未执行,并由株洲市中级人民法院于2000年4月29日予以撤销。

在审理钟某某与泰之岛门面租赁纠纷一案的过程中,被告人汪某某多次接受钟某某的请吃和参与由钟某某付款的娱乐活动,并以报销手机费的名义接受钟某某所送的现金500元。

上述事实均有相关证人证言和物证等予以作证。

(三) 法院判决

湖南省株洲市石峰区人民法院根据上述事实和证据认为:

被告人汪某某于1995年9月27日,被株洲市原南区人民法院任命为助理审判员。1997年8月,因行政区划的调整,在株洲市原南区人民法院基础上成立株洲市芦淞区人民法院,被告人汪某某仍在该院房地产法庭工作,负有审判职责,具有司法工作人员身份。被告人汪某某在民事审判活动中故意违背事实和法律作出枉法裁判,情节严重,其行为已构成枉法裁判罪。依据《中华人民共和国刑法》判决:

汪某某犯枉法裁判罪,判处有期徒刑1年。

(四) 案件评析

本案涉及的是法官对于公正审判以及廉政纪律的违反。

司法活动作为一种社会控制方式,是用来消除矛盾、定分止争的工具,司法活动本身必须是公正的。因此,公正是一切司法工作的本质特征和生命线,也是法官必须遵循的基本准则。法官在审判活动中应当保持中立,不偏不倚,维护司法公正的形象和要求。本案中,汪某某作为法院工作人员,案前和诉讼中为钟某某"出谋划策",虚构合同,谋取利益。其行为在构成《刑法》的枉法裁判罪的同时,也当然地违反了《法官职业道德基本准则》的相关规定。

作为一个合格的法官,其在物质生活和精神生活上都要保持纯洁和清廉,能够合理恰当地处理好公职与私利之间的关系,自觉抵制外部不正当利益的诱惑,不直接利用或间接利用职位和地位谋取不正当利益,在生活上保持简朴的本色,积极维护司法形象和司法公信力。《法官行为规范》中规定,法官应遵守各项廉政规定,不得利用法官职务和身份谋取不正当利益,法官不得获得可能影响司法公正与廉洁的收入,更不得取得法律禁止所有人非法取得的收入。法官只有遵守法官职业伦理,严格律己,对不正当利益不论大小一律拒绝,才能做到清正廉洁。本案中,在审理钟某某与泰之岛门面租赁纠纷一案的过程中,被告人汪某某多次接受钟某某的请吃和参与由钟某某付款的娱乐活动,并以报销手机费的名义接受钟某某所送的现金500元等行为虽未构成犯罪,但也已经违反了法官职业道德和纪律要求。

二、李某某贪污受贿一案

(一) 简要案情

李某某,因涉嫌受贿犯罪2010年5月31日经沈丘县人民检察院决定,同日被沈丘县公安局刑事拘留;因涉嫌受贿犯罪2010年6月11日经周口市人民检察院决定,2010年6月13日由沈丘县公安局对其执行逮捕。

商城县人民检察院指控的李某某犯受贿罪、贪污罪等向河南省商城县人民法院提起公诉,商城县人民法院于2013年12月12日作出(2012)商刑初字第114号刑事判决,原审被告人李某某不服,向河南省信阳市中级人民法院提出上诉。二审法院依法组成合议庭,公开开庭审理了本案。

(二) 查明事实

初审法院审理查明:

受贿罪:2007年2月至2012年5月,被告人李某某在任人民法院院长期间,利用职务上的便利,在法院干警职级待遇调整、案件办理、工程建设过程中,多次收受他人财物,共计359138.80元,并为他人谋取利益。

1. 2010年4月底的一天,被告人李某某在其办公室收受项城市人民法院南顿法庭副庭长郭某为了解决个人职级待遇问题,给其所送现金1万元。

2. 2010年5月初的一天,被告人李某某在其办公室收受项城市人民法院莲花法庭副庭长马某甲为了解决个人职级待遇问题,给其所送现金4万元。

3. 2010年5月中旬,被告人李某某承诺在项城市人民法院人事调整中,提拔该院水寨法庭庭长吴某甲任项城市人民法院党组成员兼任刑事庭庭长,尔后以借为名向吴某甲索要现金10万元。

4. 2010年5月中旬的一天,被告人李某某在其办公室收受项城市人民法院秣陵法庭庭长马某为了解决个人职务职级提升问题所送现金5万元。

5. 2009年11月,项城市明建房地产开发商李某甲起诉项城市技术监督局拖欠工程款一案,已经项城市人民法院依法判决,并给原告送达了判决书,但被告人李某某安排暂缓给被告送达判决书。同年12月的一天,李某甲为了催促被告人李某某安排给被告送达判决书,在被告人李某某办公室送其现金1万元,2011年1月13日经被告人李某某安排,法庭给被告送达了判决书。

6. 2009年9月的一天,被告人李某某在其办公室收受项城市博奥皮革厂厂长申某某为通过法律程序剥离企业3000多万元的债务所送现金2万元。

7. 2008年初,经李某某妻子的介绍和李某某的帮忙,卫某甲(另案处理)承揽了项城市人民法院秣陵法庭的建设工程。为了表示对李某某的感谢,从2009年3月开始到2010年5月,卫某甲给李某某在周口市交通路西段的一套别墅进行装修,装修花费共计129138.8元。

贪污罪:被告人李某某在任项城市人民法院院长期间,利用职务上的便利,多次安排并核签本单位有关人员使用虚假支出发票为其在单位报账,共报账804000元,所报账款被其个人占为己有。

1. 2007年5月29日,被告人李某某以外出办事为由,安排项城市人民法院出纳会计李乙往其银行卡上存款5万元,后安排该院办公室主任马某乙找票据在单位冲账。

2. 2007年9月4日、11月23日,李某某以外出办事为由,分两次安排项城市人民法院办公室主任马某乙向其银行卡上共打款4万元(分别为1万元和3万元),后安排马某乙找票据在单位冲账。

3. 2007年9月17日,被告人李某某以到北京协调事情为由,从项城市人民法院主管会计杨某乙处拿走现金10万元,后安排办公室主任马某乙找票据在单位冲账。

4. 2010年5月,被告人李某某以办事需用钱为由,从项城市人民法院办公室主任马某乙处拿现金5万元,后安排马某乙找票据在单位冲账。

5. 2009年7月、9月、10月和2010年1月,被告人李某某以办事、协调关系为由,分4次共从项城市人民法院出纳会计李乙处拿现金20万元(分别为3万元、5万元、5万元和7万元),后安排会计李乙、刑事庭庭长王某乙、民事庭庭长刘某丙、物业办主任李某丙、纪检组副组长王某丁等人找票据在单位冲账。

6. 2009年8、9月,被告人李某某分两次安排项城市人民法院水寨法庭庭长吴某甲为其提供现金5万元(分别为1万元和4万元),后安排吴某甲找票在单位冲账。

7. 2009年上半年到2009年底,被告人李某某以办事为由,分两次让项城市人民法院秣陵镇法庭庭长马某为其提供现金4.3万元(分别为1.3万元和3万元),后安排马某找票在单位冲账。

8. 2009年5月,被告人李某某安排项城市人民法院技术处干警麻某某为其找5000元票据,另将其他人为其找的1.2万元票据安排麻某某在该票据上作为经办人签名,经被告人李某某审签后麻某某将该票据在单位报账,该报账款1.7万元,被告人李某某占为自己有。

9. 2009年中秋节前,被告人李某某以协调关系为由,让项城市人民法院立案庭庭长夏某为其提供现金2万元,后安排夏某找票据在本单位冲账;2010年1月,被告人李某某以协调信访案件为由,安排夏某找票据5.3万元在本单位冲账,报账后夏某分两次把所报账款5.3万元交给了李某某。以上共计7.3万元被李某某占为己有。

10. 2009年4月和10月,被告人李某某以办事为由分两次安排项城市人民法院王明口法庭庭长韩某为其提供现金3.5万元,后安排韩某找票据在本单位冲账。2010年春节前,被告人李某某又以开销比较多为由,安排韩某找票据3万元在本单位冲账。上述6.5万元被李某某占为己有。

11. 2009年10月,被告人李某某安排项城市人民法院民三庭庭长凡某某找8000元票据在本单位冲账,该款被李某某占为己有。

12. 2009年底,被告人李某某以慰问有关领导为由,安排项城市人民法院执行局局长任某丙为其找5万元票据在本单位冲账,该报账款被李某某占为己有。

13. 2010年1月,被告人李某某安排项城市人民法院莲花法庭庭长李某丁为其找1.3万元票据,安排其他人为其找票据5000元,共计1.8万元。经李某丁经手在本单位财务上报销后,被告人李某某将该1.8万元占为己有。

14. 2010年3月和5月,被告人李某某以办事急用钱为由,让项城市法院研究室副主任耿某某为其提供现金4万元,然后安排耿某某找票据在单位冲账。被告人李某某将该4万元占为己有。

上述事实,均有相关证人证言及书证、物证等予以作证。

(三)法院判决

初审法院认为,被告人李某某身为国家工作人员在担任项城市人民法院院长期间,利用职务上的便利,在法院干警职级待遇调整、案件办理、工程建设中,非法收受他人财物共计359138.80元,为他人谋取利益,其行为已构成受贿罪;被告人李某某身为国家工作人员利用职务上的便利,多次安排并核签本单位有关人员为其使用虚假支出发票在本单位财务上冲账,将冲账所得公款80.4万元予以侵吞,其行为又构成贪污罪。被告人李某某一人犯数罪,应数罪并罚。被告人李某某到案后,主动交待了司法机关尚未掌握的犯罪事实,系自首,依法从轻处罚。依照《刑法》的规定,作出如下判决:被告人李某某犯受贿罪、贪污罪,判处有期徒刑12年,剥夺政治权利3年,并处没收个人财产10万元。

二审法院审理后认为,原判认定上诉人李某某犯贪污罪、受贿罪,有被告人李某某的供述,有大量证人证言及银行存取款凭证、票据、档案等书证予以证明,这些证据相互印证,形成完整的证据链条,足以认定。故其上诉和辩护人辩护理由不成立,本院不予采纳。原判认定上诉人李某某犯贪污罪、受贿罪、诈骗罪事实清楚,证据确实、充分;认定上诉人李某某犯贪污罪、受贿罪定罪准确,量刑适当,审判程序合法。裁定驳回上诉,维持原判。

(四)案件评析

本案涉及的是法官谋取不正当利益以及法官对家庭成员行为的约束问题。

李某某作为法院院长,身为国家工作人员,利用职务上的便利,接受他人请托,为他人谋取利益,非法收受他人巨额财物,其行为已构成受贿罪;其利用自己职务的便利,多次安排并核签本单位有关人员为其使用虚假支出发票在本单位财务上冲账,将冲账所得公款80.4万元予以侵吞,其行为构成贪污罪,应依法惩处。李某某的行为当然有违法官清正廉洁的纪律要求。

在李某某所犯案件中,我们也应注意到一个细节,即李某某家属在其案件中,虽不构成刑事犯罪,也不属于法官行为规范的被约束对象,但是法官的清正廉洁要求法官应妥善处理个人和家庭事务,不利用法官身份寻求特殊利益。《法官职业道德基本准则》第18条规定:"妥善处理个人和家庭事务,不利用法官身份寻求特殊利益。按规定如实报告个人有关事项,教育督促家庭成员不利用法官的职权、地位谋取不正当利益。"据此,法官应教育督促家庭成员不利用法官的职权、地位谋取不正当利益。在一般的司法实践中,少数法官家属或多或少地利用法官的影响,从事律师或其他行业,给法官正常的司法工作带来不少问题。因此,最近几年,最高人民法院和地方法院相继出台一些规定,限制法官家属从事司法活动或与此有关的活动。这些规定的目的在于防止法官家属利用法官的职位和身份获取不正当利益,影响司法公正和法官形象。在当下的法制环境中,约束法官家庭成员的行为,更多是依靠法官自律,提高其职业道德水准。

问题讨论

1. 某法庭许法官在下乡巡回审理纠纷案件时与代理人、双方当事人、村委会主任等人一起在原告家边喝酒边调解，并在返回时收下被告赠送的5斤土豆。该法官的行为是否违法清正廉洁规则？

2. 周法官在当地出席大学同学私人投资的公司开业典礼，并在被公开介绍法官身份后登台致贺词。请问周法官的行为是否适当？

3. 谢法官正在承办一宗合同纠纷案件。该案被告向谢法官的配偶林某任职的A公司表示，愿将一个工程项目发包给该公司，条件是让林某任该项目的主管。林某将此事告诉了谢法官，并提及发包人是该案的被告。谢法官听后未置一词。谢法官的行为是否违反廉洁规则？

4. 李法官需要对房屋进行抵押以获得贷款，银行为其提供了利率非常优惠的贷款。银行的经理王某告诉法官："您的利率比我们向其他人收取的利率要低2%。感谢一年前我与王某的经济纠纷，您作出的公正判决。"李法官接受该笔贷款是否违反了法官的清正廉洁规则？

第十八章 法官的法庭外义务

法官职业伦理不仅约束法官在法庭上的审判行为,同时为了法官职业的公正、纯洁之形象,法官职业伦理对法官的法庭外行为也提出了一定的要求。虽然法官亦受宪法言论自由权的保障,但法官的言论自由权并非漫无边界,仍须与法官身份相符合。法官在发表其私人意见时,不应使人有该法官在发表职务上意见之观感或印象。法官对于即将属于法院或已经属于法院之案件,不论该案件将由或已经由谁审理,皆不得公开加以评论,以免使公众误以为法院已存有预断或成见。此外,法官在法庭外还应尽可能谨言慎行、保守秘密,避免不当或被认为不当的行为从而保护法官廉洁、正直之形象。

第一节 法官法庭外义务的理论与规则

《法官法》第15条规定:"法官不得兼任人民代表大会常务委员会的组成人员,不得兼任行政机关、检察机关以及企业、事业单位的职务,不得兼任律师。"《法官法》第32条规定法官不得参与营利性活动。这些规定都是对法官业外活动的限制。法官的行为中有很大一部分是业外活动,在一定程度上业外活动与法官的职业能力、个人素养、工作态度和司法职责等相关。如果要树立法官公正无私、独立中立的形象,那么就要尽量地减少法官个人利益与社会公益相冲突的机会,而严格地限制法官的业外活动是一个重要的手段。《法官行为规范》第8节专门规定了"业外活动",共10个条文。具体而言,法官应从以下三个方面约束自己的业外活动:

一、严格遵守保密义务

保密义务既是法官的道德义务,也是法官的法律义务。在法官的审判活动,不可避免地要接触到国家机密、商业秘密、个人隐私和其他不能公开的信息。这既是法官职业所必需的,也是国家法律所允许的。但是工作过程中接触到的这些不能公开的信息,法官不能有意或者无意地公开,否则就能很好地维护国家利益和当事人的合法权益。《法官法》第7条规定法官应保守国家秘密和审判工作秘密。对于保护国家秘密和审判工作秘密,有显著成绩的法官,应当给予奖励。法官在写作、授课过程中,应当避免对具体案件和当事人进行评论,不披露或者使用在工作中获得的国家秘密、商业秘密、个人隐私及其他非公开信息。关于接受新闻媒体与法院工作有关的采访问题,法官需要经过组织安排或者批准。在接受采访时,法官不得发表有损司法公正的言论,不对正在审理中的案件和有关当事人进行评论,不披露在工作中获得的国家秘密、商业秘密、个人隐私及其他非公开信息。

二、培养健康的爱好和习惯

法官的职业伦理对法官的个人行为有着强烈的指导作用,法官应培养健康的爱好和习惯。法官不得接受有违清正廉洁要求的吃请、礼品和礼金。在本人或者亲友与他人发生矛盾时,法官应保持冷静、克制,通过正当、合法途径解决。法官不得利用法官身份寻求特殊照顾,不得妨碍有关部门对问题的解决。健康良好的生活习惯和个人爱好,对于培养高尚的情操也至关重要。奢侈浪费、虚荣自私的个人品行不可能培养出公正无私、秉公执法的法官。法官应严格按照法官职业伦理行事,不得参加邪教组织或者参加封建迷信活动,向家人和朋友宣传科学,引导他们相信科学,反对封建迷信;同时对利用封建迷信活动违法犯罪的,应当立即向有关组织和公安部门反映。

三、谨慎参与社会活动

法官参加社会活动应当谨慎,要自觉维护法官形象,既不能脱离社会,又不能完全无原则地融入社会。法官在受到邀请参加座谈、研讨活动时,对与案件有利害关系的机关、企事业单位、律师事务所、中介机构等的邀请应当拒绝;对与案件无利害关系的党、政、军机关、学术团体、群众组织的邀请,经向单位请示批准后方可参加。法官确需参加在各级民政部门登记注册的社团组织的,应及时报告并由所在法院按照法官管理权限审批。法官在业务时间从事写作授课,应以不影响审判工作为前提,对于参加司法职务外活动获得的合法报酬,应当依法纳税。法官不得乘警车、穿制服出入营业性娱乐场所。法官因私出国探亲、旅游,应如实向组织申报所去的国家、地区及返回的时间,经组织同意后方可出行,应准时返回工作岗位;应遵守当地法律,尊重当地民风民俗和宗教习惯。

四、退休后自我约束

法官在履职期间,基于职责所系,当然要自我约束自己的行为;在离职之后,基于法律伦理或法律规定的要求,在一定时期内,不得从事与法律相关的职业。根据《法官职业道德基本准则》第 26 条的规定,法官退休后应当遵守国家相关规定,不利用自己的原有身份和便利条件过问、干预执法办案,避免因个人不当言行对法官职业形象造成不良影响。

第二节 案例研习

一、上海法官"集体嫖娼"案①

(一) 简要案情

上海市纪委、市高级人民法院党组和有关部门2013年8月6日作出决定,对市高院法官陈某等夜总会娱乐事件作出严肃处理,相关法官被开除党籍、提请开除公职。

对于群众举报上海市高院几名公职人员在夜总会娱乐并参与色情活动的情况,中共上海市委高度重视。8月2日当晚,上海市委召开专题会议,市委主要领导要求立即成立联合调查组,迅速查清事实,依纪依法严肃查处、严惩不贷,坚决惩处干部队伍中的腐败分子,相关调查和处理结果要向社会公开。

由上海市纪委牵头,会同上海市高院党组等部门组成联合调查组,立即开展缜密的调查取证工作。现已查明,今年6月9日,上海市高院民一庭副庭长赵某接受上海建工四建集团有限公司综合管理部副总经理郭祥华邀请,前往南汇地区的通济路某农家饭店晚餐,赵某又邀市高院民一庭庭长陈某,市高院纪检组副组长、监察室副主任倪某,市高院民五庭副庭长王某一同前往。晚餐后,以上5人又和3名社会人员一起,前往位于惠南镇的衡山度假村内的夜总会包房娱乐,接受异性陪侍服务。当晚,参与活动的一社会人员从附近某养身馆叫来色情服务人员,赵某、陈某、倪某、郭某参与嫖娼活动。

(二) 处理结果

依照相关法纪规定,上海市纪委、市高院党组和有关部门决定:

给予赵某、陈某开除党籍处分,由上海市高院提请市人大常委会按法律规定撤销其审判职务,开除公职。

给予倪某开除党籍处分,免去其市高院纪检组、监察室相关职务,由市高院提请市人大常委会按法律规定撤销其审判职务,开除公职。

给予王某留党察看两年处分,由市高院提请市人大常委会按法律规定免去其审判职务,撤职处分。

给予郭某开除党籍处分,相关企业给予其撤职处分并解除劳动合同。

此外,根据《治安管理处罚法》,上海市公安局已对赵某、陈某、倪某、郭某作出行政拘留10天的行政处罚。有关部门已责令位于惠南镇城南路88号的衡山

---

① 载网易新闻网,http://news.163.com/13/0807/11/95M1VGTV00014Q4P.html,2014年8月7日访问。

度假村停业整顿。

(三)案件评析

《法官职业道德基本准则》第 25 条规定:"加强自身修养,培育高尚道德操守和健康生活情趣,杜绝与法官职业形象不相称、与法官职业道德相违背的不良嗜好和行为,遵守社会公德和家庭美德,维护良好的个人声誉。"因此,法官参加社会活动应当谨慎,要自觉维护法官形象,既不能脱离社会,更不能完全无原则地融入社会。法官应避免与司法或法官公正、中立、廉洁、正直形象不相容的宴请应酬、社交活动或财物往来。

但是本案中,上海高院的几名法官却全然不顾法官职业伦理的基本要求,不仅接受社会人员的吃饭宴请,还不顾基本的法官尊严参与嫖娼活动,这是对法官职业伦理的彻底违背。这种行为不仅会给涉案法官个人的名誉带来难以挽回的恶劣影响,还严重影响了我国司法机关的形象。法官理应是正直、纯洁之人,若法官都像本案中涉案法官一般,公众又如何对法官产生尊重与敬畏。所以法官应当自觉按照法官职业伦理的要求,加强自身修养,杜绝与法官职业道德相违背、有损法官职业形象的行为。

二、湖南法官泄密、索贿,被开除公职案

(一)简要案情

2014 年 1 月 21 日,记者从湖南省株洲市天元区法院获悉,网民"金云堂"近日在网上实名举报湖南株洲市天元区法院法官尹某,称其向自己"索贿",引发舆论关注,涉事法官尹某已被给予开除党籍和开除公职处分。

2 月 10 日,网民"金云堂"在网络上贴出"株洲天元区法院庭长说给 60 万元可判无罪,我信还是不信"的文章。文章称,株洲市天元区法院的法官尹某,仗着手中的权力,不顾司法的公正公平,多次向其和同案的另一被告人禹某索贿数十万元。在贴出举报文章的同时,"金云堂"还附上了自己与尹某商讨的录音录像。

天元区法院介绍,这一举报引起湖南省高级人民法院和株洲市委、市纪委、市政法委及市中级人民法院高度重视。12 日,天元区法院对尹某违反审判纪律的行为进行立案调查。13 日,天元区纪委对尹某立案调查。

经调查核实,尹某违反规定会见案件当事人,接受当事人的吃请,泄露审判秘密,向当事人介绍律师等情况属实。

(二)处理结果

天元区人大常委会依据有关规定免去了尹某的天元区法院知识产权审判庭副庭长、审判员职务;天元区纪委、天元区人民法院依据《中国共产党党员纪律处分条例》和《人民法院工作人员处分条例》的有关规定,给予尹某开除党籍和开除公职处分。尹某涉嫌受贿、向当事人索要财物等线索已依法移送检察机关查处。

(三)案件评析

《法官职业道德基本准则》第 7 条规定:"维护国家利益,遵守政治纪律,保守国家秘密和审判工作秘密,不从事或参与有损国家利益和司法权威的活动,不发表有损国家利益和司法权威的言论。"

保密义务既是法官的道德义务,也是法官的法律义务。在法官的审判活动,不可避免地要接触到国家机密、商业秘密、个人隐私和其他不能公开的信息。这既是法官职业所必需的,也是国家法律所允许的。但是工作过程中接触到的这些不能公开的信息,法官不能有意或者无意地公开,否则就不能很好地维护国家利益和当事人的合法权益。

本案中,涉案法官不仅泄露了审判秘密,而且是故意泄露审判秘密,因为其是将审判秘密作为索取贿赂的对价而有意泄露给案件当事人,所以该涉案法官严重违反了法官法庭外义务中的保密义务,严重损害了司法机关的公正、谨慎以及廉洁的形象。同时作为泄露秘密的对价,该法官还不顾法官伦理的要求和刑事法律的威慑,向当事人索取高额贿赂。可以说,该法官违反了一系列最基本的法官职业伦理要求,同时也触犯了刑法,势必也要受到刑法的制裁。

三、法官经营冷库引起纠纷案①

(一)简要案情

2009 年 1 月 10 日,原告谢某以个人名义与被告林某签订了一份租赁合同,约定由林某将自家位于福建省古田县食用菌加工基地厂房占地为 430 平方米的地下室装修成冷库,4 月底前出租给他,租期 3 年,每年租金 4 万元。冷库装修后,被告并未将冷库交付原告使用,而将冷库给第三人存放货物。由此引发了这起纠纷。

从 2009 年 12 月 20 日宁德市屏南县法院作出的一审判决书中,记者看到,原告、被告及诉争标的都在案件审理地屏南县的隔壁——古田县,原告的身份写的是"干部"。法院一审判决:解除原、被告签订的租赁合同;被告林某返还原告谢某定金 10000 元并支付原告违约金 20000 元。

负责审理此案的屏南县法院民一庭庭长杨某告诉记者,原告谢某确实是古田法院的一名法官,因此古田法院必须全院回避,依照宁德中院的指定,屏南法院一审审理了此案。"谢某算不算经商,根据案件本身也不太好界定。"杨庭长说。

---

① 新浪网。http://fj.sina.com.cn/news/s/2010-05-14/101737219.html,2014 年 8 月 7 日访问。

谢某与林某产生纠纷的冷库位于古田县食用菌加工基地6号A-1厂房地下室一层。在加工基地调查时,记者向周围的经营者了解到,谢某在这里还经营着另一个叫"广寒宫"的冷库。

随后,记者在该基地10号厂房一层找到了"广寒宫冷库"的厂区大门,附近50米处还树有一块广告牌,上书"提供相应的贷款,最适宜储藏香菇、竹荪、杏鲍菇、鸡腿菇、猴菇、茶树菇、辣椒等干品货物,联系人:谢先生;电话:139×××××××"。这个电话号码正是一审民事诉状上谢某的手机号码。

于是,记者以要冷藏50箱香菇为由拨通了广告牌上的手机,对方认为冷藏50箱香菇量太少、期限短,不愿接单。在古田县食用菌加工基地建设办公室,自称是这里负责人的游某告诉记者:"我们基地90%的厂房都有冷库,一般是用来储藏一些鲜果或食用菌的。谢某去年初与几个朋友合伙在我们这边也建了一栋厂房,他的确有一个冷库,正在经营。"

记者在古田县法院没有找到谢某。古田法院办公室主任陈某称,谢某确实是该院执行局的一名法官,当天正在下乡。1小时后,当记者再次拨通谢某的手机,确认其法官身份后表示要采访冷库事宜时,对方直接掐断了手机。

(二) 处理结果

对于本案的处理结果,记者采访了古田法院纪检组罗组长,他说:"对于谢某经营冷库的事情,我们已经接到群众举报,并介入调查。但因他与林某的案件二审尚未终结,我们暂时不能下定论。同时,现在法律上对法官经商的标准不明确,租赁或出租冷库算不算'经商'行为?我们也不能确认。"

(三) 案件评析

《法官法》第32条规定:"法官不得有下列行为:……(十一)从事营利性的经营活动……"《法官职业道德基本准则》第17条规定:"不从事或者参与营利性的经营活动,不在企业及其他营利性组织中兼任法律顾问等职务,不就未决案件或者再审案件给当事人及其他诉讼参与人提供咨询意见。"由此可见,法官从事经营性活动是被我国立法绝对禁止的,这种规定是为了保证法官作为司法裁判者的职位品味以及工作能力。世界各主要国家对于法官从事经营性活动基本上都有所限制。

而在本案中,我们需要解决的最核心的问题就是谢法官承包经营冷库的行为是不是《法官法》及《法官职业道德基本准则》所禁止的营利性的经营活动。那么"营利性的经营活动"的内涵是我们首先要明确的前提。营利简而言之就是为了获取利润,而经营活动是指持续从事交易行为。本案中,从谢法官在冷库门口张贴的广告语中看应当可以认定其经营冷库是为了获取利润,而从他总共承包了两个冷库且持续运营,并且还张贴广告发出要约邀请可以将他的行为认定为经营活动。所以可以得出结论,本案中谢法官从事了营利性的经营活动,违反了《法官法》《法官职业道德基本准则》关于禁止法官从事营利性经营活动的要求。

另外,要在此处加以比较的是,法官在非经营活动的其他活动中获取的合理酬劳并不在我国法律明令禁止的范围以内。例如某法官出版了一本审判实务技能方面的书籍而从出版社获得稿酬就不是此处所禁止的经营活动,而是属于法官在其他活动中的合理酬劳。又如某法官应某大学邀请在该大学司法审判实务讲座,会后该高校给予的合理劳务费也不是此处所禁止的经营活动。虽然这些合理酬劳不在营利性的经营活动的调整范围之内,但是法官在获得这些酬劳时并不是无所限制的。首先法官在开展这些活动之前应当先向法院报告,法院同意后才能开展;其次在法官收到合理报酬时应当向法院报告并通过合理的方式进行公示,这样方能保证法官职业的纯洁、中立之外观。同时,法官在进行这些活动时,应当把握好时间和精力的度,这些活动不能影响法官正常工作业务的开展,否则依旧会违反法官职业伦理的基本要求。

四、河北法官穿背心异地执法被疑诈骗,遭当地警方控制案[①]

(一)简要案情

2014年7月底,河北武邑县法院3名法官前往成都执行一起民事案件时,一名法官穿着背心短裤,引起当事人对其身份的质疑。几名法官认为一家与案件无任何关联的物业公司"拒不配合法院调查",冻结了该公司账号,罚款30万元,之后就罚款金额讨价还价。警方怀疑这几名法官的身份,将其控制。

物业公司一方认为,武邑县的这几名法官是在借罚款为由索要钱财。8月29日,武邑县法院回应称,几名法官在本次执行中程序合法、执法得当,不存在违法行为。

8月26日下午,四川省成都市岳府街的大发百度城内,成都蜀佳物业负责人杨凌不断翻看着几张罚款决定和执行裁定。该公司即是被武邑法院认定"拒不配合法院调查"而被冻结账户并罚款的当地物业。

案卷材料显示,武邑法院到成都执行的案件是一起生意纠纷。被执行人唐勇和武邑县的两名孟姓男子在做生意时发生纠纷,武邑法院判决孟某两人胜诉,这两人提出强制执行申请,武邑法院执行法官来成都对案件作执行。唐勇在大发百度城内有商铺,武邑法院的执行法官遂来大发百度城进行调查。

7月22日下午,蜀佳物业员工白玉在公司值班。武邑法院的4名法官来到大发百度城。监控录像显示,有两名法官穿着短裤出现,其中一人上身只穿了一

---

① 载腾讯新闻,http://view.inews.qq.com/w/WXN20140905013666061?refer=nwx&groupid=1409879185&msgid=1&cv=0x15040010&dt=1&lang=zh_CN&isShare=1,2014年9月6日访问。

件背心。白玉说,"当时几名法官向她晃了一下工作证,说是河北的法官,要找一个叫唐勇的人,当时看到穿着背心来执法,没有一人穿制服,我不太相信他们的身份,从没见过这样的法官"。虽然心存疑虑,但白玉还是查询了业主名单,并告知称该公司负责管理楼内住宅,里面没有叫唐勇的业主。

由于账户被封将影响到公司的运营,杨凌与几名法官取得联系,交涉"罚款"事宜。杨凌认为,蜀佳物业与唐勇案件没有关系,因此他不能接受罚款决定。通过监控录像,杨凌发现法官穿着背心短裤来调查,他也怀疑这几名法官的真实身份,于是向警方求助。

7月29日上午,杨凌来到几名法官居住的成都人口宾馆,与对方交涉约4个小时,视频设备完整记录当时场景。视频内容显示,3名法官出现在宾馆大厅,其中一名秃顶男法官穿着背心裤衩。在交涉中,法官强调罚款没有问题,依据就是蜀佳物业不配合调查。杨凌则称该公司与案件没有关系,无义务配合调查。

在交谈中,秃顶法官明确向杨凌提出,"你就拿3万块钱,我就把账户给你解封,这事就算完了"。该法官还称,收了钱,会给蜀佳物业"开单"。杨凌询问,罚了30万,只交3万,他们怎么去解释。秃顶法官称,这并不难办,也不用询问杨凌,只需要他们写好一份笔录,杨凌签个字就可以。笔录的内容是杨凌前来认错,蜀佳物业的经济效益也不好,罚3万元就可以了。

秃顶法官数钱完毕后,早已埋伏在周边的成都市青羊公安分局西御河派出所民警出现,将3名法官全部控制,随后将3人带回派出所调查。

(二)处理结果

澄清事实后,武邑法院两名负责人来到成都,将3人接回河北。

(三)案件评析

我国《法官职业道德基本准则》第2条规定:"法官职业道德的核心是公正、廉洁、为民。基本要求是忠诚司法事业、保证司法公正、确保司法廉洁、坚持司法为民、维护司法形象。"第3条规定:"法官应当自觉遵守法官职业道德,在本职工作和业外活动中严格要求自己,维护人民法院形象和司法公信力。"第24条规定:"坚持文明司法,遵守司法礼仪,在履行职责过程中行为规范、着装得体、语言文明、态度平和,保持良好的职业修养和司法作风。"

本案当中的三名法官在执行公务的工程中没有注意着装要求,不但没有按相关规定穿着工作服,而且其中有两名法官穿着短裤,一人上身还只穿一件背心,这种着装损害了法官庄严肃穆的形象,也难以建立起普通民众心中对于其是公职人员特别是司法人员的信赖,难免会出现本案当中公安机关与司法机关自摆乌龙的局面。所以法官在法庭外依然要注意自己的着装、言行,使其符合司法人员应有之标准,维护普通民众对司法人员之信赖。

问题讨论

1. 某律师为开拓案源，集中给北京及广东数名法官写信并附上自己的名片，信中希望法官把"争议金额 30 万元以上的"案件介绍给他，同时许诺给付代理费的 40% 作为介绍费。

请问收到信的法官应当如何处理？另外，某律师的行为构成违反了什么伦理规范？

2. 赵法官假期回家，正好遇到弟弟和表弟因经济纠纷与另一方互相辱骂。赵某见状，很快上去加入弟弟一方，指责辱骂对方。后来双方矛盾激化，赵某和其弟弟、表弟一起将对方狠狠揍了一顿，为自己弟弟和表弟出气。

请问，赵法官在假期内斗殴的行为是否要承担法官职业责任，如何承担？

3. 法官王某在审理一起涉及国家秘密的案件时，恰逢同学聚会。王某为炫耀，将自己因审理而获知的国家秘密向同学和盘托出，其同学答应守口如瓶，后来该案顺利审结。

请问，王某违反了哪些职业伦理，又应当承担何种纪律处分？为什么？

第五部分
检察官职业伦理

检察官职业伦理概述

　　检察官制度从14世纪滥觞于法国以来,检察官就有"法律的守护者""法治国家的守护人""国家意志的代言人""公益的代表""正义的化身"等美名,它是现代民主法治国家不可或缺的重要制度。检察官自始即有多重角色,随着时代的进步,仍在继续演化当中。第一,检察官在诉讼分权上,保障刑事司法权行使的客观性与正确性;第二,检察官作为受过严格法律训练的公务人员确保警察活动的合法性;第三,检察官是法律的守护人,实践追溯犯罪、保障民权的客观法意旨。因此,检察官所负的任务也是多重的,作为法律的守护人,检察官必须全方位地做到追溯犯罪、在警察与法官两种国家权力间扮演中介的角色,并且切实实现法律所授予其的职权。①

　　在我国,检察官是依法行使国家检察权的检察人员,包括最高人民检察院、地方各级检察院和军事检察院等专门人民检察院的检察长、副检察长、检察委员会委员、检察员和助理检察员。

　　检察官必须忠实执行宪法和法律,全心全意为人民服务。检察官的职业伦理直接关系到案件的公平正义的实现。不论是刑事案件中的审查起诉,还是民事案件中的法律监督,检察官个人的职业素养对司法活动的总体水平影响很大。检察官是法律秩序的守护者。如果说法官是通过裁断来维护社会的公平正义,那么检察官就是代表国家实现对公平正义过程中的监督。即检察官既在刑事诉讼中行使追诉犯罪的职能,也承担着维护法律正确实施的监督任务。因此检察官在检察业务中必须保持客观公正、依法办事的立场。"检察官作为国家司法机关的法律职业工作者,他们接受国家委托,代表国家利益,以维护国家或社会

---

① 蔡碧玉、周怀廉、施庆堂等:《检察官伦理规范释论》,元照图书出版公司2013年版,序言部分。

利益为职业追求,其所有职业活动均以效忠国家为最高目标,始终应该以服从法律为最高原则。"①因而检察官具有与法官、律师同样的法律职业的共性,即受过系统的法律职业教育和训练,有着共同的法律推理思维,能够以自己的行为推动社会公平正义的实现。

  检察官职业伦理是伴随着检察制度的形成、发展及社会需要而产生的一种特殊的社会意识形态和行为准则。就检察官职业伦理的内涵而言,其实际上包括了两个方面的范畴:一是检察官职业的人际关系应该如何;二是检察官职业的人际关系事实上如何。换而言之,检察官职业伦理问题应从检察官的自身行为,检察官与其他法律行业从业人员,与犯罪嫌疑人、受害人之间的关系出发,研究如何把普通的公务人员培养成为合格甚至优秀的检察官的道德规范。

  本书介绍的检察官基本职业伦理包括公正义务、廉洁义务等。公正义务要求检察官严格地依法履行职责,保障司法公正,严禁检察官徇私枉法,违反办案纪律。清廉义务则是检察官作为公务人员最起码的职业伦理底线,它要求检察官杜绝贪污腐化、奢侈浪费、好逸恶劳的生活习惯和以权谋私、贪赃枉法的丑恶行为。

---

① 米健:《检察官的角色与担当》,载《国家检察官学院学报》2011年第3期。

第十九章　检察官的公正义务

检察官不仅要具有专业的知识和很强的业务能力,还应该具备与自己职业相符合的特定的职业道德。一名合格优秀的检察官需要检察官职业伦理长时间的熏陶。所谓的检察官职业伦理是指,检察人员在履行其职责的过程中所应具备的良好的道德品质,以及在调处各种社会关系时所应遵循的优良的道德规范的总和。检察官职业伦理之所以重要,在于其能够对检察官的内在和外在同时进行规范,培养其高尚独立的情操,严格地依法履行职责,保障司法公正。

第一节　检察官公正义务的基本规则

一、检察官职业伦理的特性

基于检察业务的特殊性,检察官职业伦理与普通的职业伦理相比,有着自己的一些比较突出的特性:

1. 特定的主体。检察官职业伦理的主体只能是在检察院专门行使检察权的职业检察官,并不包括检察院的其他组成人员。按照检察院的内部的机构设置,根据职责分工的不同,除了职业检察官,检察院内部还设有书记员、内勤等行政人员的岗位。这些工作人员不是职业检察官,其与检察官的职业还是有本质上的区别。基于此,两者之间的职业伦理要求也大不相同。如检察院内部的聘任制书记员,作为检察工作的辅助人员,其不具有检察官在刑事诉讼中的职权,自然不用承担检察官的义务,其只需要遵守基本的司法行政人员的职业伦理即可。

2. 特定的对象。检察官职业伦理规范的对象也是特定的,主要指向检察官的职业行为及其各种社会活动。

3. 特定的内容。检察官职业伦理的内容也是特定的,其核心是公正文明。《检察官职业道德基本准则》第2条规定:"检察官职业道德的基本要求是忠诚、公正、清廉、文明。"检察官的职业伦理具有两方面的内容:一是规范检察官的职业行为;二是培养起高尚的生活情操和道德水平。检察官只是法律职业中的一种,检察官职业伦理因而约束的也只是检察人员的职业行为和社会活动。

二、检察官公正规则的内容

公正无私是检察官职业最显著的特点,也是检察官职业伦理的核心内容。检察官坚持树立公正司法的理念,依法公正执法,才能实现打击犯罪、保护人民的目的。

1. 树立"公正司法"的理念。检察官应牢牢树立"公正司法"的理念,将法治理想、目标和要求内化为自己的信念,具有强烈的法律意识和正义感,自觉地尊重和维护法律的尊严。检察官应树立忠于职守、秉公办案的观念,坚守惩恶扬善、伸张正义的良知,保持客观公正、维护人权的立场,养成正直善良、谦抑平和的品格,培育刚正不阿、严谨细致的作风。检察官应树立证据意识,依法客观全面地收集、审查证据,不伪造、隐瞒、毁损证据,不先入为主、主观臆断,严格把好事实关、证据关;树立程序意识,坚持程序公正与实体公正并重,严格遵循法定程序,维护程序正义;树立人权保护意识,尊重诉讼当事人、参与人及其他相关人员的人格,保障和维护其合法权益。检察官还应严格执行检察人员执法过错责任追究制度,对于执法过错行为,要实事求是,敢于及时纠正,勇于承担责任。

2. 坚持公正执法的行为。检察官依法履行检察职责,不受行政机关、社会团体和个人干涉,敢于监督,善于监督,不为金钱所诱惑,不为人情所动摇,不为权势所屈服。检察官要以事实为根据,以法律为根据,不偏不倚,不滥用职权和漠视法律,正确行使检察裁量权;自觉遵守法定回避制度,对法定回避事由以外可能引起公众对办案公正产生合理怀疑的,应当主动要求回避;尊重律师的职业尊严,支持律师履行法定职责,依法保障和维护律师参与诉讼活动的权利;出席法庭审理活动,应当尊重庭审法官,遵守法庭规则,维护法庭审判的严肃性和权威性;严格遵守检察纪律,不违反规定过问、干预其他检察官、其他人民检察院或者其他司法机关正在办理的案件,不私自探查其他检察官、其他人民检察院或者其他司法机关正在办理的案件的情况和有关信息,不泄露案件的办理情况及案件承办人的有关信息,不违反规定会见案件当事人、诉讼代理人、辩护人及其他与案件有利害关系的人员。检察官还应努力提高案件质量和办案水平,严守法定办案时限,提高办案效率,节约司法资源。

三、检察官公正义务禁止行为

公正是一切司法活动的核心。结合《检察人员纪律处分条例(试行)》的规定,违反公正原则的行为主要有:

1. 违反办案纪律的行为。隐匿、销毁举报、控告、申诉材料,包庇被举报人、被控告人,或者滥用职权,对其报复陷害;泄漏国家秘密、检察工作秘密,或者为案件当事人及其代理人或亲友打探案情、通风报信等。

2. 徇私枉法行为。检察官不得徇私枉法,对明知无罪的人而使他受追诉,对明知有罪的人而故意包庇不使他受追诉。

3. 违法办案行为。检察官不得:非法拘禁他人或者以其他方法非法剥夺他人人身自由;非法讯问犯罪嫌疑人、被告人或者非法传讯他人;非法搜查他人身体、住宅,或者非法侵入他人住宅;非法扣押、冻结款物等。

四、检察官违反公正义务的责任形式

根据《检察官职业行为基本规范(试行)》的规定,检察官违反了职业行为基本规范,情节轻微的,予以批评教育;构成违纪的,依据检察人员纪律处分条例予以惩戒;构成犯罪的,依法追究刑事责任。

1. 纪律责任。检察官违反其职业伦理,其行为尚未构成犯罪,情节较轻且没有危害后果的,要给予诫勉谈话和批评教育;构成违纪的,根据人民检察院有关纪律处分的规定进行处理。根据《检察官法》和《检察人员纪律处分条例(试行)》的规定,纪律处分的种类分为:警告、记过、记大过、降级、撤职、开除。

2. 刑事责任。检察官的行为因严重违反检察官职业伦理而触犯刑律,就需要承担相应的刑事责任。根据我国刑事司法的相关规定,检察官的犯罪行为可以分为两类:一类是普通自然人均能成为犯罪主体的罪名,如抢劫罪、强奸罪、杀人罪;另一类是只有检察官的特殊身份才能构成的犯罪。后者多分布在刑法的第四章"侵犯公民人身权利、民主权利罪"、第八章"贪污贿赂罪"和第九章"渎职罪"中,如刑讯逼供罪、暴力取证罪,贪污罪,受贿罪,挪用公款罪,等等。

五、检察官违反公正义务的追究流程

2000年颁布的《人民检察院监察工作条例》对检察官的监察工作规定得非常详细。该《条例》第2条规定:"人民检察院的监察部门,是检察机关负责监察工作的专门机构……"人民检察院监察部门履行下列职责:(1)检查检察机关及其所属内设机构、直属事业单位在遵守和执行法律、法规和最高人民检察院、上级人民检察院的决定、规定中的问题;(2)受理对检察机关及其所属内设机构、直属事业单位和检察人员违反纪律、法律行为的控告、检举;(3)调查处理检察机关及其所属内设机构、直属事业单位和检察人员违反纪律、法律的行为;(4)受理检察人员不服纪律处分决定的申诉;(5)有关法规、文件规定由监察部门履行的其他职责。

根据《人民检察院监察工作条例》的规定,对检察官职业责任的追究程序如下:

1. 发现违纪事实。监察部门可以通过两种方式发现检察官的违纪事实:执法监察和受理举报。

2. 案件调查。监察部门对有违反纪律、法律具体内容的线索,应当进行初步审查。监察部门经过初步审查,认为举报失实或虽有违纪行为但情节轻微不需要进行处分的,应当经本部门负责人或本院主管副检察长或检察长批准,作出不立案的决定,制作初步审查报告,并酌情回复举报人。监察部门经过初步审查,对认为有违纪违法事实的行为,需要追究纪律责任的,应当立案。立案应当填写立案呈批表,报本院主管副检察长或者检察长批准。立案后,监察部门应当制订调查方案。

3. 调查取证。调查人员应当依照本条例和有关规定全面、客观地收集证据。对于能够证实被调查人有违纪违法行为或者无违纪违法行为,以及违纪违法行为情节轻重的各种证据都应当收集。包括:书证、物证、证人证言、被调查人的陈述和辩解、视听资料、鉴定结论、勘验检查笔录。

4. 案件审理。审理是监察部门对调查终结的违纪违法案件进行审核处理。审理案件应当由监察部门的非本案调查人员进行。审理结束后,审理人员应当提出审理意见,写出审理报告,报监察部门负责人审查,必要时监察部门负责人可以提交部门会议讨论。

5. 处理结果。监察部门对案件进行审理后,应当报请本院主管副检察长或者检察长审查或者提交检察长办公会审议。审查、审议决定由监察部门负责实施。违纪违法案件调查、审理结束后,应当分别不同情况,作出不同处理。

第二节 案例研习

一、马某某徇私枉法一案

(一) 简要案情

2002年4月19日,马某某因涉嫌渎职犯罪被乌鲁木齐市公安局刑事拘留,同年5月17日,此案移交新疆维吾尔自治区人民检察院受理。5月31日,经新疆维吾尔自治区人民检察院决定,于同日由新疆维吾尔自治区乌鲁木齐市公安局依法执行逮捕。2002年10月25日,新疆维吾尔自治区人民检察院以乌铁检刑诉字(2003)第8号起诉书指控被告人马某某犯徇私枉法罪,并按指定管辖的决定将本案移交乌鲁木齐铁路运输检察院受理。

乌鲁木齐铁路运输检察院认为,被告人马某某身为国家司法工作人员,屈从私情,对明知有罪的人而故意包庇不使其受追诉,其行为已触犯《刑法》第399条之规定,构成徇私枉法罪。

被告人马某某辩称:

1. 起诉指控的第一件事事实不清,张某某不是我带入看守所的,是蔡某某找我帮忙,我给明所长打了电话后,由明某某带张某某进入到看守所内的。张某某进入看守所之事,我负有不可推卸的责任,这是违反办案纪律的,但认定打个电话就构成徇私枉法罪,与本罪构成的主客观要件不相符合。

2. 起诉指控的第二件事实是违背事实和法律的。涉及张某某黑社会性质犯罪的问题,个别被告人的笔录中仅有只言片语的反映。经审查,我认为事实不清、证据不足,这也是多个部门、多个人的意见,当时公安机关不起诉而只对张某某取保候审,理由就是证据不足。对张某某的赌博问题我向公安机关提出过,要求追诉,但公安机关不追诉,这点孟某某可以证实。检察院起诉处讨论案件时,我也提到了此问题,但书记员记录不全,这不是我的责任。我不认识张某某,也没有收受他的钱财,更没有包庇他,我是依法办案的,工作上的失误不能认定为犯罪。

3. 起诉指控的第二件、第四件事实不实。公安机关对王某、蔺某某是以涉嫌包庇罪起诉的,经审查我认为定罪证据不足,并提出了对二人作相对不起诉的处理意见。此事也在检察院起诉处会议上讨论了,讨论后决定不定黑社会性质犯罪,而定团伙犯罪,并决定对王某以涉嫌绑架罪、聚众斗殴罪进行补充起诉,对蔺某某作存疑不起诉决定,我服从了组织决定。相对不起诉及存疑不起诉,并不是说不构成犯罪。无证据证实我歪曲或者隐瞒了事实。

4. 公诉机关对我的起诉是非常不负责任的,我违反了办案纪律,但违纪不能等同于犯罪。

5. 由于我在工作中不能严格要求自己,违反了法律的规定,无论根据法律对我如何定罪,我愿意接受法律的处罚。

(二) 查明事实

2000年10月至2001年4月期间,被告人马某某在审查由乌鲁木齐市公安局沙依巴克区分局侦查终结的犯罪嫌疑人王某、周某、郭某、张某、张某某、王某、蔺某某等17人涉嫌黑社会性质等犯罪一案时,于2000年11月28日,利用与同事蔡某某到乌鲁木齐市公安局六道湾看守所提审犯罪嫌疑人蔺某某之机,接受蔡某某请托,打电话给该看守所所长明某某,让明某某将尚未列入17名犯罪嫌疑人之列,但正被公安机关取保候审的,并有证据证实是该案的幕后策划者和指使者张某某带入看守所内,与被告人马某某当时承办的该案中的重大犯罪嫌疑人周某见面。明某某按被告人马某某的要求,将张某某带入看守所后,又按马某某的要求派人将犯罪嫌疑人周某提出,与张某某在其办公室进行了会见,使张某某就如何推脱罪责等内容对犯罪嫌疑人周某进行了授意。通过该案审查,虽有证据证实张某某是该案的幕后策划者和指使者,但被告人马某某在自己所写的审结报告中及在检察院起诉处开会汇报此案时,隐瞒了涉及张某某的问题,对犯罪嫌疑人张某某不予追诉。

同时,在有证据证实犯罪嫌疑人王某涉嫌参与了黑社会性质等犯罪的情况下,被告人马某某却在审结报告中和向组织汇报时歪曲了客观事实,以证据不足提出对犯罪嫌疑人王某作相对不起诉意见。虽此意见未被检察院起诉处讨论通过,但造成了重罪轻诉。另外,在有证据证实犯罪嫌疑人蔺某某涉嫌犯罪的情况下,被告人马某某却在审结报告中和向组织汇报时歪曲了客观事实,以证据不足提出对犯罪嫌疑人蔺某某作相对不起诉意见。

2002年9月24日,经新疆维吾尔自治区乌鲁木齐市中级人民法院重审,以组织、领导黑社会性质组织罪、故意杀人罪、故意伤害罪、非法拘禁罪,对被告人张某某数罪并罚,决定执行死刑,剥夺政治权利终身;以参加黑社会性质组织罪、故意杀人罪、故意伤害罪、窝藏罪,对被告人王某数罪并罚,决定执行无期徒刑,剥夺政治权利终身;以窝藏罪,对被告人蔺某某判处有期徒刑2年。

上述事实,有公诉机关、被告人、辩护人当庭提交,并经法庭质证、认证而被法庭予以采信的证据证实。

(三) 法院判决

我国《刑法》为了保障国家司法机关正常活动的开展,确保司法公正,明确规定"司法工作人员徇私枉法,对明知是无罪的人而使他受追诉、对明知是有罪的人而故意包庇不使他受追诉的,即构成徇私枉法罪,应当处5年以下有期徒刑或者拘役;情节严重的,处5年以上10年以下有期徒刑;情节特别严重的,处10年以上有期徒刑"。

本案中,被告人马某某身为多年从事检察工作的司法工作人员,置法律、案件事实和证据于不顾,违反办案规定,不履行其职责,接受同事蔡某某请托,帮助正在被取保候审的、涉嫌黑社会性质等犯罪的组织策划者张某某进入看守所与该案重要成员周某会见,使得张某某就如何推脱罪责等内容对犯罪嫌疑人周某进行授意;后又置证据和案情于不顾,隐瞒、歪曲案件事实,对涉及黑社会性质等犯罪的组织策划者张某某不予追诉,对涉及黑社会性质等犯罪的成员王某作相对不起诉,对涉及其他犯罪的蔺某某作相对不起诉,枉法使涉嫌黑社会性质等犯罪的首要分子张某某及其他部分成员王某、蔺某某逃避了法律制裁。

被告人马某某的行为符合徇私枉法罪的主客观构成要件,构成徇私枉法罪,依法应当承担刑事责任。

法院开庭审理本案中,被告人马某某表示"由于我在工作中不能严格要求自己,违反了法律的规定,无论根据法律对我如何定罪,我愿意接受法律的处罚",这说明被告人马某某对自己的犯罪行为有了认识,确有悔罪表现,认罪态度较好,故可酌情对其从轻处罚。

对公诉人当庭所发表的公诉意见,因有相应法律规定,且有证据在案佐证,故本院予以支持。对被告人及其辩护人所提"起诉指控第一起事实中,认定张某某系马某某带入看守所与事实不符,应是明某某带张某某进入看守所"的意见,本院予以支持。对被告人马某某所提前四点辩护意见及其辩护人所提其他意见,其一因为已有前述证据予以反驳;其二因为被告人及其辩护人将原本是一体的案件事实割裂开来,由此形成的观点违背了法律规定和法理原理,故本院不予支持。为保障国家司法机关正常活动的进行,确保司法公正,打击徇私枉法的犯罪行为,依照我国《刑法》之规定,判决如下:

被告人马某某犯徇私枉法罪,判处有期徒刑2年,缓刑2年。

(四) 案件评析

本案涉及的是检察官违反公正原则的行为。

公正是一切司法活动的核心。检察官应牢牢树立"公正司法"的理念,将法治理想、目标和要求内化为自己的信念,具有强烈的法律意识和正义感,自觉地尊重和维护法律的尊严。检察官应树立忠于职守、秉公办案的观念,坚守惩恶扬善、伸张正义的良知,保持客观公正、维护人权的立场,养成正直善良、谦抑平和的品格,培育刚正不阿、严谨细致的作风。

检察官不仅要树立"公正司法"的理念,还应在实际工作中身体力行,严格执法。检察官要以事实为根据,以法律为根据,不偏不倚,不滥用职权和漠视法律,正确行使检察裁量权。

本案中马某某接受同事蔡某某请托,帮助正在被取保候审的、涉嫌黑社会性质等犯罪的组织策划者张某某进入看守所与该案重要成员周某会见,使得张某某就如何推脱罪责等内容对犯罪嫌疑人周某进行了授意;后又置证据和案情于不顾,隐瞒、歪曲案件事实,对涉及黑社会性质等犯罪的组织策划者张某某不予追诉,王某、蔺某某作相对不起诉,使其逃避了法律制裁。

《检察人员纪律处分条例(试行)》中明确禁止检察人员:(1) 隐匿、销毁举报、控告、申诉材料,包庇被举报人、被控告人,或者滥用职权,对举报人、控告人、申诉人、批评人报复陷害;泄漏国家秘密、检察工作秘密,或者为案件当事人及其代理人或亲友打探案情、通风报信等。(2) 徇私枉法,对明知是无罪的人而使他受追诉,对明知是有罪的人而故意包庇不使他受追诉。马某某的行为,违反了检察官纪律的要求,同时,因其造成的后果严重,构成徇私枉法罪。

二、刘某某检察官——7年追"真凶",勇揭冤案[①]

(一) 简要案情

1. 轰动一时的"双梅"案

梅氏兄弟合谋杀妻害嫂的案件,由侦查机关通过媒体散播,未经审判已成上

---

① 参见 http://www.famouscase.net/show.php? contentid =7515;http://www.shnczq.org/detail.php? id =424,2014年9月1日访问。

海滩名案。

1995年7月6日,酷夏,大雨。据时年9岁的梅华(化名)后来反复回忆起那个早晨的家常对话:父母都要去上班,让她别去暑托班,但她怕一个人在家寂寞,吵着要父亲梅某一骑车送去;母亲说要去外高桥,让父亲记得买菜。父女俩出门前,梅华看了钟,是上午7时40多分,到暑托班时刚过7时55分。大约这个时候,她的叔叔梅某二也将女儿送至暑托班。

上午10时许,眼疾未愈的梅某一回去休息。回到家,梅某一发现,妻子顾某某昏迷在地,下身衣物不整,头面部多处受伤。他立即将妻子送往医院,经抢救顾脱离了危险。

1995年11月20日,上海市南市区(已并入黄浦区)刑侦支队突然传唤梅某一——妻子指控他是凶手。首场审讯从晚上8点持续到凌晨3点,确定为故意杀人;随后以"超过10小时"的审讯,梅某一"终于供出了弟弟"。

1996年1月,案件移送上海市人民检察院一分院后,梅某二率先翻供,并告诉提审的检察官王某,自己是被审得"没办法了"才认罪,希望嫂子凭良心说出实情。王某质疑道,难道你的嫂子也会冤枉你?梅某二泄了气,再次认罪。

据不完全统计,1995年12月至2000年3月,媒体二十余次报道了公安部门侦破这起"罕见的杀妻案"的经过。上海电视台《案件聚焦》节目记录了公安、检察院对案件的处理过程。刑警在事发现场向记者描述了案发过程:梅某一在走廊里碰到走出来的妻子,要钱未果,就从灶台里"拿出准备好的柴刀",在顾的头上砍了三四刀,然后将她拖入屋内,"用刀劈、用凳子砸、用皮带勒",并伪造形似抢劫的现场。据当时公安机关鉴定,顾某某因钝器打击和锐器砍切,致颅骨骨折、右眼失明、右侧上下肢无自主活动,构成重伤,但"神智清楚、精神正常,语言表达尚存一定障碍"。

2. 法院判决过程

本案辩护律师们走访了大量新华灯具厂的职工,郑某某还骑自行车实地勘测时间,甚至去气象台查了当天雨量。1996年末,上海市第一中级人民法院对"两梅案"进行一审。在法庭审理过程中,当辩护人郑某某试图向受害人发问、质证时,被公诉人以其"身体不好、不能多讲话"为由阻止。郑某某在庭上做了模型,指出公诉方认定的凶器"柴刀""菜刀"不可能造成顾的伤痕。郑某某的辩护未起效。

1997年2月,法院一审判处梅某一、梅某二共谋故意杀人,前者死缓,后者获刑12年。判决书中,杀人动机被归纳为"因家庭琐事等原因逐渐对妻子顾某某不满,竟萌生杀妻之念",并不顾兄弟俩在同一家厂上班的事实,称两人"作案后伪造现场,并立即赶至各自单位上班"。

1997年末,二审驳回了兄弟俩的上诉,认为判决不仅有来自被害人的指控,还有公安机关现场勘查笔录、证人证言的支撑。

(二) 案件申诉与调查过程

本案一、二审判决后,辩护人郑某某本人甚至曾通过熟人将材料递给了当时的最高人民检察院检察长。2004 年,最高人民法院立案庭裁定案件不符合再审条件,决定不对该案提起再审;2006 年,最高人民检察院认为案件不符合抗诉条件,决定不予抗诉。在此期间,梅某二于 2005 年提前获释;不肯认罪的梅某一只获得了一次减刑,由死缓改为无期后继续服刑。

在郑某某去世后,接力棒交到了检察官刘某某手中。

经过走访查证,刘某某检察官发现本案件疑点如下:

1. 两梅既无作案动机,也没有作案时间,现场没有任何与他们吻合的指纹、脚印、血迹或毛发;有关"凶器"的疑点也不止"断了柄的水果刀",梅某一所供认的菜刀直到警方提取时还在被用来切菜。

2. 题为《"枕"边杀手现形记》的首次报道中,警察说,顾某某是在 1995 年 10 月 8 日回到事发地,向他们作的陈述。刘某某后来查阅发现,这段重要线索直到近 40 天后、传唤梅某一前,才由警方补录入案。

3. 梅某二的妻子陆女士反映,丈夫被抓后,她不明所以,为此追问姐娌,顾某某告诉她,自己从未指控过梅某二,事发时梅某二并不在场。

通过回访,刘某某确认,梅氏兄弟不具备作案时间——因为不少同事证实,判决书确认的案发时间,他们在厂里见到了梅氏兄弟。

同时,刘某某检察官在案卷中发现,律师从当时的上海 A 国际贸易有限公司(以下简称"A 公司")调取的财务收据档案显示,案发后两个星期,业务经理舒某报销了一笔八百多元的医药费。舒某是顾母陈某的老同事。顾某某一度下岗,经舒某介绍,在 A 公司担任财务主管。

刘某某查询确认,当时从市区前往该处极为不便,因此,顾某某平时在市区办公点上班,要去外高桥时,一般由舒某或另一位同事开车来接;顾某某与舒某两人长时间同处一间小办公室,关系很好。案发当天,顾某某正好要去外高桥。

刘某某开始把调查重心从新华灯具厂转向当年 A 公司的职工,调查的难度也随之增加。他从外围开始,逐渐深入公司核心层,经过多次工作,才说服那些最初连电话也不愿接听的知情者。两位当时与舒某有业务关系的熟人先后向刘某某证实,他们分别在案发当天的白天、晚上陪同舒某前往医院看"头部碰伤",晚上那次还叫了 120 救护车。舒某当时解释,受伤是在家中浴室滑跤所致。

舒某的另一名同事反映:在顾某某被人伤害后,看到舒某头部有伤,眉毛上方包着纱布。巧合的是,据南市区刑警在《案件聚焦》中透露,顾某某曾拿家里的晾衣竿与凶手进行了搏斗,对方也受伤了。后来刘某某从内部了解到,当公安机关提取了现场指纹、血迹、毛发后,对 A 公司员工提取指纹时,舒某恰好请假,其指纹未被提取。而现场提取的指纹，与梅氏兄弟均不相符。刘某某顺着这条线索深入，最终，案发时 A 公司的负责人单某主动找上门来，透露了两个细节：那天恰逢他 50 岁生日，顾某某和舒某都未参加中午在外高桥的生日宴；而且，舒某正是那天第一个通知他顾某某"出事"的人。请了一段时间病假后，舒某很快离开了 A 公司，现在是外高桥地区另一家国际货物运输代理企业的总经理。2011 年中秋，刘某某开始与舒某接触。在电话中，舒某承认，尽管此前关系密切，但在顾某某受伤住院的 4 个月中，他一次都未前去探望，"怕见到血腥场面和恐怖镜头"。

2012 年 4 月 6 日，刘某某带上全家，陪同梅华约舒某在西藏南路上的肯德基见面。见面不久后，他直接问起关于"两梅案"的问题。舒某知道刘某某的真实意图后当场破口大骂，并报警；警察来之后，他声称自己被骚扰，并拒绝了刘某某提出的向司法机关留下指纹自证清白的建议。录音显示，舒某在现场表示，"只要不是公检法正式来找我，就是我做的我也要赖到天边"。

（三）艰难的纠错过程

2011 年元旦，刘某某开始向中央、上海、检察机关的各主要领导写信。2012 年刘某某检察官退休。2013 年 3 月 17 日，刘某某决定见南方周末记者。自 2012 年 4 月退休后长达一年的时间里，刘某某坚持不把线索向媒体公布，希望事情尽量能在内部解决。

随后，一位当年的公诉人向刘某某承认，当初自己手头还有别的案子，并未认真研究"两梅案"案卷，"只是跟一下"。他透露，检方办案人员清楚，顾某某从未指控过小叔子梅某二，内部讨论时一度产生分歧，有过数次退查、补充，最后经政法委协调，考虑到梅某二同犯的情节已上电视，才原封不动地将其列为从犯。这一过程也获得了其他办案人员的证实。

2014 年 4 月起，《南方周末》《上海法制报》等近 50 家媒体开始报道此案，上海电视台、中央电视台也开始介入采访，并得到上海司法系统内部的关注，多个部门一起出面与刘某某专门约谈了解详细情况。2014 年 4 月 8 日，上海检察院门户网站挂出消息，称有关部门已组织专门力量，对"梅某一、梅某二案"的历次复查情况进行梳理，并将依法就相关问题作进一步核查。

（四）案件评析

本案中体现的是一位检察官对公正的孜孜追求。

公正无私是检察官职业最显著的特点，也是检察官职业伦理的核心内容。检察官坚持树立公正司法的理念，依法公正执法，才能实现打击犯罪、保护人民的目的。

检察官应树立证据意识，依法客观全面地收集、审查证据，不伪造、隐瞒、毁损证据，不先入为主、主观臆断，严格把好事实关、证据关；树立程序意识，坚持程序公正与实体公正并重,严格遵循法定程序,维护程序正义;树立人权保护意识,尊重诉讼当事人、参与人及其他相关人员的人格,保障和维护其合法权益。检察官还应严格执行检察人员执法过错责任追究制度,对于执法过错行为,要实事求是,敢于及时纠正,勇于承担责任。在"双梅案件"的一审、二审过程中,办案检察官没有遵循检察官公正的规则。

案件中刘某某检察官是公正规则的实际践行者。他具有强烈的法律意识和正义感,自觉地尊重和维护法律的尊严;坚守惩恶扬善、伸张正义的良知,保持客观公正、维护人权的立场。不受行政机关、社会团体和个人干涉,敢于监督,善于监督,不为金钱所诱惑,不为人情所动摇,不为权势所屈服。检察官要以事实为根据,以法律为准绳,不偏不倚,不滥用职权和漠视法律,正确行使检察的职权。

人们在一件件的案件中感受司法的公正与公平。检察官、法官等司法工作人员坚守职业伦理规则,提高整体队伍的素质和水平,才能推进司法的公正和司法能力。

三、美国独立检察官与德国吕北克纵火案

（一）美国独立检察官简要案情

1973年5月美国司法部长任命哈佛大学教授考克斯为特别检察官,赋予其独立调查水门案的权利。考克斯向总统发出传票,要求其交出有关录音带。尼克松以总统享有特权拒绝,考克斯不屈不挠,并准备调查总统"不正当免税"的经济问题。虽然最终考克斯被尼克松费尽心思解除职位,但为美国人赞为美国的良心。

另一位代表人物是克林顿案件中的斯塔尔。在1973年身为独立检察官的斯塔尔弹劾尼克松,共和党为此想要削弱独立检察官的权力,当时克林顿在维护检察官权力上运用其否决权帮了忙。而之后斯塔尔费时4年、耗资高达4000万美元调查克林顿,他向国会提交的调查报告及其附件满满装了36纸箱,指控克林顿作伪证、教唆证人、阻挠司法和滥用职权。斯塔尔的行为使得他被大家议论纷纷,但是他顶住压力及非难、不为所动,誓把调查进行到底。

（二）吕北克纵火案简要案情[①]

1996年1月,德国吕北克外国难民居住地发生纵火案,包括6名儿童在内的10名难民葬身火海。在此案发生前,德国已经连续发生多起针对外国难民营以及犹太教堂的纵火事件,这些事件造成多人死伤,罪魁祸首是德国极端主义新纳粹分子,消息传出后,世界一片谴责之声。众所周知,戕害人类的恶性事件使德国政府及民众承受巨大压力,有位经受过二战的德国妇女感叹:"当下,我真

[①] 参见许身健:《法心如秤》,上海三联书店2009年版,第20页。

以自己为德国人感到羞耻。"

在此案件中,检察官秉承查明真相的决心,指挥警察展开侦查。侦查终结时,确定纵火的犯罪嫌疑人是住在难民营二楼的黎巴嫩难民艾迪。检察官查明此人系出于报复他人而纵火,起诉证据是犯罪嫌疑人供述以及消防鉴定报告,该报告认定起火点系被告人的住室。辩护律师供述的消防鉴定报告指出,起火点并非是在二楼,而是一楼楼梯间,纵火物系外界投掷。

庭审中,控辩双方各传证人次第出庭作证,辩方有效地使法官对被告人的有罪供述及消防鉴定的证明力产生合理怀疑。检察官感到庭审结果既无法排除被告人的犯罪嫌疑,但也没有确实、充分的证据证实犯罪系被告人所为。在这种情况下,检察官做出了令人惊诧的大胆行为:和辩护律师一起为被告人请求无罪判决。

(三) 案件评析

检察官在执行职务时应当严格遵守法律,合法、客观,不枉不纵,既追求实体正义也要追求程序正义。检察官公正执法要求检察官依法履行检察职责,不受行政机关、社会团体和个人干涉,敢于监督,善于监督,不为金钱所诱惑,不为人情所动摇,不为权势所屈服。检察官要以事实为根据,以法律为准绳,不偏不倚,不滥用职权和漠视法律,正确行使检察裁量权。对权倾一时的高官还是无权无势的公民的犯罪行为,都平等地追诉。

在尼克松和克林顿案件中,独立检察官们对于总统违法行为不屈不挠地追究,体现的即是检察官的不受他人干涉,不为权势所屈服,坚守自己的职业使命。

检察官的公正执法还要求检察官应树立证据意识,依法客观全面地收集、审查证据,不伪造、隐瞒、毁损证据,不先入为主、主观臆断,严格把好事实关、证据关;树立程序意识,坚持程序公正与实体公正并重,严格遵循法定程序,维护程序正义。

在吕北克纵火案中,检察官们根据证据,实事求是,和辩护人一起为被告人请求无罪判决。这并不是对于律师与检察官之间的对立性的违反。检察官与律师的对立性要求检察官依法以事实指控追究犯罪,律师依法律和事实为嫌疑人维护合法权益。吕北克案件中检察官们遵循了"疑罪从无"的原则,这种律师与检察官之间对立性的"消失"实质上是检察官公正的体现。

问题讨论

1. 甲检察官接受 A 的邀请,在 KTV 内调处 BC 之间的因赌博之债而发生的冲突,请问甲的行为是否违反检察官职业伦理?

2. 检察官孙某的妻子的弟弟王某因故意伤害被逮捕,孙某和承办案件的检察官说此人是其妻舅,要为其取保候审。后王某被取保候审。孙某的行为有何不当之处?

3. 检察官温某曾因交通事故与曲某发生纠纷,温某在承办曲某涉嫌入室抢劫一案中没有自行回避,也拒不服从回避决定。温某的行为是否符合检察官职业要求?

4. 检察官万某与检察官杨某是大学同学,毕业后考入同一家检察院工作。某次万某承办一起疑难案件,辛苦数月进展甚微,终日压力巨大。杨某见状,出于关心私下向万某打听此案情况及目前状况。万某大吐苦水,向杨某说了案情的全部情况。杨某建议当晚和万某去某夜店潇洒一晚,放松放松,万某同意,当晚两人喝得酩酊大醉。请问两位检察官的行为是否违反职业伦理?

第二十章 检察官的廉洁义务

随着中国改革开放的进程的深化,人民的生活条件普遍改善,检察官队伍也面临着种种诱惑,存在着腐化和堕落的危险。加强检察官的廉政建设是十分必要的。检察官应以社会主义核心价值观为根本的职业价值取向,遵纪守法,严格自律,并教育近亲属或者其他关系密切的人员模范地执行有关廉政规定,秉持清正廉洁的情操。

第一节 检察官廉洁义务的理论与规则

清廉是检察官作为公务人员最起码的职业伦理底线。检察官职业伦理中的"清廉"指的是品行正派、清正廉洁、克己奉公,杜绝贪污腐化、奢侈浪费、好逸恶劳的生活习惯和以权谋私、贪赃枉法的丑恶行为。清廉对检察官的要求主要体现在两个方面:

一、业内活动的自我约束

我国《检察官法》第35条规定:"检察官不得有下列行为……(二)贪污受贿……"《检察官职业道德基本准则》第四章规定了检察官的廉洁义务,内容包括:检察官不得以权谋私,以案谋利,借办案插手经济纠纷。检察官不得利用职务便利或者检察官的身份、声誉及影响,为自己、家人或者他人谋取不正当利益;不从事、参与经商办企业、违法违规营利活动,以及其他可能有损检察官廉洁形象的商业、经营活动;不参加营利性或者可能借检察官影响力营利的社团组织。检察官不得收受案件当事人及其亲友、案件利害关系人或者单位及其所委托的人以任何名义馈赠的礼品礼金、有价证券、购物凭证以及干股等;不参加其安排的宴请、娱乐休闲、旅游度假等可能影响公正办案的活动;不接受其提供的各种费用报销、出借的钱款、交通通讯工具、贵重物品及其他利益。

二、业外活动的自我约束

检察官在任职期间不得兼任律师、法律顾问等职务,不私下为所办案件的当事人介绍辩护人或者诉讼代理人。检察官在职务外活动中,不披露或者使用未公开的检察工作信息,以及在履职过程中获得的商业秘密、个人隐私等非公开的信息。检察官妥善处理个人事务,按照有关规定报告个人事项,如实申报收入;

保持与合法收入、财产相当的生活水平和健康的生活情趣。检察官退休后应当继续保持良好的操守,不再延用原检察官身份、职务,不利用原地位、身份形成的影响和便利条件,过问、干预执法办案活动,为承揽律师业务或者其他请托事宜打招呼、行便利,避免因不当言行给检察机关带来不良影响。

第二节 案例研习

一、唐某某检察官受贿案

(一) 简要案情

一审法院查明的案情:经衡阳市雁峰区人民法院审理查明,被告人唐某某系湖南省衡阳市人民检察院(以下简称市检察院)检察员,2009年4月任正科级检察员,同年10月任该院公诉局案件审查二科副科长。2005年3月17日,衡阳市公安局将侦查终结的刘某某案移送市检察院审查起诉。市检察院公诉科指定唐某某承办该案。刘某某的妻子何某某(另案处理)经市检察院干部李某介绍认识唐某某,为了使刘某某重罪轻判,将案件交由基层检察院办理,何某某于同年10月初的一天中午,在衡阳市莲湖广场附近一酒店请唐某某吃饭,何某某在包厢内将2万元钱送给唐某某,被唐某某拒收。事后,同行的陈某某责备何某某送钱方法不对,并面授机宜。当天晚上9时许,何某某得知唐某某在院里加班,遂赶到市检察院,并打电话约唐某某出来,被唐某某拒绝,何某某便在市检察院办公楼处人行道等候,待唐某某下班回家时,何某某将2万元塞给唐某某即离开。过了约两三天,唐某某与何某某在市检察院附近见面时,欲将2万元钱退给何某某未果。

2005年12月5日,唐某某将刘某某案提交本科集体讨论,唐某某审查认为该案判不到无期徒刑,建议将案件移送基层人民检察院审查起诉。经公诉科集体讨论并报请院领导同意,市检察院将该案交由衡阳县人民检察院审查起诉。2006年3月21日,衡阳县人民检察院就刘某某案的审查情况向市检察院公诉科请示汇报时,唐某某在讨论中发表了有利于刘某某的处理意见,同年4月24日,衡阳县人民检察院以刘某某犯寻衅滋事罪、敲诈勒索罪提起公诉。同年6月9日,衡阳县人民法院以敲诈勒索罪判处刘某某有期徒刑1年2个月,缓刑1年6个月。2012年4月10日,唐某某因涉嫌受贿被中共衡阳市纪律检查委员会"两规",唐某某交代了自己收受何某某2万元的事实,并退缴受贿款2万元。

二审法院认定的事实:上诉人唐某某身为国家机关工作人员,利用职务上的便利,非法收受他人财物,其行为已构成受贿罪。上诉人唐某某上诉称,原判认定其受贿2万元的事实不当。因原判据此认定的证据不客观。上诉人已将2万元退还给何某某。且何某某有请托却从未表达请托，上诉人没有利用职务之便，更没有为他人谋利，其行为不构成受贿罪。其二审辩护人亦持同样的意见。

经查，在刘某某故意伤害案中衡阳市人民检察院为提高侦查效率，上诉人在公安机关侦查阶段受委派已提前介入。2005年3月17日，衡阳市公安局将侦查终结的刘某某案移送衡阳市检察院审查起诉。衡阳市检察院原公诉科指定唐某某承办该案。同年10月初的一天中午，通过李某介绍邀请，在衡阳市莲湖广场附近一酒店请唐某某吃饭，李因故离开，唐某某与何某某、陈某某等人就餐。此时，唐某某虽与何某某未交谈，但已初步接触，并拒收何某某2万元。根据侦查机关调取的证人何某某的证言和上诉人唐某某在侦查机关的供述和辩解，足以认定上诉人唐某某明知何某某送钱的意图和请托意愿，而非法收受何某某2万元欲退未果的事实。诚然，唐某某在检察机关的供述有反复，与证人何某某的证言所证实的细节有差异虽属实，但符合情理，因何某某送钱的时间和其所作证的时间，相隔达7年之久。但尚不足以否定唐某某收受2万元贿赂的事实，且无证据证实检察机关在讯问上诉人时，存在诱供或刑讯逼供等违法情形。证人何某某所作的证言是在侦查机关对其采取强制措施后调取的虽属实，但何某某系双重刑事诉讼身份即犯罪嫌疑人和证人身份，在此情况下，侦查人员调取何某某的证言并不违法。故侦查机关对上诉人唐某某的讯问笔录及调取证人何某某的证言经庭审质证，均具有法律效力，可作为定案的依据。同时，两次检察机关案件讨论笔录，尤其是2006年3月21日，衡阳县人民检察院就刘某某案的审查情况向衡阳市人民检察院公诉部门请示汇报时，上诉人唐某某也参与了此次会议，唐某某作为原交办该案的承办人，相对其科室的其他工作人员而言，对该案案情更了解，在讨论中却发表了有利于刘某某的处理意见。且现无证据证实该讨论笔录系他人伪造的事实。当然，此时唐某某已将案件交办给衡阳县人民检察院，其审查起诉职责已完成属实。但唐某某毕竟是上级检察机关的工作人员，故尚不能否定其职务行为与非法收取他人钱财之间的刑法上的因果关系。完全符合受贿罪的构成要件。故上诉人唐某某及其辩护人辩称的上诉人的行为不构成受贿罪的理由不能成立，本院不予采纳。衡阳市人民检察院出具的本案书面审查意见，本院依法应予支持。

（二）法院判决

二审法院维持一审法院判决，被告人唐某某犯受贿罪，但由于主动退还所收2万元，免予刑事处罚。

（三）案件评析

检察官隶属于检察机关，为司法人员，亦为国家之公务人员，应受国家公务人员相关法令之规范，因为检察官代表国家从事刑事司法的"侦查""公诉"工作，关系国家司法权的公正运作。在传统社会文化中，司法、审判官吏是法律的执行者，应当带头守法，为社会起表率作用。论语子路篇中即强调"其身正，不令而行；其身不正，虽令不从"。司法者自己必须行为端正，才能得到人民对执法的信赖，对司法者有更高的道德标准要求，自然符合我们的国情与文化价值。对检察官道德操守的要求，也是国际社会对从事检察官工作者的基本要求，国际检察官协会在 1999 年颁布的《检察官专业责任与权利义务准则》中，即明文揭示检察官应永远保持专业水准，依法办事并符合专业规则及道德操守。从而，将对检察官道德操守的基本要求列入检察官伦理规范之中，自属当然。

廉洁是司法者操守的本分，是检察官执行职务与处理其私人利益交错时的一种态度。我国《检察官职业道德基本规范》第四章明确规定，检察官不得以权谋私，以案谋利，借办案插手经济纠纷。不得利用职务便利或者检察官的身份、声誉及影响，为自己、家人或者他人谋取不正当利益。不得收受案件当事人及其亲友、案件利害关系人或者单位及其所委托的人以任何名义馈赠的礼品礼金、有价证券、购物凭证以及干股等；不得参加其安排的宴请、娱乐休闲、旅游度假等可能影响公正办案的活动；不得接受其提供的各种费用报销，出借的钱款、交通通讯工具、贵重物品及其他利益。

但是本案中唐某某明知何某某是自己承办案件中犯罪嫌疑人的妻子，在何某某宴请他时，他却不知回避，欣然前往。虽然在宴请时拒绝了何某某的 2 万元贿赂，但是在案件尚未了解前接受嫌疑人家属宴请已然违反了检察官职业伦理。况且之后，何某某在另一场合将钱交给唐某某后，唐某某便没有再拒绝，这种行为便突破了检察官职业伦理的底线，同时也因受贿，难逃刑法的惩戒。从本案中我们可以看出，作为执行公共权力的检察官，如果唯利是图，心有贪念，无法廉洁自持，就算从业能力再强，也是不适格的。检察官因其职权身份而涉及或可能涉及或影响其个人利害关系时，只要心中起了贪念，不管贪图的是钱财，还是名声、或者安逸，都会使司法的天平晃动倾斜，又何以实现公平正义？

二、检察院反贪局局长受贿案

（一）简要案情

本案法院查明基本案情为，2000 年 9 月底，被告人刘某利用其任贵州省人民检察院反贪污贿赂局局长的职务，在初查贵州省新华书店原总经理王某某（另案处理）举报的龚某某等人涉嫌经济犯罪的案件过程中，收受王某某所送存有人民币 179548.86 元的牡丹灵通卡一张的受贿事实如下：

2000 年 6、7 月份，贵州省新华书店原总经理王某某找到时任贵州省人民检察院反贪局局长的被告人刘某，告知其与龚有矛盾，要求调查龚的经济问题，被告人刘某叫王收集有关材料后再找他。2000 年 9 月 6 日和 15 日，王某某按刘某的要求安排书店工作人员将举报龚某某问题的材料分别寄给被告人刘某以及贵州省人民检察院纪检部门和贵州省人民检察院反贪局副局长倪某某。2000年9月的一天,王某某告诉李某某因刘某装修房子需要钱,王打算把在李某某处保管的王的一张存有人民币17.9万元的牡丹灵通卡(户名为李某某)送给刘。王某某和被告人刘某一同到李某某办公室,王某某将其存放在李某某处户名为"李某某"的"牡丹灵通卡"交给了刘某。同年10月23日,被告人刘某违反《人民检察院刑事诉讼规则》的相关规定,不将举报材料移交举报中心,便在王某某举报龚某某经济问题的材料上签署"经与某某某副检察长汇报,同意由我局初查,由倪某某牵头组成办案组"的意见,并安排副局长倪某某牵头组成专案组初查此案。

被告人刘某接受王某某送的牡丹灵通卡后,分多次从卡上支取现金累计10万余元。2003年2月17日,贵州省纪委从被告人刘某之姐处将"牡丹灵通卡"查获,卡上尚余人民币76222.46元。

(二) 法院判决

本案法院最终判决如下:

1. 被告人刘某犯受贿罪,判处有期徒刑13年,并处没收个人财产人民币10万元;

2. 已追回的赃款人民币544146.54元、美元2000元依法没收,上缴国库;

3. 赃款人民币45402.32元,依法继续追缴。

(三) 案件评析

如前所述,我国《检察官职业道德基本规范》明确规定了检察官的廉洁义务。检察官应当廉洁自持,有"无欲则刚"的思想境界,这一要求必然要考验检察官的人性修为,所以廉洁义务自然成为检察官职业伦理的基本要求。检察官能做到不因检察官的职权、身份获取不正当的私利,在态度与行为上落实廉洁义务的要求,自然能赢得人民的敬重,也能提高民众对检察官执法的信任度。

本案涉案检察官与上一案例中涉案的检察官的犯罪行为有不同之处,上一案例中涉案检察官是在接受他人钱财之后,帮助行贿者家属开脱罪行,所谓"拿人钱财,替人消灾"。而在本案中,涉案检察官是在接受他人的贿赂后,帮助行贿者构陷他人,妄图使他人遭受牢狱之灾。另外,上一案例中涉案检察官是从事公诉业务的检察官,而本案当中的涉案检察官则是检察院反贪部门的人员。但不论二者在接受贿赂的对价方面有何差异,也不论二者的职权有何差异,最终他们的行为都是以权谋私、以案牟利的行为。这种行为与检察官的廉洁义务背道而驰,完全突破了检察官职业伦理的底线,当然也难逃刑法的惩戒。

三、郑州中原区检察院三检察官贪污、受贿案①

（一）简要案情

郑州市纪委通报了自成立以来独立查办的涉案人员级别最高、涉案金额最大、历时最长的一起特大要案的查处情况，涉案人员中，郑州市中原区检察院原检察长胡某、原政治部主任马某、原办公室主任陈某，受到开除党籍、开除公职处分，涉嫌犯罪的问题，移交司法机关追究法律责任。抽调至郑州市纪委办理胡某案件的纪委原正科级纪检员高某已于先前移交司法机关追究法律责任。

据介绍，根据中纪委、省纪委的指示和要求，2004年5月11日，郑州市纪委成立胡某案件调查组，对群众反映的郑州市人民检察院纪检组长胡某在任中原区检察院检察长期间贪污、受贿、私设"小金库"等问题进行调查。最终查明胡某等人贪污、受贿、挪用公款、行贿、串供等重大违纪、违法问题。

胡某案件查处违纪党员干部5人，涉及违纪金额6000余万元，收缴赃款人民币1200余万元、美元14万、港元47.7万、加拿大元12万余，收缴4台轿车等赃物一批，挽回经济损失折合人民币2000余万元。

胡某现年55岁，历任郑州市检察院控审处处长、起诉处处长，1995年任中原区检察院检察长，2003年9月任郑州市检察院党组成员、纪检组长，2004年7月28日被郑州市纪委"双规"，同年12月24日被停职。

他在任中原区检察院检察长期间，利用职务之便，贪污公款人民币541万元，收受贿赂415.9万余元人民币、美元7000元，挪用公款250万元人民币（下文未标明币种的均为人民币），收受礼金、有价证券共计9万元，非法占有19万余元，违纪总金额达1453.8万余元；另有30.8万余元、13.55万美元、47.7万余港元、12万余加拿大元来源不明；违反财经纪律，私设"小金库"金额达4756.8万余元，乱支乱花，离任前指使他人销毁有关账簿及部分会计凭证。

此外，胡某作风腐化、道德败坏，长期与多名女性保持不正当两性关系；多次参与赌博，且赌资巨大；在组织对其进行调查期间，贿赂郑州市纪委借调的办案人员高某及数名陪护人员，使他们为其透露案情，安排串供，干扰组织调查。

马某在任中原区检察院办公室主任和政治部主任期间，受贿14.3万元，收受礼金13.6万元等，违纪金额共计63.3万余元，另有100.5万余元巨额财产来源不明。

陈某在任中原区检察院会计和办公室主任期间，贪污公款174.5万余元，受贿3万元人民币和1000美元，收受礼金2.6万余元。此外，陈某受胡某指使销毁"小金库"账簿及部分会计凭证。

---

① 载大河网，http://www.dahe.cn/hnxw/yw/t20060623_554136.htm，2014年8月11日访问。

高某,2002年任郑煤集团纪委正科级纪检员,2004年4月借调到郑州市纪委帮助工作,同年12月17日被郑州市纪委"双规",2005年3月28日,移交司法机关追究刑事责任。高某在抽调至郑州市纪委查办案件的过程中,严重违反办案纪律,为胡某透露案情,帮助串供,干扰组织调查,先后收受胡某及其家人13万元。

(二)法院判决

本案一审法院宣判,以受贿罪判处被告人胡某死刑,缓期二年执行,剥夺政治权利终身,并处没收个人全部财产;与其所犯贪污罪,挪用公款罪,故意销毁会计凭证、会计账簿罪和巨额财产来源不明罪并罚,决定执行死刑,缓期二年执行,剥夺政治权利终身,并处没收个人全部财产。该案经河南省高院复核裁定,核准一审死缓判决。

(三)案件评析

根据前述我国《检察官职业道德基本规范》的明确规定,检察官不得以权谋私、以案牟利。这一规定不仅要求检察官不能接受来自他人的贿赂,从而为他人谋取不正当利益,还要求检察官要洁身自好,不得贪污公共财产。而本案中涉案检察官胡某被追究刑事责任,判处死刑缓期执行的重要原因之一就是贪污公共财产。贪污与受贿一样,都是违反检察官职业伦理中廉洁义务的行为,同样也都是刑法所禁止的行为。正所谓"其身正,不令而行;其身不正,虽令不从"。司法者自己必须行为端正,才能得到人民对执法的信赖,如果作为执掌司法利器的检察官都去贪污受贿,那么人民如何对社会的公平正义抱有希望?所以作为司法人员的检察官必须带头守法,为社会起表率作用。

问题讨论

1. 检察官李某明确拒绝了犯罪嫌疑人家属的贿赂请求,但案件审判结果出来后,犯罪嫌疑人家属认为李某还是在其案件中"帮忙",才会获得比预想的要轻的判决结果。于是,犯罪嫌疑人家属将一笔数目不少的钱以"还债"的名义趁李某不在家的时候送到李某家里,李某之妻不明所以就收下了这笔钱。

请问,李某应怎样做?

2. 检察官张某和犯罪嫌疑人王某平素有着经济上的纠纷,两人还因此去法院打过官司。后来在一起刑事案件中,王某也牵涉进去。检察官张某告诉王某,如果能将他们之间的经济纠纷"妥善解决",他会设法对王某作"不起诉"处理。

张某的行为是否违反了检察官职业伦理?该如何处罚?

3. 我国现今制度框架内谁有权监督检察官的廉洁性?我国对于检察官廉洁性的监督机制存在哪些不足以及有哪些值得改进的地方?

第六部分
仲裁员、公证员职业伦理

仲裁员、公证员职业伦理概述

除了律师、法官以及检察官外,还有两种较少被提及但却十分重要的法律职业,那就是仲裁员与公证员,法律职业伦理对这两种职业也有一定的要求。

仲裁(arbitration)又称公断,是指当事人双方在争议发生前或争议发生后达成协议,自愿将争议交给第三者作出裁决,从而使纠纷得到解决。仲裁员是指有权接受当事人的选定或者仲裁机构的指定,具体审理、裁决案件的人员。当事人有权选定仲裁员,是仲裁与诉讼的重大区别,这是因为仲裁的基础是当事人的意思自治,当事人选定仲裁员是当事人自主权利的重要内容。

仲裁制度的优势能否得到充分发挥,在很大程度上取决于仲裁员的能力与素质。[①] 一个合格的、符合仲裁制度与当事人合理预期的仲裁员应当具备两个基本条件:一是拥有处理案件所需的学识和能力;二是具有较高的道德水准与职业操守。二者相比,后者往往更为重要。正因如此,一些知名国际仲裁机构与有关国际组织纷纷制定旨在明确仲裁员道德行为准则、提高其职业操守的行为规范。仲裁员的行为规范是指仲裁员在审理案件时必须遵循的行为准则。仲裁是一个自律行业,其职业规范供全体仲裁员作为行为的指引。根据我国《仲裁法》的规定,仲裁员必须具备公道正派的个人品质,即人品高尚、公正无私。

公证制度起源于古罗马,在大陆法系和拉丁美洲国家得到迅猛发展。1948年成立的国际拉丁公证联盟,是目前最有影响力的公证业国际组织。2003年该联盟接受中国公证员协会为其正式成员。公证是指国家法律授权公证机构依法对当事人的法律行为、有法律意义的文书和事实的真实性与合法性进行证明的活动。公证是相对于私证的一种证明活动,具有一般证据和诉讼证据的效力,可

---

① 许身健主编:《法律职业伦理》,北京大学出版社2014年版,第205页。

以成为法律行为成立的要件并可作为法院强制执行的根据,对社会上重大的法律行为、法律事件具有普遍的引导效力。公证员是依法取得资格,由国家按照法定程序任命的,在公证机构专门从事公证证明工作的法律职业人员。

公证员的职业伦理,是指在公证活动中,公证人员从思想到具体事务的处理应遵循的行为规范和基本准则。就适用对象而言,不仅指依法取得资格的执业公证员,也包括办理公证的辅助人员和其他工作人员;从道德规范调整的内容看,既包括办理公证业务的行为,也包括办证人员的思想意识。近年来,我国公证事业获得了长足的发展,但是关于公证的立法和相应的伦理规则的制定却相对滞后。公证员作为法律职业共同体的组成部分,应当和法官、检察官、律师在法律意识和道德意识上具有相同的标准,忠于宪法和法律,坚持以事实为根据,以法律为准绳,按照真实合法的原则和法定的程序办公证事务。公证员的核心任务就是通过对法律行为、有法律意义的事实或文书的真实性、合法性进行证明,来维护当事人的合法权益,稳定市场经济秩序和社会秩序,实现公平正义。

第二十一章　仲裁员的职业伦理

仲裁作为一种法律制度,是指根据当事人之间的协议,对双方当事人发生争议的事项,由一定的机构以第三者的身份居中作出具有约束力的裁决,以解决当事人之间的争议,确定当事人的权利义务关系。仲裁活动和法官的审判活动非常近似,但是由于仲裁具有民间性质,因此仲裁员在仲裁活动中遵循的伦理规范与法官并不完全相同。研究仲裁伦理规律,探究仲裁员的伦理规则对于保障仲裁活动的公正具有十分重要的意义。

第一节　仲裁员职业伦理的理论与规则

仲裁又称公断,是指当事人双方在争议发生前或争议发生后达成协议,自愿将争议交给第三者作出裁决,从而使纠纷得到解决。仲裁员是指有权接受当人的选定或者仲裁机构的指定,具体审理、裁决案件的人员。一般来说,仲裁员的选定方式有两种:一是由当事人选定;二是由仲裁机构指定。当事人有权选定仲裁员,是仲裁与诉讼的重大区别,这是因为仲裁的基础是当事人的意思自治,当事人选定仲裁员是当事人自主权利的重要内容。

仲裁员的行为规范一般不在仲裁法中规定,而是由仲裁机构另行规定。目前国际上比较推崇的仲裁员行为规范有美国仲裁协会(AAA)和美国律师协会(ABA)制定的《商事争议中仲裁员的行为道德规范》、国际仲裁员协会(IBA)制定的《国际仲裁员行为准则》以及英国皇家御准仲裁员协会制定的《仲裁员道德行为规范》。我国有关仲裁员的行为规范主要有《中国国际经济贸易仲裁委员会、中国海事仲裁员委员会仲裁员守则》《北京市仲裁委员会仲裁员守则》。此外,我国的《仲裁法》对仲裁员也有品德方面的要求。根据《仲裁法》的规定,仲裁员必须具备公道正派的个人品质,即人品高尚、公正无私。

一、国外有关仲裁员职业行为规范的内容

AAA 和 ABA 制定的《商事争议中仲裁员的行为道德规范》以及国际仲裁员协会《国际仲裁员行为准则》主要规定了如下行为准则:

(1) 仲裁员应维护仲裁程序的廉正和公平。

(2) 披露可能影响公正或可能造成不公平或偏袒印象的任何利害关系或亲属关系。

（3）不应与当事人私下接触。

（4）给当事人平等待遇，并勤勉地实施仲裁程序。

（5）独立、公正、审慎地作出裁决。

（6）仲裁员应忠实于职责的信托关系，应当为当事人保密。

（7）非中立仲裁员的例外。在国际商事仲裁中，有些国家要求仲裁员必须是中立的，不代表任何一方当事人的利益，而另一些国家却允许经当事人约定，仲裁员可以为非中立仲裁员，在仲裁过程中可以偏向于指定他的一方当事人。

二、我国有关仲裁员行为规范的内容

（一）诚实信用

仲裁员作为纠纷的裁决者，判定当事人之间的权利与义务关系，应当秉承善意、恪守诚信。如果仲裁员缺乏诚信，那么快捷、公正、保密的仲裁程序根本就无从谈起。以《北京市仲裁委员会仲裁员守则》（以下简称《仲裁员守则》）为例，《仲裁员守则》规定了"诚实信用"的道德义务，让仲裁员从诚信的高度来约束自己的行为，即仲裁员一旦接受选定或指定，就应付出相应的时间、精力，尽职尽责、毫不延迟地审结案件。鉴于实践中存在着少数仲裁员不论是否有相应时间、精力与能力，随意接受案件、隐瞒应披露的事项以及不遵守保密规定的现象，《仲裁员守则》规定，仲裁员只有确信自己具备下列条件，方可接受当事人的选定或北京市仲裁委员会主任的指定：

1. 能够毫不偏袒地履行职责。

2. 具有解决案件所需的知识、经验和能力。

3. 能够付出相应的时间、精力，并按照《仲裁委员会仲裁员关于提高仲裁效率的若干规定》要求的期限审理案件。

4. 参与审理且尚未审结的案件以不满10件为宜。

（二）公正

公正是指仲裁员审理案件时要公平合理，不徇私偏袒。公正是仲裁的灵魂和生命。为了保证公正地审理案件，仲裁员要做到以下几点：

1. 廉洁

廉洁是公正的保证。《仲裁员守则》规定，仲裁员不得以任何直接或间接方式接受当事人或其他代理人的请客、馈赠或提供的其他利益，亦不得代人向仲裁员实施请客送礼或提供其他好处和利益。对仲裁员提出这样的要求，也是国际商事仲裁的通例。如英国皇家御准仲裁员学会的《仲裁员道德行为规范》规定"非有另一方仲裁当事人在场或经双方同意，仲裁员不得以直接或间接方式接受任一方礼物或实质性款待"。美国仲裁协会与美国律师协会的《商事争议中仲裁员的行为道德规范》之1（d）款规定，仲裁员在"接受指定后或担任仲裁员期间,人们应当避免建立金钱、商业、职业、家庭或社交联系,或谋求金钱或私利……在案件裁决后的相当一段时间,担任仲裁员的人们应当避免建立上述关系"。作为仲裁员要有良好的道德修养,不得利于仲裁权谋取个人私利,贪取钱财。目前,有的当事人受不正之风的影响,只要能赢得仲裁,愿意花钱,在这种情况下,仲裁员更应保持清醒头脑,自觉抵制金钱、物质的诱惑,不吃请,不受礼。

2. 独立

独立与廉洁一样都是公正的保障。《仲裁员守则》规定,仲裁员应当独立地审理案件,不因任何私利、外界压力而影响裁决的公正性。没有独立的仲裁,就不是真正仲裁。仲裁员在法律和仲裁规则的范围内,依其特有的专业知识、经验依法独立地审理案件,一方面不受仲裁委员会的干预。仲裁委员会依照法律规定的条件并结合实际情况聘任仲裁员,依法对违法的仲裁员予以除名;依法决定是否受理案件,根据当事人的委托或者依法指定仲裁员;以及从事其他有关仲裁的管理和实务性工作。一旦仲裁庭组成直至作出仲裁裁决,仲裁委员会即不再介入仲裁审理和裁决的实质性工作,对案件的审理与裁决完全由仲裁庭独立进行。另一方面不受行政机关、社会团体和个人的干涉。尤其行政机关不得对案件的审理与裁决施加消极的影响。此外,仲裁庭还要独立于法院,虽然法律授予法院对裁决有必要的监督权,但是这并不等于仲裁附属于审判。只有这样,才能为仲裁的公正性、权威性创造良好的外部环境与条件。

3. 披露的义务

仲裁员披露义务是一项被普遍接受的保证仲裁权主体公正性的原则。它是指仲裁员主动披露其与当事人或代理人之间的某种关系,以便于当事人和仲裁机构考虑此种关系是否影响该仲裁员的独立性和公正性。仲裁员披露不仅被规定在仲裁员行为规范中,在仲裁法及仲裁规则中也有明确规定。《仲裁委员会仲裁规则》采用了国际通行的仲裁员信息披露制度,明确信息披露是仲裁员的重要义务。要求"仲裁员决定接受选定或者指定的,知悉与案件当事人或者代理人存在可能导致当事人,对仲裁员独立性、公正性产生怀疑的情形,应当书面披露",并且这种披露义务持续于整个仲裁过程中;仲裁员的披露将由仲裁机构转交双方当事人并允许当事人提出书面意见。这样规定既增强了对仲裁员的约束力,也为当事人申请回避提供了必要的信息,保障了当事人的知情权。仲裁员与当事人应当保持足够远的距离。仲裁员与当事人应当没有利害关系,仲裁员应当绝对居间中立,不存在任何倾向性。仲裁员在履行职责期间应当避免与当事人产生金钱的、商业的、职业的、家庭的、社会的、个人的关系,因为这些关系可能会导致仲裁员的不公正或偏见。由于仲裁员一般不是专职人员,其来源也呈现多元性,所以通常仲裁员与当事人的关系远比法官同当事人的关系来得复杂,有的仲裁员是桃李满天下的教授,有的是专家型行政干部,有的是律师,有的是商界人士,因此有时会有仲裁员与其学生、仲裁员与其下级、仲裁员与其同业竞争者出现在同一案件中的情况。有时即使仲裁员具备极为高尚的品德,不会为这些关系所影响,也难免招致社会的不信任和议论。

《仲裁员守则》规定,仲裁员接受选定或指定时,有义务书面披露可能引起当事人对其公正性或独立性产生合理怀疑的任何事由,包括但不限于:(1)是本案的当事人、代理人或当事人、代理人的近亲属的;(2)与本案结果有利害关系的;(3)对于本案事先提供过咨询的;(4)私自与当事人、代理人讨论案件情况,或者接受当事人、代理人请客、馈赠或提供的其他利益的;(5)在本案为当事人推荐、介绍代理人的;(6)担任过本案或与本案有关联的案件的证人、鉴定人、勘验人、辩护人、代理人的;(7)与当事人或代理人有同事、代理、雇佣、顾问关系的;(8)与当事人或代理人为共同权利人、共同义务人或有其他共同利益的;(9)与当事人或代理人在同时期审理的其他仲裁案件中通为仲裁庭里的仲裁员,或者,首席仲裁员两年内曾在其他仲裁案件中被一方当事人指定为仲裁员的;(10)与当事人或代理人有较为密切的友谊或嫌怨关系的;(11)其他可能影响公正仲裁的情形。

《仲裁员守则》对持续披露作了规定,即在仲裁过程中,如果发生可能引起此类怀疑的新情况,仲裁员应继续履行披露义务;未履行披露义务,将视为该仲裁员违反本守则,即使未予披露的事由本身并不构成不宜担任仲裁员的情形。这样规定使仲裁员披露制度与国际商事仲裁的普遍实践比较接近。

4. 不得代理本会的案件

《仲裁员守则》规定,仲裁员不得在本会的仲裁案件中担任代理人。这主要是考虑到我国实行的是机构仲裁,当事人只能从机构的仲裁员名册中选择仲裁员,而仲裁机构的仲裁人数有限,范围较窄,加上仲裁员之间合作共事、经验交流日益频繁,因而很可能产生在此案担任代理人,在他案中又与此案仲裁员共为仲裁庭组成人员的情况。仲裁员"既坐台上又坐台下"(即指既担任仲裁员又代理本会案件)的特殊身份难免导致当事人对仲裁公正性的疑虑。虽然多年的工作经验表明,仲裁庭能否公正审理取决于仲裁庭成员的自身素质,而不是代理人是否是仲裁员。而且,随着仲裁员披露制度的实行,这种情况可通过仲裁员回避等措施来避免。但是,因仲裁员担任代理人,造成仲裁庭组成人员的回避,延缓案件审理进程,这对回避的仲裁员以及当事人来说很不公平,在一定程度上降低了当事人对仲裁程序公正与仲裁裁决的认同。因此法律从维护当事人的合法权益出发,明确禁止仲裁员代理本会的仲裁案件(包括代理执行与撤销本会仲裁裁决的案件)。此外,牺牲自身利益,对容易引发当事人合理怀疑的行为进行规避,对维护仲裁委员会的公信力和仲裁员队伍的整体形象具有重要的意义。

5. 平等、公允地对待双方当事人

仲裁员必须站在客观公正的立场,考虑案件的全部情况,查清事实,分清是非,合法、公正地作出裁决,维护当事人双方的合法权益。超脱各种利益和人情关系,本着自己的良知和对法律精神的理解进行裁决。绝对不能"偏袒任何一方当事人",更"不得作为任何一方代理人行事"。仲裁员如果将自己视作当事人一方的代表,只考虑当事人一方的情况,只维护当事人一方的利益,就难免产生倾向性,出现歧视或偏袒,影响裁决的公正性。例如,在开庭审理时,注意提问和表达意见的方式,不得出现倾向性;本着查证事实的目的提问,避免偏向或诱导性的提问;给予双方同等的辩论机会。

6. 与当事人的接触准则

《仲裁员守则》规定,仲裁员为谋求选定而与当事人接触的,属于不符合仲裁员道德规范的行为。仲裁员为谋求选定而与当事人进行接触的行为,使仲裁员处于"有求于人"之境地,有违仲裁员的独立性和公正性。

《仲裁员守则》规定,仲裁员在仲裁期间不得私自会见一方当事人、代理人,接受其提供的证据材料;不得以任何直接或间接方式(包括谈话、电话、信件、传真、电传、电子邮件等方式)单独同一方当事人、代理人谈论有关仲裁案件的情况。在调解过程中,仲裁庭应慎重决定由一名仲裁员单独会见一方当事人或其代理人;如果仲裁庭决定委派一名仲裁员单独会见一方当事人或其代理人,应当有秘书人员在场,并告知对方当事人。仲裁庭除了在履行职责期间应当避免与当事人产生各种关系之外,有的仲裁机构还进而要求仲裁员在仲裁案件结束后避嫌。如美国仲裁员协会颁布的《仲裁员守则》便规定,仲裁员在仲裁案件完成之后的一段合理时间内,同样应当避免与当事人产生上述关系,否则人们可能会认为在仲裁过程中仲裁员已经受到这些关系的影响。

(三) 勤勉高效

仲裁员要有高度的责任感,应把当事人的授权,视作病人将治病的权利交给医生。认认真真地对待每一起案件,一丝不苟,认真核实证据,查明事实,正确适用法律,公平、公正地解决争议,才能不辜负当事人的信任与期望。

仲裁员不仅应勤勉,此外还要守时。仲裁的一大优势就是简便与快捷,当事人对仲裁最大的要求,就是公正、及时地解决争议。如果仲裁员不严格遵守时间,不积极地推进仲裁,尽快结案,就会加重当事人在时间、精力、财力上的负担和损失,甚至会使仲裁失去意义——"迟来的正义非正义"。《北京市仲裁委员会仲裁员关于提高仲裁效率的若干规定》(以下简称《若干规定》)从提高仲裁效率着眼,作了如下规定:

1. 提前预防仲裁员因无法保证办案时间而导致案件超审限;
2. 对开庭审理与裁决书制作时间予以明确规定,要求每一个环节均按时间

要求进行,以保证整个程序高效、顺畅地开展;

3. 仲裁员应在规定期限内提供制作裁决的书面意见;

4. 增加规定仲裁员迟延情况下本会予以更换的权利。

（四）保密

仲裁员要忠实地履行保密义务。保密义务包括两个方面：一是仲裁员不得向当事人或外界透露本人的看法和合议庭合议的情况,对涉及仲裁程序、仲裁裁决的事项应保守秘密。二是仲裁员还要为当事人保密,尤其是要保护当事人的商业秘密不泄露。这是由仲裁程序的不公开审理原则决定的,因此,仲裁员应有保密意识。仲裁员如果泄露仲裁秘密,不论有意还是无意,都是违反仲裁员职业道德的行为,不仅不利于裁决的作出,而且会给当事人造成重大损失,影响其商业前景。

（五）相互尊重

相互尊重主要是指仲裁员之间的相互配合与支持。仲裁员应该尊重其他仲裁员对案件发表意见的权利,以宽容的态度理解和接受分歧,在互敬的基础上,自由地探讨,真诚地交流。但这不是说违背公正原则的妥协与迁就,而是指仲裁庭成员在时间安排上的体谅与配合。在审理和制作裁决过程中仲裁庭成员应共同努力、共尽义务,不仅要提出问题,更要提出解决问题的方案和办法。

第二节 案例研习

一、令狐某某枉法仲裁、滥用职权案

（一）简要案情

2006年8、9月份,中国农业银行平陆县支行（以下简称平陆县农行）在被告人令狐某某的授意下,在已向平陆县铝矾土煅烧厂（以下简称煅烧厂）送达的债务逾期催收通知书上添加仲裁条款。2006年10月份,平陆县农行依据添加了仲裁条款的债务逾期催收通知书向运城仲裁委员会申请仲裁,被告人令狐某某明知仲裁条款是平陆县农行单方添加而予以受理。被告人令狐某某在向被申请人煅烧厂法定代表人卫某某无法送达相关仲裁文书的情况下,找到煅烧厂的主管单位平陆县民政局局长赵某某,被告人令狐某某告知赵某某,民政局得负连带责任,涉及民政局账户等问题,赵某某逐级向平陆县领导汇报。平陆县政府违规对该厂进行清产核资,更换负责人。期间,被告人令狐某某收取平陆县农行1万元仲裁费,没有向运城市仲裁委员会上交,煅烧厂更换负责人后,其向平陆县农行退回1万元仲裁费,在煅烧厂财务领取1万元仲裁费,据为己有。

（二）法院判决

该案法院最终判决如下：被告人令狐某某犯滥用职权罪,但其情节较轻,认

罪态度良好,免予刑事处罚。

(三)案件评析

我国《仲裁法》第4条规定:"当事人采用仲裁方式解决纠纷,应当双方自愿,达成仲裁协议。没有仲裁协议,一方申请仲裁的,仲裁委员会不予受理。"第7条规定:"仲裁应当根据事实,符合法律规定,公平合理地解决纠纷。"第8条规定:"仲裁依法独立进行,不受行政机关、社会团体和个人的干涉。"

本案中,仲裁员令狐某某明知平陆县农行与煅烧厂之间的合同中没有约定仲裁条款,而主动授意平陆县农行单方添加仲裁条款。并且在明知仲裁条款系平陆县农行单方面添加的情形下,接受了该农行的仲裁申请。这种行为明显违反了我国《仲裁法》第4条的规定,属于伪造仲裁条款的行为。仲裁应当以当事人有效的仲裁协议为基础,缺乏当事人有效的仲裁协议,仲裁对当事人不产生约束力。

另外,仲裁员职业伦理要求仲裁员平等、公允地对待双方当事人,必须站在客观公正的立场,考虑案件的全部情况,查清事实,分清是非,合法、公正地作出裁决,维护当事人双方的合法权益。仲裁员职业伦理还要求仲裁员应当独立地审理案件,不因任何私利、外界压力而影响裁决的公正性。超脱各种利益和人情关系,本着自己的良知和对法律精神的理解进行裁决。而在本案中,仲裁员令狐某某却丧失了独立、公正的立场,完全沦为了一方当事人的帮手,通过自己手中的权力,通过不正当的手段帮助该农行获取利益。这种行为与仲裁员的职业伦理是背道而驰的。

二、仲裁员张某受贿案

(一)简要案情

被告人张某于2002年2月1日任某市仲裁委员会秘书处研究咨询部副主任,2004年12月13日任某市仲裁委员会秘书处仲裁联络部主任,2007年4月13日任某市仲裁委员会秘书处副秘书长(副处级)。

2004年12月至2010年12月,被告人张某利用担任某市仲裁委员会首席仲裁员、秘书处副秘书长的职务便利,多次收受他人财物共计人民币30.3万元,并为他人谋取利益。具体分述如下:

1. 2004年12月的一天,被告人张某在其办公室,收受某市大光明钟表眼镜有限公司总经理金某为请其在某市大光明钟表眼镜有限公司与某市奥林大厦有限公司买卖合同纠纷一案仲裁中帮忙而送的现金人民币5万元。

2. 2005年上半年,被告人张某两次收受某市园林建设工程总公司项目经理季某某为请其在某市园林建设工程总公司与某市公路管理处工程款纠纷一案仲裁中帮忙而送的现金人民币5万元。

(1) 2005年上半年的一天,被告人张某在魏某某办公室,收受季某某通过魏某某转送的现金人民币2万元。

(2) 2005年上半年的一天,被告人张某在自己办公室,收受季某某所送的现金人民币3万元。

3. 2006年3月的一天,被告人张某在其办公室,收受中铁某局集团有限公司委托代理人闻某为感谢其在中铁某局集团有限公司与某水利建筑安装工程公司工程承包合同纠纷一案仲裁中帮忙而送的现金人民币9万元。

4. 2006年,被告人张某两次收受徐州某集团有限公司委托代理人郑某某因徐州一建集团有限公司与某市某化纤有限公司建设工程合同纠纷一案仲裁而送的购物卡5000元和现金人民币8000元。

(1) 2006年上半年的一天,被告人张某在大运河广场附近,收受郑某所送购物卡5000元。

(2) 2006年下半年的一天,被告人张某在其办公室,收受郑某所送现金人民币8000元。

5. 2010年12月的一天,被告人张某在其办公室,收受赵某某为感谢其在赵某某和江苏某有限公司商品房买卖合同纠纷一案仲裁中帮忙而送的现金人民币10万元。

(二)法院判决

该案法院判决如下:

(1) 被告人张某犯受贿罪,判处有期徒刑六年,并处没收个人财产人民币10万元。

(2) 被告人张某受贿犯罪所得赃款,予以没收,上缴国库。

(三)案件评析

禁止仲裁员收受当事人给予的贿赂是仲裁员职业伦理的基本内容,也是各国职业伦理规范所进行规制的重中之重。廉洁是公正的保证,《仲裁员守则》规定,仲裁员不得以任何直接或间接方式接受当事人或其他代理人的请客、馈赠或提供的其他利益,亦不得代人向仲裁员实施请客送礼或提供其他好处和利益。对仲裁员提出这样的要求,也是国际商事仲裁的通例。如英国皇家御准仲裁员学会的《仲裁员道德行为规范》规定"非有另一方仲裁当事人在场或经双方同意,仲裁员不得以直接或间接方式接受任一方礼物或实质性款待"。美国仲裁协会与美国律师协会的《商事争议中仲裁员的行为道德规范》之1(d)款规定,仲裁员在"接受指定后或担任仲裁员期间,人们应当避免建立金钱、商业、职业、家庭或社交联系,或谋求金钱或私利……在案件裁决后的相当一段时间,担任仲裁员的人们应当避免建立上述关系"。而在本案中,涉案仲裁员完全无视职业伦理,数次接受案件当事人给予的贿赂,数额高达30余万元。并且作为接受他人好处的对价,其在案件中完全不顾公正、独立立场,做出故意偏向于给予其贿赂的一方当事人的裁决,这也同时违反了仲裁员独立、公正的义务。

同时,我们还需要注意的是,仲裁员职业伦理同法官职业伦理一样,对仲裁员与当事人的接触都提出了要求。例如《仲裁员守则》规定,仲裁员在仲裁期间不得私自会见一方当事人、代理人,接受其提供的证据材料;不得以任何直接或间接方式(包括谈话、电话、信件、传真、电传、电子邮件等方式)单独同一方当事人、代理人谈论有关仲裁案件的情况。但是我们却遗憾地发现,本案中涉案仲裁员数次违反与当事人的接触义务,频繁与案件当事人接触,这同样也严重违反了仲裁员的基本职业伦理。

三、王某、梁某枉法仲裁案

(一) 简要案情

天台县天华管道燃气有限公司法人代表曹某与杨某乙存在债务纠纷。2009年5月1日,曹某以天台县天华管道燃气有限公司名义出具给杨某乙人民币170万元的借条一份。2010年5月,杨某乙得知天台县天华管道燃气有限公司将被临海华润燃气有限公司兼并。为了能从临海华润燃气有限公司收购天台县天华管道燃气有限公司的收购款中优先实现债权,杨某乙叫曹某出具了天台县天华管道燃气有限公司向杨某乙借款人民币238万元的欠条,并想通过劳动仲裁方式予以确认。2010年7、8月,杨某乙通过杨某甲找到天台县人力资源和社会保障局仲裁办副主任被告人王某说情。被告人王某看到一张二百多万元的欠条知道不属于劳动报酬争议,不能受理。2010年8月7日,杨某乙和曹某等人利用本人和他人身份证,虚构了天台县天华管道燃气有限公司拖欠杨某乙等26名工人工资的事实,将欠条里载明的债务分成多份,并伪造了欠条和相关结算清单。杨某乙等人将伪造好的相关材料交给天台县人力资源和社会保障局仲裁办干部胡某请其帮忙。胡某发现相关材料存有问题时,仍予以收下,向被告人王某汇报时没有提出不能受理的意见,并说申请人内有老领导杨某甲亲戚。过了几天,杨某甲等人见还没有立案,又来到被告人王某办公室催其立案。后杨某乙、杨某甲等人带曹某来到被告人王某办公室对王某讲将曹某笔录做了就可以立案了。被告人王某对曹某做了调查笔录,曹某承认欠款事实。2010年8月16日,被告人王某叫胡某立案,并指定梁某为首席仲裁员。2010年10月15日,被告人王某将案件交给梁某,并确定于2010年10月18日开庭。2010年10月18日开庭时,梁某发现几张欠条四五个申请人合写一起进行仲裁,欠条与结算清单的数目也不一致,所欠工资金额大、时间长且被申请人又未到庭,故未开庭。2010年10月19日,杨某乙、曹某等人重新伪造了证据,分成26名申请人分别进行仲裁。在杨某甲等人的说情下,仲裁庭于同月28日进行第二次开庭,原定的仲裁员汤七芬因故无法出庭,梁某等人就让胡某作为仲裁员,在未将变更后的仲裁庭组成情况书面通知被申请人天台县天华管道燃气有限公司的情况下,进行缺席审理。同年11月8日,在未进行合议的情况下,梁某作出26份虚假的劳动仲裁裁决书(总金额达人民币2065600元),并由被告人王某审核,交时任仲裁委主任的陈清芳签发,然后由被告人胡某打印出仲裁裁决书。

(二)法院判决

本案法院判决如下:

被告人王某犯枉法仲裁罪,免予刑事处罚。

被告人梁某犯枉法仲裁罪,判有期徒刑二年,缓刑三年。

(三)案件评析

劳动仲裁也属于仲裁活动,是一种适用于特定案件类型的仲裁方式,主要适用于劳动合同纠纷等案件。虽然劳动仲裁是一种特殊的仲裁活动,但是劳动仲裁中的仲裁员同样需要遵守仲裁员的职业伦理,因为劳动仲裁中的仲裁员也同样履行着裁断纠纷、保护当事人合法权益的职能,特别是劳动仲裁中一方当事人往往是力量弱小的劳动者,如果仲裁员不能公正地解决劳动纠纷,那么就无法切实保障广大劳动者的合法权益。

劳动仲裁中的仲裁员同样需要遵守仲裁员基本的职业伦理,例如诚信义务和公正义务。仲裁员作为纠纷的裁决者,判定当事人之间的权利与义务关系,应当秉承善意、恪守诚信。仲裁员还应当独立地审理案件,不因任何私利、外界压力而影响裁决的公正性。

而本案中,涉案的两位仲裁员在明知相关证据是伪造的前提下,依旧据此作出裁决,一连出具26份虚假仲裁书,严重扰乱了仲裁程序,降低了仲裁机关的威信及群众对仲裁活动公正性的依赖,并对被申请人的其他债权人的权利造成威胁。

同时,本案中首席仲裁员梁某也没有坚守独立仲裁义务,而为人情、利益所影响,作出了明显偏袒于一方当事人的裁决,这不但违反了仲裁员基本的职业伦理,更损害了仲裁活动的最基本的价值,那就是当事人的信任,这种行为是对仲裁机构公信力的严重打击。

问题讨论

1. 富士施乐实业发展(上海)有限公司与天津某大学出版社就合同争议提交到天津仲裁委仲裁,大约是出于对天津仲裁委的仲裁裁决不满,一方当事人将手中的一段录像提交媒体。这段25秒的录像显示,在2005年7月6日晚,也就是天津仲裁员会就富士施乐与天津某大学出版社的合同争议仲裁案进行第五次开庭审理的当日,富士施乐公司的法律顾问陈某、北京 ZJ 律师事务所律师张某,与作为审理该案的仲裁庭成员之一的戚某,在天津一家大酒店包房里共同就餐。对于共同吃饭一事,戚某的解释是,"由于需要在家里照顾患病的妻子,同时其个人意见与首席仲裁员的意见有些不一致,已经决定辞去本案的仲裁员一职……",而且"我们吃饭的时候什么都没谈"。富士施乐公司的代理律师张某则强调,"本想让他和我们一起坐车回北京","也是考虑这位仲裁员要离职了,基于这一点,我们决定见个面"。但同时,律师张某也承认,"吃饭的时候,他(戚某)谈了他的很多看法和观点"。

由于发现被人录像,仲裁员戚某回北京后给天津仲裁委员会写了情况汇报,"讲到了家庭的困难,也讲到了曾经与富士施乐方面的人员见面的事,觉得不适合再做本案的仲裁员"。虽然在 2005 年 7 月 11 日,天津仲裁委员会回函称"关于请辞本案仲裁员的请求已经报告领导,很可惜就本案无法再与您合作",但不知何故,天津仲裁委员会最后还是动员该仲裁员参加了 2005 年 8 月 30 日的开庭。

等到媒体曝光之后,ZJ 律师事务所很快对律师张某作出了处理;天津仲裁委在 2006 年 2 月 9 日将戚某除名,并上报国务院法制办。2006 年 2 月 13 日,国务院法制办公室向全国各仲裁委下发通知,要求"如有聘任戚某担任仲裁员的,应予除名,今后亦不得再聘任"。戚某成为了我国仲裁法实施以来首个被仲裁界"终身禁入"的仲裁员。

一顿饭引发的"贿赂门"似乎就此告一段落,但如果我们仔细检视该案中所表现出来的一系列仲裁问题,倒颇值得进一步梳理。比如,仲裁员的角色如何界定?为什么要强调仲裁员的职业操守?仲裁员的公正性标准是什么?仲裁员的披露义务之违反的法律后果是什么?更根本地,在当前中国,我们如何才能从制度上完善对仲裁员独立性和公正性的保障?

2. 当我们讨论仲裁员的操守问题,首先需要正确界定仲裁员的角色。应该说,仲裁员的定位与其在仲裁这样一种争议解决机制中在社会中所发挥的作用是密切相关的。以社会功用作为确定职业操守的基准是一种职业操守的功能主义视角。简言之,操守规范无法界定一种职业的社会作用,它们只是指引和促进某个职业业已建立的社会作用的发挥。

从广义上讲,仲裁员是裁判者中的一种,这是进一步衡量仲裁员社会功用的出发点。如果我们考察裁判性质的争议解决机制,其共同的特点都在于提供一个第三方,他通过争议各方均等机会地参与,提交诉求的依据和理由,最后作出一个终局的、有约束力的裁决。这样一个以第三方身份出现的裁判者,发挥的主要作用就是听取当事各方的主张,详加权衡,在被赋予的管辖权范围内作出一个权威性的、理由充分的决定。裁判者的社会功用决定其履职义务,也即职业操守。裁判者的身份决定了仲裁员的基本操守——公正。

结合本章内容,讨论如何正确理解仲裁员的基本操守——公正?

第二十二章 公证员的职业伦理

近年来,我国公证事业获得了长足的发展,但是关于公证的立法和相应的伦理规则的制定却相对滞后。本章主要结合现行的公证制度介绍我国公证员的伦理规则。

第一节 公证员职业伦理的理论与规则

一、公证员与当事人关系规范

公证员办理公证事务时,并不是站在公证当事人的立场上来维护其合法权益,而是以中立的第三人身份作出证明,并非当事人的代理人,其立场是中立的。根据中国公证员协会审议通过并颁布实施的《公证员职业道德基本准则》,公证员办理公证事务应遵守如下规则:

1. 自觉履行保密义务。中国公证员协会审议通过并颁布实施的《公证员职业道德基本准则》第5条规定:"公证员应当自觉履行执业保密义务……更不得利用知悉的秘密为自己或他人谋取利益。"

2. 自觉履行告知义务。《公证员职业道德基本准则》第8条规定:"公证员在履行职责时,应当告知当事人、代理人和参加人的权利和义务,并就权利和义务的真实意思作出明确解释,避免形式上的简单告知。"

3. 注意礼仪,举止文明。《公证员职业道德基本准则》第11条规定:"公证员应当注重礼仪,做到着装规范、举止文明,维护公证员的职业形象。现场宣读公证词时,应当语言规范、吐字清晰,避免使用可能引起他人反感的语言表达方式。"

4. 提高素质,依法办证。《公证员职业道德基本准则》第7条规定:"公证员应当珍惜公证荣誉,强化服务意识,勤勉敬业、恪尽职守,为当事人提供优质高效的公证法律服务。"第10条规定:"公证员应当严格按照规定的程序和期限办理公证事务,注重提高办证质量和效率,杜绝疏忽大意、敷衍塞责和延误办证的行为。"第15条规定:"公证员应当道德高尚、诚实信用、谦虚谨慎,具有良好的个人修养和品行。"第18条规定:"公证员应当不断提高自身的道德素养和业务素质,保证自己的执业品格和专业技能能够满足正确履行职责的需要。"

5. 清正廉洁,忠于职守。《公证员职业道德基本准则》第 16 条规定:"公证员应当忠于职守、不徇私情、弘扬正义,自觉维护社会公平和公众利益。"第 20 条规定:"公证员应当树立廉洁自律意识,遵守职业道德和执业纪律,不得从事有报酬的其他职业和与公证员职务、身份不相符的活动。"第 21 条规定:"公证员应当妥善处理个人事务,不得利用公证员的身份和职务为自己、家属或他人谋取利益。"第 22 条规定:"公证员不得索取或接受当事人及其代理人、利害关系人的答谢款待、馈赠财物和其他利益。"

在英国,公证处、审判机关和行政机关都有办理公证业务的权利;在美国,公证人可以由律师或其他职业者担任,公证证明只对文书上的签名、盖章的真实性负责,而不对文书内容的真实性负责;在拉丁美洲的一些国家,大学的法学教授可以兼职做公证员,公证员也可以兼职做大学教授;我国法律规定公证员都是专职的,不能兼职做其他工作,公证员职务必须通过公证处来履行。

二、公证员与同行关系规范

《公证员职业道德基本准则》规定公证员在职业过程中,应遵循如下的原则:

1. 独立办证原则。公证员在职业过程中,应当独立思考、自主判断、敢于坚持正确的意见。独立办证是公证员应当坚持的一项基本原则,公证员要凭借自己的知识和技能,对受理的公证事项依法进行审查,对重大、疑难案件,可以请示汇报,对难以判定的可以向领导或有经验的公证员请教,除审批程序外,公证员都是独立办理公证事务。同时,注意在向他人请教和讨论公证疑难问题时,不得泄露有关公证事项的秘密。

2. 不干涉他人办证原则。公证员在同一个公证处内,应当互相尊重,各自对依法受理的公证事项认真履行职责,不得干涉他人的正常工作,不得为当事人说情送礼,也不得将公证员的住宅电话和其他私人信息披露给当事人,不得向正在办理公证事务的公证人员打听办证情况,也不得了解相关内容。对于其他公证员正在办理的公证事项或者处理结果,除非在正常的讨论程序或审批程序中,不得发表有可能影响公证员独立自主判断的不同意见。对于有充分理由的不同意见,不发表有可能导致错证发生的情况,可以按管理权限向公证处的相关负责人汇报,并允分阐述不同意见之理由,通过审批程序来维护正常的办证秩序。

3. 维护公证书权威的原则。任何一个公证员都要自觉地维护每一份公证书的严肃性和权威性,对于办理公证事项的不同看法,允许各自保留,在出具公证书时要尊重主办公证员和审批者的意见。如果确认是错证,可以按照法定程序予以纠正,依法向公证处领导和司法行政机关反映;对于学术上不同观点的争议和讨论,要选择适当的场合及方式进行研究探讨,但不得干涉他人依法出具公证书,更不得出于泄私愤的目的,不负责任地发表言论,也不得在公众场合或新闻媒体上发表不适当的言论,使公证书的严肃性和权威性受到影响。

4. 尊重同行,公平竞争。公证是竞争的行业,也是充满理性的行业,公证员都是受过良好法律教育的人,在这样的执业群体中,尊重同行,遵守公平竞争的职业道德规范是不言而喻的。只有互相尊重,公平竞争,才能找到差距,提高水平,才能携手并进,共谋发展。尊重是最基本的道德水准,公平是竞争的规则,互助是良好的风尚,发展才是目的。公证职业的发展取决于公证员这支队伍的建设,不懂得尊重他人就无法发展,公证员的威信和名誉要靠自己来维护。

三、公证法律责任承担

公证的法律责任是指因公证机构或公证员违反公证法律、规范,违反职业道德、执业纪律等,而应当承担的行政责任、刑事责任或民事责任。公证责任具有如下特征:

1. 公证法律责任包括因公证引起的行政责任、民事责任或刑事责任。
2. 公证法律责任是由公证机构或公证员承担的责任。
3. 公证责任的前提是对相关法律、法规、司法行政部门的部门规章、职业道德、执业纪律等的违反。

公证责任承担遵循如下原则:

民事法律责任由公证机构对外承担、公证员个人对内承担的原则。在我国,公证实行机构本位主义,因此公证处出错证时,首先由公证处对外承担责任。但是,这并不意味着公证员就不负责任,由于公证书是由公证员出具的,错证是由于公证员的违法行为所致,所以公证处对外承担赔偿责任后,有向有故意或重大过失的公证员行使追偿的权利。

公证机构或公证员承担行政责任的原则。公证机构是承担公证行政责任的主体,公证员也是承担公证行政责任的主体,与承担民事赔偿责任的主体不同。因公证机构和公证员都是政府司法行政部门监督管理的对象,公证行政责任是由于公证机构或公证员违反法律、法规、司法行政部门规范、职业道德、执业纪律等引起的行政管理者行使权利给予的处罚或处分,所以承担行政责任的主体既包括公证机构又包括公证员。

公证机构承担民事赔偿责任采取过错责任原则。过错责任原则是指以行为人主观上有过错为承担民事责任的基本条件而承担民事责任,主观上的过错分故意和过失两种。公证员因故意或过失给当事人或利害关系人造成损失的,应承担赔偿责任,但是,在我国应当由公证员所属公证机构承担赔偿责任。这种责任的性质当属侵权民事责任。

四、公证投诉

公证投诉制度是指公证行业制定的,公证当事人对公证处出具的错证、假证不服,依法向司法行政机关反映,提出重新处理的要求,公证机构应依法调查处理的制度。

1. 投诉主体。公证投诉的主体,是指公证投诉的投诉人与被投诉人。根据《公证投诉处理办法》第2条的规定,投诉人是指那些因申办公证事务,对公证处和公证员有意见的当事人。被投诉人是指投诉人投诉的公证处与公证员。

2. 投诉客体。公证投诉的客体,是指引起投诉人不满,致使投诉人向公证处或司法行政机关投诉的事由,即具体投诉事项。《公证投诉处理办法》第5条规定了公证投诉的具体事项。

3. 投诉方式。《公证投诉处理办法》第6条规定:投诉人可以信函形式投诉,可以电话形式投诉,也可以来访当面投诉。当事人可以据实署名投诉,也可以匿名投诉。但是,该《办法》第7条也规定:投诉人必须如实反映情况,投诉人内容应当尽可能具体、明确,并附上相应的证据材料。

4. 受理机关处理。受理投诉的机关在《公证投诉处理办法》中被称为"受诉机关"。受诉机关是指不法行为所发生的公证处、直接主管被投诉人的司法行政机关或其上一级司法行政机关、公证员协会。《公证投诉处理办法》要求受诉机关接到投诉后,应当认真调查研究,在查明事实的基础上,根据国家法律、法规、规章和司法部的有关规定处理。

第二节 案例研习

一、王某某诉河北省石家庄市 PA 公证处公证损害赔偿纠纷案

(一)简要案情

王某某诉河北省石家庄市 PA 公证处公证损害赔偿纠纷一案,石家庄市长安区人民法院受理后,依法由审判员周某独任审判,公开开庭进行了审理。

王某某诉称:

2007年10月16日,吴某、河北悦鑫实业有限公司(以下简称悦鑫公司)带领王某某到公证处,为吴某、悦鑫公司向王某某借款并由石家庄万胜房地产开发有限公司提供抵押担保一事办理公证。

公证当日,公证处公证员胡某某向王某某介绍张某某为万胜公司办公室主任,受万胜公司委托出席公证,且胡某某、张某某均向王某某保证抵押担保合同上万胜公司的公章及法定代表人朱某某签名的真实性。

同日,公证处作出(2007)石平证经字第468号公证书。该公证书明确证明:万胜公司代表人朱某某和王某某于2007年10月15日在公证处签订了"抵押担保合同",且该合同双方当事人签名、印章、手印均属实。

合同到期后,王某某找到吴某、悦鑫公司要求归还借款,吴某、悦鑫公司推、脱、抹、赖,其无法偿还借款后,王某某找到万胜公司要求承担担保责任时,发现经公证处公证抵押担保合同上法定代表人朱某某的签名和公章及张某某的授权委托书均系伪造。

王某某认为公证处在既没有审查核实万胜公司的营业执照、公章及其法定代表人身份、签名是否真实,也没有核实授权委托书、抵押担保合同是否真实,其中的公章、签名是否真实,更没有核实公证的合同内容是否违法,甚至都没有亲自见证万胜公司法定代表人在合同上签字或万胜公司加盖公章的情况下,就草率作出了公证。王某某基于对公证处的信任将款借给悦鑫公司,公证处这种严重不负责任、严重失职的行为给王某某造成了巨大的经济损失。要求公证处偿还各项经济损失共计31万元,且公证处承担诉讼费。

河北省石家庄市PA公证处辩称:

公证处所作的公证是对抵押担保签署情况的证明,公证书不是保证文书。本案担保抵押物是房产,房产抵押的生效是以到房管局备案登记开始,因此公证处对王某某的损失不承担赔偿责任。

(二)查明事实

2007年10月15日,河北省悦鑫实业有限公司与本案王某某签订借款合同,约定王某某借款31万元给悦鑫公司,使用期限6个月,并约定每月还款数额及违约责任条款。该借款合同显示担保人为万胜公司,万胜公司以公司全部资产为该笔借款承担连带保证。担保人处盖有万胜公司的公章。

合同签订当日,王某某将31万元借款交给悦鑫公司。同日,万胜公司与王某某签订担保抵押合同,万胜公司同意以位于石家庄市中山路126号凯嘉大厦二层商铺作为担保,期限为6个月,担保范围为本金、利息、逾期利息、罚息、复利、违约金、损害赔偿金、抵押物的保管费等费用。合同上抵押人朱某某的签字并盖有万胜公司的公章。

2007年10月15日,张某某以万胜公司委托代理人身份与王某某一起到公证处办理担保抵押合同公证,张某某提交了万胜公司授权及办理公证的授权委托书,万胜公司的申请表上是张某某签名,公证员胡某某告知王某某、张某某抵押权自办理抵押登记时生效,并询问双方合同上的印章、签字、所提供的材料是否属实,二人认可合同是其双方协商一致的真实意思表示,印章、签字、材料均属实,如有不实自愿承担相应的法律责任。张某某向公证处提交了申请人身份证明、万胜公司《房屋产权证》证明,房屋评估报告、抵押担保合同、借款合同。

2007年10月16日,公证处作出(2007)石平证经字第468号《公证书》,公证书载明:经查,上述双方当事人经协商一致,订立了前面的"担保抵押合同",双方在订立该合同时具有法律规定的民事行为能力和民事权利能力。按照合同约定,万胜公司自愿以位于石家庄市中山路126号凯嘉大厦二层商铺为河北省悦鑫实业有限公司向王某某的借款作抵押担保,担保金额为人民币31万元整,双方订立该合同的意思表示真实,协议内容具体、明确。依据上述事实,兹证明万胜公司的法定代表人朱某某与王某某于2007年10月15日自愿签订了前面的"抵押担保合同"。双方当事人的签约行为符合法律规定,合同上双方当事人的签名、印章、手印均属实。

公证书作出后,王某某未向房管部门办理抵押物登记。借款到期后,王某某向悦鑫公司追款未果,悦鑫公司负责人涉嫌非法吸收公众存款罪。

2008年6月10日,石家庄市公安局桥西分局作出"文件检验鉴定书"认定:授权委托书、借款合同、担保抵押合同上所盖"石家庄万胜房地产开发有限公司"印章是伪造印章。授权委托书、担保抵押合同、股东会议纪要三份材料上朱某某不是本人书写的签名。王某某抵押权不能实现,引起本案诉讼。

长安区法院已就同类案件作出判决,并经石家庄市中级人民法院终审,公证处承担公证借款数额的10%的责任,王某某主张的赔偿数额也是公证借款数额31万元的10%即3.1万元。

以上事实均有相关证人证言、书证、物证等予以作证。

(三) 法院判决

长安区法院认为,公证处作为国家的公证机关,对其公证的事项不仅应进行程序审查,也应进行实体审查。公证处在万胜公司法定代表人未到场的情况下,仅对张某某提供的身份证明及授权委托书进行了书面审查,并进行了告知和询问,没有进一步调查核实万胜公司及代理人身份,也没有核实抵押担保合同上朱某某签字的真实性,依据当事人提供的抵押担保合同即做出了公证书,证明双方当事人的签约行为符合法律规定,合同上双方当事人的签字、印章、手印均属实,导致公证书证明事项错误,故公证处的公证行为存在过错。

不过,在公证书出具之前,王某某已经将借款给付悦鑫公司,王某某并非因为对公证行为的信任,才将借款给悦鑫公司,公证行为与借款之间没有因果关系。但是如果公证处在办理公证时能够及时查明万胜公司的真实身份,王某某可以及早采取补救措施,有可能减少损失的发生,故公证处的公证行为与王某某的损失有一定的关联性,应酌情承担相应的责任,且同类案件已有生效判决,以赔偿王某某借款数额的10%为宜。抵押登记可以产生对抗第三人的效力,王某某抵押权无法实现不是办理公证造成的,公证处的答辩理由不能成立。根据我国《民法通则》第106条及《公证法》第28条、第43条之规定,判决如下:

河北省石家庄市 PA 公证处于判决生效之日起 10 日内赔偿王某某借款损失 31000 元。

(四) 案件评析

公证职业的社会作用在于预防纠纷、减少诉讼,是防患于未然的一项系统工程,需要高素质的人经过不懈的努力才能完成,并非像有些人所说的盖一个橡皮图章就可以了。公证的背后是国家证明权的行使,是真实性、合法性的确认,具有强制执行效力的债权文书公证,还会产生既判力的效果。所以要求公证员以高水平的法律专业素质、一定的实践经验、谨慎的态度去认真负责地履行职责。《公证员职业道德基本准则》第 7 条规定:"公证员应当珍惜职业荣誉,强化服务意识,勤勉敬业、恪尽职守,为当事人提供优质高效的公证法律服务。"

因公证机构及其公证员故意或过失致使公证文书发生错误,给当事人、公证事项的利害关系人造成损失时,公证机构依据过错的程度,应向当事人、公证事项的利害关系人承担经济赔偿责任。公证处对外承担法律责任是因为出了错证,出错证的责任在于其所属公证员未严格按照各种法律规范审查当事人的身份、资格、行为能力、意思表示,未严格审查当事人提供的证明材料是否真实、充分等。

本案中,公证处在万胜公司法定代表人未到场的情况下,仅对张某某提供的身份证明及授权委托书进行了书面审查,并进行了告知和询问,没有进一步调查核实万胜公司及代理人身份,也没有核实抵押担保合同上朱某某签字的真实性,依据当事人提供的抵押担保合同即做出了公证书,证明双方当事人的签约行为符合法律规定,合同上双方当事人的签字、印章、手印均属实,导致公证书证明事项错误,故公证处的公证行为存在过错。所以公证处的公证行为与王某某的损失有一定的关联性,应酌情承担相应的责任。

二、盖某某提供虚假证明文件一案

(一) 简要案情

2000 年 1 月的一天,原居住在济南市历下区西城根街的青年李某,检举揭发该区公证处副主任盖某采取欺骗手段将其父及两位姑母共有面积达 140 余平方米的房产卖掉,并要求追究其刑事责任。经过侦查,2001 年 7 月,济南市历下区人民检察院以涉嫌故意提供虚假证明文件罪向济南市历下区人民法院提起公诉。

盖某辩称:我在办理公证时并不知道委托人李 A、李 B 是他人假冒,是受了老李的欺骗,主观上没有犯罪的动机和目的,只是工作中的疏漏,并非故意出具虚假证明;证人徐某、杨某的证言是伪证,此案事实不清,证据不足,我的行为不构成犯罪。

(二) 查明事实

西城根街的那处老宅原本是李某的父亲老李和两位姑姑李 A、李 B 继承祖辈的共有财产。而李氏姐妹早年便出嫁离开了济南,分别居住在上海和乌鲁木齐市,只剩下弟弟老李自己在济南照看这所老房子。后来,随着年龄的增长,李氏姐妹来济南的机会越来越少,而在没有征得姐姐同意的情况下,老李逐渐动了私自将老屋出卖的念头。

根据有关规定,房屋买卖必须到房产局办理过户手续。并且,共有的房屋还要有房产共有人都到现场或有房产共有人委托卖房的公证书,才能进行房产交易。为了达到卖房的目的,老李找到老熟人、区公证处的副主任盖某,希望盖某能为其出具一份公证文书。身为公证处三级公证员,并处在领导岗位的盖某毫不犹豫满口答应了下来。

1998 年 5 月 6 日,老李与妻子赵某一同来到盖某工作的历下区公证处,依据伪造的"李 A""李 B"的身份证复印件、询问笔录和公证申请书,盖某为"李 A""李 B"委托弟弟老李卖房的委托书出具了公证书。

随后,盖某又极力撮合老李将这座老宅以 18.5 万元的价格卖给杨某,并快速帮他们办理了过户手续。

事后,老李远在上海的姐姐李 A 便得到了自己在老家的房屋被他人卖掉的消息。为讨回公道,李 A 便写了一封信到济南市房管部门,申诉自己享有共有权的房产被非法出卖的经过,并主张自己的合法权益。

与此同时,老李的儿子李某从房管部门查询得知,西城根街的那处老宅的户主已变成了盖某妻子的名字。

1999 年 10 月上旬,李某找到公证处,当面质问盖某。盖某告诉李某,买卖房屋的手续都是经过公证的,生米已经煮成熟饭。

(三) 案件处理结果

法院一审认为,盖某在作公证时知道李 B 是老李的妻子冒名顶替而故意为李某提供非法的公证书。这一事实可由山东省人民检察院的笔迹鉴定书和山东省公安厅的文件检验鉴定书以及大量的证据予以证实。法院依据我国《刑法》的相关规定,认定盖某犯提供虚假证明文件罪,依法判处盖某有期徒刑 2 年,并处罚金 10 万元。

盖某上诉后,市中级人民法院经过审理,认为原审法院认定事实清楚,证据确凿。依法作出二审判决,历下区公证处副主任、三级公证员盖某犯提供虚假证明文件罪成立,依法判处盖某有期徒刑 2 年,并处罚金 10 万元。

(四) 案件评析

公证员作为法律职业共同体的组成部分,应当和法官、检察官、律师在法律意识和道德意识上具有相同的标准,忠于宪法和法律,坚持以事实为根据,以法律为准绳,按照真实合法的原则和法定的程序办理公证事务。

公证员应当对自己在公证书上的盖章负责。公证员必须按照法定程序去办理公证事实,用法律的标准去衡量申办事项是否达到真实、合法的标准。在对真实性、合法性进行判定上,公证员的道德水准和法官一样,必须中立而公正,应当恪守独立、公正、客观的原则,不受非客观事实和法律之外因素的影响,忠实地维护法律的尊严,切实保障法律的正确实施和公众权利的平等实现。而本案中盖某事先明知老李的公证事项是侵害他人权益,且相关证据也系伪造,在明知违法的情况下,不顾公证员的职业伦理,提供了虚假的证明。

同时,我国《公证员职业道德基本准则》第 21 条规定:"公证员应当妥善处理个人事务,不得利用公证员的身份和职务为自己、家属或他人谋取利益。"案件中,盖某在为老李提供虚假证明后,积极促成老李房屋的交易,并最终使自己获得老李交易房屋的产权。公证人员应当维护法律公正,保持良好的形象,在处理当事人公证事务中不能为自己谋取私利,案件中盖某显然没有遵守这一职业伦理的精神。

三、黄某某受贿及阳某滥用职权、受贿一案

(一)简要案情

衡阳市蒸湘区人民检察院以湘衡蒸检刑起字[2009]第 103 号起诉书指控被告人黄某某犯受贿罪;被告人阳某犯滥用职权罪、受贿罪,于 2009 年 10 月 19 日向法院提起公诉。

衡阳市蒸湘区人民检察院指控:

被告人黄某某于 1998 年底至 2007 年 12 月止,利用职务之便为他人谋取利益,先后收受周某某、洪某某、阳某某等人共计人民币 115000 元。

被告人阳某明知衡阳市国泰房地产综合开发有限责任公司与段某某之间的 1950 万元债权债务可能有假,在收受被告人黄某某的好处费后,以及未对相关虚假证据进行核实的情况下,先后为阳某某、段某某出具了还款协议公证书和强制执行公证书,致使衡阳市中级人民法院依据该两份公证书,将衡阳市雁城房地产综合开发有限公司名下的 7313.8 平方米的土地使用权执行给衡阳市国泰房地产综合开发有限公司,给市雁城房地产综合开发公司和国家造成经济损失 1400 余万元。市国泰公司非法取得土地使用权后,强行拆迁民房,酿成"11·8"野蛮拆迁事件,造成恶劣的社会影响。被告人阳某在办理虚假公证过程中,先后共收受他人贿赂 25600 元。

被告人黄某某辩称:

起诉书中第一笔认定他收受衡南县第九建筑公司经理周某某 30000 元属受贿,他在承办该公司申请执行一案中未收一分钱好处,事后搬家时周某某给他

30000元是双方的人情往来,不能认定为受贿。起诉书中第四笔认定他收市国泰公司阳某某50000元用于交公证费和打点关系,除送给阳某23000元、用于开支12000元外,剩余的15000元中,用于平时坐车、请客、手机通讯等费用8000元,该8000元应从15000元中扣除,不应认定为受贿。起诉书中第五笔的20000元是阳某某要他送给合议庭的另二个法官,他不愿意出面去送,后阳某某给了他,该20000元认定他受贿不符合《刑法》第388条的规定。起诉书中第六笔的30000元,是他为亲戚戴某找阳某某借钱,还钱时付给阳某某18000元利息,上述30000元中,其中包括阳某某退还给他的18000元利息,另12000元是他与阳某某作为朋友之间的经济往来,不属受贿。

被告人黄某某的辩护人辩称:

起诉书中认定被告人黄某某第一笔和第五笔受贿,是他人对黄某某的感激自愿给的,不存在利用职务之便为他人谋取利益。起诉中认定的第六笔黄某某收受他人30000元,其中含有阳某某退还给黄某某付给阳某某的18000元利息,该利息不应认定是黄某某受贿。另黄某某犯罪后,有自首和立功表现,并积极退赃,请法庭在量刑时能对他减轻处罚。

被告人阳某辩称:

他虽是政法行政在编人员,但他并未行使行政权,公证处只是证明机构,他不构成滥用职权罪。另他收受黄某某的18000元中,其中交了10000元的公证费。

被告人阳某的辩护人辩:

除同意被告人阳某的上述辩护意见外,另根据衡阳市纪律检查委员会出具的说明,被告人阳某在接受纪委调查期间,如实交待了自己受贿的事实,检举他人的问题和提供案件线索,经纪委调查属实,证实阳某有自首和立功情节,并退出了全部赃款,请求法庭对他从轻处罚。

(二)查明事实

1. 滥用职权罪

2003年3月28日,衡阳市建设局下属的衡阳市雁城房地产综合开发公司(以下简称市雁城公司)将衡阳市石鼓区双桥南路(指衡南县商业大院、塑机厂家属房及周边地段)的整体开发全权委托陈某某实施,市雁城公司负责落实陈某某享受市政府给予的各项优惠政策。在施工过程中,陈某某因资金紧张,在征得市雁城公司同意后,于2004年4月2日又将该项目以398万元的价款转给段某某(另案处理)全权负责,自主开发。段某为了在该项目中享受与陈某某同等的权利,于同年4月7日与市雁城公司签订协议,协议约定,市雁城公司同意将市双桥南路整体开发全权委托段某某实施,段某某按建筑实际面积每平方米上缴给市雁城公司60元作为双桥南路建设摊销费,项目由段某某实行独立核算,自负盈亏,享受该地段政府给予的各项优惠政策,并约定由段某某负责安置拆迁户。协议签订后,市雁城公司并出具一份授权书,授权段某某为该项目的负责人。由于段某某在承建"汕林花园"安置楼过程中,未经市建设局、市雁城公司许可,私自将安置楼房出售,引发未得到安置的拆迁户上访。为此,衡阳市建设局以市雁城公司遗留问题领导小组名义形成会议纪要,以市雁城公司与段某某签订的协议是无事实基础,属无效协议为由,责令段某某退出"汕林花园"项目的开发,由陈某某负责"汕林花园"的开发建设,段某某不服,申请行政复议,衡阳市政府于 2007 年 7 月 26 日以衡复决字(2007)27 号《衡政复议决定书》决定,确认会议纪要违法。段某某为彻底摆脱与市建设局的隶属关系,与衡阳市国泰房地产综合开发有限公司(以下简称市国泰公司)法人代表阳某某(另案处理)继续开发"汕林花园",2007 年 7 月的一天,被告人黄某某和段某某、阳某某在衡阳市西湖山庄茶楼内商议如何将市雁城公司名下的"汕林花园"项目开发权转至市国泰公司名下,最后三人策划了通过在段、阳两人之间虚构债权债务关系,以"汕林花园"开发项目作为债务担保,之后通过公证处公证后再向法院申请强制执行的程序非法将项目转至市国泰公司名下。

上述三人商量后,2007 年 7 月 30 日,由段某某以市雁城公司"汕林花园"项目部总负责人的身份出具一张借到市国泰公司 1950 万元,该款在 2 个月内还清的虚假借条,并把借条时间提前到 2007 年 5 月 10 日,同时,阳某某以市国泰公司名义又与段某某签订一份虚假的还款协议,协议约定,段某某对所欠的 1950 万元未在同年 8 月 10 日前一次性还清,便以"汕林花园"项目抵偿给市国泰公司。为了顺利办理公证书,段、阳二人还伪造了市雁城公司于 2004 年 4 月 8 日给段某某在"汕林花园"项目上有特别处置权的授权书,并给被告人黄某某50000 元,要其负责办好公证文书。事后,被告人黄某某带段某某、阳某某到衡阳市公证处找到被告人阳某,要求被告人阳某帮忙为段、阳二人签订的还款协议进行公证以及出具强制执行公证书。

当被告人阳某对段、阳之间是否存在 1950 万元债务表示疑问时,被告人黄某某遂暗示被告人阳某还款协议是虚假的,要其办公证书不要搞得太复杂,并催促尽快办理公证。被告人阳某在收受被告人黄某某转送的好处费后,明知段、阳之间如此巨大的债务可能有假,既不复核借条和还款协议及市雁城公司特别授权书的真实性,也不到市雁城公司去核实,在向公证处领导汇报和公证处集体讨论是否出证时,称该项目是段某某的,可以出具公证书。

2007 年 8 月 1 日和 8 月 14 日,被告人阳某先后为阳某某、段某某二人出具了(2007)衡证字第 3833 号《公证书》和(2007)衡证字第 4042 号《强制执行公证书》。次日,市国泰公司执该二份公证书向衡阳市中级人民法院申请强制执行。同年 8 月 23 日,衡阳市中级人民法院根据被告人阳某出具的二份内容有重大失实的公证书裁定将"汕林花园"项目以1950万元抵偿给市国泰公司。同年8月29日,衡阳市国土局根据衡阳市中级人民法院协助执行通知书为市国泰公司办理了"汕林花园"项目用地7313.8平方米的国土使用证。市国泰公司非法取得土地使用权后,强行拆迁民房,酿成2008年11月8日衡阳市石鼓区桑园路76号野蛮拆迁事件,造成恶劣的社会影响。案发后,市公证处撤销其出具的两份公证书后,市中级人民法院已将"汕林花园"项目用地执行回转至市雁城公司。

另查明,2009年6月4日,衡阳市司法局出具一份被告人阳某的情况说明,证明市公证处按现有的编办文件系行政管理单位,我国《公证法》实施后,衡阳市的公证布局调整正在进行中,阳某目前的编制为政法行政编。衡阳市纪律检查委员会出具一份说明,证明被告人阳某在被市纪委调查期间,能积极配合组织主动讲清自己的问题,并及时退清赃款,同时检举揭发他人的问题和提供案件线索。

2. 受贿罪

黄某某受贿情况:

衡南第九建筑公司申请执行南岳振华房地产公司拖欠工程款一案,被告人黄某某是主审法官,衡南第九建筑公司经理周某某为表示谢意,于1998年底或1999年初的一天,在黄的办公室送给被告人黄某某人民币30000元,被告人黄某某予以收受。

房屋买卖合同纠纷一案不服一审判决,上诉到衡阳市中级人民法院后,被告人黄某某是主审法官,案件审结后,为感谢被告人黄某某的帮忙,2004年洪某某和向某某陪其在衡阳市珠晖区酃湖白露湖山庄钓鱼玩耍,返回时由向某某经手送给被告人黄某某10000元,被告人黄某某予以收受。

湖南省高级人民法院交办的阳某某行贿案由被告人黄某某负责审查立案再审,为感谢被告人黄某某的帮忙,2006年6月的一天,阳某某在衡阳市人民路一洗脚城包厢内送给其10000元,被告人黄某某予以收受。

2007年7月底的一天,被告人黄某某经与衡阳市国泰公司法人代表阳某某和段某某在市石鼓区西湖山庄茶楼内共同策划,由段某某出具一份借到市国泰公司1950万元的假借条和一份假还款协议后,阳某某给被告人黄某某50000元由黄某某负责去交公证费和打点关系,被告人黄某某从中送给被告人阳某23000元,另用于请客花费了12000元,剩余的15000元被黄某某据为己有。

阳某某为了使"汕林花园"开发权顺利执行到衡阳市国泰公司名下,2007年8月中旬的一天,便请被告人黄某某到衡阳市石鼓区西湖山庄茶楼内,并拿出20000元要其去衡阳市中级人民法院执行局找人帮忙,黄某某收到该款因不愿送,次日,在西湖山庄内,黄某某将钱放在茶桌上,谎称对方不愿要,临走时,阳某某将该20000元送给黄某某,被告人黄某某予以收受。

"汕林花园"开发权执行到衡阳市国泰公司名下后,阳某某为了感谢被告人黄某某的帮忙,2008年1月份的一天,阳某某约被告人黄某某到衡阳市"西堤岛"咖啡厅内,吕某某从阳某某妻子身上拿来30000元后,阳某某将该款送给黄某某,被告人黄某某予以收受。

另查明,被告人黄某某在接受办案机关调查期间,能如实供述自己受贿的犯罪事实,并检举他人受贿,经查属实,并已退出赃款47000元。

阳某先后三次收受贿赂款,共计人民币15600元:

2007年7月底的一天,被告人阳某利用职务之便,在为阳某某、段某某二人提供的虚假债权债务办理公证过程中,先后两次在自己办公室收受被告人黄某某转送的人民币23000元(第一次是5000元,第二次是黄某某以交公证费的名义给阳某18000元)。被告人阳某收到上述钱后,除于2007年8月3日交给市公证处10000元公证费外,另13000元被其据为己有。

2007年10月的一天,衡阳市国泰公司在虚构的还款协议被被告人阳某公证后,该公司经理阳某某以报销发票的方式,要其员工吕某某送给被告人阳某现金2600元,被告人阳某予以收受。

(三) 法院判决

被告人黄某某身为国家审判机关工作人员,利用职务上的便利或利用其地位形成的便利条件,通过其他国家工作人员职务上的行为,为他人谋取利益,非法收受他人财物,数额特别巨大,其行为已构成受贿罪。

被告人阳某身为国家司法干部,在国家公证机关从事公证活动中,明知所公证的事项可能有假,仍予出具具有强制执行力的公证书,最终造成恶劣的社会影响。同时,利用职务之便为他人谋取利益,非法收受他人财物,数额较大,其行为已分别构成滥用职权罪、受贿罪。

根据被告人黄某某、阳某的犯罪事实、性质、情节以及对社会的危害程度,适用《刑法》相关规定,判决如下:

1. 被告人黄某某犯受贿罪,判处有期徒刑五年,并处没收财产1万元。(刑期从判决执行之日起计算。判决执行之前先行羁押的,羁押1日折抵刑期1日。即自2009年5月25日起至2014年5月24日止)。

2. 被告人阳某犯滥用职权罪,判处有期徒刑1年6个月,犯受贿罪,判处有期徒刑6个月,决定执行有期徒刑1年6个月。(刑期从判决执行之日起计算。判决执行之前先行羁押的,羁押1日折抵刑期1日。即自2009年5月26日起至2011年1月25日止)。

3. 对被告人黄某某退出的违法所得47000元、被告人阳某退出的违法所得15600元(均在市纪委)予以没收,上缴国库;继续追缴被告人黄某某违法所得68000元,上缴国库。

(四) 案件评析

本案涉及公证员的清正廉洁、独立公正的问题。

公证员的职务活动导致公证书的产生,可以在诉讼活动中直接作为证据来使用,如果没有足以推翻的相关证据,人民法院就会将其直接作为定案依据;公证书还可以用作法院强制执行的根据,可以不经审判直接进入执行程序,与生效裁判产生同样的法律后果。基于此,公证员应当对自己的公证事务保持高度的谨慎,忠于法律,捍卫公平正义。忠于事实、忠于法律是公证员应当遵守的职业道德,公证的真实性、合法性是公证的本质要求,因此公证员不得为不真实、不合法的事项出具公证书。

本案中,在黄某某明确告知其还款协议是虚假的后,阳某在明知段、阳之间如此巨大的债务可能有假的情况下,既不复核借条和还款协议及市雁城公司特别授权书的真实性,也不到市雁城公司去核实,在向公证处领导汇报和公证处集体讨论是否出证时,称该项目是段某某的,可以出具公证书。阳某的行为已经构成故意出具虚假公证证明。

根据前述《公证员职业道德基本准则》的规定,阳某在此次公证过程中,先后三次收受贿赂款,共计人民币15600元,违反了公证员清正廉洁的纪律要求。

四、公证员与同行之间的不正当竞争

(一) 公证员冯某某的自白

作为一名公证员,冯某某坦言公证行业存在的不正当竞争已经到了非常恶性的程度。在这种情况下,面对利益和正义,公证从业人员很难选择后者。

冯某某总结说,目前公证处不正当竞争的主要表现形式有:

1. 在证源的取得手段上,往往采用支付"联络费"或隐性支付"介绍费"的方式;

2. 为了吸引业务,随意降低收费标准,打价格战;而一旦通过不正当手段垄断业务项目后,又随意抬高价格;

3. 在宣传上抬高自己诋毁别人;甚至一个公证处内部人员之间也各占一方天地,不允许其他公证员涉足;

4. 还有公证人员利用兼任其他身份在法律服务市场中进行不正当竞争。

冯某某说,仅在合肥市区就有多家公证处:省公证处、省二处、合肥市处、合肥市二处以及区公证处等。同样的情况在其他省市也一样存在。各个地方除了省公证处,还有市公证处、区公证处以及司法系统与一些经营单位联办的公证处,大大小小几十家。大家做的业务都一样,出具的公证书效力也相同。因此为了吸引证源,公证处不仅招牌做得大,甚至有的还打起了广告。而一些辖区小、级别低、靠山弱的公证处在竞争中很难立足,有些区县公证处工资发放都成问题。

这种竞争最终转嫁到了公证员的身上。一位不愿透露姓名的公证员说,他们公证处人人头上有指标,拉来了业务有回扣。而且越来越多没有取得资格的"门外汉"都在从事公证工作,这些"门外汉"最主要的工作就是"拉证源",只要拉来证源,他们照猫画虎地办完公证各项程序,将执业公证员的名章及公证处的公章一盖,一笔具有法律效力的公证就做完了。而公证处里也以能否拉来证源论英雄,根本不看业务水平,把原本神圣的事业经营得像个可以讨价还价的菜市场。

(二)宁波公证处乱收费引市民不满

家住宁波市区的林先生近日因生意需要,向宁波市某商业银行申请了15万元的住房抵押贷款。因为银行要求抵押贷款公证,他来到宁波某公证处,对方要他交800元公证费。林先生又到另一家公证处询问,得知只要付200元就可以了。

林先生不相信严肃的公证价格会有高有低,他又到第三家、第四家询问,得知公证费分别是200元、150元。

在采访中,宁波市一家公证处的负责人道出苦衷。他说,这是由于争夺客源引起的。各公证处不顾收费标准,拼命压低收费价格以争抢客源。而他所在的公证处,由于强调操作上的严肃性,正在失去一部分公证客源。

一位公证处负责人解释,现在公证处日子很难过,同行的恶性竞争不算,政府还经常用行政命令要求公证处少收费或不收费做公证,这也使收费标准成为摆设。据悉,宁波市目前有公证处10多家,原来公证事项还有地域管辖,客源相对稳定。如今地域限制被打破了,为了争抢客源,大家就不惜压价竞争。更有甚者,有的公证处与某些银行订立口头协议或契约,根据介绍来的公证收入按比例返回给银行,名曰"协办费"。为此,有的银行就硬性规定此项目的公证必须在某公证处进行,否则不予承认。

(三)西安宝马彩票案后,一公证员自爆"行业内幕"

一位不愿透露姓名、具有10多年从业经验、对西安市公证界与新城区公证处都有相当了解的公证员,道出了一些"行业内幕"。

西安市各个公证处之间竞争激烈,从1995年起,为提高业务收入,一些不具有公证资格的人也在做公证业务。按照《公证暂行条例》的规定,公证业务必须由具有公证员资格的公证员来做,事实上公证处内部的辅助人员、各街道办的司法员,甚至一些不懂法律但有关系能揽业务的人也在做公证业务。公证业务收入的50%甚至更多,都要返回给这些做公证业务的人。这个返回的费用被称作"协办费"。而公证处的作用,也只是"盖个章,收个费"而已。

这位公证员介绍,公证行业的业务一般有民事与经济两大类,而公证收入主要来源于经济类业务收入,民事类业务虽然量大,一年下来,"可能编号编到两三千,但一件业务只收几百元的公证费,收入并不高"。在经济类业务中,银行业务又是最大业务,有时一笔业务谈下来,就有几十万元的公证费进账。因而银行也就成了各家公证处的抢食对象。

根据这位公证员的描述,按照正常的收费标准,公证处做一笔银行业务,应是按贷款额的3‰来收取,但出于竞争,这种收费一般都维持在1‰或以下。更甚者,公证处通常还要给银行支付高额"回扣"。

在相当一段时间里,各公证处在做银行业务时给银行回扣,省上相关部门是知情的,但他们的纵容导致"回扣风"愈演愈烈:早期,给银行10%的回扣;此风最厉害时,高达60%—70%。这种状态一直持续了数年,陕西省与西安市才下发了狠刹回扣风的文件,形势好过一阵,慢慢又死灰复燃。

(四)成都市司法局全面整顿公证处

成都市司法局从今年8月中旬至11月中旬,对全市公证法律服务秩序开展为期三个月的整顿规范。截至目前,全市已有2家公证处、3名公证员因违规办证受到顶格查处,两家公证机构共被罚款13万元并没收违法所得,罚款一律上缴政府财政,三名公证员被停业3个月。

针对公证行业存在"五大顽疾"现象,市司法局专门制定出台了"严禁公证员不亲自办理公证事务,严禁违反国家制定的公证收费标准收取公证费,严禁支付、索要和收取带有回扣性质的费用和利益,严禁违反公证管辖规定跨执业区域受理公证业务,严禁设立办证点"等"五项禁止"。为确保这次专项整顿规范落实到位,市司法局专门成立五个小组,分别对全市公证行业办证情况进行督查暗访。

在这次整顿规范专项行动中,市司法局再次向全市公证机构重申:在国家价格主管部门、国家司法部没有对公证服务收费标准作出调整前,全市公证服务机构收费标准必须按"川价字费1999100号"执行,不得随意降低或抬高收费标准,一经发现,司法行政主管部门将依法严肃处理。

(五)司法部查处46家违法违纪公证处和101名公证员

2005年司法部派出6个检查组,对12个省(区、市)实地检查了88家公证处查处整改工作,随机抽查了1817件公证卷宗。其中,上海市对存在严重公证质量问题的4名公证员给予停止执业的处分,对1名出具错证的公证员作出了停职处分;湖南省共查处公证员助理以公证员名义办证的公证处5家,私自收费的1家,给回扣的13家,压价竞争的5家,查处违纪公证员两名;重庆市对两名出具错证的公证员作出了处罚决定,并对其所在的公证处进行了通报批评,对不合格证超过比例的9家公证处和11名承办公证员进行了通报批评;江苏省对存在违规执业情形的5家公证处进行了通报批评,并下发了《警示通知书》,对两家公证处下发了《限期整改通知书》，对11名公证员给予通报批评。

(六)案件评析

以上报道都涉及了公证人员之间的不正当竞争问题。

《公证员职业道德基本准则》第23条规定："公证员应当互相尊重，与同行保持良好的合作关系，尊重同行，公平竞争，同业互助，共谋发展。"而从上述报告和事件来看，公证处或者公证员之间恶意竞争是相当普遍的问题。

公证员不得从事不正当竞争行为。公证员不得利用与行政机关、社会团体、经济组织的特殊关系进行业务垄断，公证员的业务垄断极有可能与腐败联系在一起，并由可能导致公证员队伍的两极分化、畸形发展，对公证员素质的提高形成巨大障碍。有了特殊关系构成的业务垄断，公证员就控制了一定范围的业务量，其他公证员则失去了这一市场，特别是有关房地产、金融、产权交易等公证收费高、专业性强的业务，而控制市场的公证员未必就是在该领域业务好的公证员，因为是凭借特殊关系垄断的市场，就会形成水平高、能力强、专业素质好的公证员手中没有案件，无事可做的局面；而不很熟悉专业公证特点，基于与行政机关、社会团体、经济组织的特殊关系而垄断了这部分公证业务的公证员，却又由于自己的业务水平办不好公证，不仅损害了其他公证员的利益，而且也损害了公证当事人的利益，破坏了公证法律服务秩序，对公证员的声誉及整个社会的良性循环造成极坏的影响。

问题讨论

1. (1)张某公证员，下班以后，经常出入夜店。

(2)刘某是某市一公证员，将自己的存款放在自己朋友那里，放高利贷。

(3)杨某应某当事人请求，在周末为其加班办理公证业务，但是和当事人说因为在休息日办理业务，加收1/3的公证费。

(4)陈某在自己的微博上发表言论，暗示同辖区的另一公证事务所有打折等不正当竞争事宜。

上述行为，哪些违反公证员职业伦理要求？

2. 公证员某甲与商人某乙是好朋友，一日某乙找到某甲希望为其所签订的一份合同办理公证，经由某甲的介绍，其所在的公证机构为某乙办理了公证手续，并由某甲在公证书上签字。后来发现某乙所提供的合同系生意对象某丙伪造的，因为该伪造合同某乙损失50万元。请问，对于某乙的损失，应该如何承担责任？

3. 某公证处依甲某申请作出了确认乙某放弃继承权的公证书。乙某认为，公证处作出上述公证书时，是在他患急性脑溢血住院治疗期间由另一继承人甲某持他的签名申请办理的,故请求法院判决撤销公证书。该公证处出具的公证书是否有效?该公证处违反了公证职业伦理的哪些内容?

4. 某公证处指派甲公证员一人对该市福利彩票开奖进行了现场公证。同时,在人手不够的情况仅指派了乙公证员一人对申某的遗嘱公证申请进行了公证,在乙公证员办理公证的时候邀请了一名见证人参与。该公证处的做法是否适当?

附录 案例专题

专题一 李某某案与律师职业伦理

一、案件情况

(一) 案件基本事实①

2013年2月17日零时许,被告人李某某、王某、魏某某(兄)、张某某、魏某某(弟)及李某等人,到本市海淀区成府路北京夜半酒吧的"天蝎座"包间内饮酒消费,酒吧张姓服务员安排被害人杨某某及徐某某在该包间内一起喝酒、唱歌、玩游戏。凌晨3时30分许,杨某某被张姓服务员架扶着与李某某等人走出包间。

此时,杨某某已不能正常行走,呈醉酒状态。杨某某在张姓服务员陪同下坐上魏某某(兄)驾驶的黑色奥迪07越野车,到达海淀区金源时代购物中心的金鼎轩餐厅。落座不久,李某某等人因琐事与其他顾客发生争执,被人劝开后离开餐厅。杨某某跟随离开餐厅,与张姓服务员坐上魏某某(兄)所驾奥迪越野车。李某某、魏某某(兄)、李某分别驾车到达海淀区人济山庄地下车库会合。后李某与张姓服务员因故先行离开,其他人乘坐魏某某(兄)驾驶的奥迪越野车离开人济山庄。

车上,魏某某(弟)坐副驾驶座,后排由左至右依次是张某某、李某某、杨某某、王某。途中,杨某某发现张姓服务员不在,遂要求下车离开,遭拒后呼喊、踢蹬、挣扎。李某某、王某、张某某等人遂对杨某某强行摁压、控制。李某某多次扇打杨某某脸部,王某亦对杨某某实施殴打。

凌晨5时50分许。五名被告人带着杨某某到达海淀区湖北大厦。魏某某(兄)、张某某先行下车到酒店前台,由魏某某(兄)使用他人身份证办理了入住登记,并与张某某先行进入酒店房间。李某某遂与王某、魏某某(弟)带着杨某某穿过酒店大堂进入电梯。期间,李左手紧抓着杨右手臂,夹拉着杨前行,王在杨左侧协助控制。电梯里,李有击拍杨头面部动作。出电梯后,杨被李拉拽进入酒店房间。李某某等人要求杨脱衣服,杨不从,李、王等人遂扇打、踢蹬杨,强行

---

① 具体内容请参见 http://www.kankanews.com/ICstar/news/2013-09-26/3560937.shtml,2014年9月5日访问。

脱光杨的衣服。随后,李某某、王某、魏某某(兄)、张某某、魏某某(弟)依次强行与杨某某发生性关系。其间,部分被告人有猥亵行为。后李某某、魏某某(兄)拿出人民币2000元给杨某某。7时30分许,五名被告人将杨某某带离湖北大厦,途中将杨放下。

2月17日至18日期间,杨某某先后到北京京华友好医院、北京大学第三医院就诊,经诊断为头面部外伤、脑震荡等。2月19日,杨某某在他人陪同下到公安机关报案。经司法鉴定部门依法鉴定,杨某某左眼上睑见片状皮下出血(吸收期)、鼻背部见片状皮下出血(吸收期,大小为2厘米×2厘米)、左颞部及左颧部见片状皮下出血(吸收期,大小为6厘米×3厘米),身体损伤程度属轻微伤。

2月21日,李某某、王某、魏某某(兄)、魏某某(弟)被公安机关抓获。当日2时许,在魏某某(兄)协助下,公安机关将张某某抓获。

(二)法院认定与判决

1. 指控事实及罪名成立

强奸罪的客观表现是使用暴力、胁迫或者其他手段强行与妇女性交,其所侵犯的是妇女按照自己意志决定性行为的权利。因而被害人的意愿,是判断强奸罪成立与否的关键要素。纵观本案,被告人与被害人的接触,开始于2月17日零时许的夜半酒吧,截止于当日7时30分左右离开湖北大厦,经历了酒吧饮酒、寻找宾馆和实施强奸三个阶段。第一阶段中,被害人与被告人饮酒、唱歌、玩游戏,至3时30分许离开酒吧时,被害人已处于醉酒状态,需他人搀扶行走,没有证据表明其间有人询问过被害人是否同意"出台",故不能认定被害人跟随众人离开酒吧外出吃饭就是同意"出台";从被告人在金鼎轩与他人发生争执,到酒吧张姓服务员离开人济山庄,被害人已能自主行走,但该过程中,没有证据证实被告人中有人向被害人表明发生性关系的意图。第二阶段中,五名被告人带被害人寻找宾馆,途中被害人发现张姓服务员不在即要求下车,遭到拒绝后遂呼喊、挣扎,但被李某某、王某等人摁控并殴打,处于"不能反抗"状态。第三阶段中,被害人被挟持到湖北大厦,下车前受到李某某等人的威胁,下车后被李某某、王某夹拉前行,穿过大堂,进入电梯,直到酒店房间。

监控录像显示,被害人受到拉拽、击拍,其姿态特征没有任何"自愿"的表现;在酒店房间内,被害人因不肯脱衣,再次受到殴打,处于"不敢反抗"状态,后被轮奸。本案事实表明,被告人李某某、王某、魏某某(兄)、张某某、魏某某(弟)违背妇女意志,共同使用暴力手段奸淫妇女,其行为均已构成强奸罪。北京市海淀区人民检察院指控被告人李某某、王某、魏某某(兄)、张某某、魏某某(弟)犯强奸罪的事实清楚,证据确实充分,指控罪名成立。五被告人的行为系轮奸,给被害人身心造成伤害,性质恶劣,社会危害性大,依法应予惩处。

2. 案件判决

2013 年 9 月,海淀法院依照刑法有关规定,分别以强奸罪判处被告人李某某有期徒刑 10 年;判处被告人王某有期徒刑 12 年,剥夺政治权利 2 年;判处被告人魏某某(兄)有期徒刑 4 年;判处被告人张某某有期徒刑 3 年,缓刑 5 年;判处被告人魏某某(弟)有期徒刑 3 年,缓刑 3 年。

一审后李某某等人提出上诉,二审法院裁定驳回上诉,维持原判。①

二、涉案律师的言行及处分情况

(一)涉案律师部分言论②

1. 李某某一方,先有原代理律师薛某某因压力过大请辞。

2. 李某某新代理律师陈某、王某最初接受委托后一同就案件发表声明。其声明中称"媒体等有义务遵守法律,有义务爱护和保护未成年人,有义务爱护和保护大半生为人民群众带来歌声和欢笑的老艺术家们"。旋即引发争议。

3. 受害人代理律师田某某发表博文,不但发表了驳斥李某某律师的声明,而且公开批评王某违反回避原则,在卸任海淀区检察官之后,又参与这起由海淀区公诉的案件。

4. 庭审期间,李某某的辩护律师王某的辩护词泄密,在网络上四处传播。其中,涉及该案受害人杨某的工作单位等个人隐私。李某某的辩护律师陈某在接受记者专访时表示,坚持做无罪辩护;关于王某的辩护词遭曝光,他认为王某不会把相关材料发到网上;其他 4 名被告人没有指证李某某发生性行为,且被害人身上未找到李某某的精斑,李某某对于自己"没干"的说法是合理的。一审宣判后,陈某宣布退出此案,公开其辩护的声明。

5. 李在某律师是李某某案被告大魏的辩护人。其所在的北京市 GT 律师事务所另两名律师分别担任大魏、小魏的辩护人。

李在某律师相关言论:"当李某某案件代理人是为将来当全国人人代表或政协委员加分""我在外面名气不大,可我在公检法内部知名度是高得很,80 年(代)官至处长的律师恐怕全国找不出几个!不信问问×××(短信公开时被遮挡)局长及其他领导!""我是唯一一个有能力把这个案子反过来的律师"。"海淀看守所问题不少,如果不是我坚守法律底线,恐怕全都当庭翻供了!"并在当

---

① 二审判决书具体内容可参见 http://blog.sina.com.cn/s/blog_49983a870101h9i9.html,2014 年 9 月 5 日访问。

② 相关内容可参见下列网址:http://blog.sina.com.cn/s/blog_d104166b0101a236.html;http://video.sina.com.cn/p/ent/s/m/2013-09-01/003362857391.html,http://ent.sina.com.cn/s/m/2013-07-22/17253969920.shtml,http://blog.sina.com.cn/s/blog_d51903d00101ookc.html,http://xian.qq.com/a/20130903/011357.htm。2014 年 9 月 5 日访问。

李某某代理人不成,发表言论"我想看看你们笑过之后是如何哭的!"在其上述言论(短信公开)曝光后,李某某律师接受媒体访问,其访问视频也在网络上引起强烈反响。

他在微博曝出案件细节,"梦女士突然站起身来对审判长说:魏某所做的供述是律师引导的",首次披露了庭审上的部分情形。二审期间,其发微博称本案存在嫖娼成分,"李某某一案是在有人明知受害人醉酒丧失意志的情况下仍强迫(介绍)其卖淫,李某某等五人在嫖娼过程中,因实施暴力而触犯刑律的强奸案件"。并称自己曾给李某某母亲梦某支招:搞出个"案中案",将矛头指向"酒吧老板强迫妇女卖淫",即可让案件翻盘。并表示这案子若真判了"强奸罪","李某某等五人比窦娥还冤!"

6. 兰某律师一审开庭后,发微博不仅透露了李某某姓名,还首次详细点出了本案其他4位辩护人的辩护思路,称4名律师主动为4被告人认罪。并称"奉劝被告人认罪和指认不认罪被告人犯罪事实成了律师的主要辩护内容。"此外,兰某发表微博,点出了本案案发地点酒吧的全名。

其曾发布公告部分内容如下:

"自今日起,针对李某某案的各种传言,本律师将亲自执笔行文回应,避免话语演绎和曲解,力求精准明晰。媒体朋友有任何提问,都可以直接私信本人,本人会统一回应。在基本事实未终极司法认定之前,请理性围观,嘴下留情,切勿角色代入,重蹈全民审判之覆辙。"

发表"著名歌唱家李双某夫妇聘请北京著名律师兰某为其家庭法律顾问"的博文。

发布微博称"[案中案]:李某某案庭前会议,辩护律师强烈提请法庭对有关人员涉嫌组织卖淫和敲诈勒索的犯罪事实进行调查。"

发布博文《成年人的世界于李某某而言太过凶险》。

在人民网微访谈中称所谓的"受害人",如果最终确定其为真实的受害人的话,其身份不是被告人量刑的考虑情节。如果杨某的被害人身份不存在的话,角色将发生大逆转。

7. 2013年10月,周某律师担任该案中王某二审辩护人,收取代理费100元。2013年10月31日,北京市第一中级人民法院二审开庭不公开审理李某某等人强奸案。自2013年9月起,周某律师陆续在腾讯微博、新浪微博、网易博客上发布了案件当事人的通讯内容、会见笔录,侦查卷中警方拍摄的现场图片、律师的现场勘验报告,并且以文字形式披露了有关案件情况、有关辩护人的辩护内容、有关鉴定结论的内容,对案发现场的有关视频内容进行了描述。周某律师在公开场合向媒体和公众出示了李某某案件当事人的通讯记录等材料。周某律师在法庭宣判后的法庭教育阶段情绪激动,拒不接受审判长的规劝,被依法强行带出法庭。周某律师离开法院后主动向聚集在法院外面的人员介绍庭审情况,发表意见感受,出示该案证据材料,表达对法院审理工作的不满。周某律师在律师协会审查期间继续就李某某案件发布相关微博,并在听证会上坚持认为自己在向有关机关反映意见没有得到回复时,向媒体和公众披露案件信息、发表意见的行为正确。

8. 李某某案件中,雷某某律师在其微博上发表言论:"头落地,也要帮李某某找回公道。政治斗争再残酷,也不能拿孩子下手。这就是雷某某的公道与人心。""海淀法院,雷某某用生命捍卫你仅有的尊严,假若你判决李某某轮奸。你怎么对得起雷某某的人头落地?""田某某,你背后的黑社会要我人头,我给他们,你满意了吗?""杨某某,我把人头给你,有意义吗?""有国外势力利用李某某案,第一时间与杨某某合作,搞臭中国的官二代。报案前,杨某某可能就已经背着酒吧与国外势力勾结完毕。请中国政府警惕上述可能性"等。

(二) 律师协会惩戒

2013 年 7 月 26 日,北京律协接到李某某等人强奸案当事人对相关律师的投诉后,立即启动了受理审查程序。随后,律师协会纪律委员会召开工作会议进行专题研究讨论,决定依职权主动对李某某强奸案中其他虽未被投诉但涉嫌违反律师执业规范的相关辩护及代理律师进行调查处理,并与该被投诉律师一并立案审查。2013 年 11 月 28 日和 12 月 2 日,北京律协向李某某等人强奸案中 7 名相关辩护及代理律师正式发出立案通知。经审查,于 2014 年 1 月 13 日和 1 月 29 日分别对该七名律师做出了处理决定。其中,对周某某、雷某某、李在某律师给予公开谴责的行业纪律处分,对 3 名律师分别给予训诫、通报批评的行业纪律处分,对 1 名律师发出规范执业建议书。根据《律师协会会员违规行为处分规则(试行)》第 57 条的相关规定,会员对惩戒委员会作出的决定不服的,可以在接到决定书的 30 个工作日内向律师协会复查机构申请复查。截至 2014 年 3 月 25 日,6 名受到处分的律师申请复查期限均已届满。复查期内,周某某律师提出复查申请,本会会员处分复查委员会对该案进行了认真审查,经审查,复查委认为周某某律师提出的复查理由不能成立,维持纪律委员会的原处分决定。

三、李某某案中的律师职业伦理[①]

律师职业伦理的意义毋庸置疑。一个国家如果要成为一个强国必须要实现法治,要实现法治必须要有一个良好的法律体制,良好的法律体制必须要有一个

---

① 参见下列网址:http://news.sina.com.cn/c/z/jmjclmm/;http://opinion.people.com.cn/n/2013/1208/c1003-23778082.html;http://news.ifeng.com/opinion/politics/detail_2013_09_09/29435872_0.shtml;http://blog.sina.com.cn/s/blog_67b915fl0101lnin.html;http://blog.sina.com.cn/s/blog_6cd0fe330101h6lv.html;http://www.360doc.com/content/13/0817/14/7888929_307810004.shtml。2014 年 9 月 5 日访问。

良好的法律人队伍,这个法律人队伍必须德才兼备,有良好的职业道德。所以律师对职业伦理的不遵守,律师职业不当甚至职业道德低下,对于法律的实施,对于法治社会的隐患可想而知。

律师的言论是有界限。庭内可以知无不言,但庭外要谨言慎行。李某某案件中,各方律师对于案件的唇枪舌剑可以在法庭上发挥得酣畅淋漓,但是在其他场合的针锋相对可能就会构成对律师职业伦理的违反。

(一)律师庭外言论

律师的法庭外言论即律师在执业过程中,对其所承办的案件就有关审判的问题,在法庭之外,公开发表自己的看法和见解的行为。律师享有庭外言论的权利是其言论自由宪法权利的当然组成。但是律师职业要求对律师庭外言论进行规范和约束。美国律师协会明确规定:律师要谨慎发表庭外言论。美国《职业行为示范规则》第3.6条专门设置了基本的禁止性规定:律师明知或应知其言论将高度可能严重影响诉讼的,则不得发表。律师对下列信息通常不得公开:当事人的性格、信誉、犯罪记录等;刑事调查中的嫌疑人、证人及其身份等;在刑事案件中的可能导致羁押的行为;任何供述的内容,被告的陈述,或者拒绝供述等情形;任何质证、鉴定的结果或过程,或者未能质证、鉴定的情形,或者任何物证的性质及特征等;被告人或者嫌疑人的有罪或无罪的言论;等等。

借鉴美国律师执业守则,非经委托人授权,不得泄露委托人的个人隐私;不得煽动、教唆当事人采取非法集会、游行示威、聚众扰乱公共场所秩序、交通秩序,围堵、冲击国家机关等非法手段表达诉求,妨害国家机关及其工作人员依法履行职责,抗拒执法活动或者判决执行;不得发表、散布危害国家安全,恶意诽谤法官、检察官、仲裁员及对方当事人、第三人,严重扰乱法庭秩序的言论;不得对案件进行歪曲、不实、有误导性的宣传;不得公布未经确认的事实或仅根据委托人提供的事实而进行宣传应当是我国律师法庭外言论应遵守的规则。

李某某案件也反映了目前我国律师庭外言论缺乏自我约束,有些律师似乎对利用媒体影响司法驾轻就熟、乐此不疲。实践证明,这种靠庭外言论影响司法的手法是有效的,而且有时能收到奇效。但是,该行为对司法环境的侵害也是不言而喻的。本案中各方代理人的庭外言论大多违背了律师的职业伦理要求。如律师雷某不顾当事人的基本隐私,披露未成年当事人的姓名等信息;律师李某某发表对案件的"支招"言论以及对案件的评判;律师周某某在庭外出示被害人的妇科检查报告内容,对被害人进行言语攻击等行为,它们或者是对被嫌疑人、被害人的身份等信息进行泄露,或者是对被告人的供述或拒绝供述等行为进行庭外评价;或者发表有罪或无罪的"定论",这些没有考虑行为后果和影响的行为,都是严重违反律师职业道德的行为。

本案中律师的庭外言论还反映了律师跟媒体的关系。虽然没有直接规定在律师职业伦理之中,但是律师与媒体之间的关系间接地体现在律师的庭外言论规制方面,法庭内言论和法庭外的言论有区别,案件审结前后的言论要区别,律师不应该用媒体影响司法,也不能不当地披露案件秘密。对媒体不慎重可能导致被处罚。本案所反映的律师对于自媒体的利用告诫我们律师对媒体要"慎重""善用"。

(二) 律师保密义务

律师职业道德要求律师在代理时候不得公开保密信息,除非得到了当事人的授权。律师保密义务的意义在于,律师保密既是有效保护当事人利益的需要,同时也体现对个人尊严的尊重,更彰显着律师职业以及律师制度的意义所在。

我国《律师法》明确规定,律师应当保守在执业活动中知悉的国家秘密、商业秘密、不得泄露当事人隐私。从职业伦理的角度,这里的"秘密"范围应当取广义。本案属于未成年人案件,且属于性侵害类犯罪。对于被害人以及被告人的信息都应当属于保护的范畴。

但是,本案中一些律师通过博客、微博等新媒体,发表言论,将当事人的隐私信息张贴在博客、微博上,广为传播,例如周某律师作为辩护人,将庭审情况以微博、博客和向媒体披露的方式公之于众,属于不当披露案情的行为;律师周某公开发布的有关妇科检查材料,既属于当事人隐私,也属于该案的证据材料。周某此举,既泄露了当事人隐私,也不当披露了案情。周某公开发布的鉴定结论、监控视频、警方照片等均属于案件证据的范围。周某将案件证据公开发布,并且对案件证据、其他辩护人的意见进行分析、评价等行为都构成了对律师保密义务的违反。

(三) 律师与当事人的关系

律师的角色有三个,即当事人的代理人、法庭的一员和对社会正义负有特殊职责的公民。其中律师作为当事人的代理人,与当事人之间的关系是律师职业伦理内容的核心。

委托代理关系中,委托人是最终的决定者,律师的工作应为围绕着委托人及其目标的实现展开。以委托人为中心,意味着委托人享有自治权。李某某案件中,律师们"代表"自己委托人发声,其中的很多言论实际上剥夺了委托人的自治权或者主观臆断委托人的道德立场,既不职业,也不符合职业道德。律师的发声应当遵循职业行为规范。

律师和当事人关系中,律师应该忠于但独立于当事人,如果律师不忠于当事人,律师的职业伦理、职业底线就被突破了,没有价值;如果仅仅是表现为忠于听当事人的,非独立当事人,那这个律师显得也没有价值。在忠于与独立于当事人之间进行把握是律师职业伦理规范的重点。

忠于不是盲忠,独立不是不为当事人考虑。律师应当在为当事人维护合法权益的同时,尽可能忠于法律与事实。但是本案中,一些律师完全违背案件的真实,在网络媒体上试图"混淆视听",这种行为为公众提供的是单方面的从而有缺陷的信息。

律师须有自己的独立性,独立于自己的当事人,律师薛某某的请辞可以说是这样一种独立性的体现。但是他的行为是完全适当的吗?本文认为做这样的行为是不当的、不严谨的、不谨慎的。其发表的一个声明:我不再愿意担任李某某案二审辩护律师。其行为本身给公众造成非常不好的不良暗示,最终仍然没能做到对于当事人之间的适当把握。

(四)律师与同行的关系

律师与同行之间是竞争与合作的关系。律师之间的良性竞争与交流对于律师行业本身,对于当事人权益的维护,甚至对于司法公正的发展能起到重要的作用。我国《律师执业行为规范》规定律师与同行之间应当相互尊重,其中第72条规定律师与其他律师之间应当相互帮助、相互尊重。第73条规定律师在庭审或者谈判过程中各方律师应当互相尊重,不得使用挖苦、讽刺或者侮辱性的语言。第74条规定律师或律师事务所不得在公众场合及媒体上发表恶意贬低、诋毁、损害同行声誉的言论。律师和其他律师之间应当相互尊重。本案中律师们在网络媒体上互相"探讨""商榷"也应当注意同行之间的相互尊重。

(五)律师与法庭的关系

律师有对法庭真实的义务,应维护法庭秩序,不得有损害法庭形象的言行。本案律师在媒体网络上的种种言行一个重要的目的是试图影响审判。但这样的言论往往提供的是单方的,甚至是故意留存缺陷的信息。在法庭对案件的审理过程中,对于案件和审判活动的相关泄露,也可能造成对法庭查明事实的阻碍,损害法庭在公众中的形象。

李某某案件也体现了司法公信力很可能受到损害的风险。实践证明庭外言论运用媒体网络的手法来影响司法是有效的。

2009年的邓玉娇案中,舆论在开始就认定邓玉娇无罪,检察官起诉的行为激起民众的强烈反弹,公众舆论坚决支持邓玉娇是完全无罪的"正当防卫",后来法院在判决时,既认定了"防卫过当",又以"自首情节""心境障碍"为由对其免予刑事处罚。

在药家鑫一案中,律师张某通过微博发布事后被证实为虚假的信息,致使药家处于非常不利的社会舆论中,法院依据案件事实和法律规定作出了判决,但是不少人对该案判决是否受到舆论影响,心存疑虑。

还有张金柱案、刘涌案等,也出现过类似情况。

这些案件中舆论多少对司法都产生了影响。舆论是一把双刃剑。"舆论可能干预司法"与"舆论使司法公正"都可能出现。但是律师该不该参与其中,故意制造舆论热点,以期对自己的案件产生有利影响则不仅仅是双刃剑的问题。

上述案件中律师与媒体"协力"的情形均有出现,法庭的辩论与较量该不该扩展到法庭之外?本文认为律师之间的对抗应始终坚持在法庭内,法庭外的舆论造势不仅仅可能损害当事人利益,有违律师职业伦理,长久下来更可能造成的是公众对法院的判决是否属于独立的判决,心存疑虑。① 公众的这种疑虑,就严重损害了司法公信力。由此可见,律师通过网络媒体发表言论,可能影响的不仅仅是一个案件的结果,更甚者会为司法公信与律师行业埋下"隐患"。律师通过微博、博客等公布正在审理中案件的信息或者发表评论,是应当被约束的。

专题二 念某涉嫌投放危险物质,历时8年被判无罪案

一、案件情况

2006年7月27日晚,福建省福州市平潭县澳前镇澳前村一居民家发生中毒事件。陈氏母女与租住陈家房屋经营食杂店的丁某虾及其3个孩子,在共进晚餐后有4人出现明显中毒症状。次日凌晨,丁某虾的长子、女儿经抢救无效死亡。公安机关经侦查认为,租赁陈家房屋、与丁某虾相邻亦经营食杂店的念某有重大作案嫌疑。2006年8月7日,警方对念某测谎,念某没有通过,当天被留置盘问。2006年8月8日,念某作出有罪供述:因对丁某虾抢走其顾客不满,将鼠药投入丁家厨房烧水铝壶中,致丁、陈两家人食用壶中水所煮饭菜后中毒。2007年2月,福州检察院以念某犯投放危险物质罪向福州中院提起公诉。同年3月,福州中院首次开庭审理此案,念某当庭翻供,称遭办案人员刑讯逼供。2008年2月1日,福州中院以投放危险物质罪,判处念某死刑,剥夺政治权利终身。念某提出上诉。2008年12月,福建高院裁定:事实不清,证据不足,撤销原判,发回重审。2009年6月8日,福州中院再次判决念某死刑立即执行,念某上诉。2010年4月,福建高院维持一审判决,案件送至最高法进入死刑复核程序。2010年10月,最高法以"事实不清、证据不足"为由,不核准念某死刑,发回福建省高院重审。2011年5月5日,福建高院裁定:事实不清,证据不足,撤销原判,发回福州中院重审。2011年9月7日,念某案再次由福州中院进行一审开庭。2011年11月24日,被告人念某第三次被福州中院判处了死刑立即执行。随后,念某第三次因为该案提起上诉。2014年8月22日,福建高院作出终审判决:一、撤销福州市中级人民法院(2011)榕刑初字第104号刑事附带民事判决。二、上诉人念某无罪。三、上诉人念某不承担民事赔偿责任。②

---

① 参见胡天野:《新媒体时代律师庭外言论的规制》,载《法学》2014年第1期。
② 载东方早报,http://www.dfdaily.com/html/21/2014/8/23/1178946.shtml,2014年9月3日访问。

二、查明事实及主要争议

（一）被害人中毒原因

1. 一审法院观点

原判决法院认定,被害人俞乙、俞丙系氟乙酸盐鼠药中毒死亡。主要依据是原审庭审中公诉机关举证的法医学鉴定意见、俞乙的呕吐物的理化检验报告、被害人陈述和证人证言。

2. 检方观点

检方认为,原判采信的上述证据和检方在二审庭审中新出示的被害人俞乙、俞丙的尿液和心血的理化检验报告、俞乙心血的质谱图、检验电子数据、鉴定人证言、侦查机关的情况说明等证实,在俞丙的心血、尿液,俞乙的心血、尿液和呕吐物中检出了氟乙酸盐鼠药成分,与其中毒症状相符;俞丙的尿液与标样的质谱图、俞乙的心血与呕吐物的质谱图相同的问题,鉴定人出庭说明系归档时弄混导致,并且重新提供了俞乙心血的质谱图和相关检验电子数据、补充的尿液实验,可以予以解释。因此,可以认定二被害人死于氟乙酸盐鼠药中毒。

3. 辩方观点

辩方认为,辩方在二审庭审中新出示的理化检验报告的质谱图和检方出示的上述证据,以及鉴定人出庭说明,证实本案检验过程未进行"空白"对照检验,不能排除检材被污染的可能;根据提取的质谱图,均不能判定检出氟乙酸盐鼠药成分;由于质谱图出现错误,被害人心血、尿液和呕吐物的理化检验报告不能作为认定死因的依据。现有证据不能认定被害人死于氟乙酸盐鼠药中毒。

4. 终审法院观点

终审法院认为,检辩双方出示的上述证据能够证实,被害人俞乙、俞丙系中毒死亡。但原判认定系氟乙酸盐鼠药中毒,证据不确实、不充分。

第一,检材与标样的质谱图不应相同。标注为被害人俞丙尿液和标注为标样的二份质谱图相同,有悖常理。同时,标注为俞丙尿液的质谱图、检验电子数据的文件名,与俞丙尿液检材的名称也不相符。检方聘请的专业人员提出,该质谱图是否为俞丙尿液的质谱图存疑。辩方聘请的专业人员提出,该质谱图就是标样而非尿液的质谱图。鉴定人出庭说明二者质谱图相同,系将俞丙尿液的质谱图当作标样的质谱图归入档案造成;检验电子数据的文件名与检材的名称不相符,系因命名规则不统一造成。该解释不足以采信。补充的尿液实验因检验条件不相同,缺乏证明价值。因此,俞丙尿液检材的检验结果的真实性存疑。

第二,分别标注为被害人俞乙心血、呕吐物的二份质谱图也相同,同样有悖常理。同时,标注为俞乙呕吐物的质谱图、补充所称的俞乙心血的质谱图以及检验电子数据的文件名,与俞乙呕吐物、心血检材的名称也不相符。鉴定人出庭说明二者质谱图相同,系因文件名近似误把呕吐物的质谱图当成心血的质谱图归入档案造成;检验电子数据的文件名与检材的名称不相符,系因命名规则不统一造成。该解释亦不足以采信。因此,俞乙心血、呕吐物检材的检验结果的真实性也存疑。

第三,鉴定机构在对俞丙的尿液、心血和俞乙的尿液、心血和呕吐物检材的检验过程中,均未按照专业规范要求进行"空白"对照检验,以防止假阳性检验结果,因此难以排除检材被污染的可能。

第四,根据俞丙心血、俞乙尿液检材的检验数据,能否判定检出氟乙酸盐鼠药成分,双方聘请的专业人员提出的意见严重分歧。因此,从俞丙心血、俞乙尿液中检出氟乙酸盐鼠药成分的检验结论可靠性存疑。此外,与被害人共进晚餐的俞甲、念某珠有中毒症状,但未做相应检验,无法认定中毒原因;丁某虾、陈某娇自述并无明显中毒症状,也未做相应检验,是否中毒不明。

综上,据以认定二被害人中毒原因的理化检验报告不足以采信,其他共进晚餐人员认定中毒原因或有无中毒缺乏充分依据,原判认定二被害人死于氟乙酸盐鼠药中毒的事实不清,相关证据不确实、不充分。

(二) 投毒方式

1. 一审法院观点

原判认定上诉人念某将鼠药投放在被害人家厨房铝壶水中,致使二被害人食用了使用壶水烹制的食物中毒死亡。主要依据是原审庭审中原公诉机关举证的被害人陈述和证人证言,现场勘验检查笔录、现场照片和提取痕迹、物品登记表,铝壶水、高压锅和铁锅的理化检验报告,铝壶的侦查实验笔录,上诉人念某的有罪供述和指认现场录像等证据。

2. 检方观点

检方认为,原判采信的上述证据和检方在二审庭审中新出示的理化检验报告的检验电子数据、侦查机关的情况说明等证实,从铝壶水、高压锅、铁锅表面残留物中,均检出与被害人生物检材中相同成分的氟乙酸盐鼠药,与上诉人念某供述将鼠药投放在铝壶水中能相印证;提取送检铝壶及壶水、高压锅和铁锅过程的程序瑕疵,鉴定人和侦查人员出庭作了说明补正。因此,可以认定念某将氟乙酸盐鼠药投放在铝壶水中。

3. 辩方观点

辩方认为,辩方在二审庭审中新出示的检验鉴定委托书、鉴定受理登记表、分析检验记录表、质谱图、现场照片光盘、侦查机关的情况说明和检方出示的上述证据,以及鉴定人、侦查人员出庭所作说明,反映现场勘验检查工作及笔录制作不规范,铝壶及壶水、高压锅和铁锅的提取送检程序不合法,物证来源不清应予排除;鉴定机构对铝壶水、高压锅和铁锅的检验过程不规范,根据检验数据均不能认定检出氟乙酸盐鼠药成分,理化检验报告不能作为定案依据,故不能认定念某将鼠药投放在铝壶水中。

4. 终审法院观点

终审法院认为:第一,铝壶、高压锅的提取送检问题。现场勘验检查笔录记载的提取送检时间为"7月28日",与检验鉴定委托书记载的"8月9日"相矛盾。侦查人员出庭说明系"8月8日傍晚"提取送检,与庭前说明提取送检时间是"8月9日"前后不一,而且现场照片、指认现场录像显示,8月9日晚现场厨房还存在相同的高压锅,此无法合理解释。

第二,铁锅的提取送检问题。现场勘验检查笔录记载的提取送检时间为"7月28日",与检验鉴定委托书记载的"8月1日"相矛盾,检验时间又载明是"7月31日",送检与检验的时间前后倒置。侦查人员出庭说明提取送检时间是"7月31日",前述问题系因事后综合制作现场勘验检查笔录和补办检验鉴定委托手续造成,此合理性依据欠缺,不足以采信。

第三,鉴定受理登记表记载,侦查机关送检铝壶及里面的3500毫升水,但现场勘验检查笔录未记载提取铝壶时壶中有水。侦查人员出庭说明笔录记载原物提取铝壶即包括壶中的水,缺乏充分依据;出庭说明将铝壶水分装到矿泉水瓶中送检,缺乏笔录记载,且与庭前说明记不清具体送检情况不一致;侦查实验笔录也不能说明提取时铝壶中的水量。因此,该3500毫升壶水检材与提取的铝壶之间的关联性缺乏确实依据。

第四,鉴定机构在对铝壶水、高压锅和铁锅表面残留物检材的检验过程中,未按照专业规范要求进行"空白"对照检验,以防止假阳性检验结果,因此难以排除该3份检材被污染的可能。

第五,根据铝壶水、高压锅和铁锅表面残留物检材的检验数据能否判定检出氟乙酸盐鼠药成分,双方聘请的专业人员提出的意见严重分歧。因此,从铝壶水、高压锅和铁锅中检出氟乙酸盐鼠药成分的检验结论可靠性存疑。此外,证人陈某娇证实是使用丁某虾家铝壶的水还是红桶的水捞鱿鱼,说法不一,难以采信系使用铝壶的水捞鱿鱼。

综上,铝壶水、高压锅和铁锅的提取送检过程不清,检材来源相关证据间的矛盾和疑点得不到合理解释,检验过程不规范,检验结论可靠性存疑,理化检验报告不足以采信,因此,认定铝壶水有毒缺乏确实依据,原判认定念某将鼠药投放在铝壶水中事实不清,关键证据链条中断。

(三) 毒物来源

1. 一审法院观点

原判认定上诉人念某投放的鼠药系在平潭县医院附近向摆地摊的杨某炎购买。主要依据是原审庭审中原公诉机关出示的证人杨某炎等人证言及辨认笔录、查获的杨某炎配制鼠药工具的照片、理化检验报告、鼠药包装袋、搜查证、搜查笔录、扣押物品清单及照片,念某的有罪供述及指认购买鼠药地点笔录和录像等证据。

2. 检方观点

检方认为,原判采信的上述证据和检方在二审庭审中新出示的理化检验报告的检验电子数据、证人杨某炎指认卖鼠药地点照片、证人刘某印证言、侦查前期查找鼠药来源材料、侦查人员所作说明和侦查机关的情况说明等证实,根据上诉人念某供述的购买鼠药地点找到了卖鼠药的杨某炎,并从杨某炎配制鼠药的工具中检出了与被害人中毒相同成分的鼠药氟乙酸盐,念某供述购买鼠药的时间亦得到证人证言印证;念某与杨某炎相互不能辨认,供述的卖鼠药人的年龄与杨某炎不相符,供述的鼠药包装袋规格与实物不相符,是凭其个人主观感受进行描述,不影响鼠药来源的认定,可以认定念某投放的鼠药系从杨某炎处购买。

3. 辩方观点

辩方认为,辩方在二审庭审中新出示的理化检验报告的质谱图、侦查机关的情况说明和检方出示的上述证据等证实,上诉人念某与证人杨某炎相互不能辨认,也未能供述杨某炎的外貌特征,供述卖鼠药人的年龄与杨某炎不相符,供述的鼠药包装袋规格与查获的实物不相符;配制鼠药工具的检验过程不规范,根据检验数据不能认定检出氟乙酸盐鼠药成分,理化检验报告不能作为定案依据,故没有证据证实念某购买杨某炎卖的氟乙酸盐鼠药。

4. 终审法院观点

终审法院认为:第一,侦查机关找到卖鼠药的证人杨某炎,但上诉人念某与杨某炎相互不能辨认;供述的卖鼠药人的特征及年龄,与杨某炎情况差异明显;供述的鼠药包装袋规格,与从杨某炎住处查获的实物差异较大;供述在购买鼠药时到过商店批发香烟,时间约为7月中旬,与证人证实其批发香烟时间为7月初不一致。

第二,鉴定机构在对配制鼠药工具塑料盆、铁盆检材的检验过程中,未按照专业规范要求进行"空白"对照检验,以防止假阳性检验结果,因此难以排除该2份检材被污染的可能。

第三,根据配制鼠药的工具碗、塑料盆和铁盆检材的检验数据,能否判定检出氟乙酸盐鼠药成分,双方聘请的专业人员提出的意见严重分歧。因此,从碗、塑料盆和铁盆中检出氟乙酸盐鼠药成分的检验结论可靠性存疑。

综上,念某与杨某炎相互不能辨认,供证存在不吻合之处,配制鼠药工具的理化检验报告不足以采信,原判认定念某投放的鼠药系从杨某炎处购买依据不充分。

(四)关于有罪供述一节

1. 一审法院观点

一审法院认定上诉人念某作过多次有罪供述,供述作案过程没有矛盾之处,所供作案动机和手段亦客观、真实,在检察机关审查批捕提讯和律师两次会见时亦承认作案,其有罪供述可以采信。检方认为,念某的有罪供述稳定,并与在案证据能相印证。辩方认为,念某的有罪供述内容不真实,与客观证据不相符,系违法取证所得。

2. 终审法院观点

经查,上诉人念某到案之初未承认犯罪,在侦查阶段和检察机关审查批捕提讯时曾经作过多次有罪供述,审查起诉起则始终否认作案。念某第一次有罪供述的笔录内容与在案的审讯录像内容不完全一致,且审讯录像内容不完整。念某庭前多次供述的鼠药来源一节,其中关于卖鼠药人的特征、年龄、鼠药包装袋规格以及批发香烟的时间等情节,与证人证言不相符;供述的将鼠药水投放在铝壶水中一节,如上所述认定铝壶水有毒依据不确实,形不成印证;供述把鼠药放在货架上毒老鼠一节,从货架表面与旁边地面上提取的灰尘中均未能检出鼠药成分,亦形不成印证;供述的作案工具、剩余鼠药,均未能查获。故终审法院认为,念某的庭前供述和辩解存在反复,庭前供述与其他证据不能相互印证,不足以采信。

三、判决结果

综上,终审法院认为,二被害人系中毒死亡,但原判认定致死原因为氟乙酸盐鼠药中毒依据不足,认定的投毒方式依据不确实,毒物来源依据不充分,与上诉人的有罪供述不能相互印证,相关证据矛盾和疑点无法合理解释、排除,全案证据达不到确实、充分的证明标准,不能得出系上诉人念某作案的唯一结论。因此,原判认定上诉人念某犯投放危险物质罪的事实不清,证据不足,原公诉机关指控上诉人念某所犯罪名不能成立。原审判决上诉人念某赔偿附带民事诉讼原告人丁某虾、俞甲的经济损失无事实依据。依照我国《刑事诉讼法》第53条、第195条第3项、第225条第1款第3项以及《民事诉讼法》第170条第1款第3项的规定,判决如下:

(1)撤销福州市中级人民法院(2011)榕刑初字第104号刑事附带民事判决。

(2) 上诉人念某无罪。

(3) 上诉人念某不承担民事赔偿责任。

四、判决后各方态度

(一) 被害人家属

俞家人至今仍认为念某是凶手,这个农村人家简单地认为,是念家"有钱有势"才免于一死。由于多数媒体只到念某老屋采访,没有到过俞家,俞家人甚至固执地认为很多记者都是念家"请来的",很难听进其他的解释。

成都商报记者赶到俞家祖屋时,多是老人在家,俞家人情绪较为激动,20多人围在一起,不断地询问"你是谁派来的"。他们认为,是媒体救了念某,也就是在和俞家作对,对于之前报道过念某案的媒体,俞家都会记得清清楚楚。

作为这起投毒案的最大受害者,时年11岁的俞乙和9岁的俞丙不幸中毒身亡。而他们的父亲之前遭遇海难身亡,母亲丁某虾为了养活3个孩子,才在念某的小店隔壁,也开了一家杂货店。两个孩子被毒死后,杂货店也关了门,丁某虾带着仅剩的一个孩子在平潭县城求学,而家里所有的经济压力,则都压在了爷爷俞兆发身上。

关于丁某虾与念某家因为"一包烟的生意"发生的恩怨,在念某案报道中已经被媒体无数次提及。在近2个小时的时间里,20多位俞家人围在成都商报记者身边,一直在为两名无辜的孩子喊冤。他们很难理解,为什么过了8年还要改判,那真正的凶手是谁?

念某被判无罪后,丁某虾等受害人亲属哭倒在法庭。此后,他们披麻戴孝,一直待在福建省高院内。成都商报记者致电丁某虾时,她表示,希望以赖在法院不出门的方式,尽快督促有关部门将投毒者绳之以法。看着丁某虾家只剩孤儿寡母,俞家人异常愤怒,他们也希望以自己的方式,帮助俞家的后人。"我们的两条生命在这里没了,至今没有人为此负责。"

一位年轻的俞家人告诉成都商报记者,他们不懂如何找律师,也不知道该怎样引起社会对于俞家逝去的两条生命的关注。仅有一位当老师的远房亲戚会在网上发点帖子,但也没多少人关注。很多老人一辈子都没出过农村,也不知道该怎么办,只是希望通过"哭闹"的方式能够解决问题,以此告慰两个小孩。①

(二) 被告人家属及辩护律师

念某案从发生至今,念某的姐姐念某兰始终充当着申冤者的角色。但她明白,一味地采用过激手段只喊冤没有用,而是需要确凿的证据。她把之前的自己

---

① 来源成都商报,转引自新华网,http://www.fj.xinhuanet.com/news/2014-08/27/c_1112244419_3.htm,2014年9月15日访问。

比作祥林嫂,只要认为对念某案有帮助的律师、记者等,她都在不断地说案情,为念某申冤。念某获得自由后,她说,"也不知道说什么了"。①

而念某的两位辩护律师在案件判决后,在网络上也对本案发表了自己的看法:

两位律师认为部分网友提出的"念某是疑罪从无,因此,虽然被判无罪,但不能完全排除作案嫌疑,他还是嫌疑人"这种说法是不正确的。不能简单地用美国辛普森案的逻辑来套念某案。念某案和辛普森案,是完全不可比拟的,辛普森案,辛普森原来就有殴打妻子的前科,而且离婚后有骚扰她的情况,案发现场出现辛普森血迹,另外,辛普森还公然逃跑,出演了警察追捕的电视直播,后来,陪审团怀疑有种族歧视的警察涉嫌构陷辛普森,以及现场发现的手套过小等,导致合理怀疑,陪审团判决罪名不成立。而念某案,是在另有怀疑对象的情况下,公安通过刑讯逼供和制造假证,罗织了所谓念某投毒的故事。但最终,整个故事的每一个情节,包括毒药种类、毒药来源、投毒工具、投毒过程……,全部被戳穿和否定。所以,如果说辛普森案是险胜,念某案应该是完胜。可兹印证的是,福建高院不但认定念某犯罪不能成立,而且认定对于民事赔偿责任也无事实依据。也就是说,在念某案中,不但无法排除合理怀疑,甚至无法达到民事上优势证据(或称高度盖然性)的标准。

因此案件事实不清,板子不能打在念某身上,不能说因为真相没查清,所以念某就还是嫌疑对象。除非"亡者归来"、真凶出现,或者法院查明了念某案发当天在北京或者上海等明显不在场的证据,或者本案中毒系食物中毒,这样的情况下,案件事实查明了,法院可以直接宣告念某无罪。但显然,绝大多数案件,不会存在"亡者归来"、真凶出现的情形,或者存在不在场证据,否则,公安机关或者检察机关、法院也不会犯这种简单错误,如同赵作海、佘祥林的案子一样,终归存在说不清楚的时候,不在场证据不是那么好找的,你总有独处的时候。另外,绝大多数冤案,都有有罪口供。终审判决引用的法条,是《刑事诉讼法》第195条第3项:"证据不足,不能认定被告人有罪的,应当作出证据不足、指控的犯罪不能成立的无罪判决。"引用这个法条下判,就同时意味着,真相究竟是什么,其实公安、检察院没有查清楚。但是,没查清楚的责任,板子不能打在念某身上,不能说"因为没查清事实,念某就还有嫌疑"。因为,没有任何法律规定,念某需要自证无罪。另外,也正是因为办案单位花了巨大的人力物力,炮制冤案,很可能反而忽视了其他线索,放纵了真正的罪犯。

理论上,本案真凶不出现,周围谁都可能是真凶,但今天,从法律上看,念某

---

① 来源成都商报,转引自新华网:http://www.fj.xinhuanet.com/news/2014-08/27/c_1112244419_3.htm,2014年9月15日访问。

和任何一个无辜的人一样,都站在同一起点。我们不应忘记法律是无罪推定的。只有具备初步证据,才能把一个人拘留,只有有证据证明有犯罪事实,才能逮捕,只有证据确实充分,才能对一个进行起诉,也只有排除所有合理怀疑,才能定一个人的罪,如果我们否定了这些,等于是推倒了整个现代文明为基础的刑事司法大厦。①

（三）部分学者观点

中国政法大学诉讼法学研究院教授吴宏耀在接受采访时表示,此案从法律上讲,确实由于控方证据不足而导致疑罪从无。虽然念某案仍未找到真正的凶手,但该案件有其特殊之处,可以判定为冤案。

吴宏耀认为,念某案的特殊之处在于,警察的取证不仅仅是瑕疵的问题,已经涉及制造伪证,并且警方所作的解释和说明是虚假的。"这和之前的案件是不一样的。"吴宏耀举例称,张氏叔侄案也有证据上的疏漏和不足,但警方没有掩盖事实的做法,也没有故意制造虚假证据。

吴宏耀说,该案件不但无法证明念某是投毒者,甚至无法证明是一起投毒案。"目前死因不能确定,没有证据证明两个孩子死于投毒。"他认为食物中毒等其他原因也可能是致死的原因。"如果连投毒案都不构成,那就无所谓认定谁是凶手。"

"从法律上讲,宣判念某无罪绝对是一个公正的判决。"吴宏耀解释道,当没有证据证明一个人实施了犯罪,甚至没有证据证明构成犯罪行为的时候,没有理由对任何人实施相应的法律追诉。

有些网民认为,同为疑罪从无的案子,念某案与美国的辛普森案类似。吴宏耀认为,念某案与辛普森案不同。

吴宏耀解释道,念某案中除了念某的供述之外,没有任何证据能指控念某有投毒行为。而辛普森案则有大量证据指向是辛普森犯下了罪行。此外,辛普森案可以确定有人实施了犯罪,而念某案甚至不能确定是否构成犯罪。

"大家很同情被害人,这是可以理解的。但我们首先得证明这确实是投毒案,才能去寻找凶手。"吴宏耀认为,虽然念某案很难像张氏叔侄案一样有证据证明其无辜,但如果没有证据证明一个人有罪,那么就只能宣判其无罪,这是最基本的正义,也是法治社会的法律底线。

在念某案中,死者家属要求必须治一个人有罪才能实现他们的实体正义。在吴宏耀看来,这种做法是没有道理的。

吴宏耀提出,脱离程序的实体正义是不存在的。他认为,如果法律允许在没

---

① 参见张燕生律师博客:http://blog.sina.com.cn/s/blog_52f113450102v0vb.html,2014 年 9 月 15 日访问。

有足够证据的时候,根据实体正义判决一个人有罪,那这个社会是非常可怕的。"因为谁都可以说自己掌握的是实体正义"。①

五、案件评析

(一)控方行为点评

本案中检察院自始至终都坚持指控念某涉嫌投放危险物质罪,但是在本案证据、证人证言都存在重大瑕疵的情况下,依旧坚持如此追诉,这种做法的合理性值得深思。并且在念某当庭翻供,指称受到警方刑讯逼供时,本案检察院并没有认真履行其法律监督职责,追查警方的刑讯逼供行为,反而置之不理。如果本案中检察院能够及时追查警方是否有刑讯逼供行为,并且认真地对本案证据进行审查及时发现当中漏洞,那么念某就不会白白受八年的牢狱之灾。检察官的职业伦理要求检察官应当忠于法律、公正独立,但是我们在本案中遗憾地发现,本案当中的检察官并没有充分有效履行法律赋予其的职责,没有做到维护法律的正确实施,反而我们从各种资料中可以看出,本案检察院始终顾及着负责侦查本案的警方的利益,没有坚守法律职业伦理要求检察官应当做到的独立性义务。

(二)法院行为点评

本案中涉及三级法院,分别是负责一审的当地中级人民法院、负责二审的福建省高级人民法院以及负责死刑复核的最高人民法院。本案当中,最高人民法院、福建省高级人民法院基本上都正确地适用了法律,都曾以"事实不清、证据不足"为由,不支持原审法院的判决,这也为本案最终的无罪判决奠定了基础,如果不是上级人民法院对法律的正确实施,那么念某很可能就在数次死刑判决中被执行死刑,而迟来的无罪判决也就没有任何意义了。而反观本案当中的原审法院,在控方证据存在如此重大疏漏、经辩方多次指证并且经上级人民法院多次发回重审的情况下,仍然先后三次作出了"死刑立即执行"的判决,我们有理由相信本案原审法院没有正确地行使宪法、法律赋予其的审判权,原审法官也没有做到法官职业伦理要求的独立公正义务,没有做到真正独立于检察院、公安系统行使审判权。

(三)辩方行为点评

全国律协《律师执业行为规范》第6条规定:"律师应当诚实守信、勤勉尽责,依据事实和法律,维护当事人合法权益,维护法律正确实施,维护社会公平和正义。"可以说本案辩护律师尽到了该《规范》所要求的勤勉尽责义务。同时本案当中辩护律师的行为也是"以委托人为中心"理论的生动体现。律师作为委

---

① 载中国青年报,http://zqb.cyol.com/html/2014-08/27/nw.D110000zgqnb_20140827_2-07.htm,2014年9月16日访问。

托人法律上的代理人,维护委托人的权益是其最基本的职责。委托人—律师关系是律师职业道德中所要调整的最重要关系之一。为了体现这种关系的服务于委托人的性质,美国律师协会库塔克委员会在制定《职业行为示范规则》时,将通常所说的"律师—委托人"关系重新订正为"委托人—律师"关系,以凸显委托人的中心地位。[①] 在过去的一个世纪中,法律职业已经有所演化,律师—委托人关系亦是如此。而委托人也必然随着法律服务的变化而变化。

  以委托人为中心的代理其理论基础源于对律师属性的定位,换言之,自由职业者的社会角色定位是以委托人为中心的代理理论的基础。自由职业者要依赖与委托人形成信赖关系的气氛下为委托人提供服务。在这种社会角色定位中,律师将自己的身份定位成独立于国家权力的为公民提供法律服务的自由职业者。他们认为,法律的基础是尊重个人的尊严以及个人通过理性指导而获得的自治能力。律师的职责就是通过自己的职业行为保护这种个人尊严及理性自治的状态,防止任何人包括国家任意地侵犯公民个人神圣的权利。对于代理当事人的律师来讲,被代理人的利益是律师职业的最高价值诉求,胜诉是达至这种诉求的唯一途径。关于这种只忠诚于当事人的社会角色定位,早在1820年伯罗汉为英女皇卡罗琳辩护时就有精彩的论述。他在上议院为卡罗琳辩护时曾提醒议员们:"辩护人在实施其义务时,心中唯有一人,即他的当事人。千方百计地解救当事人,甚至不惜牺牲其他人的利益,是辩护律师的首要和唯一的义务,在实现这一义务时,不必考虑他可能会给他人造成的惊恐、折磨和毁灭。律师必须把爱国者与辩护人的义务区分开来,他必须不顾一切后果地工作,即使命中不幸注定要将他的祖国卷入混乱之中。"这种角色定位依据的主要是个人主义的价值观念,他们认为人的价值是所有价值中最高的价值,任何其他价值,甚或国家和社会的共同价值的达至也不能以牺牲个人的利益为代价。在具体的诉讼中,国家的利益自有强大的国家机器来维护,而当事人自我价值的保护却只能由律师个人依靠其对当事人的忠诚来维护。因此这种忠诚必须是"最高的忠诚……受信托所处的位置要求他放弃自我,……忠诚不二是不懈的最高原则。"他们认为,国家机关和律师双方或者双方当事人的律师各方各自为自己所代表的利益进行的斗争越激烈,他们所代表的利益才能获得最大程度的彰显。因此,任何一方无须顾及对方的利益,对方的不利益是对方的社会职责不完全履行,本方无须介入也无须考虑。因此,这种社会角色定位用一句话来概括就是追求当事人利

---

① 王进喜:《美国律师职业行为规则理论与实践》,中国人民公安大学出版社2005年版,第25、26页。

益最大化的个人主义价值要求。①

本案当中两位辩护律师对于正确适用法律的坚守,对于事实证据的不懈探究,都值得肯定。可以说他们的代理行为是符合"以委托人为中心"的代理原则的,并且他们与被告人及其家属之间的交流也是有效的,他们为念某的家属在法律允许的范围内制定了可行的申冤策略,较为有效地避免了念某家属可能因不断上访遭受的巨大风险。其中非常重要的一点便是当时劳动教养制度在我国尚未被正式废除,一旦念某家属选择不断上访作为申冤方式那么很可能被以扰乱社会秩序为由进行劳动教养。本案当中辩护律师在与被告人家属充分交流之后说服其放弃上访、寻求正规司法途径解决的行为帮助委托人有效规避了这一风险。

同时本案当中两位律师免费为家境困难的念某代理所体现出的律师公益精神也值得肯定。特别是自始至终代理本案的张某律师,为本案前后努力六年,并且将律师费一减再减,最终免费代理本案,孜孜不懈最终换得念某的无罪判决。

此外,在这里我们还需要讨论最近在我国司法界出现的"死磕"律师现象。近年来,广大律师主动参与社会建设和矛盾化解,成了人们生活、工作不可或缺的角色。但与美国平均30人中有1个律师相比,我国平均6000人中才有1个律师,法律服务支持力度差,法律服务总体水平比发达国家弱许多;与此同时,执法、司法领域不依法办事的现象依然存在。② 由此,一批死磕派律师、激进派律师现在活跃于刑事诉讼和行政诉讼领域,一是为权益受到伤害的群众和弱势群体提供免费法律帮助,本案当中张某律师为本案当事人前后奔波六年,始终坚持无罪辩护,敢于同强大的司法机关在法庭上针锋相对、据理力争,这正是"死磕"律师现象的一种体现;二是他们专门针对政策弊病,例如春节火车票乱涨价、高速公路收费标准不合理等。正是由于他们的维权行动,有效纠正了一批违法行为。但是我们也应当看到,"死磕"现象如果发展到极端也有其不利影响,部分律师因一时冲动发出言辞激烈的声音,违反庭审纪律,不仅损害司法机关形象,也有损于律师职业的理性和公正。所以我们应当理性看待"死磕"律师现象,"死磕"律师首先必须是法治社会的坚定维护者,必须是法律的模范遵守者。

---

① 王彧:《律师社会角色定位与我国律师职业道德体系的建构》,载陈卫东主编:《3R视角下的律师法治建设》,中国检察出版社2004年版,第204、205页。

② 载环球网,http://opinion.huanqiu.com/opinion_china/2013-07/4164331.html,2014年9月3日问题。

后　　记

　　这是国内第一本法律职业伦理案例教程。案例教程在法科生学习生活中的重要性不言而喻,比如刑法、民法这样的主干学科,不但有汗牛充栋的教材,而且五花八门的案例教程也给人琳琅满目之感。相形之下,由于种种原因,长期以来,国内法学教育并不重视法律职业伦理课程,至今这种局面变化不大。国内法学院校尚未认识到法律职业伦理教学的重要性和紧迫性,还未普遍开设法律职业伦理课程,缺乏合格师资从事该领域教学;至今尚未成立全国性的法律职业伦理学会或者组织;国内从事法律职业伦理研究和教学的专家学者缺少相应平台进行定期交流。虽然1999年《法律硕士专业学位培养方案》中将法律职业伦理作为推荐选修课,但眼下大部分高校还未认识到法律职业伦理教育对于法科生人才培养工作的重要性,并没有开设相关课程。教育部制定的法学院16门必修的核心课程中,并无"法律伦理"或者法律职业伦理课程,上述规定导致法律职业伦理教育的边缘化。应当承认,法学院系课程讲授中法律职业伦理是个难点。首先,开设该课程的教师往往将法律职业伦理视为一堆抽象的所谓"正义"等空洞观念,意识不到其实它涉及的是具体的行为规则,旨在教会法律人在面临职业道德困境的时候学会如何作出道德选择。其次,开设该课程的教师往往以课堂灌输为主,教学手段单一,提不起学生的兴趣。业内人士建议,法律院校应该将法律职业伦理课程纳入到法学理论课程中去,并在师资力量的配备上予以加强,在教学方法上予以改进,将体验式的教学方式纳入到传统的讲授式的教学方式中,让学生不再仅仅是被动地接受,而是主动地去学习。这样就可以使法律职业伦理知识更好地在法科学生中普及,更有助于法律职业共同体的建设。

　　2013年所发生的李某某案所附带的法律职业伦理问题引起了业界及社会的广泛关注,这一事件在中国法律职业伦理学科发展史上应该起到独特作用,这个事件提醒我们:强化重视法律职业伦理教学研究正当其时。在此背景下,编辑出版一本法律职业伦理案例教程水到渠成。于是经过与学界同行及法律职业界同好的多次讨论,我拟定了本书的框架、体例,与我的研究生邓维瀚、张栓搜集相关资料,编写了本书。本书可以与北京大学出版社2014年出版的《法律职业伦理》教材配套使用。当然,由于本书是国内第一本案例教程,其中肯定有某些不当之处,望业界同行不吝赐教。我的信箱是:shenjianx@ cupl.edu.cn。

　　本书参考了北京市律师协会出版的律师惩戒案例集以及网络相关报道,其出版得到了"法律职业伦理教育提升及教学材料编写项目"(develop a new legal ethics curriculum and to promote professional ethics education for Chinese law students and legal professionals)的支持,感谢魏梦欣女士;对本书责任编辑周菲女士专业而又细致的编辑工作表示感谢。

本书写作分工如下:

第一章、第二章、第六章、第十章、第十一章、第十三章、第十五章、第十六章、第十八章至第二十一章及专题二由许身健、邓维翰负责。

第三章至第五章、第七章至第九章、第十二章、第十四章、第十七章、第二十二章及专题一由许身健、张栓负责。

全书统稿由许身健负责。

许身健
2015 年 3 月 16 日于中国政法大学

教师反馈及教材、课件申请表

尊敬的老师：

　　您好！感谢您一直以来对北大出版社图书的关爱。北京大学出版社以"教材优先、学术为本"为宗旨，主要为广大高等院校师生服务。为了更有针对性地为广大教师服务，满足教师的教学需要、提升教学质量，在您确认将本书作为教学用书后，请您填好以下表格并经系主任签字盖章后寄回，我们将免费向您提供相关的教材、思考练习题答案及教学课件。在您教学过程中，若有任何建议也都可以和我们联系。

书号/书名	
所需要的教材及教学课件	
您的姓名	
系	
院校	
您所主授课程的名称	
每学期学生人数	学时
您目前采用的教材	书名＿＿＿＿＿ 作者＿＿＿＿＿ 出版社＿＿＿＿＿
您的联系地址	
联系电话	
E-mail	
您对北大出版社及本书的建议：	系主任签字 盖章

我们的联系方式：

北京大学出版社法律事业部

地　　址：北京市海淀区成府路205号　　联系人：李铎
电　　话：010-62752027　　　　　　　传　真：010-62556201
电子邮件：bjdxcbs1979@163.com
网　　址：http://www.pup.cn
北大出版社市场营销中心网站：www.pupbook.com